U0737767

"十二五"江苏省高等学校重点教材
"十三五"移动学习型规划教材

线性代数

（修订版）

主　编　董晓波
副主编　於　遒　张滦云　廖大见　刘才贵
参　编　张　颖　薄丽玲　姜　乐　邓海荣
　　　　蒋仁斌　孙翠娟

江苏省高等学校重点教材编号：2015-1-034

机械工业出版社

全书共5章，分别为矩阵、行列式与矩阵的秩、向量组与线性方程组、矩阵的特征值与二次型、向量空间与线性变换．本书力求由浅入深、通俗易懂，注重交代，书后附有MATLAB软件实验环境简介、线性代数发展简介、与线性代数发展相关的部分数学家简介，为学习者提供了必要的知识背景．

本书可作为高等学校理工科、经管类各专业的教材或教学参考书，也可供科技工作者参考．

图书在版编目（CIP）数据

线性代数/董晓波主编．—2版．—北京：机械工业出版社，2016.7（2024.7重印）

“十三五”移动学习型规划教材 “十二五”江苏省高等学校重点教材

ISBN 978-7-111-54557-6

Ⅰ.①线… Ⅱ.①董… Ⅲ.①线性代数—高等学校—教材 Ⅳ.①O151.2

中国版本图书馆CIP数据核字（2016）第190945号

机械工业出版社（北京市百万庄大街22号 邮政编码100037）

策划编辑：韩效杰 责任编辑：韩效杰 李 乐 姜 凤

责任校对：张 征 封面设计：路恩中

责任印制：单爱军

北京虎彩文化传播有限公司印刷

2024年7月第2版第11次印刷

190mm×215mm · 18.75印张 · 419千字

标准书号：ISBN 978-7-111-54557-6

定价：42.00元

电话服务

客服电话：010-88361066

010-88379833

010-68326294

网络服务

机 工 官 网：www.cmpbook.com

机 工 官 博：weibo.com/cmp1952

金 书 网：www.golden-book.com

机工教育服务网：www.cmpedu.com

前　言

《线性代数》出版以来，经过 8 轮的教学实践检验，使用效果很好，受到了选用高校师生的好评，得到了广大读者的肯定，被评为“十二五”江苏省高等学校重点教材.

与此同时，我们也一直有个愿望，总想为大家呈现一本这样的《线性代数》：既能让学生学好理论知识，为后继课程打好基础，又能为以后工作应用提供有力的支撑；既能改变学生感觉线性代数理论抽象、计算烦琐，不知如何学，学了不知如何用的印象，又能让学生和老师在尽可能短的时间内达成知识的信息互动交流与传承；除此之外，还想构筑一个新颖的平台，以此为媒介，激发他们的学习热情.

几年来，每次和团队老师讨论线性代数的教与学时，都要提起这个愿望；每次修订、编写新的线性代数教材时，大家也会将想法逐步地融入其中，一点一点地向着这个愿望努力. 几年来，已记不清有多少次和机械工业出版社高教分社的编辑们探讨如何完成这个愿望.

这次再版，为我们实现这个愿望提供了机会. 借这次再版之际，我们对教材进行了全面的修改、完善，除了保留了书中固有的优点，如力求通俗易懂，简单易学，既把握本课程的基本教学要求，又重视在各学科中的衔接、转换与应用外，这次修订还主要做了以下几点改进：

1. 每章前增加了内容导引. 内容导引以文字结合框图的形式展示. 文字部分帮助学生了解本部分内容都主要能应用到哪些方面，增强他们的现实感. 框图部分使得学生在学习本章之前，能够对本章内容、主要知识点之间的逻辑关系有个初步的了解；在学习本章之后，也可以帮助他们从整体上清楚地把握本章内容.

2. 每章以引例开始，用一到两个完整的应用实例结束. 引例以现实中的实际问题导入，改变以往直接开始讲授理论，尽量克服学生难以很快适应的缺陷；而最后的实例，可以为学生以后实践应用提供借鉴. 通过一章的理论、技能、MATLAB 软件的学习后，最后解决应用实例.

3. 每章包含主干内容、例题、练习、综合练习. 主干内容以由浅入深，环环相扣，不缺且够用为原则；前后文的逻辑关系力求明确，条理清晰. 例题选编起到了支撑本章基本内容的作用. 因学生最终要实现在线完成习题、综合练习，因此题量较前版教材大，题型也丰富了许多. 练习选用了能起到巩固每小节知识点的典型题目；综合练习分为四个部分：基本题、综合题、提高题、考研真题. 题目梯度明显，覆盖了线性代数的主流题目. 提高题、考研真题选用了有一定难度的题目.

4. 结合使用新媒介交互平台. 本书的最大特点是结合使用了新的交互平台. 这种平台，主要是突出移动端，就是利用手机和平板电脑，通过二维码等图像识别技术，将纸质教材和平台进行有机的结合. 学生在学习时，可以在平台和纸质教材之间来回自由切换，从被动的学习模式转变为全力以赴解决问题的模式. 两种媒介交互进行，有效避免学习疲劳. 平台还提供虚拟奖励机制，可以进一步提高学生学习线性代数的兴趣，极大地提升学习效果. 同时借助新的网络媒介，方便教学互动，节约学生的学习时间，减轻教师批阅作业的劳动强度.

5. 为充分利用数学软件处理复杂计算的优势，本书介绍了数学实验. 本次修订，将 MATLAB 软件的应用放到了各章，方便了应用学习，并达到了及时解决实际问题的作用.

6. 本次修订，拓宽了本书的适用范围. 本书可以满足 32 ~ 56 学时的教学要求. 使用者可以结合自身情况选用. 建议选用教学学时如下表：

教学内容与教学学时建议表

方案	教学内容	教学时数
1	第 1 章至第 4 章核心内容	32 学时
2	第 1 章至第 5 章核心内容	40 学时
3	第 1 章至第 4 章核心内容 + MATLAB 实验	40 学时
4	第 1 章至第 4 章核心内容 + MATLAB 实验 + 应用实例	48 学时
5	第 1 章至第 5 章核心内容 + MATLAB 实验 + 应用实例	56 学时

我们的愿望都在本书中得到了基本实现，在本书的使用中，我们也会进行适时维护，能否真正满足大家的要求，还有待使用本书的教师和学生们的实践检验.

党的二十大报告指出：“教育、科技、人才是全面建设社会主义现代化国家的基础性、战略性支撑”“广泛践行社会主义核心价值观”. 为了帮助学生能够真正理解科学世界观和方法论，并将其融入学习实践中，本教材在每章都设置了视频观看学习任务. 通过这些学习任务，希望学生能够深入思考,不断实践，逐步树立科学精神和工匠精神．同时，我们也鼓励学生们勇于创新，努力担当强国使命责任，为实现中华民族伟大复兴而不懈努力．

由于编者水平有限，本书也肯定存在不足之处，我们衷心地希望得到各位专家、同行和读者的不吝赐教，以期不断改进、完善.

董晓波、张滦云、廖大见、刘才贵、蒋仁斌、姜乐、邓海荣、孙翠娟、张颖、薄丽玲等老师参加了本次修订工作. 刘金禄教授、王维平教授、於遒副教授、黄迎秋副教授提出了很多宝贵的意见，也不同程度地参与了全书的修订工作. 全书最后由董晓波教授统稿.

这次修订，得到了南京航空航天大学岳勤教授、东南大学陈建龙教授、南京大学丁南庆教授、南京林业大学胡卫群教授和淮海工学院李存华教授的支持和帮助；也得到了校领导、理学院领导和各位同事的关心和帮助；在以往的教材编写中还得到了厦门理工大学郭成副教授、淮阴工学院杜董生副教授的帮助，在此一并深表谢意.

编　者

目 录

第1章 矩阵

内容导引

矩阵是线性代数主要的研究对象之一，同时也是一个重要的数学工具. 很多实际问题都可以用矩阵表达，一些性质不同、表面上也没有什么联系的问题，却可以归结为矩阵问题. 这些问题常常可以转化为对矩阵的研究，可以用矩阵的有关理论得到解决，而且应用矩阵可以使得问题变得简单.

数字技术的世界

我们在考虑城市之间的交通情况时，其联结状况可以用通路矩阵来研究；电视、电影、计算机中动态仿真图形的旋转、缩放变换，都可以用矩阵表示；广泛应用于自然科学、社会科学，功能强大的MATLAB（含义是矩阵实验室，Matrix laboratory）软件，其基本元素都是矩阵；用图论解决很多复杂的实际问题时，都会用到邻接矩阵；一定时空系统内化合物的各原子数量，可以用原子矩阵表示；我们可以利用可逆矩阵对传递信息的明文进行加密、解密工作；种群数量变化模型、层次分析法中要用到矩阵；企业生产的产量、成本、利润等也可以用矩阵来表示，其关系可以借助矩阵的一些运算来讨论；赢得矩阵可以用来研究博弈论中二人有限零和对策的最优纯策略、混合策略；用匈牙利法求解人力资源管理中的指派问题也需要借助矩阵. 矩阵的应用还有很多很多.

正因为矩阵的应用广泛，因而它成为线性代数的一个极其重要的研究对象.

本章主要介绍矩阵的概念，一些常见的矩阵运算、初等矩阵和矩阵的初等变换，最后介绍矩阵的分块. 主要内容可以用以下框图表示.

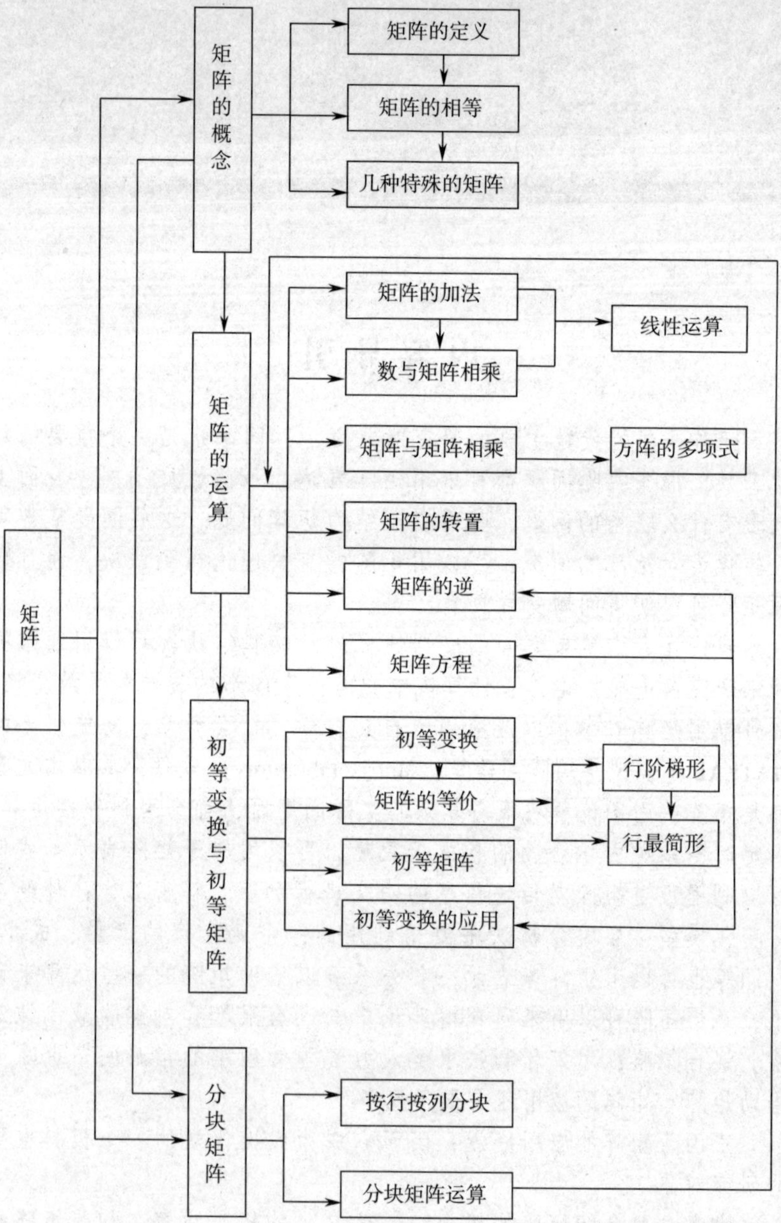
矩阵
矩阵的概念
矩阵的定义
矩阵的相等
几种特殊的矩阵
矩阵的运算
矩阵的加法
数与矩阵相乘
线性运算
矩阵与矩阵相乘
方阵的多项式
矩阵的转置
矩阵的逆
矩阵方程
初等变换与初等矩阵
初等变换
矩阵的等价
行阶梯形
行最简形
初等矩阵
初等变换的应用
分块矩阵
按行按列分块
分块矩阵运算

引例

某公司准备在三个地区开设 A_1，A_2，A_3 三个工厂，它们分别生产 B_1，B_2，B_3，B_4 四种产品，为达到公司的经营目标，其每月的产量应该满足表 1.1.1 的要求：

表 1.1.1 单位：件

工厂 / 产量 / 产品	A_1	A_2	A_3
B_1	3000	4000	5000
B_2	1500	2500	3500
B_3	6000	7000	4000
B_4	5000	3600	5400

如果经公司先期测算，生产四种产品 B_1，B_2，B_3，B_4，每种产品的材料、劳动力及管理费的单位成本见表 1.1.2.

表 1.1.2 单位：元

产品 / 成本 / 费用	B_1	B_2	B_3	B_4
材料	1	2	3	4
劳动力	3	8	9	5
管理费	3	4	2	6

如果需要测算该公司半年各工厂、各产品的产量，可以分项计算得出；同样要算出该公司一个月材料、劳动力及管理费的总成本，那可以分个逐项计算，最终可以算出各自的总成本. 若要简洁快速地算出，该怎么来计算呢？这需要矩阵的知识及性质. 我们留待在本章的最后解决.

1.1 矩阵的概念

本节主要介绍矩阵的定义、矩阵的相等以及几种特殊的矩阵.

1.1.1 矩阵的定义

例 1 考虑从产地往销地调运产品的问题，设某产品有三个产地 A_1，A_2，A_3，四个销地 B_1，B_2，B_3，B_4，从产地 A_i 到销地 B_j 调运此产品的数量为 a_{ij}（$i=1$，2，3；$j=1$，2，3，4），则此产品的调运方案可以用 3 行 4 列的矩形数表表示，记为 $\boldsymbol{A}$，即

$$\boldsymbol{A}=\begin{pmatrix} a_{11} & a_{12} & a_{13} & a_{14} \\ a_{21} & a_{22} & a_{23} & a_{24} \\ a_{31} & a_{32} & a_{33} & a_{34} \end{pmatrix};$$

若从产地 A_i 到销地 B_j 调运此产品的单价为 b_{ij}（$i=1$，2，3；$j=1$，2，3，4），则此产品的调运单价情况也可以用 3 行 4 列的矩形数表表示，记为 $\boldsymbol{B}$，即

$$\boldsymbol{B}=\begin{pmatrix} b_{11} & b_{12} & b_{13} & b_{14} \\ b_{21} & b_{22} & b_{23} & b_{24} \\ b_{31} & b_{32} & b_{33} & b_{34} \end{pmatrix}.$$

以上此类的矩形数表十分常见. 数表可以简洁地反映实际问题的有用信息，与所研究的问题密切相关，因此对实际问题的研究，常常可以转化为对这些矩形数表的处理及某些性质的研究. 这样的矩形数表，我们称为矩阵，下面给出严格的数学定义.

定义 1 由 $m\times n$ 个数 $a_{ij}(i=1,2,\cdots,m;j=1,2,\cdots,n)$ 排成 m 行 n 列的矩形数表

$$\begin{matrix} a_{11} & a_{12} & \cdots & a_{1n} \\ a_{21} & a_{22} & \cdots & a_{2n} \\ \vdots & \vdots & & \vdots \\ a_{m1} & a_{m2} & \cdots & a_{mn} \end{matrix}$$

称为 m **行** n **列矩阵**，简称 $m\times n$ **矩阵**.

为了表示它是一个整体，在外面加上括弧，并用大写的英文字母表示，记作

$$\boldsymbol{A}=\begin{pmatrix} a_{11} & a_{12} & \cdots & a_{1n} \\ a_{21} & a_{22} & \cdots & a_{2n} \\ \vdots & \vdots & & \vdots \\ a_{m1} & a_{m2} & \cdots & a_{mn} \end{pmatrix}.$$

构成矩阵的数称为矩阵的**元素**，位于矩阵$\boldsymbol{A}$第i行第j列的数a_{ij}称为矩阵$\boldsymbol{A}$的**(i,j)元**，a_{ij}的第一个下标i称为**行标**，第二个下标j称为**列标**. 矩阵$\boldsymbol{A}$可简记作(a_{ij})，$(a_{ij})_{m\times n}$或$\boldsymbol{A}_{m\times n}$.

元素是实数的矩阵称为**实矩阵**，元素是复数的矩阵称为**复矩阵**. 以后如果没有特殊说明，均指实矩阵.

例如：$\boldsymbol{A}=\begin{pmatrix}a_{11}&a_{12}&a_{13}&a_{14}\\a_{21}&a_{22}&a_{23}&a_{24}\\a_{31}&a_{32}&a_{33}&a_{34}\end{pmatrix}$是$3\times4$矩阵，$\boldsymbol{C}=\begin{pmatrix}10&15&20\\8&7&9\end{pmatrix}$是$2\times3$矩阵，$\boldsymbol{D}=\begin{pmatrix}3&2\\2&2\\4&1\end{pmatrix}$是$3\times2$矩阵.

矩阵不仅表现为可以将一些数据排成有规律的矩形数表，它还表现出其动词性的一面，即它可以代表描述对象具体的线性变换.

注：线性变换将在第4章讨论.

例如，三维空间图像的线性缩放中，这样的矩阵$\begin{pmatrix}\frac{1}{3}&0&0\\0&1&0\\0&0&3\end{pmatrix}$将使“标准”的圆环在三维空间中做非均匀的缩放：在$x,y,z$轴方向分别将图像缩放$\frac{1}{3}$,1,3倍，如图1.1.1所示.

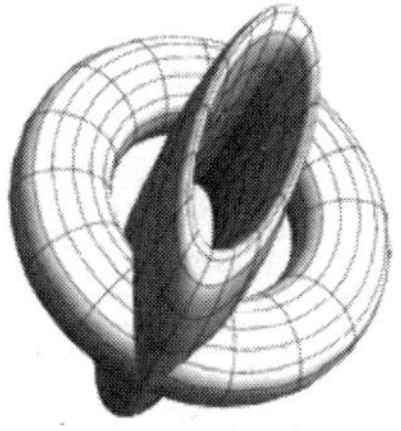

图1.1.1　图像的线性缩放

1.1.2　矩阵的相等

下面给出同型矩阵及矩阵相等的概念.

定义2　若两个矩阵的行数相同，列数也相同，则称它们互为**同型矩阵**. 若$\boldsymbol{A}=(a_{ij})$,$\boldsymbol{B}=(b_{ij})$是同型矩阵，且它们对应位置的元素都相等，则称矩阵$\boldsymbol{A}$与矩阵$\boldsymbol{B}$**相等**，记作$\boldsymbol{A}=\boldsymbol{B}$.

注：在同型矩阵$\boldsymbol{A}$、$\boldsymbol{B}$中，若$a_{ij}=b_{ij}$ $(i=1,2,\cdots,m, j=1,2,\cdots,n)$，则$\boldsymbol{A}=\boldsymbol{B}$.

例2　已知$\boldsymbol{A}=\begin{pmatrix}a&3\\2&a+b\end{pmatrix}$，$\boldsymbol{B}=\begin{pmatrix}1&c+d\\c-d&3\end{pmatrix}$，且$\boldsymbol{A}$与$\boldsymbol{B}$相等，试求$a,b,c,d$的值.

解　由矩阵相等的定义得

$$\begin{cases} a = \underline{\qquad} \\ c+d = \underline{\qquad}, \\ c-d = \underline{\qquad} \\ a+b = \underline{\qquad} \end{cases}$$

解得 $a = \underline{\qquad}, b = \underline{\qquad}, c = \underline{\qquad}, d = \underline{\qquad}$.

1.1.3 几种特殊的矩阵

下面介绍几种常见的特殊矩阵.

(1) 行矩阵和列矩阵

若矩阵 $\boldsymbol{A}$ 只有一行，即形如

$$\boldsymbol{A} = (a_1\ a_2\ \cdots\ a_n)$$

的矩阵称为**行矩阵**，又称为**行向量**.

为清楚地表示出各元素，行矩阵也可记作 $\boldsymbol{A} = (a_1, a_2, \cdots, a_n)$.

若矩阵 $\boldsymbol{B}$ 只有一列，即形如

$$\boldsymbol{B} = \begin{pmatrix} b_1 \\ b_2 \\ \vdots \\ b_m \end{pmatrix}$$

的矩阵称为**列矩阵**，又称为**列向量**.

(2) n 阶方阵

若矩阵 $\boldsymbol{A}$ 的行数与列数相同，都等于 n，即形如

$$\boldsymbol{A} = \begin{pmatrix} a_{11} & a_{12} & \cdots & a_{1n} \\ a_{21} & a_{22} & \cdots & a_{2n} \\ \vdots & \vdots & & \vdots \\ a_{n1} & a_{n2} & \cdots & a_{nn} \end{pmatrix}$$

的矩阵称为 n **阶矩阵**，又称为 n **阶方阵**，可记作 $\boldsymbol{A}_n$. n 阶矩阵从左上角到右下角的对角线称为**主对角线**，主对角线上的元素称为**主对角元**；另一条对角线称为**副对角线**，副对角线上的元素称为**副对角元**.

(3) 对角矩阵

若 n 阶矩阵中除主对角元外，其余元素均为 0，即形如

$$\boldsymbol{\Lambda}=\begin{pmatrix}\lambda_1 & 0 & \cdots & 0\\ 0 & \lambda_2 & \cdots & 0\\ \vdots & \vdots & & \vdots\\ 0 & 0 & \cdots & \lambda_n\end{pmatrix}$$

的矩阵称为 n **阶对角矩阵**，又称为 n **阶对角阵**，常记为 $\boldsymbol{\Lambda}$. 对角阵可以简记为

$$\boldsymbol{\Lambda}=\mathrm{diag}(\lambda_1,\lambda_2,\cdots,\lambda_n).$$

若 n 阶对角阵中的元素 $\lambda_1=\lambda_2=\cdots=\lambda_n$，则称 $\boldsymbol{\Lambda}$ 为 n **阶数量矩阵**.

(4) 单位阵

若 n 阶对角阵中的元素 $\lambda_1=\lambda_2=\cdots=\lambda_n=1$，即形如

$$\boldsymbol{E}_n=\begin{pmatrix}1 & 0 & \cdots & 0\\ 0 & 1 & \cdots & 0\\ \vdots & \vdots & & \vdots\\ 0 & 0 & \cdots & 1\end{pmatrix}$$

的矩阵称为 n **阶单位阵**，记为 $\boldsymbol{E}_n$. 在不混淆的情况下，常省略下标 n，记作 $\boldsymbol{E}$.

例如，$\boldsymbol{E}_3=\begin{pmatrix}1 & 0 & 0\\ 0 & 1 & 0\\ 0 & 0 & 1\end{pmatrix}$是 3 阶单位阵.

(5) 三角矩阵

若 n 阶方阵中元素满足 $a_{ij}=0\ (i>j,\ i,j=1,2,\cdots,n)$，即形如

$$\begin{pmatrix}a_{11} & a_{12} & \cdots & a_{1n}\\ 0 & a_{22} & \cdots & a_{2n}\\ \vdots & \vdots & & \vdots\\ 0 & 0 & \cdots & a_{nn}\end{pmatrix}$$

的矩阵称为 n **阶上三角矩阵**.

若 n 阶方阵中元素满足 $a_{ij}=0\ (i<j,\ i,j=1,2,\cdots,n)$，即形如

$$\begin{pmatrix}a_{11} & 0 & \cdots & 0\\ a_{21} & a_{22} & \cdots & 0\\ \vdots & \vdots & & \vdots\\ a_{n1} & a_{n2} & \cdots & a_{nn}\end{pmatrix}$$

的矩阵称为 n **阶下三角矩阵**.

（6）零矩阵

所有元素均为 0 的矩阵称为**零矩阵**，记作 $\boldsymbol{O}$.

例如，$\begin{pmatrix}0 & 0 & 0\\0 & 0 & 0\end{pmatrix}$、$\begin{pmatrix}0 & 0 & 0\\0 & 0 & 0\\0 & 0 & 0\end{pmatrix}$ 均为零矩阵.

练　习

- **选择题**

1. 以下结论正确的是（　　）.

（A）所有的零矩阵相等

（B）零矩阵必定是方阵

（C）所有的 3 阶方阵必是同型矩阵

（D）不是同型矩阵也可能相等

- **填空题**

2. 某企业生产 3 种产品，每种产品在 2014 年和 2015 年各季度的产值（单位：万元）见表 1.1.3.

表 1.1.3

季度 / 产值 / 产品	2014 年				2015 年			
	1	2	3	4	1	2	3	4
1	18	12	15	19	16	18	17	15
2	27	30	26	35	25	30	28	37
3	15	18	14	13	13	20	18	15

试作矩阵 $\boldsymbol{A}$ 和 $\boldsymbol{B}$ 分别表示三种产品在 2014 年和 2015 年各季度的产量.

3. 已知 $\boldsymbol{A}=\begin{pmatrix}1 & 4-y\\x-2 & 2\end{pmatrix}$，$\boldsymbol{B}=\begin{pmatrix}1 & y\\3 & 2\end{pmatrix}$，$\boldsymbol{A}=\boldsymbol{B}$，则 $x=$ ________，$y=$ ________.

- **问答题**

4. 下列矩阵哪些是方阵？哪些是三角矩阵？若是方阵，其主对角元素是什么？

$$\boldsymbol{A}=\begin{pmatrix}1 & 0 & 2\\-1 & 0 & 0\\-3 & 1 & 2\end{pmatrix},$$

$$\boldsymbol{B}=\begin{pmatrix}3 & 1 & 4 & 7\\0 & 2 & 2 & 6\\0 & 0 & 0 & 1\end{pmatrix},$$

$$\boldsymbol{C}=\begin{pmatrix}1 & 3 & 5\\0 & 1 & 3\\0 & 0 & 2\end{pmatrix}.$$

1.2　矩阵的运算

本节主要介绍矩阵的加法、数与矩阵相乘、矩阵与矩阵相乘、矩阵的转置以及矩阵的逆等运算.

1.2.1　矩阵的加法

定义 3　设 $\boldsymbol{A}=(a_{ij})$、$\boldsymbol{B}=(b_{ij})$ 均为 $m\times n$ 矩阵，将它们的对应

位置元素相加得到的 $m \times n$ 矩阵，称为**矩阵 $\boldsymbol{A}$ 与 $\boldsymbol{B}$ 的和**，记为 $\boldsymbol{A}+\boldsymbol{B}$，即

$$\boldsymbol{A}+\boldsymbol{B}=\begin{pmatrix} a_{11}+b_{11} & a_{12}+b_{12} & \cdots & a_{1n}+b_{1n} \\ a_{21}+b_{21} & a_{22}+b_{22} & \cdots & a_{2n}+b_{2n} \\ \vdots & \vdots & & \vdots \\ a_{m1}+b_{m1} & a_{m2}+b_{m2} & \cdots & a_{mn}+b_{mn} \end{pmatrix}.$$

注：只有同型矩阵之间才能进行加法运算.

设 $\boldsymbol{A}$、$\boldsymbol{B}$、$\boldsymbol{C}$ 为同型矩阵，不难验证，矩阵的加法运算满足：

(1) 交换律 $\boldsymbol{A}+\boldsymbol{B}=\boldsymbol{B}+\boldsymbol{A}$；

(2) 结合律 $(\boldsymbol{A}+\boldsymbol{B})+\boldsymbol{C}=\boldsymbol{A}+(\boldsymbol{B}+\boldsymbol{C})$.

定义 4 设矩阵 $\boldsymbol{A}=(a_{ij})$，将 $\boldsymbol{A}$ 的各元素变号得到的矩阵称为 $\boldsymbol{A}$ 的**负矩阵**，记作 $-\boldsymbol{A}$，即 $-\boldsymbol{A}=(-a_{ij})$.

定义 5 矩阵的减法为 $\boldsymbol{A}-\boldsymbol{B}=\boldsymbol{A}+(-\boldsymbol{B})$，亦即两个矩阵对应的元素相减.

易见，矩阵加法和减法有下面恒等式成立：

(1) $\boldsymbol{A}-\boldsymbol{A}=\boldsymbol{A}+(-\boldsymbol{A})=\boldsymbol{O}$；

(2) $\boldsymbol{A}+\boldsymbol{O}=\boldsymbol{O}+\boldsymbol{A}=\boldsymbol{A}$，

其中 $\boldsymbol{O}$ 为与 $\boldsymbol{A}$ 同型的零矩阵.

1.2.2 数与矩阵相乘

定义 6 设 $\boldsymbol{A}=(a_{ij})_{m\times n}$，数 λ 与矩阵 $\boldsymbol{A}$ 的各元素相乘所得到的矩阵，称为**数 λ 与矩阵 $\boldsymbol{A}$ 的乘积**，记为 $\lambda\boldsymbol{A}$. 数与矩阵相乘简称为**数乘**，即

$$\lambda\boldsymbol{A}=\begin{pmatrix} \lambda a_{11} & \lambda a_{12} & \cdots & \lambda a_{1n} \\ \lambda a_{21} & \lambda a_{22} & \cdots & \lambda a_{2n} \\ \vdots & \vdots & & \vdots \\ \lambda a_{m1} & \lambda a_{m2} & \cdots & \lambda a_{mn} \end{pmatrix}.$$

规定 $\lambda\boldsymbol{A}=\boldsymbol{A}\lambda$.

由定义 6 可以直接得到 $0\boldsymbol{A}=\boldsymbol{O}$，$1\boldsymbol{A}=\boldsymbol{A}$.

设 $\boldsymbol{A}$，$\boldsymbol{B}$ 为同型矩阵，λ，μ 为数，不难验证，数乘运算满足：

(1) 结合律 $(\lambda\mu)\boldsymbol{A}=\lambda(\mu\boldsymbol{A})$；

（2）分配律　$(\lambda+\mu)\boldsymbol{A}=\lambda\boldsymbol{A}+\mu\boldsymbol{A}$；

$$\lambda(\boldsymbol{A}+\boldsymbol{B})=\lambda\boldsymbol{A}+\lambda\boldsymbol{B}.$$

矩阵的加法与数乘运算合起来，统称为矩阵的**线性运算**.

例 3　设矩阵 $\boldsymbol{A}=\begin{pmatrix}3&-1&2\\1&5&7\end{pmatrix}$，$\boldsymbol{B}=\begin{pmatrix}5&5&-2\\5&1&9\end{pmatrix}$，且 $\boldsymbol{A}+2\boldsymbol{X}=\boldsymbol{B}$，求矩阵 $\boldsymbol{X}$.

解　由 $\boldsymbol{A}+2\boldsymbol{X}=\boldsymbol{B}$，可知 $2\boldsymbol{X}=$ ________，

从而有　$\boldsymbol{X}=\frac{1}{2}(\boldsymbol{B}-\boldsymbol{A})=\frac{1}{2}\begin{pmatrix}2&\_\_\_\_&-4\\4&-4&2\end{pmatrix}=\begin{pmatrix}1&\_\_\_\_&-2\\2&-2&1\end{pmatrix}$.

1.2.3　矩阵与矩阵相乘

前面提到的矩阵 $\boldsymbol{C}=\begin{pmatrix}10&15&20\\8&7&9\end{pmatrix}$ 中，若行表示甲、乙超市，列表示三种商品的日销售量；矩阵 $\boldsymbol{D}=\begin{pmatrix}3&2\\2&2\\4&1\end{pmatrix}$ 中，若行表示上述的三种商品，列分别表示两个超市三种商品的单价和利润，要求两超市分别销售三种商品的总收入与总利润，则有：

表 1.2.1　超市收入计算表

	总收入	总利润
甲	$10\times3+15\times2+20\times4=140$	$10\times2+15\times2+20\times1=70$
乙	$8\times3+7\times2+9\times4=74$	$8\times2+7\times2+9\times1=39$

将上面的结果写成矩阵的形式，则为 $\boldsymbol{E}=\begin{pmatrix}140&70\\74&39\end{pmatrix}$. 它有现实的意义，同时它与矩阵 $\boldsymbol{C}$、矩阵 $\boldsymbol{D}$ 都有关，且有规律，下面我们定义 $\boldsymbol{E}$ 为矩阵 $\boldsymbol{C}$ 与矩阵 $\boldsymbol{D}$ 的乘积.

（1）矩阵乘法的定义

定义 7　设矩阵 $\boldsymbol{A}=(a_{ij})_{m\times s}$ 的列数与矩阵 $\boldsymbol{B}=(b_{ij})_{s\times n}$ 的行数相等，则由元素

$$c_{ij}=a_{i1}b_{1j}+a_{i2}b_{2j}+\cdots+a_{is}b_{sj}=\sum_{k=1}^{s}a_{ik}b_{kj}$$

$$(i = 1,2,\cdots,m; j = 1,2,\cdots,n)$$

构成的 $m \times n$ 矩阵 $\boldsymbol{C} = (c_{ij})_{m\times n}$ 称为**矩阵 $\boldsymbol{A}$ 与矩阵 $\boldsymbol{B}$ 的乘积**，记为 $\boldsymbol{C} = \boldsymbol{AB}$.

注：两个矩阵相乘的前提是左矩阵的列数等于右矩阵的行数.

例 4 已知 $\boldsymbol{A} = \begin{pmatrix} 2 & 0 & -1 \\ 1 & 3 & 2 \end{pmatrix}$，$\boldsymbol{B} = \begin{pmatrix} 1 & 7 & -1 \\ 4 & 2 & 3 \\ 2 & 0 & 1 \end{pmatrix}$，求 $\boldsymbol{AB}$.

解 $\boldsymbol{AB} = \begin{pmatrix} 2 & 0 & -1 \\ 1 & 3 & 2 \end{pmatrix}\begin{pmatrix} 1 & 7 & -1 \\ 4 & 2 & 3 \\ 2 & 0 & 1 \end{pmatrix}$

$$= \begin{pmatrix} 2\times 1 + 0\times 4 + (-1)\times 2 & \underline{\qquad\qquad} & 2\times(-1) + 0\times 3 + (-1)\times 1 \\ \underline{\qquad\qquad} & 1\times 7 + 3\times 2 + 2\times 0 & 1\times(-1) + 3\times 3 + 2\times 1 \end{pmatrix}$$

$$= \begin{pmatrix} 0 & \underline{\quad} & -3 \\ \underline{\quad} & 13 & 10 \end{pmatrix}.$$

注：矩阵的乘法也可以这样来计算，例 4 中的 $\boldsymbol{AB}$ 可以写成下列形式，反而容易计算，

$$\begin{array}{c|c} & \begin{pmatrix} 1 & 7 & -1 \\ 4 & 2 & 3 \\ 2 & 0 & 1 \end{pmatrix} \\ \hline \begin{pmatrix} 2 & 0 & -1 \\ 1 & 3 & 2 \end{pmatrix} & \begin{pmatrix} 0 & 14 & -3 \\ 17 & 13 & 10 \end{pmatrix} \end{array}.$$

例 5 设 $\boldsymbol{A} = \begin{pmatrix} 1 & 1 \\ -1 & -1 \end{pmatrix}$，$\boldsymbol{B} = \begin{pmatrix} 1 & -1 \\ -1 & 1 \end{pmatrix}$，$\boldsymbol{C} = \begin{pmatrix} -1 & 1 \\ 1 & -1 \end{pmatrix}$，求 $\boldsymbol{AB}$，$\boldsymbol{BA}$，$\boldsymbol{AC}$.

解

$$\boldsymbol{AB} = \begin{pmatrix} 1 & 1 \\ -1 & -1 \end{pmatrix}\begin{pmatrix} 1 & -1 \\ -1 & 1 \end{pmatrix}$$

$$=\begin{pmatrix} 1\times1+1\times(-1) & 1\times(-1)+1\times1 \\ -1\times1+(-1)\times(-1) & -1\times(-1)+(-1)\times1 \end{pmatrix}$$

$$=\begin{pmatrix} 0 & 0 \\ 0 & 0 \end{pmatrix};$$

$$\boldsymbol{BA}=\begin{pmatrix} \_\_ & \_\_ \\ \_\_ & \_\_ \end{pmatrix}\begin{pmatrix} \_\_ & \_\_ \\ \_\_ & \_\_ \end{pmatrix}$$

$$=\begin{pmatrix} 1\times1+(-1)\times(-1) & 1\times1+(-1)\times(-1) \\ -1\times1+1\times(-1) & -1\times1+1\times(-1) \end{pmatrix}$$

$$=\begin{pmatrix} 2 & 2 \\ -2 & -2 \end{pmatrix};$$

$$\boldsymbol{AC}=\begin{pmatrix} \_\_ & \_\_ \\ \_\_ & \_\_ \end{pmatrix}\begin{pmatrix} \_\_ & \_\_ \\ \_\_ & \_\_ \end{pmatrix}$$

$$=\begin{pmatrix} 1\times(-1)+1\times1 & 1\times1+1\times(-1) \\ -1\times(-1)+(-1)\times1 & -1\times1+(-1)\times(-1) \end{pmatrix}$$

$$=\begin{pmatrix} 0 & 0 \\ 0 & 0 \end{pmatrix}.$$

（2）矩阵乘法的运算律

一般地，称 $\boldsymbol{AB}$ 为 $\boldsymbol{A}$ 左乘 B（或 $\boldsymbol{B}$ 被 $\boldsymbol{A}$ 左乘），称 $\boldsymbol{BA}$ 为 $\boldsymbol{A}$ 右乘 $\boldsymbol{B}$（或 $\boldsymbol{B}$ 被 $\boldsymbol{A}$ 右乘）.

由例 5 可见，矩阵的乘法一般不满足交换律，即 $\boldsymbol{AB}\neq\boldsymbol{BA}$. 有时虽然 $\boldsymbol{AB}$ 有意义，但 $\boldsymbol{BA}$ 不一定有意义，有时即使 $\boldsymbol{AB}$ 与 $\boldsymbol{BA}$ 都有意义，$\boldsymbol{AB}$ 与 $\boldsymbol{BA}$ 也不一定相等.

当然，并不是所有矩阵相乘都不可以交换，例如，

$$\boldsymbol{A}=\begin{pmatrix} 2 & 1 \\ -1 & 0 \end{pmatrix},\boldsymbol{B}=\begin{pmatrix} 0 & -1 \\ 1 & 2 \end{pmatrix},\boldsymbol{AB}=\boldsymbol{BA}=\boldsymbol{E}=\begin{pmatrix} 1 & 0 \\ 0 & 1 \end{pmatrix}.$$

定义 8 设 $\boldsymbol{A}$，$\boldsymbol{B}$ 均为 n 阶方阵，若 $\boldsymbol{AB}=\boldsymbol{BA}$，则称方阵 $\boldsymbol{A}$ 与 $\boldsymbol{B}$ 是相乘可换的.

仍由例 5 可见，矩阵 $\boldsymbol{A}\neq\boldsymbol{O},\boldsymbol{B}\neq\boldsymbol{O}$，但可能有 $\boldsymbol{AB}=\boldsymbol{O}$，即由 $\boldsymbol{AB}=\boldsymbol{O}$ 不能得出 $\boldsymbol{A}=\boldsymbol{O}$ 或 $\boldsymbol{B}=\boldsymbol{O}$；依据上述结论，显然若 $\boldsymbol{A}(\boldsymbol{B}-\boldsymbol{C})=\boldsymbol{O}$ 而 $\boldsymbol{A}\neq\boldsymbol{O}$，不能得出 $\boldsymbol{B}=\boldsymbol{C}$ 的结论，即若 $\boldsymbol{AB}=\boldsymbol{AC}$，不能推出 $\boldsymbol{B}=\boldsymbol{C}$，因此，矩阵乘法消去律不成立.

设 λ 为数，$\boldsymbol{A}$，$\boldsymbol{B}$，$\boldsymbol{C}$ 为矩阵，且它们可运算，可验证矩阵乘法

满足以下运算律：

1）结合律 $(\boldsymbol{AB})\boldsymbol{C} = \boldsymbol{A}(\boldsymbol{BC})$；

2）数乘结合律 $\lambda(\boldsymbol{AB}) = (\lambda\boldsymbol{A})\boldsymbol{B} = \boldsymbol{A}(\lambda\boldsymbol{B})$；

3）左分配律 $\boldsymbol{A}(\boldsymbol{B}+\boldsymbol{C}) = \boldsymbol{AB}+\boldsymbol{AC}$；

右分配律 $(\boldsymbol{B}+\boldsymbol{C})\boldsymbol{A} = \boldsymbol{BA}+\boldsymbol{CA}$.

有兴趣的读者可以尝试具体的证明过程，或查阅高等代数等相关书籍.

对任意一个实数 x，有 $1\times x = x\times 1 = x$，一般称1是单位元. 这一概念可以推广到矩阵上.

设 $\boldsymbol{A}$ 是一个 $m\times n$ 矩阵，由于 $\boldsymbol{E}_m\boldsymbol{A}_{m\times n} = \boldsymbol{A}_{m\times n} = \boldsymbol{A}_{m\times n}\boldsymbol{E}_n$，则称 $\boldsymbol{E}_m$ 为矩阵 $\boldsymbol{A}$ 的**左单位元**，称 $\boldsymbol{E}_n$ 为矩阵 $\boldsymbol{A}$ 的**右单位元**. 如果 $\boldsymbol{A}$ 是一个 n 方阵，则 $\boldsymbol{E}_m = \boldsymbol{E}_n$，即左、右单位元相等，$\boldsymbol{E}_n$ 称为矩阵 $\boldsymbol{A}$ 的**单位元**.

（3）方阵的幂运算

由于矩阵乘法满足结合律，故可以定义方阵的幂运算.

定义9 设 $\boldsymbol{A}$ 为 n 阶方阵，则 $\boldsymbol{A}^k = \underbrace{\boldsymbol{AA}\cdots\boldsymbol{A}}_{k个}$ 称为**方阵 $\boldsymbol{A}$ 的** k $(k\in\mathbb{Z}^+)$ **次幂**.

设 $\boldsymbol{A}$ 为 n 阶方阵，k，l 为正整数，方阵的幂运算满足以下运算律：

1）$\boldsymbol{A}^k\boldsymbol{A}^l = \boldsymbol{A}^l\boldsymbol{A}^k = \boldsymbol{A}^{k+l}$；

2）$(\boldsymbol{A}^k)^l = (\boldsymbol{A}^l)^k = \boldsymbol{A}^{kl}$.

若 $\boldsymbol{A}$ 与 $\boldsymbol{B}$ 相乘可换，则 $(\boldsymbol{AB})^2 = (\boldsymbol{AB})(\boldsymbol{AB}) = \boldsymbol{A}(\boldsymbol{BA})\boldsymbol{B}$（矩阵乘法满足结合律）$= \boldsymbol{A}(\boldsymbol{AB})\boldsymbol{B}$（$\boldsymbol{A}$ 与 $\boldsymbol{B}$ 相乘可换）$= (\boldsymbol{AA})(\boldsymbol{BB})$（矩阵乘法满足结合律）$= \boldsymbol{A}^2\boldsymbol{B}^2$（幂运算定义）.

由归纳法证明有 $(\boldsymbol{AB})^k = \boldsymbol{A}^k\boldsymbol{B}^k$ $(k\in\mathbb{Z}^+)$.

类似地，当 $\boldsymbol{AB} = \boldsymbol{BA}$ 时，$(\boldsymbol{A}+\boldsymbol{B})^2 = \boldsymbol{A}^2+2\boldsymbol{AB}+\boldsymbol{B}^2$，$\boldsymbol{A}^2-\boldsymbol{B}^2 = (\boldsymbol{A}+\boldsymbol{B})(\boldsymbol{A}-\boldsymbol{B})$ 等公式也成立.

（4）方阵的多项式

与 x 的代数多项式 $f(x) = a_nx^n+\cdots+a_1x+a_0$ 类似，由方阵幂的定义，可以定义出方阵的多项式.

设 $\boldsymbol{A}$ 为 n 阶方阵，$a_i(i = 0,1,\cdots,m,m\in\mathbb{Z}^+)$ 是常数，称 $f(\boldsymbol{A}) = a_m\boldsymbol{A}^m+\cdots+a_1\boldsymbol{A}+a_0\boldsymbol{E}$ 为**方阵 $\boldsymbol{A}$ 的多项式**. 一般方阵多项式记为 $f(\boldsymbol{A})$，$g(\boldsymbol{A})$，$h(\boldsymbol{A})$ 等.

由方阵幂的运算律知，方阵多项式也有类似的因式分解运算，

例如，

$$f(\boldsymbol{A}) = \boldsymbol{A}^3 + \boldsymbol{A}^2 - 6\boldsymbol{A} = \boldsymbol{A}(\boldsymbol{A}^2 + \boldsymbol{A} - 6\boldsymbol{E}) = \boldsymbol{A}(\boldsymbol{A} - 2\boldsymbol{E})(\boldsymbol{A} + 3\boldsymbol{E});$$

$$g(\boldsymbol{A}) = \boldsymbol{A}^5 - \boldsymbol{E} = (\boldsymbol{A} - \boldsymbol{E})(\boldsymbol{A}^4 + \boldsymbol{A}^3 + \boldsymbol{A}^2 + \boldsymbol{A} + \boldsymbol{E}).$$

关于方阵的多项式的一些重要性质，会在第2章中有进一步的讨论.

（5）线性方程组的矩阵表示

设含有 n 个未知数、m 个方程的线性方程组

$$\begin{cases} a_{11}x_1 + a_{12}x_2 + \cdots + a_{1n}x_n = b_1, \\ a_{21}x_1 + a_{22}x_2 + \cdots + a_{2n}x_n = b_2, \\ \qquad\vdots \\ a_{m1}x_1 + a_{m2}x_2 + \cdots + a_{mn}x_n = b_m, \end{cases} \tag{1.1}$$

若记

$$\boldsymbol{A} = \begin{pmatrix} a_{11} & a_{12} & \cdots & a_{1n} \\ a_{21} & a_{22} & \cdots & a_{2n} \\ \vdots & \vdots & & \vdots \\ a_{m1} & a_{m2} & \cdots & a_{mn} \end{pmatrix}, \boldsymbol{x} = \begin{pmatrix} x_1 \\ x_2 \\ \vdots \\ x_n \end{pmatrix},$$

$$\boldsymbol{b} = \begin{pmatrix} b_1 \\ b_2 \\ \vdots \\ b_m \end{pmatrix}, \overline{\boldsymbol{A}} = \begin{pmatrix} a_{11} & a_{12} & \cdots & a_{1n} & b_1 \\ a_{21} & a_{22} & \cdots & a_{2n} & b_2 \\ \vdots & \vdots & & \vdots & \vdots \\ a_{m1} & a_{m2} & \cdots & a_{mn} & b_m \end{pmatrix},$$

其中 $\boldsymbol{A}$ 称为线性方程组（1.1）的**系数矩阵**，$\boldsymbol{x}$ 称为线性方程组（1.1）的**未知数向量**，$\boldsymbol{b}$ 称为线性方程组（1.1）的**常数项向量**，$\overline{\boldsymbol{A}}$ 称为线性方程组（**1.1**）的**增广矩阵**.

根据矩阵的乘法，有

$$\boldsymbol{Ax} = \begin{pmatrix} a_{11} & a_{12} & \cdots & a_{1n} \\ a_{21} & a_{22} & \cdots & a_{2n} \\ \vdots & \vdots & & \vdots \\ a_{m1} & a_{m2} & \cdots & a_{mn} \end{pmatrix}_{m\times n} \begin{pmatrix} x_1 \\ x_2 \\ \vdots \\ x_n \end{pmatrix}_{n\times 1}$$

$$= \begin{pmatrix} a_{11}x_1 + a_{12}x_2 + \cdots + a_{1n}x_n \\ a_{21}x_1 + a_{22}x_2 + \cdots + a_{2n}x_n \\ \vdots \\ a_{m1}x_1 + a_{m2}x_2 + \cdots + a_{mn}x_n \end{pmatrix}_{m\times 1} = \begin{pmatrix} b_1 \\ b_2 \\ \vdots \\ b_m \end{pmatrix}_{m\times 1},$$

由矩阵相等的定义，线性方程组（1.1）也可表示为矩阵形式

$$\boldsymbol{Ax} = \boldsymbol{b}, \tag{1.2}$$

将式（1.2）称为**矩阵方程**，则 $\boldsymbol{x}$ 也称为矩阵方程（1.2）的**解向量**.

如例3就是求解矩阵方程的问题. 又如 $\boldsymbol{AX} = \boldsymbol{B}$，$\boldsymbol{XA} = \boldsymbol{B}$，$\boldsymbol{AXB} = \boldsymbol{C}$（$\boldsymbol{A}$，$\boldsymbol{B}$，$\boldsymbol{C}$ 为元素已知的矩阵，$\boldsymbol{X}$ 为元素未知的矩阵），这些都是**矩阵方程**.

1.2.4 矩阵的转置

定义10 将矩阵 $\boldsymbol{A}_{m\times n} = (a_{ij})_{m\times n}$ 的行与列互换，得到矩阵 $(a_{ji})_{n\times m}$，称为**矩阵 $\boldsymbol{A}$ 的转置矩阵**，记作 $\boldsymbol{A}^{\mathrm{T}}$，即若

$$\boldsymbol{A} = \begin{pmatrix} a_{11} & a_{12} & \cdots & a_{1n} \\ a_{21} & a_{22} & \cdots & a_{2n} \\ \vdots & \vdots & & \vdots \\ a_{m1} & a_{m2} & \cdots & a_{mn} \end{pmatrix},$$

则

$$\boldsymbol{A}^{\mathrm{T}} = \begin{pmatrix} a_{11} & a_{21} & \cdots & a_{m1} \\ a_{12} & a_{22} & \cdots & a_{m2} \\ \vdots & \vdots & & \vdots \\ a_{1n} & a_{2n} & \cdots & a_{mn} \end{pmatrix}.$$

例如，若 $\boldsymbol{A} = \begin{pmatrix} 1 & 2 & 3 \\ 4 & 5 & 6 \end{pmatrix}_{2\times 3}$，则 $\boldsymbol{A}^{\mathrm{T}} = \begin{pmatrix} 1 & 4 \\ 2 & 5 \\ 3 & 6 \end{pmatrix}_{3\times 2}$.

矩阵的转置也是一种矩阵运算，它满足下列运算规律：

(1) $(\boldsymbol{A}^{\mathrm{T}})^{\mathrm{T}} = \boldsymbol{A}$；

(2) $(\boldsymbol{A} + \boldsymbol{B})^{\mathrm{T}} = \boldsymbol{A}^{\mathrm{T}} + \boldsymbol{B}^{\mathrm{T}}$；

(3) $(\lambda\boldsymbol{A})^{\mathrm{T}} = \lambda\boldsymbol{A}^{\mathrm{T}}$；

(4) $(\boldsymbol{AB})^{\mathrm{T}} = \boldsymbol{B}^{\mathrm{T}}\boldsymbol{A}^{\mathrm{T}}$.

其中（1）~（3）容易验证. 现仅证（4）成立.

（4）的证明. 设 $\boldsymbol{A} = (a_{ij})_{m\times s}, \boldsymbol{B} = (b_{ij})_{s\times n}$，由于 $(\boldsymbol{AB})^{\mathrm{T}}$ 的 (i,j) 元为 $\boldsymbol{AB}$ 的 (j,i) 元，等于 $\boldsymbol{A}$ 的第 j 行左乘 $\boldsymbol{B}$ 的第 i 列，等于 $\boldsymbol{B}^{\mathrm{T}}$ 的第 i 行左乘 $\boldsymbol{A}^{\mathrm{T}}$ 的第 j 列，即为 $\boldsymbol{B}^{\mathrm{T}}\boldsymbol{A}^{\mathrm{T}}$ 的 (i,j) 元，故 $(\boldsymbol{AB})^{\mathrm{T}} = \boldsymbol{B}^{\mathrm{T}}\boldsymbol{A}^{\mathrm{T}}$.

例 6 已知 $A=\begin{pmatrix}2&1&4\\1&-1&3\end{pmatrix}$，$B=\begin{pmatrix}1&3&1\\0&-1&2\\1&-3&1\end{pmatrix}$，求 $(AB)^{\mathrm{T}}$

解法 1 先乘积再转置

$$AB=\begin{pmatrix}2&1&4\\1&-1&3\end{pmatrix}\begin{pmatrix}1&3&1\\0&-1&2\\1&-3&1\end{pmatrix}=\begin{pmatrix}6&-7&8\\4&-5&2\end{pmatrix},$$

所以

$$(AB)^{\mathrm{T}}=\begin{pmatrix}6&4\\-7&-5\\8&2\end{pmatrix}.$$

解法 2 先转置再乘积

$$(AB)^{\mathrm{T}}=B^{\mathrm{T}}A^{\mathrm{T}}=\begin{pmatrix}1&0&1\\3&-1&-3\\1&2&1\end{pmatrix}\begin{pmatrix}\underline{\qquad}&\underline{\qquad}\\\underline{\qquad}&\underline{\qquad}\\\underline{\qquad}&\underline{\qquad}\end{pmatrix}=\begin{pmatrix}6&4\\-7&-5\\8&2\end{pmatrix}.$$

例 7 设 $x=\begin{pmatrix}x_1\\x_2\\\vdots\\x_n\end{pmatrix}$，$y=\begin{pmatrix}y_1\\y_2\\\vdots\\y_n\end{pmatrix}$，求 $x^{\mathrm{T}}y$，xy^{T}.

解 $x^{\mathrm{T}}y=(x_1,x_2,\cdots,x_n)\begin{pmatrix}y_1\\y_2\\\vdots\\y_n\end{pmatrix}=\underline{\qquad\qquad\qquad\qquad}$，

$$xy^{\mathrm{T}}=\begin{pmatrix}x_1\\x_2\\\vdots\\x_n\end{pmatrix}(\underline{\qquad\qquad\qquad\qquad})=\begin{pmatrix}x_1y_1&x_1y_2&\cdots&x_1y_n\\x_2y_1&x_2y_2&\cdots&x_2y_n\\\vdots&\vdots&&\vdots\\x_ny_1&x_ny_2&\cdots&x_ny_n\end{pmatrix}.$$

以下给出对称矩阵、反对称矩阵的概念.

定义 11 设 A 为 n 阶方阵，若 $A^{\mathrm{T}}=A$，即 $a_{ij}=a_{ji}(i,j=1,2,\cdots,n)$，则称 A 为 n 阶对称矩阵.

若 $A^{\mathrm{T}}=-A$，即 $a_{ij}=-a_{ji}(i,j=1,2,\cdots,n)$，则称 A 为反对称

矩阵.

对称矩阵的特点是以主对角线为对称轴的对应元素相等. 在反对称矩阵中，由 $a_{ii} = -a_{ii}\ (i = 1,2,\cdots,n)$，直接得到 $a_{ii} = 0$，即在反对称矩阵中主对角线元素都等于0.

例如，$\begin{pmatrix} 1 & -2 & 0 \\ -2 & 2 & 1 \\ 0 & 1 & 3 \end{pmatrix}$是对称矩阵，$\begin{pmatrix} 0 & -2 & 0 \\ 2 & 0 & 1 \\ 0 & -1 & 0 \end{pmatrix}$是反对称矩阵.

由对称矩阵的定义可知，任意两个同阶对称矩阵的和仍为对称矩阵. 但它们的乘积不一定是对称矩阵. 如 $\boldsymbol{A} = \begin{pmatrix} 1 & -1 \\ -1 & 1 \end{pmatrix}$，$\boldsymbol{B} = \begin{pmatrix} 0 & 1 \\ 1 & 1 \end{pmatrix}$均为对称矩阵，但 $\boldsymbol{AB} = \begin{pmatrix} -1 & 0 \\ 1 & 0 \end{pmatrix}$不是对称矩阵.

例 8 设 $\boldsymbol{A}$，$\boldsymbol{B}$ 是 n 阶对称矩阵，证明 $\boldsymbol{AB}$ 是对称矩阵的充分必要条件是 $\boldsymbol{AB} = \boldsymbol{BA}$.

证 由于 $\boldsymbol{A}$，$\boldsymbol{B}$ 均是对称矩阵，所以 $\boldsymbol{A}^{\mathrm{T}} = \boldsymbol{A}$，$\boldsymbol{B}^{\mathrm{T}} = \boldsymbol{B}$.

若 $\boldsymbol{AB} = \boldsymbol{BA}$，则有 $(\boldsymbol{AB})^{\mathrm{T}} = \underline{\qquad} = \boldsymbol{BA} = \boldsymbol{AB}$，所以 $\boldsymbol{AB}$ 是对称矩阵.

反之，若 $\boldsymbol{AB}$ 是对称矩阵，则有 $\boldsymbol{AB} = (\boldsymbol{AB})^{\mathrm{T}} = \underline{\qquad} = \boldsymbol{BA}$，所以 $\boldsymbol{AB}$ 是对称矩阵.

1.2.5 矩阵的逆

我们知道，在实数运算中，若 $a \neq 0$，则有 $a \cdot a^{-1} = a^{-1} \cdot a = 1$. 那么，在方阵的乘积中有没有类似 $\boldsymbol{AB} = \boldsymbol{BA} = \boldsymbol{E}$ 的结论呢？由此可引入逆矩阵的概念以及矩阵的逆运算.

定义 12 对于 n 阶矩阵 $\boldsymbol{A}$，若存在一个同阶矩阵 $\boldsymbol{B}$，使得 $\boldsymbol{AB} = \boldsymbol{BA} = \boldsymbol{E}$，则称矩阵 $\boldsymbol{A}$ 为可逆矩阵，矩阵 $\boldsymbol{B}$ 称为 $\boldsymbol{A}$ 的逆矩阵.

注：若矩阵 $\boldsymbol{A}$ 可逆，则 $\boldsymbol{A}$ 的逆矩阵是唯一的.

因为假设 $\boldsymbol{B}$，$\boldsymbol{C}$ 都是 $\boldsymbol{A}$ 的逆矩阵，由逆矩阵的定义，则有

$$\boldsymbol{AB} = \boldsymbol{BA} = \boldsymbol{E}, \boldsymbol{AC} = \boldsymbol{CA} = \boldsymbol{E},$$

因此

$$\boldsymbol{B} = \boldsymbol{EB} = (\boldsymbol{CA})\boldsymbol{B} = \boldsymbol{C}(\boldsymbol{AB}) = \boldsymbol{CE} = \boldsymbol{C},$$

所以 A 的逆矩阵是唯一的. 因此, A 的逆矩阵记为 A^{-1} 最为合适.

以下讨论逆矩阵的性质.

性质 1 若 A 可逆, 则 A^{-1} 亦可逆, 且 $(A^{-1})^{-1}=A$.

证 因 A 可逆, 由可逆定义, $A^{-1}A=AA^{-1}=E$, 所以 $(A^{-1})^{-1}=A$.

性质 2 若 A 可逆, 数 $\lambda\neq 0$, 则 λA 可逆, 且 $(\lambda A)^{-1}=\frac{1}{\lambda}A^{-1}$.

证 因为 $(\lambda A)\left(\frac{1}{\lambda}A^{-1}\right)=\left(\lambda\cdot\frac{1}{\lambda}\right)AA^{-1}=1E=E$, 所以 $(\lambda A)^{-1}=\frac{1}{\lambda}A^{-1}$.

性质 3 若 A, B 为同阶矩阵且均可逆, 则 AB 亦可逆, 且 $(AB)^{-1}=B^{-1}A^{-1}$.

证 因为 A, B 可逆, 所以存在 A^{-1}, B^{-1}, 且有

$$(AB)(B^{-1}A^{-1})=A(BB^{-1})A^{-1}=AEA^{-1}=AA^{-1}=E;$$

$$(B^{-1}A^{-1})(AB)=B^{-1}(A^{-1}A)B=B^{-1}EB=B^{-1}B=E,$$

所以 AB 是可逆矩阵, 且 $(AB)^{-1}=B^{-1}A^{-1}$.

性质 3 可以推广到有限个可逆矩阵乘积的情况, 即已知 A_1, $A_2,\cdots,A_n$ 为同阶且可逆矩阵, 则

$$(A_1A_2\cdots A_n)^{-1}=A_n{}^{-1}\cdots A_2{}^{-1}A_1{}^{-1}.$$

性质 4 若 A 可逆, 则 A^{T} 也可逆, 且 $(A^{\mathrm{T}})^{-1}=(A^{-1})^{\mathrm{T}}$.

证 因为 A 可逆, $AA^{-1}=A^{-1}A=E$, 所以 $(AA^{-1})^{\mathrm{T}}=(A^{-1}A)^{\mathrm{T}}=E^{\mathrm{T}}$, 由矩阵转置的运算规律 (4) 可知前式为 $(A^{-1})^{\mathrm{T}}A^{\mathrm{T}}=A^{\mathrm{T}}(A^{-1})^{\mathrm{T}}=E$, 因此 A^{T} 可逆, 且 $(A^{\mathrm{T}})^{-1}=(A^{-1})^{\mathrm{T}}$.

当 A 可逆时, 定义 $A^0=E$, $A^{-k}=(A^{-1})^k$, 其中 $k\in\mathbb{Z}^+$, 则有

$$A^{\lambda}A^{\mu}=A^{\mu}A^{\lambda}=A^{\lambda+\mu},(A^{\lambda})^{\mu}=(A^{\mu})^{\lambda}=A^{\lambda\mu}(\lambda,\mu\in\mathbb{Z}).$$

如果已经给出矩阵的具体元素, 通常用待定系数法求其逆矩阵, 而对于抽象矩阵, 其逆矩阵只能通过定义来求, 逆矩阵的其他求法在后面的章节中还会详细叙述.

例 9 设矩阵 $A=\begin{pmatrix}2&1\\-1&0\end{pmatrix}$, 求 A 的逆矩阵.

解 设 $\boldsymbol{B}=\begin{pmatrix} a & b \\ c & d \end{pmatrix}$ 是 $\boldsymbol{A}$ 的逆矩阵，则由

$$\boldsymbol{AB}=\begin{pmatrix} 2 & 1 \\ -1 & 0 \end{pmatrix}\begin{pmatrix} a & b \\ c & d \end{pmatrix}=\begin{pmatrix} \underline{\qquad} & \underline{\qquad} \\ \underline{\qquad} & \underline{\qquad} \end{pmatrix},$$

可得

$$\begin{pmatrix} 2a+c & 2b+d \\ -a & -b \end{pmatrix}=\begin{pmatrix} \underline{\qquad} & \underline{\qquad} \\ \underline{\qquad} & \underline{\qquad} \end{pmatrix},$$

即有

$$\begin{cases} 2a+c=1 \\ 2b+d=0 \\ -a=0 \\ -b=1 \end{cases}, \quad 解得\begin{cases} a=0 \\ b=-1 \\ c=1 \\ d=2 \end{cases},$$

则

$$\boldsymbol{B}=\begin{pmatrix} 0 & -1 \\ 1 & 2 \end{pmatrix}.$$

可以验证 $\boldsymbol{BA}=\boldsymbol{AB}=\boldsymbol{E}$，所以

$$\boldsymbol{A}^{-1}=\boldsymbol{B}=\begin{pmatrix} 0 & -1 \\ 1 & 2 \end{pmatrix}.$$

例 10 设方阵 $\boldsymbol{A}$ 满足 $\boldsymbol{A}^2-\boldsymbol{A}-2\boldsymbol{E}=\boldsymbol{O}$，证明 $\boldsymbol{A}$ 及 $\boldsymbol{A}+2\boldsymbol{E}$ 都可逆，并求 $\boldsymbol{A}^{-1}$ 及 $(\boldsymbol{A}+2\boldsymbol{E})^{-1}$.

证 由 $\boldsymbol{A}^2-\boldsymbol{A}-2\boldsymbol{E}=\boldsymbol{O}$，可推得 $\boldsymbol{A}(\underline{\qquad})=2\boldsymbol{E}$，$(\boldsymbol{A}-\boldsymbol{E})\boldsymbol{A}=2\boldsymbol{E}$，从而有

$$\boldsymbol{A}\left[\frac{1}{2}(\boldsymbol{A}-\boldsymbol{E})\right]=\boldsymbol{E},\left[\frac{1}{2}(\boldsymbol{A}-\boldsymbol{E})\right]\boldsymbol{A}=\boldsymbol{E},$$

故由定义可知，$\boldsymbol{A}$ 可逆，且

$$\boldsymbol{A}^{-1}=\frac{1}{2}(\boldsymbol{A}-\boldsymbol{E}).$$

由 $\boldsymbol{A}^2-\boldsymbol{A}-2\boldsymbol{E}=\boldsymbol{O}$，得 $\boldsymbol{A}^2-\boldsymbol{A}-6\boldsymbol{E}+4\boldsymbol{E}=\boldsymbol{O}$，可推得 $(\boldsymbol{A}+2\boldsymbol{E})(\underline{\qquad})=-4\boldsymbol{E}$，$(\boldsymbol{A}-3\boldsymbol{E})(\boldsymbol{A}+2\boldsymbol{E})=-4\boldsymbol{E}$，从而有

$$(\boldsymbol{A}+2\boldsymbol{E})\left[\frac{1}{4}(3\boldsymbol{E}-\boldsymbol{A})\right]=\boldsymbol{E},\left[\frac{1}{4}(3\boldsymbol{E}-\boldsymbol{A})\right](\boldsymbol{A}+2\boldsymbol{E})=\boldsymbol{E},$$

故由定义可知，$\boldsymbol{A}+2\boldsymbol{E}$ 可逆，且

$$(A+2E)^{-1}=\frac{1}{4}(3E-A).$$

以后可以进一步证明，若 A，B 为 n 阶方阵，且 $AB=E$（或 $BA=E$），则 A,B 均有逆矩阵，且 $A=B^{-1}$，$B=A^{-1}$（2.5 节定理5的推论）. 据此可简化例 10 的证明.

练　习

• **选择题**

1. 设矩阵 A 为3行5列，矩阵 B 为5行4列，矩阵 C 为4行6列，则矩阵 ABC 为（　　）.

(A) 3行4列　　(B) 3行6列

(C) 5行4列　　(D) 5行6列

2. 设 A，B 均为 n 阶可逆矩阵，则下列各式中不正确的是（　　）.

(A) $(A+B)^{\mathrm{T}}=A^{\mathrm{T}}+B^{\mathrm{T}}$

(B) $(A+B)^{-1}=A^{-1}+B^{-1}$

(C) $(AB)^{-1}=B^{-1}A^{-1}$

(D) $(AB)^{\mathrm{T}}=B^{\mathrm{T}}A^{\mathrm{T}}$

• **填空题**

3. 已知 $A=\begin{pmatrix}1&2\\3&4\end{pmatrix}$，$B=\begin{pmatrix}1&0\\1&2\end{pmatrix}$，则 $AB=$ ________.

4. 设 $A=\begin{pmatrix}1&-2\\3&1\end{pmatrix}$，$B=\begin{pmatrix}2&1\\0&3\end{pmatrix}$，$C=(2,-1)$，则 $(A-B)C^{\mathrm{T}}=$ ________.

• **计算题**

5. 对1.1节练习第2题中的矩阵 A 和 B，(1) 计算 $A+B$ 与 $B-A$，并说明其经济意义；(2) 计算 $\frac{1}{2}(A+B)$，并说明其经济意义.

6. 设 $A=\begin{pmatrix}2&1&4&0\\1&-1&3&4\end{pmatrix}$，$B=\begin{pmatrix}1&3&1\\0&-1&2\\1&-3&1\\4&0&-2\end{pmatrix}$，用两种方法求 $(AB)^{\mathrm{T}}$.

7. 设 $A=\begin{pmatrix}1\\2\end{pmatrix}(1,1)$，求(1)$A$；(2)$A^n$.

8. 设方阵 A 满足 $A^2-5A+4E=O$，证明 A 及 $A-3E$ 都可逆，并求 A^{-1} 及 $(A-3E)^{-1}$.

1.3 初等变换与初等矩阵

矩阵的初等变换是线性代数中一种十分重要的基本运算和工具，它在化简矩阵、解线性方程组、求逆矩阵等方面都起着重要的作用. 本节介绍矩阵的初等变换、初等矩阵以及两者之间的关系，并讨论初等变换在矩阵的化简、求逆矩阵以及求解矩阵方程中的应用.

1.3.1 初等变换

在中学里，我们已经学习了用加减消元法求解二元一次、三元一次方程组，其基本思想是通过对方程组施行一系列同解变形，消去一些方程中的未知量（称为消元），把方程组化成容易求解的同解方程组. 下面通过例子回顾一下这种方法.

例 11 解线性方程组

$$\begin{cases} 2x_1 + x_2 - 3x_3 = 9 \\ x_1 + x_2 + x_3 = 4 \\ 3x_1 + 5x_2 + 2x_3 = 32 \end{cases}. \tag{1.3}$$

解 交换式（1.3）中的第一、第二个方程的位置，得

$$\begin{cases} x_1 + x_2 + x_3 = 4 \\ 2x_1 + x_2 - 3x_3 = 9 \\ 3x_1 + 5x_2 + 2x_3 = 32 \end{cases}. \tag{1.4}$$

把式（1.4）中第一个方程的 -2、-3 倍分别加到第二、第三个方程上，得

$$\begin{cases} x_1 + x_2 + x_3 = 4 \\ \quad - x_2 - 5x_3 = 1 \\ \quad 2x_2 - x_3 = \underline{\qquad} \end{cases}. \tag{1.5}$$

把式（1.5）中将第二个方程乘以 2 加到第三个方程上，得

$$\begin{cases} x_1 + x_2 + x_3 = 4 \\ \quad - x_2 - 5x_3 = 1 \\ \qquad - 11x_3 = 22 \end{cases}. \tag{1.6}$$

方程组（1.6）具有这样的特点：自上而下未知量的个数依次减少成为阶梯状，称这样的方程组为**行阶梯形方程组**. 在式（1.6）中，第三个方程两边乘以 $-\dfrac{1}{11}$，得 $x_3 = -2$；将 $x_3 = -2$ 代入第二个方程，得 $x_2 = 9$；再将 $x_2 = 9$，$x_3 = -2$ 代入第一个方程得 $x_1 = -3$，从而式（1.3）的解为

$$x_1 = -3, x_2 = 9, x_3 = -2 .$$

分析例 11 不难发现，以上过程对线性方程组反复进行了三种变换：

（1）交换两个线性方程的位置；

（2）用一个非零的数 k 乘以某个线性方程；

（3）把一个线性方程的 k 倍加到另外一个线性方程上去.

这三种变换不改变线性方程组的解，是同解的变换，将这些变换称为**线性方程组的初等行变换**. 通过上例可以看出，线性方程组的初等行变换只是对线性方程组的系数和常数项进行了运算，而未知量并未参与运算，因此整个消元过程都可在线性方程组对应的增广矩阵上进行. 为此，可以对照线性方程组的初等行变换引入矩阵初等变换的概念.

定义 13 下面的三种变换称为矩阵的**初等行变换**：

(1) 交换矩阵 $\boldsymbol{A}$ 的第 i,j 两行（记为 $r_i \leftrightarrow r_j$）；

(2) 数 $k(k \neq 0)$ 乘以矩阵 $\boldsymbol{A}$ 的第 i 行（记作 $r_i \times k$）；

(3) 矩阵 $\boldsymbol{A}$ 第 j 行所有元素乘以 k 加到第 i 行对应元素上（记作 $r_i + kr_j$）.

若该定义中的行换成列，则称为矩阵的**初等列变换**. 把上面的记号中 r 换成 c，则三种列变换可记为：$c_i \leftrightarrow c_j$；$c_i \times k$；$c_i + kc_j$.

矩阵的初等行变换与初等列变换，统称为矩阵的**初等变换**.

以下讨论初等变换的可逆性.

对矩阵实施交换两行（两列）变换后，再继续交换同样的两行（两列），则矩阵又变换成原先的矩阵. 从这种意义讲，交换两行（两列）变换是可逆的，称其为可逆变换. 第二次变换使矩阵又变换成自身，是第一次变换的逆变换，因此交换两行（两列）的变换，其逆变换是其自身.

同理，数 $k(k \neq 0)$ 乘矩阵某一行（一列）的初等行（列）变换的逆变换是以数 $\dfrac{1}{k}$ 乘以矩阵相同行（列）的初等行（列）变换.

另外，把矩阵某一行（列）乘以数 k 加到另一行（一列）上去的初等行（列）变换也是可逆变换，其逆变换是将矩阵相同行（相同列）乘以 $-k$ 加到相同的另一行（相同另一列）上去的初等行（列）变换.

1.3.2 矩阵的等价、行阶梯形矩阵与行最简形矩阵

定义 14 若矩阵 $\boldsymbol{A}$ 经过有限次初等行变换变成矩阵 $\boldsymbol{B}$，称**矩阵 $\boldsymbol{A}$ 与 $\boldsymbol{B}$ 行等价**，**记作 $\boldsymbol{A} \overset{r}{\sim} \boldsymbol{B}$**；若矩阵 $\boldsymbol{A}$ 经过有限次初等列变换变成矩阵 $\boldsymbol{B}$，称**矩阵 $\boldsymbol{A}$ 与 $\boldsymbol{B}$ 列等价**，**记作** $\boldsymbol{A} \overset{c}{\sim} \boldsymbol{B}$；若矩阵 $\boldsymbol{A}$ 经过有限次

初等变换变成矩阵 $\boldsymbol{B}$，称矩阵 $\boldsymbol{A}$ 与 $\boldsymbol{B}$ 等价，记作 $\boldsymbol{A} \sim \boldsymbol{B}$.

矩阵的等价关系具有下列性质：

(1) 反身性　$\boldsymbol{A} \sim \boldsymbol{A}$；

(2) 对称性　若 $\boldsymbol{A} \sim \boldsymbol{B}$，则 $\boldsymbol{B} \sim \boldsymbol{A}$；

注：由于矩阵的初等变换是可逆变换，所以若矩阵 $\boldsymbol{A}$ 经过有限次初等变换变成矩阵 $\boldsymbol{B}$，则矩阵 $\boldsymbol{B}$ 也可以经过有限次初等变换变成矩阵 $\boldsymbol{A}$.

(3) 传递性　若 $\boldsymbol{A} \sim \boldsymbol{B}$，$\boldsymbol{B} \sim \boldsymbol{C}$，则 $\boldsymbol{A} \sim \boldsymbol{C}$.

对线性方程组施行一次初等行变换，相当于对它的增广矩阵施行一次对应的初等行变换，因而解线性方程组相当于对增广矩阵进行初等行变换. 例如，用线性方程组增广矩阵的初等行变换表示例11的消元过程就是

$$\begin{pmatrix} 2 & 1 & -3 & 9 \\ 1 & 1 & 1 & 4 \\ 3 & 5 & 2 & 32 \end{pmatrix} \overset{r_1 \leftrightarrow r_2}{\sim} \begin{pmatrix} 1 & 1 & 1 & 4 \\ 2 & 1 & -3 & 9 \\ 3 & 5 & 2 & 32 \end{pmatrix} \underset{r_3-3r_1}{\overset{r_2-2r_1}{\sim}} \begin{pmatrix} 1 & 1 & 1 & 4 \\ 0 & -1 & -5 & 1 \\ 0 & 2 & -1 & 20 \end{pmatrix}$$

$$\overset{r_3+2r_2}{\sim} \begin{pmatrix} 1 & 1 & 1 & 4 \\ 0 & -1 & -5 & 1 \\ 0 & 0 & -11 & 22 \end{pmatrix} \overset{-\frac{1}{11}r_3}{\sim} \begin{pmatrix} 1 & 1 & 1 & 4 \\ 0 & -1 & -5 & 1 \\ 0 & 0 & 1 & -2 \end{pmatrix} \underset{r_2+5r_3}{\overset{r_1-r_3}{\sim}} \begin{pmatrix} 1 & 1 & 0 & 6 \\ 0 & -1 & 0 & -9 \\ 0 & 0 & 1 & -2 \end{pmatrix}$$

$$\underset{-r_2}{\overset{r_1+r_2}{\sim}} \begin{pmatrix} 1 & 0 & 0 & -3 \\ 0 & 1 & 0 & 9 \\ 0 & 0 & 1 & -2 \end{pmatrix}.$$

与最后一个增广矩阵对应的线性方程组为

$$\begin{cases} x_1 \qquad\qquad = -3 \\ \qquad x_2 \qquad = 9 \\ \qquad\qquad x_3 = -2 \end{cases}.$$

因此方程组（1.3）有唯一解，这个结果和消元法一致.

上面与阶梯形方程组对应的最后四个矩阵，从行的角度看起来像阶梯形状的矩阵，这种行阶梯形状的矩阵是线性代数中一种重要的矩阵.

行阶梯形状的矩阵还有如

$$\begin{pmatrix}1&0&2&0&-2\\0&1&-1&-1&-1\\0&0&0&1&4\\0&0&0&0&0\end{pmatrix},\begin{pmatrix}1&0&2&0&-2\\0&1&-1&0&3\\0&0&0&1&4\\0&0&0&0&0\end{pmatrix}.$$

定义 15 矩阵 $\boldsymbol{A}$ 称为**行阶梯形矩阵**，若矩阵经过初等行变换具有如下特点：

(1) 可画出一条阶梯线，线的下方元素全是 0；

(2) 每个台阶只有一行，台阶数就是非零行的行数；

(3) 阶梯线的竖线（每段竖线的长度为一行）后面的第一个元素为非零元.

若矩阵是行阶梯形矩阵，其每一非零行的第一个非零元素均为 1，且第一个非零元素 1 所在列的其他元素都是 0，则称该矩阵为**行最简形矩阵**.

一般来说，任何 $m\times n$ 矩阵 $\boldsymbol{A}$ 经过有限次初等行变换均可化为行阶梯形及行最简形矩阵. 即：

定理 1 任意矩阵，行等价于一个行最简形矩阵.

证明略.

例 12 设 $\boldsymbol{B}=\begin{pmatrix}2&3&1&-3&-7\\1&2&0&-2&-4\\3&-2&8&3&0\\2&-3&7&4&3\end{pmatrix}$，将矩阵 $\boldsymbol{B}$ 化为行最简形矩阵，并指出在矩阵变换过程中哪些矩阵是行阶梯形矩阵.

解

$$\boldsymbol{B}=\begin{pmatrix}2&3&1&-3&-7\\1&2&0&-2&-4\\3&-2&8&3&0\\2&-3&7&4&3\end{pmatrix}\overset{r_1\leftrightarrow r_2}{\sim}\begin{pmatrix}1&2&0&-2&-4\\2&3&1&-3&-7\\3&-2&8&3&0\\2&-3&7&4&3\end{pmatrix}=\boldsymbol{B}_1$$

$$\underset{\substack{r_3-3r_1\\r_4-2r_1}}{\overset{r_2-2r_1}{\sim}}\begin{pmatrix}1&2&0&-2&-4\\\underline{\quad}&-1&1&1&1\\\underline{\quad}&-8&8&9&12\\\underline{\quad}&-7&7&8&11\end{pmatrix}=\boldsymbol{B}_2\underset{\substack{r_3-8r_2\\r_4-7r_2}}{\overset{r_1+2r_2}{\sim}}\begin{pmatrix}1&0&2&0&-2\\0&-1&1&1&1\\0&\underline{\quad}&0&1&4\\0&\underline{\quad}&0&1&4\end{pmatrix}=\boldsymbol{B}_3$$

$$\underset{r_4-r_3}{\overset{r_2\times(-1)}{\sim}}\begin{pmatrix}1&0&2&0&-2\\0&1&-1&-1&-1\\0&0&0&1&4\\0&0&0&0&0\end{pmatrix}=\boldsymbol{B}_4\overset{r_2+r_3}{\sim}\begin{pmatrix}1&0&2&0&-2\\0&1&-1&\text{—}&3\\0&0&0&1&4\\0&0&0&0&0\end{pmatrix}=\boldsymbol{B}_5,$$

其中 $\boldsymbol{B}_4,\boldsymbol{B}_5$ 是行阶梯形矩阵, $\boldsymbol{B}_5$ 也是行最简形矩阵.

需要指出的是，可以证明任意一个矩阵的行最简形矩阵是唯一的（证略）.

若对上面的行最简形矩阵再施行初等列变换，则可化为一种更简单的矩阵，如

$$\boldsymbol{B}_5=\begin{pmatrix}1&0&2&0&-2\\0&1&-1&0&3\\0&0&0&1&4\\0&0&0&0&0\end{pmatrix}\underset{\substack{c_4-2c_1+c_2\\c_5+2c_1-3c_2-4c_3}}{\overset{c_3\leftrightarrow c_4}{\sim}}\begin{pmatrix}1&0&0&0&0\\0&1&0&0&0\\0&0&1&0&0\\0&0&0&0&0\end{pmatrix}.$$

一般来说，任何 $m\times n$ 矩阵 $\boldsymbol{A}$ ，经过有限次初等变换均可化为如下形式，其特点为矩阵的左上角为一个单位阵，其余元素为0，即

$$\boldsymbol{F}=\begin{pmatrix}1&\cdots&0&0&\cdots&0\\\vdots&&\vdots&\vdots&&\vdots\\0&\cdots&1&0&\cdots&0\\0&\cdots&0&0&\cdots&0\\\vdots&&\vdots&\vdots&&\vdots\\0&\cdots&0&0&\cdots&0\end{pmatrix},\text{记为 }\boldsymbol{F}=\begin{pmatrix}\boldsymbol{E}_r&\boldsymbol{O}\\\boldsymbol{O}&\boldsymbol{O}\end{pmatrix}_{m\times n},$$

$\boldsymbol{F}$ 称为矩阵 $\boldsymbol{A}$ 的标准形. 易见，矩阵的标准形由 m,n,r 三个数完全确定，其中 r 就是行阶梯形矩阵中非零行的行数.

注: $\boldsymbol{F}=\begin{pmatrix}\boldsymbol{E}_r&\boldsymbol{O}\\\boldsymbol{O}&\boldsymbol{O}\end{pmatrix}_{m\times n}$ 是分块矩阵，其中的 $\boldsymbol{E}_r$ ，$\boldsymbol{O}$ 均是子块. 分块矩阵及子块的内容将在下节介绍.

定理2 任一矩阵 $\boldsymbol{A}_{m\times n}$ 等价于一个标准形矩阵 $\boldsymbol{F}=\begin{pmatrix}\boldsymbol{E}_r&\boldsymbol{O}\\\boldsymbol{O}&\boldsymbol{O}\end{pmatrix}_{m\times n}$.

证明略.

1.3.3 初等矩阵

（1）初等矩阵的定义

定义16 由单位阵 $\boldsymbol{E}$ 经一次初等行变换（或列变换）得到的矩阵，称为初等矩阵.

每一种初等变换都可以生成一种初等矩阵. 三种初等变换对应以下三种初等矩阵:

1）**对换矩阵**：交换 $\boldsymbol{E}$ 的第 i,j 行（列），得到的矩阵为

$$\boldsymbol{E}(i,j)=\begin{pmatrix}1&&&&&&&&\\&\ddots&&&&&&&\\&&1&&&&&&\\&&&0&\cdots&1&&&\\&&&&1&&&&\\&&&\vdots&\ddots&\vdots&&&\\&&&&&1&&&\\&&&1&\cdots&0&&&\\&&&&&&1&&\\&&&&&&&\ddots&\\&&&&&&&&1\end{pmatrix}\begin{matrix}\\\\\\\leftarrow\text{第 } i \text{ 行}\\\\\\\\\leftarrow\text{第 } j \text{ 行}\\\\\\\\\end{matrix};$$

2）**倍乘矩阵**：$\boldsymbol{E}$ 的第 i 行（列）乘以 $k(k\neq0)$，得到的矩阵为

$$\boldsymbol{E}(i(k))=\begin{pmatrix}1&&&&&&\\&\ddots&&&&&\\&&1&&&&\\&&&k&&&\\&&&&1&&\\&&&&&\ddots&\\&&&&&&1\end{pmatrix}\leftarrow\text{第 } i \text{ 行}\quad(k\neq0);$$

$$\uparrow$$

第 i 列

3）**倍加矩阵**：$\boldsymbol{E}$ 第 j 行所有元素乘 k 加到第 i 行对应元素上，或者 $\boldsymbol{E}$ 第 i 列所有元素乘 k 加到第 j 列对应元素上，得到的矩阵为

$$\boldsymbol{E}(i,j(k))=\begin{pmatrix}1&&&&&\\&\ddots&&&&\\&&1&\cdots&k&&\\&&&\ddots&\vdots&&\\&&&&1&&\\&&&&&\ddots&\\&&&&&&1\end{pmatrix}\begin{matrix}\\\\\leftarrow\text{第 } i \text{ 行}\\\\\leftarrow\text{第 } j \text{ 行}\\\\\\\end{matrix}.$$

$$\uparrow\qquad\uparrow$$

第 i 列　第 j 列

初等矩阵与初等变换有着非常密切的关系.

先看一个例子.

例 13 $\boldsymbol{A}=\begin{pmatrix}a&b&c\\1&2&3\\x&y&z\end{pmatrix}$，$\boldsymbol{P}_1=\begin{pmatrix}1&0&0\\0&0&1\\0&1&0\end{pmatrix}$，$\boldsymbol{P}_2=\begin{pmatrix}1&0&0\\0&3&0\\0&0&1\end{pmatrix}$，

$\boldsymbol{P}_3=\begin{pmatrix}1&0&0\\0&1&2\\0&0&1\end{pmatrix}$，求 $\boldsymbol{P}_1\boldsymbol{A},\boldsymbol{P}_2\boldsymbol{A},\boldsymbol{P}_3\boldsymbol{A},\boldsymbol{A}\boldsymbol{P}_1,\boldsymbol{A}\boldsymbol{P}_2,\boldsymbol{A}\boldsymbol{P}_3$.

解 $\boldsymbol{P}_1,\boldsymbol{P}_2,\boldsymbol{P}_3$ 都是初等矩阵，$\boldsymbol{P}_1=\boldsymbol{E}_3(2,3)$，可以看成 3 阶单位矩阵 $\boldsymbol{E}_3$ 交换第 2 行和第 3 行得到的，也可以看成 $\boldsymbol{E}_3$ 交换第 2 列和第 3 列得到的；$\boldsymbol{P}_2=\boldsymbol{E}_3(2(3))$，可以看成 $\boldsymbol{E}_3$ 的第 2 行元素同时乘以 3，也可以看成第 2 列元素同时乘以 3；$\boldsymbol{P}_3=\boldsymbol{E}_3(2,3(2))$，可以看成 $\boldsymbol{E}_3$ 的第 3 行每个元素乘以 2 分别加到第 2 行上，也可以看成 $\boldsymbol{E}_3$ 的第 2 列每个元素乘以 2 分别加到第 3 列上.

由矩阵乘法得

$$\boldsymbol{P}_1\boldsymbol{A}=\begin{pmatrix}1&0&0\\0&0&1\\0&1&0\end{pmatrix}\begin{pmatrix}a&b&c\\1&2&3\\x&y&z\end{pmatrix}=\begin{pmatrix}a&b&c\\\_\_&\_\_&\_\_\\\_\_&\_\_&\_\_\end{pmatrix},$$

$$\boldsymbol{A}\boldsymbol{P}_1=\begin{pmatrix}a&b&c\\1&2&3\\x&y&z\end{pmatrix}\begin{pmatrix}1&0&0\\0&0&1\\0&1&0\end{pmatrix}=\begin{pmatrix}a&\_\_&\_\_\\1&\_\_&\_\_\\x&\_\_&\_\_\end{pmatrix},$$

可见，用 $\boldsymbol{P}_1$ 左乘以 $\boldsymbol{A}$ 相当于交换了 $\boldsymbol{A}$ 的第 2 行和第 3 行，用 $\boldsymbol{P}_1$ 右乘以 $\boldsymbol{A}$ 相当于交换了 $\boldsymbol{A}$ 的第 2 列和第 3 列 .

$$\boldsymbol{P}_2\boldsymbol{A}=\begin{pmatrix}1&0&0\\0&3&0\\0&0&1\end{pmatrix}\begin{pmatrix}a&b&c\\1&2&3\\x&y&z\end{pmatrix}=\begin{pmatrix}a&b&c\\\_\_&\_\_&\_\_\\x&y&z\end{pmatrix},$$

$$\boldsymbol{A}\boldsymbol{P}_2=\begin{pmatrix}a&b&c\\1&2&3\\x&y&z\end{pmatrix}\begin{pmatrix}1&0&0\\0&3&0\\0&0&1\end{pmatrix}=\begin{pmatrix}a&\_\_&c\\1&\_\_&3\\x&\_\_&z\end{pmatrix},$$

可见，用 $\boldsymbol{P}_2$ 左乘以 $\boldsymbol{A}$ 相当于将 $\boldsymbol{A}$ 的第 2 行每个元素同时乘以 3，用 $\boldsymbol{P}_2$ 右乘以 $\boldsymbol{A}$ 相当于将 $\boldsymbol{A}$ 的第 2 列每个元素同时乘以 3 .

$$\boldsymbol{P}_3\boldsymbol{A}=\begin{pmatrix}1&0&0\\0&1&2\\0&0&1\end{pmatrix}\begin{pmatrix}a&b&c\\1&2&3\\x&y&z\end{pmatrix}=\begin{pmatrix}a&b&c\\\_\_\_&\_\_\_&\_\_\_\\x&y&z\end{pmatrix},$$

$$\boldsymbol{AP}_3=\begin{pmatrix}a&b&c\\1&2&3\\x&y&z\end{pmatrix}\begin{pmatrix}1&0&0\\0&1&2\\0&0&1\end{pmatrix}=\begin{pmatrix}a&b&\_\_\_\_\\1&2&\_\_\_\_\\x&y&\_\_\_\_\end{pmatrix}.$$

可见，用 $\boldsymbol{P}_3$ 左乘以 $\boldsymbol{A}$ 相当于将 $\boldsymbol{A}$ 的第 3 行每个元素同时乘以 2 分别加到第 2 行上，用 $\boldsymbol{P}_3$ 右乘以 $\boldsymbol{A}$ 相当于将 $\boldsymbol{A}$ 的第 2 列每个元素同时乘以 2 分别加到第 3 列上.

由以上例子可以看出，以 $\boldsymbol{E}(i,j)$ 左乘以矩阵 $\boldsymbol{A}$，相当于 $r_i\leftrightarrow r_j$；以 $\boldsymbol{E}(i(k))$ $(k\neq0)$ 左乘以矩阵 $\boldsymbol{A}$，相当于 $r_i\times k$；以 $\boldsymbol{E}(i,j(k))$ 左乘以矩阵 $\boldsymbol{A}$，相当于 r_i+kr_j. 以 $\boldsymbol{E}(i,j)$ 右乘以矩阵 $\boldsymbol{A}$，相当于 $c_i\leftrightarrow c_j$；以 $\boldsymbol{E}(i(k))$ 右乘以矩阵 $\boldsymbol{A}$，相当于 $c_i\times k$；以 $\boldsymbol{E}(i,j(k))$ 右乘以矩阵 $\boldsymbol{A}$，则相当于 c_i+kc_j.

通过上面分析，可得：

定理 3 设 $\boldsymbol{A}$ 为 $m\times n$ 矩阵，对 $\boldsymbol{A}$ 施行一次初等行变换，等同于在 $\boldsymbol{A}$ 左边乘以相应的 m 阶初等矩阵；对 $\boldsymbol{A}$ 施行一次初等列变换，等同于在 $\boldsymbol{A}$ 右边乘以相应的 n 阶初等矩阵. 即有

$$\boldsymbol{E}_m(i,j)\boldsymbol{A}_{m\times n}\Leftrightarrow r_i\leftrightarrow r_j,\boldsymbol{A}_{m\times n}\boldsymbol{E}_n(i,j)\Leftrightarrow c_i\leftrightarrow c_j;$$
$$\boldsymbol{E}_m(i(k))\boldsymbol{A}_{m\times n}\Leftrightarrow kr_i,\boldsymbol{A}_{m\times n}\boldsymbol{E}_n(i(k))\Leftrightarrow kc_i;$$
$$\boldsymbol{E}_m(i,j(k))\boldsymbol{A}_{m\times n}\Leftrightarrow r_i+kr_j,\boldsymbol{A}_{m\times n}\boldsymbol{E}_n(i,j(k))\Leftrightarrow c_i+kc_j.$$

证略.

(2) 初等矩阵的可逆性

可以验证有 $\boldsymbol{E}(i,j)\,\boldsymbol{E}(i,j)=\boldsymbol{E}$，因此对换矩阵 $\boldsymbol{E}(i,j)$ 是可逆的，即 $\boldsymbol{E}(i,j)$ 的逆矩阵为其本身 $\boldsymbol{E}(i,j)$；

同理，可以验证 $\boldsymbol{E}(i(k))\boldsymbol{E}(i(\frac{1}{k}))=\boldsymbol{E}(i(\frac{1}{k}))\boldsymbol{E}(i(k))=\boldsymbol{E}$，因此倍乘矩阵 $\boldsymbol{E}(i(k))$ 也是可逆的，即 $\boldsymbol{E}(i(k))$ 的逆矩阵为 $\boldsymbol{E}(i(\frac{1}{k}))$；

另外，可以验证 $\boldsymbol{E}(i,j(-k))\boldsymbol{E}(i,j(k))=\boldsymbol{E}(i,j(k))\boldsymbol{E}(i,j(-k))=\boldsymbol{E}$，因而倍加矩阵 $\boldsymbol{E}(i,j(k))$ 是可逆的，即 $\boldsymbol{E}(i,j(k))$ 的逆矩阵是 $\boldsymbol{E}(i,j(-k))$.

(3) 矩阵的等价与矩阵和初等矩阵的乘积

上述定理 3 建立了矩阵的初等变换及矩阵和初等矩阵相乘之间的联系. 据此我们可以用矩阵乘法的运算规律来研究初等变换的运

算规律，同样地，也可以利用矩阵的初等变换去研究矩阵的乘法.

由定理3及定义16可证下述定理.

定理4 设 $\boldsymbol{A}$，$\boldsymbol{B}$ 均为 $m\times n$ 矩阵，那么：

1）$\boldsymbol{A}\overset{r}{\sim}\boldsymbol{B}$ 的充要条件是存在有限个 m 阶初等矩阵 $\boldsymbol{P}_1,\boldsymbol{P}_2,\cdots,\boldsymbol{P}_s$，使得 $\boldsymbol{P}_s\cdots\boldsymbol{P}_2\boldsymbol{P}_1\boldsymbol{A}=\boldsymbol{B}$；

2）$\boldsymbol{A}\overset{c}{\sim}\boldsymbol{B}$ 的充要条件是存在有限个 n 阶初等矩阵 $\boldsymbol{Q}_1,\boldsymbol{Q}_2,\cdots,\boldsymbol{Q}_t$，使得 $\boldsymbol{A}\boldsymbol{Q}_1\boldsymbol{Q}_2\cdots\boldsymbol{Q}_t=\boldsymbol{B}$；

3）$\boldsymbol{A}\sim\boldsymbol{B}$ 的充要条件是存在有限个 m 阶初等矩阵 $\boldsymbol{P}_1,\boldsymbol{P}_2,\cdots,\boldsymbol{P}_s$ 和有限个 n 阶初等矩阵 $\boldsymbol{Q}_1,\boldsymbol{Q}_2,\cdots,\boldsymbol{Q}_t$，使得 $\boldsymbol{P}_s\cdots\boldsymbol{P}_2\boldsymbol{P}_1\boldsymbol{A}\boldsymbol{Q}_1\boldsymbol{Q}_2\cdots\boldsymbol{Q}_t=\boldsymbol{B}$.

定理5 设 $\boldsymbol{A}$ 与 $\boldsymbol{B}$ 均为 $m\times n$ 矩阵，那么：

1）$\boldsymbol{A}\overset{r}{\sim}\boldsymbol{B}$ 的充要条件是存在 m 阶可逆矩阵 $\boldsymbol{P}$，使得 $\boldsymbol{P}\boldsymbol{A}=\boldsymbol{B}$；

2）$\boldsymbol{A}\overset{c}{\sim}\boldsymbol{B}$ 的充要条件是存在 n 阶可逆矩阵 $\boldsymbol{Q}$，使得 $\boldsymbol{A}\boldsymbol{Q}=\boldsymbol{B}$；

3）$\boldsymbol{A}\sim\boldsymbol{B}$ 的充要条件是存在 m 阶可逆矩阵 $\boldsymbol{P}$ 及 n 阶可逆矩阵 $\boldsymbol{Q}$，使得 $\boldsymbol{P}\boldsymbol{A}\boldsymbol{Q}=\boldsymbol{B}$.

证 1）依据 $\boldsymbol{A}\overset{r}{\sim}\boldsymbol{B}$ 的定义和定理3，有：

$\boldsymbol{A}\overset{r}{\sim}\boldsymbol{B}\Leftrightarrow\boldsymbol{A}$ 经过有限次初等行变换变成 $\boldsymbol{B}$

$\Leftrightarrow$ 存在有限个 m 阶初等矩阵 $\boldsymbol{P}_1,\boldsymbol{P}_2,\cdots,\boldsymbol{P}_s$ 使 $\boldsymbol{P}_s\cdots\boldsymbol{P}_2\boldsymbol{P}_1\boldsymbol{A}=\boldsymbol{B}$，由于初等矩阵均可逆，而其乘积 $\boldsymbol{P}_s\cdots\boldsymbol{P}_2\boldsymbol{P}_1$ 也可逆，令 $\boldsymbol{P}=\boldsymbol{P}_s\cdots\boldsymbol{P}_2\boldsymbol{P}_1$，则有 $\boldsymbol{A}\overset{r}{\sim}\boldsymbol{B}$

$\Leftrightarrow$ 存在 m 阶可逆矩阵 $\boldsymbol{P}$，使 $\boldsymbol{P}\boldsymbol{A}=\boldsymbol{B}$.

类似可证2）和3）. 有兴趣的读者可以自己尝试证明.

定理6 n 阶矩阵 $\boldsymbol{A}$ 为可逆阵的充要条件是 $\boldsymbol{A}$ 可以表示为有限个初等矩阵的乘积.

证 **充分性** 因为初等矩阵均可逆，有限个可逆阵的乘积仍然可逆，所以 $\boldsymbol{A}$ 为可逆阵.

必要性 对于 n 阶矩阵 $\boldsymbol{A}$，设其标准形矩阵为 $\boldsymbol{F}$，则 $\boldsymbol{A}$ 必可经过有限次初等变换化为 $\boldsymbol{F}$，即存在有限个初等矩阵 $\boldsymbol{P}_1,\boldsymbol{P}_2,\cdots,\boldsymbol{P}_s$ 及 $\boldsymbol{Q}_1,\boldsymbol{Q}_2,\cdots,\boldsymbol{Q}_t$，使得

$$\boldsymbol{P}_s\cdots\boldsymbol{P}_2\boldsymbol{P}_1\boldsymbol{A}\boldsymbol{Q}_1\boldsymbol{Q}_2\cdots\boldsymbol{Q}_t=\boldsymbol{F}=\begin{pmatrix}\boldsymbol{E}_r & \boldsymbol{O}\\ \boldsymbol{O} & \boldsymbol{O}\end{pmatrix}.$$

由于 $\boldsymbol{A}$ 可逆，$\boldsymbol{P}_1,\boldsymbol{P}_2,\cdots,\boldsymbol{P}_s$，$\boldsymbol{Q}_1,\boldsymbol{Q}_2,\cdots,\boldsymbol{Q}_t$ 也可逆，所以标准形矩阵 $\boldsymbol{F}$ 也可逆．因此，必有 $r=n$，即 $\boldsymbol{F}=\boldsymbol{E}$．因此

$$\boldsymbol{A}=\boldsymbol{P}_1^{-1}\boldsymbol{P}_2^{-1}\cdots\boldsymbol{P}_s^{-1}\boldsymbol{E}\boldsymbol{Q}_t^{-1}\cdots\boldsymbol{Q}_2^{-1}\boldsymbol{Q}_1^{-1}=\boldsymbol{P}_1^{-1}\boldsymbol{P}_2^{-1}\cdots\boldsymbol{P}_s^{-1}\boldsymbol{Q}_t^{-1}\cdots\boldsymbol{Q}_2^{-1}\boldsymbol{Q}_1^{-1}$$

为有限个初等矩阵的乘积．

推论 方阵 $\boldsymbol{A}$ 为可逆阵的充要条件是 $\boldsymbol{A}\overset{r}{\sim}\boldsymbol{E}$．

证 根据定理 6，方阵 $\boldsymbol{A}$ 为可逆阵 $\Leftrightarrow$ 存在有限个初等矩阵 $\boldsymbol{P}_1$，$\boldsymbol{P}_2,\cdots,\boldsymbol{P}_s$，使得 $\boldsymbol{A}=\boldsymbol{P}_1\boldsymbol{P}_2\cdots\boldsymbol{P}_s \Leftrightarrow$ 记 $\boldsymbol{P}_s^{-1}\cdots\boldsymbol{P}_2^{-1}\boldsymbol{P}_1^{-1}=\boldsymbol{P}$，存在可逆阵 $\boldsymbol{P}$，使得 $\boldsymbol{PA}=\boldsymbol{E}\Leftrightarrow\boldsymbol{A}\overset{r}{\sim}\boldsymbol{E}$．

归纳前面的讨论，有：

$$\text{任意矩阵 }\boldsymbol{A}\ \xrightarrow[\text{左乘有限个初等矩阵}\ \boldsymbol{P}_s\cdots\boldsymbol{P}_2\boldsymbol{P}_1\boldsymbol{A}=\boldsymbol{B}]{\text{有限次初等行变换}\ \boldsymbol{A}\overset{r}{\sim}\boldsymbol{B}}\ \boldsymbol{B}(\text{行最简形矩阵})$$

特别地 $\downarrow$ $\downarrow$

$$\text{可逆阵 }\boldsymbol{A}\ \xrightarrow[\text{左乘有限个初等矩阵}\ \boldsymbol{P}_s\cdots\boldsymbol{P}_2\boldsymbol{P}_1\boldsymbol{A}=\boldsymbol{E}]{\text{有限次初等行变换}\ \boldsymbol{A}\overset{r}{\sim}\boldsymbol{E}}\ \boldsymbol{E}(\text{单位阵})$$

1.3.4 初等变换的应用

矩阵的初等变换是线性代数的一种基本运算，其中尤为重要的是初等行变换，即对一个矩阵施行初等行变换将其化为行阶梯形和行最简形，它的应用十分广泛．这里给出利用初等行变换求逆矩阵以及求解矩阵方程中的方法．

由定理 6 的推论可知，若 $\boldsymbol{A}$ 为可逆阵，则存在有限个初等矩阵 $\boldsymbol{P}_1,\boldsymbol{P}_2,\cdots,\boldsymbol{P}_s$，使得 $\boldsymbol{A}=\boldsymbol{P}_1\boldsymbol{P}_2\cdots\boldsymbol{P}_s$，从而有

$$\boldsymbol{P}_s^{-1}\cdots\boldsymbol{P}_2^{-1}\boldsymbol{P}_1^{-1}\boldsymbol{A}=\boldsymbol{E},$$

$$\boldsymbol{P}_s^{-1}\cdots\boldsymbol{P}_2^{-1}\boldsymbol{P}_1^{-1}=\boldsymbol{A}^{-1}\Rightarrow\boldsymbol{P}_s^{-1}\cdots\boldsymbol{P}_2^{-1}\boldsymbol{P}_1^{-1}\boldsymbol{E}=\boldsymbol{A}^{-1}.$$

这表明，矩阵 $\boldsymbol{A}$ 经过一系列初等行变换可变为单位阵 $\boldsymbol{E}$，而单位阵 $\boldsymbol{E}$ 经过同一系列初等行变换变为 $\boldsymbol{A}^{-1}$．两式可以合成为

$$\boldsymbol{P}_s^{-1}\cdots\boldsymbol{P}_2^{-1}\boldsymbol{P}_1^{-1}(\boldsymbol{A}\vdots\boldsymbol{E})=(\boldsymbol{E}\vdots\boldsymbol{A}^{-1}).$$

相当于对 $n\times 2n$ 矩阵 $(\boldsymbol{A}\vdots\boldsymbol{E})$ 施行初等行变换，将其化为行最简形，当 $\boldsymbol{A}$ 变为单位阵 $\boldsymbol{E}$ 时，原来 $\boldsymbol{E}$ 对应的位置即为 $\boldsymbol{A}^{-1}$．利用矩阵

等价的记号，则有以下结论：

若 $(\boldsymbol{A},\boldsymbol{E}) \overset{r}{\sim} (\boldsymbol{E},\boldsymbol{X})$，则矩阵 $\boldsymbol{A}$ 可逆，且 $\boldsymbol{X}=\boldsymbol{A}^{-1}$．这就是利用初等行变换求逆矩阵的原理.

同样，若 $(\boldsymbol{A},\boldsymbol{B}) \overset{r}{\sim} (\boldsymbol{E},\boldsymbol{X})$，则矩阵 $\boldsymbol{A}$ 可逆，且 $\boldsymbol{X}=\boldsymbol{A}^{-1}\boldsymbol{B}$. 这就是利用初等行变换求解矩阵方程的原理.

类似地，可以得出利用初等列变换求逆矩阵及解矩阵方程的原理.

例 14 设矩阵 $\boldsymbol{A}=\begin{pmatrix}1&-1&3\\2&-1&4\\-1&2&-4\end{pmatrix}$，求 $\boldsymbol{A}^{-1}$.

解

$$(\boldsymbol{A},\underline{\quad})=\begin{pmatrix}1&-1&3&\underline{\quad}&\underline{\quad}&\underline{\quad}\\2&-1&4&\underline{\quad}&\underline{\quad}&\underline{\quad}\\-1&2&-4&\underline{\quad}&\underline{\quad}&\underline{\quad}\end{pmatrix}\underset{r_3+r_1}{\overset{r_2-2r_1}{\sim}}\begin{pmatrix}1&-1&3&1&0&0\\0&1&-2&-2&1&0\\0&1&-1&1&0&1\end{pmatrix}$$

$$\overset{r_3-r_2}{\sim}\begin{pmatrix}1&-1&3&1&0&0\\0&1&-2&-2&1&0\\0&0&1&3&-1&1\end{pmatrix}\underset{r_1-3r_3}{\overset{r_2+2r_3}{\sim}}\begin{pmatrix}1&-1&0&-8&3&-3\\0&1&0&4&-1&2\\0&0&1&3&-1&1\end{pmatrix}$$

$$\overset{r_1+r_2}{\sim}\begin{pmatrix}1&0&0&-4&2&-1\\0&1&0&4&-1&2\\0&0&1&3&-1&1\end{pmatrix}.$$

所以 $\boldsymbol{A}$ 可逆，且

$$\boldsymbol{A}^{-1}=\begin{pmatrix}\underline{\quad}&\underline{\quad}&\underline{\quad}\\\underline{\quad}&\underline{\quad}&\underline{\quad}\\\underline{\quad}&\underline{\quad}&\underline{\quad}\end{pmatrix}.$$

例 15 求解矩阵方程 $\boldsymbol{AX}=\boldsymbol{A}+\boldsymbol{X}$，其中 $\boldsymbol{A}=\begin{pmatrix}2&2&0\\2&1&3\\0&1&0\end{pmatrix}$.

解 原方程可化为 $(\boldsymbol{A}-\boldsymbol{E})\boldsymbol{X}=\boldsymbol{A}$，利用初等行变换法可求得

$$(\underline{\qquad},\boldsymbol{A})=\begin{pmatrix}\underline{\quad}&\underline{\quad}&\underline{\quad}&2&2&0\\\underline{\quad}&\underline{\quad}&\underline{\quad}&2&1&3\\\underline{\quad}&\underline{\quad}&\underline{\quad}&0&1&0\end{pmatrix}\overset{r_2-2r_1}{\sim}\begin{pmatrix}1&2&0&2&2&0\\0&-4&3&-2&-3&3\\0&1&-1&0&1&0\end{pmatrix}$$

$$\overset{r_2\leftrightarrow r_3}{\sim}\begin{pmatrix}1&2&0&2&2&0\\0&1&-1&0&1&0\\0&-4&3&-2&-3&3\end{pmatrix}\overset{r_3+4r_2}{\sim}\begin{pmatrix}1&2&0&2&2&0\\0&1&-1&0&1&0\\0&0&-1&-2&1&3\end{pmatrix}$$

$$\underset{r_3\times(-1)}{\overset{r_2-r_3}{\sim}}\begin{pmatrix}1&2&0&2&2&0\\0&1&0&2&0&-3\\0&0&1&2&-1&-3\end{pmatrix}\overset{r_1-2r_2}{\sim}\begin{pmatrix}1&0&0&-2&2&6\\0&1&0&2&0&-3\\0&0&1&2&-1&-3\end{pmatrix},$$

可见 $\boldsymbol{A}-\boldsymbol{E}$ 可逆，且

$$\boldsymbol{X}=(\boldsymbol{A}-\boldsymbol{E})^{-1}\boldsymbol{A}=\begin{pmatrix}\underline{\quad}&\underline{\quad}&\underline{\quad}\\\underline{\quad}&\underline{\quad}&\underline{\quad}\\\underline{\quad}&\underline{\quad}&\underline{\quad}\end{pmatrix}.$$

练　习

- **选择题**

1. 下列矩阵是初等矩阵的是（　　）.

(A) $\begin{pmatrix}2&0&1\\0&1&0\\1&0&0\end{pmatrix}$　　(B) $\begin{pmatrix}1&0&0\\0&0&1\\0&1&0\end{pmatrix}$

(C) $\begin{pmatrix}1&0&0\\0&\frac{1}{2}&1\\0&0&1\end{pmatrix}$　　(D) $\begin{pmatrix}1&1&0\\0&1&-4\\0&0&1\end{pmatrix}$

2. 设矩阵 $\boldsymbol{A}=\begin{pmatrix}4&0&0\\0&2&0\\0&0&3\end{pmatrix}$，则 $\boldsymbol{A}^{-1}$ 等于（　　）.

(A) $\begin{pmatrix}\frac{1}{3}&0&0\\0&\frac{1}{2}&0\\0&0&\frac{1}{4}\end{pmatrix}$　　(B) $\begin{pmatrix}\frac{1}{4}&0&0\\0&\frac{1}{2}&0\\0&0&\frac{1}{3}\end{pmatrix}$

(C) $\begin{pmatrix}\frac{1}{3}&0&0\\0&\frac{1}{4}&0\\0&0&\frac{1}{2}\end{pmatrix}$　　(D) $\begin{pmatrix}\frac{1}{2}&0&0\\0&\frac{1}{3}&0\\0&0&\frac{1}{4}\end{pmatrix}$

- **填空题**

3. 设 $\boldsymbol{A}=\begin{pmatrix}1&-1\\0&1\end{pmatrix}$，则 $(2\boldsymbol{A})^{-1}=$ ________.

4. 设 $\boldsymbol{A}=\begin{pmatrix}1&2&3\\4&5&6\\7&8&9\end{pmatrix}$，$\boldsymbol{P}=\begin{pmatrix}0&0&1\\0&1&0\\1&0&0\end{pmatrix}$，$\boldsymbol{Q}=\begin{pmatrix}1&0&0\\0&0&1\\0&1&0\end{pmatrix}$，则 $\boldsymbol{P}^{100}\boldsymbol{A}\boldsymbol{Q}^{100}=$ ________.

- **计算题**

5. 设 $\boldsymbol{B}=\begin{pmatrix}2&-1&-1&1&2\\1&1&-2&1&4\\4&-6&2&-2&4\\3&6&-9&7&9\end{pmatrix}$，将矩阵 $\boldsymbol{B}$ 化为行最简形矩阵，并指出在矩阵变换过程中哪些矩阵是行阶梯形矩阵.

6. 设矩阵 $\boldsymbol{A}=\begin{pmatrix}1&2&3\\2&2&1\\3&4&3\end{pmatrix}$，求 $\boldsymbol{A}^{-1}$.

7. 求矩阵 $\boldsymbol{X}$，使 $\boldsymbol{AX}=\boldsymbol{B}$，其中 $\boldsymbol{A}$ 可逆，且 $\boldsymbol{A}=\begin{pmatrix}1&2&3\\2&2&1\\3&4&3\end{pmatrix}$，$\boldsymbol{B}=\begin{pmatrix}2&5\\3&1\\4&3\end{pmatrix}$.

1.4 分块矩阵

本节主要介绍矩阵的分块、分块矩阵的运算以及矩阵的按行、按列分块.

1.4.1 分块矩阵的定义

矩阵的运算及讨论中，当矩阵的行数和列数较高时，有时将它用若干条纵线和横线分成许多小块，这些小块又构成小矩阵，这样的小矩阵称为 $\boldsymbol{A}$ 的**子块**. 以子块形式为元素的矩阵称为**分块矩阵**. 给定一个矩阵，可以按需要将它按不同的方法进行分块. 适当地进行分块，可使矩阵结构简单清晰，方便应用.

例 16 试写出矩阵 $\boldsymbol{A}=\begin{pmatrix}1&0&0&2\\0&1&0&5\\0&0&1&3\\0&0&0&0\end{pmatrix}$ 的三种分块形式.

解 (1) $\boldsymbol{A}=\left(\begin{array}{ccc:c}1&0&0&2\\0&1&0&5\\0&0&1&3\\ \hdashline 0&0&0&0\end{array}\right)=\begin{pmatrix}\boldsymbol{E}&\boldsymbol{D}\\\boldsymbol{O}_1&\boldsymbol{O}_2\end{pmatrix}$，其中 $\boldsymbol{E}=\begin{pmatrix}1&0&0\\0&1&0\\0&0&1\end{pmatrix}$，

$\boldsymbol{D}=\begin{pmatrix}2\\5\\3\end{pmatrix}$，$\boldsymbol{O}_1=(0,0,0)$，$\boldsymbol{O}_2=(0)_{1\times1}$；

(2) $\boldsymbol{A}=\left(\begin{array}{ccc:c}1&0&0&2\\0&1&0&5\\0&0&1&3\\0&0&0&0\end{array}\right)=(\boldsymbol{F},\boldsymbol{b})$，其中 $\boldsymbol{F}=\begin{pmatrix}\underline{\quad}&\underline{\quad}&\underline{\quad}\\\underline{\quad}&\underline{\quad}&\underline{\quad}\\\underline{\quad}&\underline{\quad}&\underline{\quad}\\\underline{\quad}&\underline{\quad}&\underline{\quad}\end{pmatrix}$，

$\boldsymbol{b}=\begin{pmatrix}\underline{\quad}\\\underline{\quad}\\\underline{\quad}\\\underline{\quad}\end{pmatrix}$；

(3) $A=\left(\begin{array}{c:c:c:c}1&0&0&2\\0&1&0&5\\0&0&1&3\\0&0&0&0\end{array}\right)=(a_1,a_2,a_3,b)$，其中 $a_1=\begin{pmatrix}—\\—\\—\\—\end{pmatrix}$, $a_2=\begin{pmatrix}—\\—\\—\\—\end{pmatrix}$, $a_3=\begin{pmatrix}—\\—\\—\\—\end{pmatrix}$, $b=\begin{pmatrix}—\\—\\—\\—\end{pmatrix}$.

注：一个 $m\times n$ 阶矩阵也可以看作以每个 a_{ij} 元素为一个子块的分块矩阵.

1.4.2 分块矩阵的运算

经过分块后，矩阵在形式上成为以它的子块为元素的分块矩阵. 分块矩阵与普通矩阵有着类似的运算规律，运算上把子块当作元素来处理. 这样处理时，运算的两矩阵要可以运算，参与运算的子块之间也要能运算.

（1）设 $A=\begin{pmatrix}A_{11}&\cdots&A_{1r}\\\vdots&&\vdots\\A_{s1}&\cdots&A_{sr}\end{pmatrix}$, $B=\begin{pmatrix}B_{11}&\cdots&B_{1r}\\\vdots&&\vdots\\B_{s1}&\cdots&B_{sr}\end{pmatrix}$, A , B 为同型矩阵，且分块结构相同，

其中对应的子块 A_{ij} 与 B_{ij} 的行数、列数相同，则有

$$A+B=\begin{pmatrix}A_{11}+B_{11}&\cdots&A_{1r}+B_{1r}\\\vdots&&\vdots\\A_{s1}+B_{s1}&\cdots&A_{sr}+B_{sr}\end{pmatrix}.$$

（2）设 $A=\begin{pmatrix}A_{11}&\cdots&A_{1r}\\\vdots&&\vdots\\A_{s1}&\cdots&A_{sr}\end{pmatrix}$, λ 为数，则有

$$\lambda A=\begin{pmatrix}\lambda A_{11}&\cdots&\lambda A_{1r}\\\vdots&&\vdots\\\lambda A_{s1}&\cdots&\lambda A_{sr}\end{pmatrix}.$$

（3）设 A 为 $m\times l$ 矩阵，B 为 $l\times n$ 矩阵，若 A,B 分块成

$$A=\begin{pmatrix}A_{11} & \cdots & A_{1t}\\ \vdots & & \vdots\\ A_{s1} & \cdots & A_{st}\end{pmatrix},B=\begin{pmatrix}B_{11} & \cdots & B_{1r}\\ \vdots & & \vdots\\ B_{t1} & \cdots & B_{tr}\end{pmatrix},$$

其中$A_{i1},A_{i2},\cdots,A_{it}$的列数分别等于$B_{1j},B_{2j},\cdots,B_{tj}$的行数，那么

$$AB=\begin{pmatrix}C_{11} & \cdots & C_{1r}\\ \vdots & & \vdots\\ C_{s1} & \cdots & C_{sr}\end{pmatrix},$$

其中 $$C_{ij}=\sum_{k=1}^{t}A_{ik}B_{kj}(i=1,2,\cdots,s;j=1,2,\cdots,r).$$

（4）设$A=\begin{pmatrix}A_{11} & \cdots & A_{1r}\\ \vdots & & \vdots\\ A_{s1} & \cdots & A_{sr}\end{pmatrix}$，则

$$A^{\mathrm{T}}=\begin{pmatrix}A_{11}^{\mathrm{T}} & \cdots & A_{s1}^{\mathrm{T}}\\ \vdots & & \vdots\\ A_{1r}^{\mathrm{T}} & \cdots & A_{sr}^{\mathrm{T}}\end{pmatrix}.$$

（5）形如

$$A=\begin{pmatrix}A_1 & & & O\\ & A_2 & & \\ & & \ddots & \\ O & & & A_s\end{pmatrix}$$

的分块矩阵，其中$A_i(i=1,2,\cdots,s)$都是方阵，称为**分块对角阵**.

若$A_i(i=1,2,\cdots,s)$可逆，则A可逆，且$A^{-1}=\begin{pmatrix}A_1{}^{-1} & & & O\\ & A_2{}^{-1} & & \\ & & \ddots & \\ O & & & A_s{}^{-1}\end{pmatrix}$，$A^{-1}$还是分块对角阵.

还能注意到，同结构的分块对角阵的和、差、数乘、乘积仍为分块对角阵，且运算表现为对应的子块的运算.

例 17 设 $A=\begin{pmatrix}1&0&0&0\\0&1&0&0\\0&0&-1&0\\0&0&0&-1\end{pmatrix}$，$B=\begin{pmatrix}1&2&0&0\\2&1&0&0\\-1&3&1&0\\0&-2&0&1\end{pmatrix}$，求 λA，$A+B$，AB 及 A^{-1}.

解　把 A,B 分块成

$$A=\left(\begin{array}{cc|cc}1&0&0&0\\0&1&0&0\\\hline 0&0&-1&0\\0&0&0&-1\end{array}\right)=\begin{pmatrix}E&O\\O&-E\end{pmatrix},$$

$$B=\left(\begin{array}{cc|cc}1&2&0&0\\2&1&0&0\\\hline -1&3&1&0\\0&-2&0&1\end{array}\right)=\begin{pmatrix}B_1&O\\B_2&E\end{pmatrix},$$

则

$$\lambda A=\begin{pmatrix}\underline{\qquad}&O\\O&\underline{\qquad}\end{pmatrix}=\left(\begin{array}{cc|cc}\lambda&0&0&0\\0&\lambda&0&0\\\hline 0&0&-\lambda&0\\0&0&0&-\lambda\end{array}\right),$$

$$A+B=\begin{pmatrix}E&O\\O&-E\end{pmatrix}+\begin{pmatrix}B_1&O\\B_2&E\end{pmatrix}=\begin{pmatrix}\underline{\qquad}&O\\\underline{\qquad}&\underline{\qquad}\end{pmatrix}=\left(\begin{array}{cc|cc}2&2&0&0\\2&2&0&0\\\hline -1&3&0&0\\0&-2&0&0\end{array}\right),$$

$$AB=\begin{pmatrix}E&O\\O&-E\end{pmatrix}\begin{pmatrix}B_1&\underline{\qquad}\\B_2&E\end{pmatrix}=\begin{pmatrix}\underline{\qquad}&\underline{\qquad}\\\underline{\qquad}&\underline{\qquad}\end{pmatrix}=\left(\begin{array}{cc|cc}1&2&0&0\\2&1&0&0\\\hline 1&-3&-1&0\\0&2&0&-1\end{array}\right),$$

$$A^{-1}=\begin{pmatrix}\underline{\qquad}&O\\O&\underline{\qquad}\end{pmatrix}=\left(\begin{array}{cc|cc}1&0&0&0\\0&1&0&0\\\hline 0&0&-1&0\\0&0&0&-1\end{array}\right).$$

可以验证，上面的运算结果与直接用原矩阵运算结果是相同的.

下面矩阵按行、按列分块的应用（1）中的有关内容，可以作为乘法分块的特殊情况的证明.

1.4.3 矩阵的按行分块与按列分块

按行与按列分块，是矩阵最为常用的两种分块方法.

对于矩阵 $\boldsymbol{A}=\begin{pmatrix} a_{11} & a_{12} & \cdots & a_{1n} \\ a_{21} & a_{22} & \cdots & a_{2n} \\ \vdots & \vdots & & \vdots \\ a_{m1} & a_{m2} & \cdots & a_{mn} \end{pmatrix}$，若按行分块，且记

$$\boldsymbol{\gamma}_i^{\mathrm{T}}=(a_{i1},a_{i2},\cdots,a_{in})(i=1,2,\cdots,m),$$

则矩阵 $\boldsymbol{A}$ 可表示为

$$\boldsymbol{A}=\begin{pmatrix} a_{11} & a_{12} & \cdots & a_{1n} \\ a_{21} & a_{22} & \cdots & a_{2n} \\ \vdots & \vdots & & \vdots \\ a_{m1} & a_{m2} & \cdots & a_{mn} \end{pmatrix}=\begin{pmatrix} \boldsymbol{\gamma}_1^{\mathrm{T}} \\ \boldsymbol{\gamma}_2^{\mathrm{T}} \\ \vdots \\ \boldsymbol{\gamma}_m^{\mathrm{T}} \end{pmatrix};$$

若按列分块，且记

$$\boldsymbol{\alpha}_j=\begin{pmatrix} a_{1j} \\ a_{2j} \\ \vdots \\ a_{mj} \end{pmatrix}(j=1,2,\cdots,n),$$

则矩阵 $\boldsymbol{A}$ 可表示为

$$\boldsymbol{A}=\begin{pmatrix} a_{11} & a_{12} & \cdots & a_{1n} \\ a_{21} & a_{22} & \cdots & a_{2n} \\ \vdots & \vdots & & \vdots \\ a_{m1} & a_{m2} & \cdots & a_{mn} \end{pmatrix}=(\boldsymbol{\alpha}_1,\boldsymbol{\alpha}_2,\cdots,\boldsymbol{\alpha}_n).$$

下面讨论矩阵按行、按列分块在矩阵乘法及线性方程组中的应用.

(1) 对于矩阵 $\boldsymbol{A}=(a_{ij})_{m\times s},\boldsymbol{B}=(b_{ij})_{s\times n}$ 的乘积矩阵 $\boldsymbol{AB}=\boldsymbol{C}=(c_{ij})_{m\times n}$，将 $\boldsymbol{A}$ 按行分成 m 块，第 i 行记为 $\boldsymbol{\gamma}_i^{\mathrm{T}}=(a_{i1},a_{i2},\cdots,a_{is}),i=1,2,\cdots,m$；$\boldsymbol{B}$ 按列分成 n 块，第 j 列记为 $\boldsymbol{\beta}_j=(b_{1j},b_{2j},\cdots,b_{sj})^{\mathrm{T}}$，

$j=1,2,\cdots,n$，则 $\boldsymbol{AB}$ 可表示为

$$\boldsymbol{AB}=\begin{pmatrix}\boldsymbol{\gamma}_1{}^{\mathrm{T}}\\ \boldsymbol{\gamma}_2{}^{\mathrm{T}}\\ \vdots\\ \boldsymbol{\gamma}_m{}^{\mathrm{T}}\end{pmatrix}(\boldsymbol{\beta}_1,\boldsymbol{\beta}_2,\cdots,\boldsymbol{\beta}_n)=\begin{pmatrix}\boldsymbol{\gamma}_1{}^{\mathrm{T}}\boldsymbol{\beta}_1 & \boldsymbol{\gamma}_1{}^{\mathrm{T}}\boldsymbol{\beta}_2 & \cdots & \boldsymbol{\gamma}_1{}^{\mathrm{T}}\boldsymbol{\beta}_n\\ \boldsymbol{\gamma}_2{}^{\mathrm{T}}\boldsymbol{\beta}_1 & \boldsymbol{\gamma}_2{}^{\mathrm{T}}\boldsymbol{\beta}_2 & \cdots & \boldsymbol{\gamma}_2{}^{\mathrm{T}}\boldsymbol{\beta}_n\\ \vdots & \vdots & & \vdots\\ \boldsymbol{\gamma}_m{}^{\mathrm{T}}\boldsymbol{\beta}_1 & \boldsymbol{\gamma}_m{}^{\mathrm{T}}\boldsymbol{\beta}_2 & \cdots & \boldsymbol{\gamma}_m{}^{\mathrm{T}}\boldsymbol{\beta}_n\end{pmatrix}=(c_{ij})_{m\times n},$$

其中 $$c_{ij}=\boldsymbol{\gamma}_i^{\mathrm{T}}\boldsymbol{\beta}_j=(a_{i1},a_{i2},\cdots,a_{is})\begin{pmatrix}b_{1j}\\ b_{2j}\\ \vdots\\ b_{sj}\end{pmatrix}=\sum_{k=1}^{s}a_{ik}b_{kj}.$$

这与矩阵乘法的定义是一致的.

(2) 对于 n 个未知数、m 个方程的线性方程组

$$\begin{cases}a_{11}x_1+a_{12}x_2+\cdots+a_{1n}x_n=b_1\\ a_{21}x_1+a_{22}x_2+\cdots+a_{2n}x_n=b_2\\ \qquad\vdots\\ a_{m1}x_1+a_{m2}x_2+\cdots+a_{mn}x_n=b_m\end{cases},$$

记系数矩阵 $\boldsymbol{A}=\begin{pmatrix}a_{11} & a_{12} & \cdots & a_{1n}\\ a_{21} & a_{22} & \cdots & a_{2n}\\ \vdots & \vdots & & \vdots\\ a_{m1} & a_{m2} & \cdots & a_{mn}\end{pmatrix}$，未知数向量 $\boldsymbol{x}=\begin{pmatrix}x_1\\ x_2\\ \vdots\\ x_n\end{pmatrix}$，常数项向量 $\boldsymbol{b}=\begin{pmatrix}b_1\\ b_2\\ \vdots\\ b_m\end{pmatrix}$，增广矩阵 $\overline{\boldsymbol{A}}=\begin{pmatrix}a_{11} & a_{12} & \cdots & a_{1n} & b_1\\ a_{21} & a_{22} & \cdots & a_{2n} & b_2\\ \vdots & \vdots & & \vdots & \vdots\\ a_{m1} & a_{m2} & \cdots & a_{mn} & b_m\end{pmatrix}$.

按分块矩阵的记法，有 $\overline{\boldsymbol{A}}=(\boldsymbol{A},\boldsymbol{b})=(\boldsymbol{\alpha}_1,\boldsymbol{\alpha}_2,\cdots,\boldsymbol{\alpha}_n,\boldsymbol{b})$，且上述线性方程组可以写成如下三种形式:

$$\boldsymbol{Ax}=\boldsymbol{b}$$

或 $$\begin{pmatrix}\boldsymbol{\gamma}_1{}^{\mathrm{T}}\\ \boldsymbol{\gamma}_2{}^{\mathrm{T}}\\ \vdots\\ \boldsymbol{\gamma}_m{}^{\mathrm{T}}\end{pmatrix}\boldsymbol{x}=\begin{pmatrix}b_1\\ b_2\\ \vdots\\ b_m\end{pmatrix},$$

或 $(\boldsymbol{\alpha}_1,\boldsymbol{\alpha}_2,\cdots,\boldsymbol{\alpha}_n)\begin{pmatrix}x_1\\x_2\\\vdots\\x_n\end{pmatrix}=\boldsymbol{b}$，亦即 $\boldsymbol{\alpha}_1x_1+\boldsymbol{\alpha}_2x_2+\cdots+\boldsymbol{\alpha}_nx_n=\boldsymbol{b}$，

其中 $\boldsymbol{\gamma}_i^{\mathrm{T}}=(a_{i1},a_{i2},\cdots,a_{in})$，$i=1,2,\cdots,m$，$\boldsymbol{\alpha}_j=\begin{pmatrix}a_{1j}\\a_{2j}\\\vdots\\a_{mj}\end{pmatrix}$，$j=1,2,\cdots,n$.

例 18 设 $\boldsymbol{A}^{\mathrm{T}}\boldsymbol{A}=\boldsymbol{O}$，证明 $\boldsymbol{A}=\boldsymbol{O}$.

证 设 $\boldsymbol{A}=(a_{ij})_{m\times n}$，将 $\boldsymbol{A}$ 按列分块为 $\boldsymbol{A}=(\boldsymbol{\alpha}_1,\boldsymbol{\alpha}_2,\cdots,\boldsymbol{\alpha}_n)$，其中 $\boldsymbol{\alpha}_j=\begin{pmatrix}a_{1j}\\a_{2j}\\\vdots\\a_{mj}\end{pmatrix}$，$j=1,2,\cdots,n$，而 $\boldsymbol{A}^{\mathrm{T}}=(a_{ji})_{n\times m}$，将 $\boldsymbol{A}^{\mathrm{T}}$ 按行分块，即

有 $\boldsymbol{A}^{\mathrm{T}}=\begin{pmatrix}\boldsymbol{\alpha}_1^{\mathrm{T}}\\\boldsymbol{\alpha}_2^{\mathrm{T}}\\\vdots\\\boldsymbol{\alpha}_n^{\mathrm{T}}\end{pmatrix}$，其中 $\boldsymbol{\alpha}_j=\begin{pmatrix}a_{1j}\\a_{2j}\\\vdots\\a_{mj}\end{pmatrix}$，$j=1,2,\cdots,n$，则

$$\boldsymbol{A}^{\mathrm{T}}\boldsymbol{A}=\begin{pmatrix}\boldsymbol{\alpha}_1^{\mathrm{T}}\\\boldsymbol{\alpha}_2^{\mathrm{T}}\\\vdots\\\boldsymbol{\alpha}_n^{\mathrm{T}}\end{pmatrix}(\boldsymbol{\alpha}_1,\boldsymbol{\alpha}_2,\cdots,\boldsymbol{\alpha}_n)=\begin{pmatrix}\boldsymbol{\alpha}_1^{\mathrm{T}}\boldsymbol{\alpha}_1&\boldsymbol{\alpha}_1^{\mathrm{T}}\boldsymbol{\alpha}_2&\cdots&\boldsymbol{\alpha}_1^{\mathrm{T}}\boldsymbol{\alpha}_n\\\boldsymbol{\alpha}_2^{\mathrm{T}}\boldsymbol{\alpha}_1&\boldsymbol{\alpha}_2^{\mathrm{T}}\boldsymbol{\alpha}_2&\cdots&\boldsymbol{\alpha}_2^{\mathrm{T}}\boldsymbol{\alpha}_n\\\vdots&\vdots&&\vdots\\\boldsymbol{\alpha}_n^{\mathrm{T}}\boldsymbol{\alpha}_1&\boldsymbol{\alpha}_n^{\mathrm{T}}\boldsymbol{\alpha}_2&\cdots&\boldsymbol{\alpha}_n^{\mathrm{T}}\boldsymbol{\alpha}_n\end{pmatrix},$$

即 $\boldsymbol{A}^{\mathrm{T}}\boldsymbol{A}$ 的 (i,j) 元为 ____，由 $\boldsymbol{A}^{\mathrm{T}}\boldsymbol{A}=\boldsymbol{O}$，因此有 ____ $=0(i,j=1,2,\cdots,n)$，所以

$$\boldsymbol{\alpha}_j^{\mathrm{T}}\boldsymbol{\alpha}_j=(a_{1j},a_{2j},\cdots,a_{mj})\begin{pmatrix}a_{1j}\\a_{2j}\\\vdots\\a_{mj}\end{pmatrix}=\underline{\qquad\qquad\qquad\qquad}=0(j=1,2,\cdots,n),$$

又 a_{ij} 为实数，所以

$$a_{1j}=a_{2j}=\cdots=a_{mj}=0(j=1,2,\cdots,n),$$

即 $\boldsymbol{A}=\boldsymbol{O}$.

练　　习

• **填空题**

1. 设矩阵 $\boldsymbol{A}=\begin{pmatrix}5&0&0\\0&3&1\\0&2&1\end{pmatrix}$，则 $\boldsymbol{A}^{-1}=$ ________.

• **计算题**

2. 设 $\boldsymbol{A}=\begin{pmatrix}1&0&0&0\\0&1&0&0\\-1&2&1&0\\1&1&0&1\end{pmatrix}$，$\boldsymbol{B}=\begin{pmatrix}1&0&1&0\\-1&2&0&1\\1&0&4&1\\-1&-1&2&0\end{pmatrix}$，求 $\boldsymbol{AB}$.

3. 已知 $\boldsymbol{A}=\begin{pmatrix}1&1&-3&6\\4&-2&3&5\\3&2&-1&4\end{pmatrix}$，$\boldsymbol{B}=\begin{pmatrix}1&0\\-1&1\\2&0\\1&-1\end{pmatrix}$，$\boldsymbol{C}=\begin{pmatrix}0&-5\\17&7\\3&-2\end{pmatrix}$，并且 $\boldsymbol{AB}=\boldsymbol{C}$，$\boldsymbol{B}$ 按列分块为 $\boldsymbol{B}=(\boldsymbol{\beta}_1,\boldsymbol{\beta}_2)$，$\boldsymbol{C}$ 按列分块为 $\boldsymbol{C}=(\boldsymbol{c}_1,\boldsymbol{c}_2)$，验证分块矩阵乘法

$$\boldsymbol{AB}=\boldsymbol{A}(\boldsymbol{\beta}_1,\boldsymbol{\beta}_2)=(\boldsymbol{A\beta}_1,\boldsymbol{A\beta}_2)=(\boldsymbol{c}_1,\boldsymbol{c}_2)=\boldsymbol{C}.$$

4. 求矩阵 $\boldsymbol{A}=\begin{pmatrix}1&0&0&0\\-1&2&0&0\\0&0&4&1\\0&0&2&0\end{pmatrix}$ 的逆矩阵.

1.5 矩阵的创建及操作实验

本节介绍了矩阵的输入方法、矩阵及内部元素的修改，以及常用的矩阵数据操作等内容，还介绍了矩阵的加减、数乘、转置，矩阵的乘法、求逆及化行最简形矩阵的运算等内容.

1.5.1 矩阵的创建

1. 矩阵的直接输入. 输入方式：A = [all a12 a13; a2l a22 a23; a3l a32 a33].

注：元素用空格或逗号间隔，换行用分号分割或用回车分割.

当输入运算程序后面没有“;”时，回车便直接显示运行结果，当语句后面加了“;”时，不显示所生成的变量；要显示时只需键入变量名回车即可.

MATLAB 命令窗口中，输入的命令百分号后的所有文字为注释语句，不参与运算. 例如:% 定义符号变量 x，y.

多条命令可以放在同一行，用逗号或分号分隔.

一条语句也可以写在多行，用三个点表示该语句未完成，续在下一行. 但变量名不能被两行分隔，注释语句不能续行.

例 19 输入矩阵

$$\boldsymbol{A}=\begin{pmatrix}1&2&3&4\\5&6&7&8\\9&0&1&2\end{pmatrix},\boldsymbol{B}=\begin{pmatrix}1&0&0\\0&1&0\\0&0&1\end{pmatrix}.$$

在命令窗口将矩阵 A 输入，并回车. 其运行情况如下：

```
>> A =[1 2 3 4;5 6 7 8;9 0 1 2]
A =
     1     2     3     4
     5     6     7     8
     9     0     1     2
```

在命令窗口将矩阵 B 输入，并回车. 其运行情况如下：

```
>> B =[1 0 0
0 1 0
0 0 1]
B =
     1     0     0
     0     1     0
     0     0     1
```

2. 通过 M 文件创建矩阵. 打开一个新的 M 文件将矩阵 C 输入，存盘取名为：C. m，然后在工作空间写文件名 C，则显示出 M 文件中定义的矩阵 C，如图 1.5.1 所示.

注：图 1.5.1 是两个页面拼接的. 图左面是被调用的 M 文件，右面是命令的执行情况.

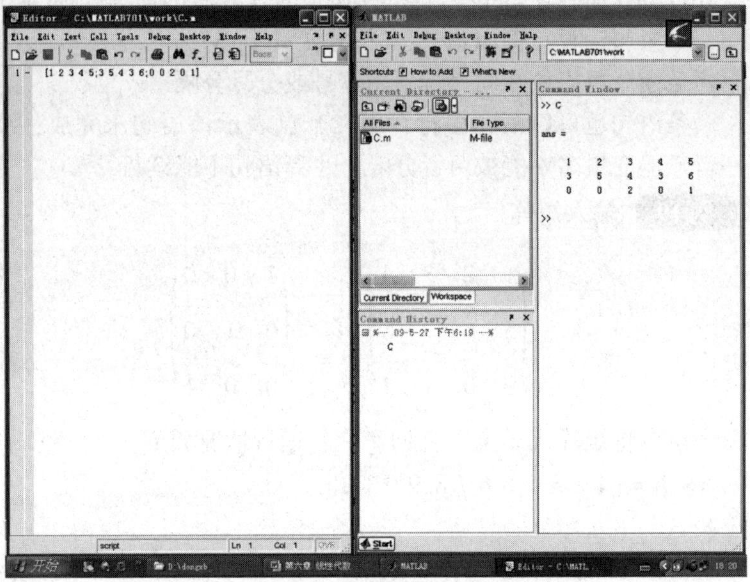

图 1.5.1

3. 通过函数命令产生矩阵，见表 1.5.1.

表 1.5.1 函数产生矩阵表

矩阵	描述	矩阵	描述
zeros（n，m）	n 行 m 列零矩阵	ones（n，m）	n 行 m 列壹矩阵
rand（n，m）	n 行 m 列随机矩阵	randn（n，m）	n 行 m 列正态随机矩阵
eye（n）	n 阶单位阵	magic（n）	n 阶幻方阵
vander（c）	由向量 c 构成范德蒙德矩阵		

例 20 产生一个 2 × 4 的零矩阵.

输入 z = zeros（2，4）并回车，运行结果如下：

```
>> z = zeros(2,4)
z  =
     0     0     0     0
     0     0     0     0
```

例 21 产生一个 3 阶随机方阵.

```
>>   rl = rand(3)
rl  =
```

```
    0.4218    0.9595    0.8491
    0.9157    0.6557    0.9340
    0.7922    0.0357    0.6787
```

注：这里矩阵的元素，不是分数形式，而是四位有效数字. 随机数在 0 ~ 1 之间. 若构造两位以内整数随机方阵，就乘以一个两位数，再向零取整.

例 22 产生一个 5 阶幻方阵.

```
>> ml = magic(5)
ml =
    17    24     1     8    15
    23     5     7    14    16
     4     6    13    20    22
    10    12    19    21     3
    11    18    25     2     9
```

注：幻方阵的特征是每行元素之和、每列元素之和、对角线元素之和皆相同.

例 23 由向量 $\boldsymbol{c}$ = (2,3,4,5,6,7) 做 6 阶范德蒙德矩阵.

输入程序如下：

```
c = 2:7            % 向量 c 由首项为 2,末项为 7,公差为 1 的六个
                     数构成
F = vander(c)      % 由向量 c 生成范德蒙德矩阵
F1 = rot90(F)      % 矩阵逆时针旋转 90°
```

运行结果如图 1.5.2 所示.

注：分号、逗号、百分号的输入必须是英文状态.

4. 分块法生成大矩阵. 如有已知矩阵 A、B、C、D，生成分块大矩阵 G，G = [A B; C D]，运行结果演示如下：

```
>> A = [1 2;3 4];B = [5 6; 7 8];C = [1 0];D = [0 1];
>> G = [A B;C D]
G =
     1     2     5     6
     3     4     7     8
     1     0     0     1
```

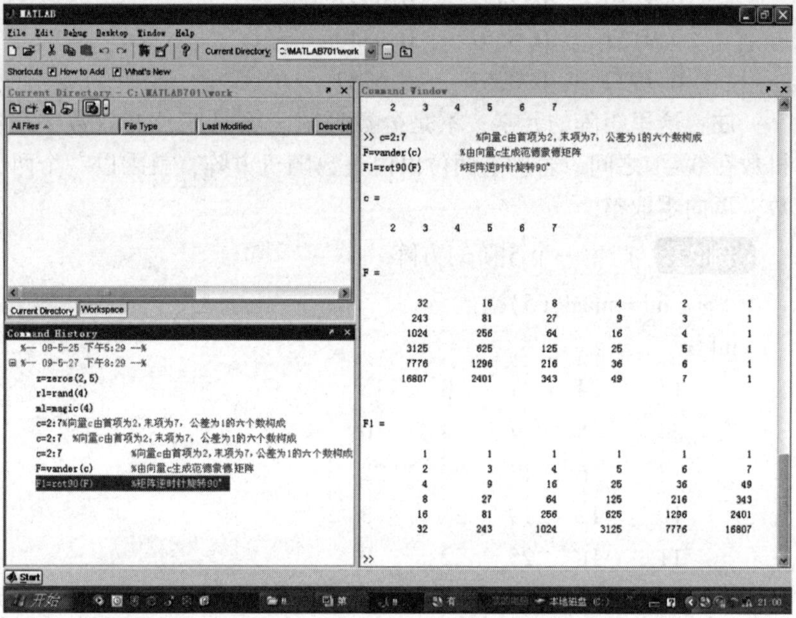

图　1.5.2

1.5.2　矩阵及其元素的修改

1. 由已知矩阵 A 或者矩阵 A 的元素构成的各种矩阵，进行修改操作后得到的矩阵，见表 1.5.2.

表 1.5.2　修改矩阵操作表

操作	描述	操作	描述
diag（A）	由 A 的对角线上元素构成的列向量	diag（X）	以向量 X 作对角元素创建对角阵
triu（A）	由 A 的上三角元素构成的上三角阵	tril（A）	由 A 下二角元素构成的下三角阵
flipud（A）	矩阵做上下翻转	fliplr（A）	矩阵 A 做左右翻转
rot90（A）	矩阵逆时针翻转 90°	size（A）	得到表示 A 的行数和列数的向量
eye（size（A））	A 的标准形	B = fix(15 * rand(size(A)))	与 A 同阶随机整数阵

2. 修改矩阵 A 的某元素．如有矩阵 A，将 A 的第 3 行第 2 列的元素重新赋值为 0，A（3，2）=0.

3. 用赋值法扩充矩阵 A．如有 A 是 3×4 矩阵，欲将其扩充成 5×6矩阵，且 A 的第 5 行 6 列的元素赋值为 1，则只需 A（5，6）=1．这时产生一个 5 行 6 列的矩阵，其余没有赋值的元素自动赋值为 0.

4. 选择矩阵 A 的部分行．如取矩阵 A 的 1，3 行的全部元素构成矩阵，A1 = A（[1，3]，:）.

5. 选择矩阵 A 的部分列．如取矩阵 A 的 2，3 列的全部元素构成矩阵，A2 = A（:，[2，3]）.

6. 选择矩阵 A 的子阵．如取矩阵 A 的 2，3 行 1，3 列交叉位置上的元素构成的子阵，A3 = A（[2，3]，[1，3]）.

7. 拉伸矩阵 A 的所有元素成列向量．如将矩阵 A 的所有元素构成列向量 A4，A4 = A（:）.

8. 删除矩阵 A 的某列．如删除矩阵 A 的第 3 列，A（:，3）=[].

9. 删除矩阵 A 的某行．如删除矩阵 A 的第 1 行，A（1，:）=[].

10. 用一行向量替换矩阵 A 的某行．如用行向量 b 替换矩阵 A 的第 3 行，A（3，:）=b.

11. 用一列向量替换矩阵 A 的某列．如用行向量 b 的转置替换矩阵 A 的第 2 列，A（:，2）=b.

12. 重复用矩阵 A 的某列生成新矩阵．如用矩阵 A 的第 1 列生成有相同 3 列的 A11，A11 = A（:，[1 1 1]）.

13. 复制一已知行向量成矩阵．如有已知行向量 b，用其生成三行相同的矩阵 A12，A12 = B（[1 1 1]，:）.

14. 用已知矩阵的行去复合新矩阵．如用矩阵 A 的 2，3 行去做矩阵 B 的 3，4 行，B（3：4，:）=A（2：3，:）.

15. 用矩阵 A 的部分列创建向量．如用矩阵 A 的第 2，3 列创建向量 A14，A14（1：6）=A（:，2：3）.

16. 取矩阵的某个元素．如取矩阵 A 的第 2 行第 4 列的元素，A（2，4）（或按列排序取 A（i））.

1.5.3 矩阵的数据操作

矩阵的数据操作见表 1.5.3.

表 1.5.3 矩阵的数据操作表

调用函数格式	说明	调用函数格式	说明
max（A）	求矩阵 A 每列的最大元素	min（A）	求矩阵 A 每列的最小元素
mean（A）	求矩阵 A 列元素的平均值	median（A）	求矩阵 A 列元素的中值
std（A）	求矩阵 A 列元素的标准差	sum（A）	求矩阵 A 各列元素的和
prod（A）	求矩阵 A 各列元素的积	cumsum（A）	求矩阵 A 列元素的累加和
cumprod（A）	求矩阵 A 列元素的累积积	cumtrapz（A）	梯形法求累积数值积分
sort（A）	按升序对元素进行排序	sortrows（A）	按升序排列矩阵各行

例 24 已知矩阵

$$\boldsymbol{A}=\begin{pmatrix}5 & 9 & 0 & 3\\ 7 & -1 & 4 & 2\\ -2 & 3 & 8 & 6\end{pmatrix},$$

（1）求 A 每列的最大元素赋值给 max1；（2）求 A 每列的最小元素赋值给 min1；（3）求 A 列元素的平均值赋值给 mean1；（4）求 A 列元素的中值赋值给 med1；（5）求 A 列元素的标准差赋值给 std1；（6）求 A 各列元素的和赋值给 sum1.

程序如下：

```
>> A=[5 9 0 3;7 -1 4 2;-2 3 8 6],
   max1=max(A),min1=min(A),mean1=mean(A),
   med1=median(A),std1=std(A),sum1=sum(A)
```

运行结果如下：

```
A =
     5     9     0     3
     7    -1     4     2
    -2     3     8     6
max1 =
     7     9     8     6
min1 =
```

```
  -2   -1    0    2
mean1  =
   3.3333    3.6667    4.0000    3.6667
med1  =
    5     3     4     3
std1  =
   4.7258    5.0332    4.0000    2.0817
sum1  =
   10    11    12    11
```

1.5.4 矩阵的加减、数乘、转置运算

矩阵的加减、数乘、转置运算函数见表1.5.4.

表1.5.4 矩阵的加减、数乘、转置运算函数表

函数	含义	函数	含义	函数	含义	函数	含义
A + B	矩阵加法	A - B	矩阵减法	A'	A的转置	A * k	矩阵数乘

例25 已知矩阵

$$\boldsymbol{A}=\begin{pmatrix}5&-3&8&3\\-2&7&2&1\\7&-5&12&9\end{pmatrix},\boldsymbol{B}=\begin{pmatrix}-3&1&9&10\\8&-9&0&1\\7&12&-2&4\end{pmatrix},$$

试求 $\boldsymbol{A}+\boldsymbol{B},\boldsymbol{A}-\boldsymbol{B},2\boldsymbol{A}+3\boldsymbol{B},\boldsymbol{A}^{\mathrm{T}}$.

程序如下：

```
>> A=[5 -3 8 3; -2 7 2 1;7 -5 12 9],B=[-3 1 9 10;8 -9 0 1;7 12 -2 4],C=A+B,D=A-B,E=2*A+3*B,F=A'
```

运行结果如下：

```
A  =
    5    -3     8     3
   -2     7     2     1
    7    -5    12     9
B  =
   -3     1     9    10
    8    -9     0     1
```

```
       7      12    -2     4
C =
       2      -2    17    13
       6      -2     2     2
      14       7    10    13
D =
       8      -4    -1    -7
     -10      16     2     0
       0     -17    14     5
E =
       1      -3    43    36
      20     -13     4     5
      35      26    18    30
F =
       5      -2     7
      -3       7    -5
       8       2    12
       3       1     9
```

注：如果在 Word 文档下将程序复制到 MATLAB 命令窗口，要注意将“T”改为 MATLAB 命令窗口下的“'”.

1.5.5 矩阵乘法、矩阵的逆运算

矩阵的乘法、矩阵的逆运算函数见表 1.5.5.

表 1.5.5 矩阵的乘法、矩阵的逆运算函数表

函数	含义	函数	含义
A * B	矩阵乘法	inv（A）	A 的逆

例 26 已知矩阵 $\boldsymbol{A}=\begin{pmatrix}0 & -2 & 1\\1 & 1 & 3\\3 & 0 & 4\end{pmatrix}$，$\boldsymbol{B}=\begin{pmatrix}1 & 4 & -1\\0 & 2 & 3\\-1 & 3 & 0\end{pmatrix}$，求 $\boldsymbol{AB},\boldsymbol{BA},\boldsymbol{A}^{-1},\boldsymbol{A}^{-1}\boldsymbol{B}$.

程序如下：

```
>> A=[0 -2 1;1 1 3;3 0 4],B=[1 4 -1;0 2 3;-1 3 0],C=
```

A ∗ B, D = B ∗ A, E = inv(A), F = inv(A) ∗ B

运行结果如下：

```
A =
     0    -2     1
     1     1     3
     3     0     4
B =
     1     4    -1
     0     2     3
    -1     3     0
C =
    -1    -1    -6
    -2    15     2
    -1    24    -3
D =
     1     2     9
    11     2    18
     3     5     8
E =
   -0.3077   -0.6154    0.5385
   -0.3846    0.2308   -0.0769
    0.2308    0.4615   -0.1538
F =
   -0.8462   -0.8462   -1.5385
   -0.3077   -1.3077    1.0769
    0.3846    1.3846    1.1538
```

1.5.6 化行最简形矩阵的运算

化行最简形矩阵的运算函数见表 1.5.6.

表 1.5.6 化行最简形矩阵的运算函数表

函数	描述
rref (A)	矩阵的行最简形的实现

例 27 已知矩阵 $A=\begin{pmatrix}2 & -1 & -1 & 1 & 2\\1 & 1 & -2 & 1 & 4\\4 & -6 & 2 & -2 & 4\\3 & 6 & -9 & 7 & 9\end{pmatrix}$，将矩阵 A 化为行最简形矩阵.

程序如下：

```
>> A=[2 -1 -1 1 2;1 1 -2 1 4;4 -6 2 -2 4;3 6 -9 7 9],
rref(A)
```

运行结果如下：

```
A =
    2    -1    -1    1    2
    1     1    -2    1    4
    4    -6     2   -2    4
    3     6    -9    7    9
ans =
    1     0    -1    0    4
    0     1    -1    0    3
    0     0     0    1   -3
    0     0     0    0    0
```

1.5.7 课后实验

1. 实验目的：熟练掌握矩阵输入、修改的各种方法，了解矩阵数据操作的命令. 熟练掌握矩阵的线性运算、矩阵的乘法及求逆，以及化行最简形矩阵.

2. 实验内容：

（1）已知矩阵 $A=\begin{pmatrix}1 & 4 & 3\\2 & 0 & 1\\-3 & 8 & 3\end{pmatrix}$，按例 19 的两种方法输入矩阵，并复制到 Word 文档.

（2）由（1）中的矩阵，按表 1.5.2 的内容修改矩阵.

（3）已知矩阵 $A=\begin{pmatrix}2 & 1 & 0\\4 & -1 & 1\\-1 & 7 & 3\end{pmatrix}$，行向量 $b=(3,2,1)$，按

本节表 1.5.2 后的 2~13 内容操作生成新的矩阵.

(4) 已知矩阵 $\boldsymbol{A}=\begin{pmatrix}7&-5&2\\3&-1&2\\9&4&12\end{pmatrix}$，$\boldsymbol{B}=\begin{pmatrix}-3&2&9\\10&-5&2\\1&-2&1\end{pmatrix}$，试求 $\boldsymbol{A}+2\boldsymbol{B}$, $5\boldsymbol{A}-4\boldsymbol{B}$，$(\boldsymbol{A}+2\boldsymbol{B})^{\mathrm{T}}$.

(5) 已知矩阵 $\boldsymbol{A}=\begin{pmatrix}3&-2&0&-1\\0&2&2&1\\1&-2&-3&-2\\0&1&2&1\end{pmatrix}$，$\boldsymbol{B}=\begin{pmatrix}2&-1&3&1\\2&3&-7&2\\1&3&-1&8\\2&1&5&2\end{pmatrix}$，求 $\boldsymbol{AB}$, $\boldsymbol{BA}$, $\boldsymbol{A}^{-1}$, $\boldsymbol{A}^{-1}\boldsymbol{B}$.

(6) 已知矩阵 $\boldsymbol{A}=\begin{pmatrix}2&3&1&-3&-7\\1&2&0&-2&-4\\3&-2&8&3&0\\2&-3&7&4&3\end{pmatrix}$，将 $\boldsymbol{A}$ 化为行最简形矩阵.

1.6 应用实例

本节首先将本章开始的引例应用矩阵知识，结合 MATLAB 软件求出问题的解，然后介绍矩阵的两个实际应用问题.

1.6.1 引例的解

解 引例中三个地区的工厂 A_1，A_2，A_3 分别生产 B_1，B_2，B_3，B_4 四种产品的预期产量可以用矩阵表示为

$$\boldsymbol{A}=\begin{pmatrix}3000&4000&5000\\1500&2500&3500\\6000&7000&4000\\5000&3600&5400\end{pmatrix}.$$

经过测算，B_1，B_2，B_3，B_4 每种产品的材料、劳动力及管理费的

单位成本可以用矩阵表示为

$$\boldsymbol{B}=\begin{pmatrix}1&2&3&4\\3&8&9&5\\3&4&2&6\end{pmatrix}.$$

该公司半年各工厂、各产品的产量，可以用数乘矩阵加以计算：

$$6\boldsymbol{A}=6\begin{pmatrix}3000&4000&5000\\1500&2500&3500\\6000&7000&4000\\5000&3600&5400\end{pmatrix}$$

$$=\begin{pmatrix}18000&24000&30000\\9000&15000&21000\\36000&42000&24000\\30000&21600&32400\end{pmatrix}.$$

而该公司一个月各工厂、各种产品材料、劳动力及管理费的总成本，可以用矩阵的乘法加以计算：

总成本

$$\boldsymbol{Q}=\boldsymbol{BA}=\begin{pmatrix}1&2&3&4\\3&8&9&5\\3&4&2&6\end{pmatrix}\begin{pmatrix}3000&4000&5000\\1500&2500&3500\\6000&7000&4000\\5000&3600&5400\end{pmatrix}$$

$$=\begin{pmatrix}44000&44400&45600\\100000&113000&106000\\57000&57600&69400\end{pmatrix},$$

其中 $\boldsymbol{Q}$ 矩阵的第 i 行第 j 列元素 $q_{ij}(i=1,2,3;j=1,2,3)$ 表示：一个月第 j 个工厂、第 i 项总成本费用.

用 MATLAB 软件运算

```
>>    A = [3000 4000 5000;1500 2500 3500;6000 7000 4000;5000 3600 5400],B = [1 2 3 4;3 8 9 5;3 4 2 6],6A = A * 6,Q = B * A
A =
        3000        4000        5000
        1500        2500        3500
        6000        7000        4000
        5000        3600        5400
```

```
B =
     1     2     3     4
     3     8     9     5
     3     4     2     6
6A =
     18000     24000     30000
      9000     15000     21000
     36000     42000     24000
     30000     21600     32400
Q =
     44000     44400     45600
    100000    113000    106000
     57000     57600     69400
```

1.6.2 实例1：人口变迁问题

统计资料显示，某城市以往很长时间的总人口数可以看作近似不变，但每年人口的分布情况有所变化：每年都有 5% 的居民从市区迁移到郊区，且有 15% 的居民从郊区迁移到市区. 2015 年该城市有 70 万人口居住在市区，30 万人口居住在郊区. 试利用矩阵分析以下的人口变迁问题：

（1）该城市 10 年后市区和郊区分别有多少人口？

（2）该城市 30 年后、50 年后市区和郊区分别有多少人口？并观察其变化趋势.

解 该问题可以用矩阵的乘法来描述.

令人口变量 $\boldsymbol{x}_n = \begin{pmatrix} a_n \\ b_n \end{pmatrix}$，其中 a_n 为第 n 年市区人口数，b_n 为第 n 年郊区人口数.

由题意，2015 年市区和郊区的人口数为 $\boldsymbol{x}_0 = \begin{pmatrix} a_0 \\ b_0 \end{pmatrix} = \begin{pmatrix} 700000 \\ 300000 \end{pmatrix}$，

第 $n+1$ 年的人口分布为

$$\begin{cases} a_{n+1} = 0.95a_n + 0.15b_n \\ b_{n+1} = 0.05a_n + 0.85b_n \end{cases}$$

写成矩阵的乘法形式为

$$\boldsymbol{x}_{n+1}=\begin{pmatrix}a_{n+1}\\b_{n+1}\end{pmatrix}=\begin{pmatrix}0.95&0.15\\0.05&0.85\end{pmatrix}\begin{pmatrix}a_n\\b_n\end{pmatrix}.$$

记 $\boldsymbol{A}=\begin{pmatrix}0.95&0.15\\0.05&0.85\end{pmatrix}$，则有 $\boldsymbol{x}_{n+1}=\boldsymbol{A}\boldsymbol{x}_n$，从而得到 n 年后市区和郊区的人口分布为

$$\boldsymbol{x}_n=\boldsymbol{A}\boldsymbol{x}_{n-1}=\boldsymbol{A}^2\boldsymbol{x}_{n-2}=\cdots=\boldsymbol{A}^n\boldsymbol{x}_0.$$

这里当 $n=10, n=30, n=50$ 时，计算量是相当大的，特别是要求 n 非常大时的趋势．现在用 MATLAB 软件运算，就简单多了．这里我们还算出了 $n=100, n=200$ 时的人口，来看看它的趋势.

据此，可以计算出该城市 10 年后市区和郊区人口为

$$\boldsymbol{x}_{10}=\boldsymbol{A}^{10}\boldsymbol{x}_0=\begin{pmatrix}0.95&0.15\\0.05&0.85\end{pmatrix}^{10}\begin{pmatrix}700000\\300000\end{pmatrix}=\begin{pmatrix}744630\\255370\end{pmatrix};$$

类似地，可算出 30 年后市区和郊区人口为

$$\boldsymbol{x}_{30}=\boldsymbol{A}^{30}\boldsymbol{x}_0=\begin{pmatrix}0.95&0.15\\0.05&0.85\end{pmatrix}^{30}\begin{pmatrix}700000\\300000\end{pmatrix}=\begin{pmatrix}749938\\250062\end{pmatrix};$$

50 年后市区和郊区人口为

$$\boldsymbol{x}_{50}=\boldsymbol{A}^{50}\boldsymbol{x}_0=\begin{pmatrix}0.95&0.15\\0.05&0.85\end{pmatrix}^{50}\begin{pmatrix}700000\\300000\end{pmatrix}=\begin{pmatrix}749999\\250000\end{pmatrix}.$$

而用 MATLAB 软件运算就可以相对简单一些.

```
>> A = [0.95, 0.15; 0.05, 0.85], x0 = [700000; 300000], x10
= A^10 * x0, x30 = A^30 * x0, x50 = A^50 * x0,
x100 = A^100 * x0, x200 = A^200 * x0
A =
    0.9500    0.1500
    0.0500    0.8500
x0 =
    700000
    300000
x10 =
    1.0e+005 *
    7.4463
    2.5537
```

```
x30 =
     1.0e+005 *
     7.4994
     2.5006
x50 =
     1.0e+005 *
     7.5000
     2.5000
x100 =
     1.0e+005 *
     7.5000
     2.5000
x200 =
     1.0e+005 *
     7.5000
     2.5000
```

注意到，以上的计算经过四舍五入，取整过了．随着年数 n 逐渐增大，市区和郊区人口数间的比例逐渐接近于 0.75:0.25．有兴趣的读者还可以利用后面的知识，深入分析人口数比例接近于稳态的原因．

1.6.3 实例 2：试剂配制问题

某实验室欲配制 A、B 两种试剂，其中 A 试剂中需含 2g 锌、5g 镁，B 试剂中需含 1g 锌、2g 镁．现有两种原料，其中甲原料含锌 10%、镁 20%，乙原料含锌 10%、镁 30%．试问配制 A、B 两种试剂需要甲、乙两种原料分别为多少克？

解 设配制 A 试剂需要甲、乙两种原料分别为 x_1g，y_1g，配制 B 试剂需要甲、乙两种原料分别为 x_2g，y_2g．由题意，得矩阵方程

$$\begin{pmatrix} 0.1 & 0.1 \\ 0.2 & 0.3 \end{pmatrix}\begin{pmatrix} x_1 & x_2 \\ y_1 & y_2 \end{pmatrix} = \begin{pmatrix} 2 & 1 \\ 5 & 2 \end{pmatrix}$$

记

$$\boldsymbol{A} = \begin{pmatrix} 0.1 & 0.1 \\ 0.2 & 0.3 \end{pmatrix}, \boldsymbol{X} = \begin{pmatrix} x_1 & x_2 \\ y_1 & y_2 \end{pmatrix}, \boldsymbol{B} = \begin{pmatrix} 2 & 1 \\ 5 & 2 \end{pmatrix},$$

即有 $\boldsymbol{AX}=\boldsymbol{B}$.

$$(\boldsymbol{A},\boldsymbol{B})=\begin{pmatrix}0.1 & 0.1 & 2 & 1\\0.2 & 0.3 & 5 & 2\end{pmatrix}\overset{10r_1}{\underset{10r_2}{\sim}}\begin{pmatrix}1 & 1 & 20 & 10\\2 & 3 & 50 & 20\end{pmatrix}$$

$$\overset{r_2-2r_1}{\sim}\begin{pmatrix}1 & 1 & 20 & 10\\0 & 1 & 10 & 0\end{pmatrix}\overset{r_1-r_2}{\sim}\begin{pmatrix}1 & 0 & 10 & 10\\0 & 1 & 10 & 0\end{pmatrix},$$

所以 $\boldsymbol{A}$ 可逆，且

$$\boldsymbol{X}=\boldsymbol{A}^{-1}\boldsymbol{B}=\begin{pmatrix}10 & 10\\10 & 0\end{pmatrix}.$$

即配制 A 试剂需要甲、乙两种原料各 10g，配制 B 试剂需要甲、乙两种原料分别为 10g、0g.

用 MATLAB 软件计算 $\boldsymbol{X}=\boldsymbol{A}^{-1}\boldsymbol{B}$：

```
>> A=[0.1 0.1;0.2 0.3];B=[2 1;5 2];X=inv(A)*B
X =
    10.0000    10.0000
    10.0000          0
```

与上述手工计算的答案一致.

综合练习 1

- **基本题**

1. 设方阵 $\boldsymbol{A}$ 满足 $\boldsymbol{A}^2=\boldsymbol{A}$，则以下正确的是(　　).

(A) $\boldsymbol{A}=\boldsymbol{O}$　　(B) $\boldsymbol{A}=\boldsymbol{E}$

(C) $\boldsymbol{A}=\boldsymbol{O}$ 或 $\boldsymbol{A}=\boldsymbol{E}$　　(D) 以上等式都不成立

2. 设 $\boldsymbol{A}$ 是 $p\times s$ 矩阵，$\boldsymbol{C}$ 是 $m\times n$ 矩阵，如果 $\boldsymbol{AB}^{\mathrm{T}}\boldsymbol{C}$ 有意义，则 $\boldsymbol{B}$ 是（　　）矩阵.

(A) $p\times n$　　(B) $p\times m$

(C) $s\times m$　　(D) $m\times s$

3. 设 $\boldsymbol{A}$ 为 n 阶可逆矩阵，下列运算中正确的是(　　).

(A) $(2\boldsymbol{A})^{\mathrm{T}}=2\boldsymbol{A}^{\mathrm{T}}$

(B) $(3\boldsymbol{A})^{-1}=3\boldsymbol{A}^{-1}$

(C) $[((\boldsymbol{A})^{\mathrm{T}})^{\mathrm{T}}]^{-1}=[(\boldsymbol{A}^{-1})^{-1}]^{\mathrm{T}}$

(D) $(\boldsymbol{A}^{-1})^{\mathrm{T}}=\boldsymbol{A}$

4. 设 $\boldsymbol{A},\boldsymbol{B}$ 均为 n 阶矩阵，且 $\boldsymbol{A}$ 可逆，则下列结论正确的是（　　）.

(A) 若 $\boldsymbol{AB}\neq\boldsymbol{O}$，则 $\boldsymbol{B}$ 可逆

(B) 若 $\boldsymbol{AB}=\boldsymbol{O}$，则 $\boldsymbol{B}=\boldsymbol{O}$

(C) 若 $\boldsymbol{AB}\neq\boldsymbol{O}$，则 $\boldsymbol{B}$ 不可逆

(D) 若 $\boldsymbol{AB}=\boldsymbol{BA}$，则 $\boldsymbol{B}=\boldsymbol{E}$

5. 已知 $\boldsymbol{A}=\begin{pmatrix}0 & -2 & 1\\1 & 1 & 3\\3 & 0 & 4\end{pmatrix}$，$\boldsymbol{B}=\begin{pmatrix}1 & 4 & -1\\0 & 2 & 3\\-1 & 3 & 0\end{pmatrix}$，求 $\boldsymbol{AB}-2\boldsymbol{BA}$ 及 $\boldsymbol{A}^{\mathrm{T}}\boldsymbol{B}$.

6. 计算下列矩阵的乘积：

(1) $(1,2,3)\begin{pmatrix}3\\2\\1\end{pmatrix}$；　　(2) $\begin{pmatrix}3\\2\\1\end{pmatrix}(1,2,3)$；

(3) $\begin{pmatrix}1 & -2 & 5\\3 & 4 & 0\end{pmatrix}\begin{pmatrix}2 & -1\\1 & 0\\-3 & 4\end{pmatrix}$;

(4) $\begin{pmatrix}2 & -1 & 2\\-1 & 3 & 5\\2 & 5 & 4\end{pmatrix}\begin{pmatrix}1\\-1\\1\end{pmatrix}$;

(5) $(x_1,x_2,x_3)\begin{pmatrix}a_{11} & a_{12} & a_{13}\\a_{21} & a_{22} & a_{23}\\a_{31} & a_{32} & a_{33}\end{pmatrix}\begin{pmatrix}x_1\\x_2\\x_3\end{pmatrix}$.

7. 设 n 阶方阵 $\boldsymbol{A}$ 满足 $\boldsymbol{A}^2-4\boldsymbol{A}-6\boldsymbol{E}=\boldsymbol{O}$，试证 $\boldsymbol{A}$ 及 $\boldsymbol{A}+\boldsymbol{E}$ 均可逆，并求 $\boldsymbol{A}^{-1}$ 及 $(\boldsymbol{A}+\boldsymbol{E})^{-1}$.

8. 把下列矩阵化为行阶梯形：

(1) $\begin{pmatrix}3 & 1 & 0 & 2\\1 & -1 & 2 & -1\\1 & 3 & -4 & 4\end{pmatrix}$;

(2) $\begin{pmatrix}3 & 2 & -1 & -3 & -1\\2 & -1 & 3 & 1 & -3\\7 & 0 & 5 & -1 & -8\end{pmatrix}$.

9. 利用初等变换将下列矩阵化为行最简形：

(1) $\begin{pmatrix}2 & 0 & -1 & 3\\1 & 2 & -2 & 4\\0 & 1 & 3 & -1\end{pmatrix}$;

(2) $\begin{pmatrix}2 & 3 & 1 & -3 & -7\\1 & 2 & 0 & -2 & -4\\3 & -2 & 8 & 3 & 0\\2 & -3 & 7 & 4 & 3\end{pmatrix}$.

10. 利用初等变换求下列矩阵的逆矩阵：

(1) $\boldsymbol{A}=\begin{pmatrix}1 & 2 & 3\\1 & 3 & 4\\1 & 4 & 4\end{pmatrix}$;　(2) $\begin{pmatrix}2 & -1 & 1\\-1 & 1 & 2\\3 & -1 & 0\end{pmatrix}$.

11. 求下列矩阵方程的解：

(1) $\begin{pmatrix}2 & 2 & 3\\1 & -1 & 0\\-1 & 0 & 1\end{pmatrix}\boldsymbol{X}=\begin{pmatrix}1 & 2\\1 & -1\\1 & 7\end{pmatrix}$;

(2) 设 $\boldsymbol{A}=\begin{pmatrix}1 & -1 & 0\\0 & 1 & -1\\-1 & 0 & 1\end{pmatrix}$，且 $\boldsymbol{AX}=2\boldsymbol{X}+\boldsymbol{A}$，求 $\boldsymbol{X}$；

(3) $\boldsymbol{X}\begin{pmatrix}0 & 2 & 1\\2 & -1 & 3\\-3 & 3 & -4\end{pmatrix}=\begin{pmatrix}1 & 2 & 3\\2 & -3 & 1\end{pmatrix}$;

(4) $\begin{pmatrix}0 & 1 & 0\\1 & 0 & 0\\0 & 0 & 1\end{pmatrix}\boldsymbol{X}\begin{pmatrix}1 & 0 & 0\\0 & 0 & 1\\0 & 1 & 0\end{pmatrix}=\begin{pmatrix}1 & -4 & 3\\2 & 0 & -1\\1 & -2 & 0\end{pmatrix}$.

12. 设 $\boldsymbol{A}=\begin{pmatrix}1 & 0 & 1\\0 & 2 & 0\\1 & 0 & 1\end{pmatrix}$，且 $\boldsymbol{AX}+\boldsymbol{E}=\boldsymbol{A}^2+\boldsymbol{X}$，求 $\boldsymbol{X}$.

- **综合题**

13. 计算：

(1) $\begin{pmatrix}1 & 1\\0 & 1\end{pmatrix}^n$;　(2) $\begin{pmatrix}\lambda & 1 & 0\\0 & \lambda & 1\\0 & 0 & \lambda\end{pmatrix}^n$.

14. 举反例说明下列命题是错误的.

(1) 若 $\boldsymbol{A}^2=\boldsymbol{O}$ 则 $\boldsymbol{A}=\boldsymbol{O}$；

(2) 若 $\boldsymbol{A}^2=\boldsymbol{A}$ 则 $\boldsymbol{A}=\boldsymbol{O}$ 或 $\boldsymbol{A}=\boldsymbol{E}$；

(3) 若 $\boldsymbol{AX}=\boldsymbol{AY}$ 且 $\boldsymbol{A}\neq\boldsymbol{O}$ 则 $\boldsymbol{X}=\boldsymbol{Y}$.

15. 设 $\boldsymbol{A}=\begin{pmatrix}1 & 0\\1 & 1\end{pmatrix}$，求所有与 $\boldsymbol{A}$ 相乘可换的矩阵.

16. $f(x)=3-5x+x^2$，$\boldsymbol{A}=\begin{pmatrix}2 & -1\\-3 & 3\end{pmatrix}$，证明：$f(\boldsymbol{A})=\boldsymbol{O}$.

17. 设 $\boldsymbol{A}$ 为 n 阶方阵，证明：

(1) 若 $\boldsymbol{A}^2=\boldsymbol{O}$ 则 $(\boldsymbol{E}-\boldsymbol{A})^{-1}=\boldsymbol{E}+\boldsymbol{A}$；

(2) 若 $\boldsymbol{A}^k=\boldsymbol{O}$ 则 $(\boldsymbol{E}-\boldsymbol{A})^{-1}=\boldsymbol{E}+\boldsymbol{A}+\boldsymbol{A}^2+\cdots+\boldsymbol{A}^{k-1}$.

18. 证明：如果 $\boldsymbol{A}$ 为可逆对称阵，则 $\boldsymbol{A}^{-1}$ 也是对称阵.

19. 设矩阵 $\boldsymbol{P}=\begin{pmatrix}-1 & -4\\1 & 1\end{pmatrix}$，$\boldsymbol{D}=\begin{pmatrix}-1 & 0\\0 & 2\end{pmatrix}$，矩阵 $\boldsymbol{A}$ 由矩阵方程 $\boldsymbol{P}^{-1}\boldsymbol{AP}=\boldsymbol{D}$ 确定，求 $\boldsymbol{A}^5$.

20. 已知 $\boldsymbol{\alpha}=(1,2,3)$，$\boldsymbol{\beta}=\left(1,\frac{1}{2},\frac{1}{3}\right)$，令 $\boldsymbol{A}=\boldsymbol{\alpha}^{\mathrm{T}}\boldsymbol{\beta}$，求 $\boldsymbol{A}^n$ $(n\in\mathbb{Z}^+)$.

21. 设 $\boldsymbol{A}=\begin{pmatrix}1&1&1\\2&2&2\\3&3&3\end{pmatrix}$，求 $\boldsymbol{A}^{100}$.

22. 设 3 阶矩阵 $\boldsymbol{A},\boldsymbol{B}$ 满足关系式 $\boldsymbol{A}^{-1}\boldsymbol{B}\boldsymbol{A}=6\boldsymbol{A}+\boldsymbol{B}\boldsymbol{A}$，其中 $\boldsymbol{A}=\begin{pmatrix}\frac{1}{3}&0&0\\0&\frac{1}{4}&0\\0&0&\frac{1}{7}\end{pmatrix}$，求 $\boldsymbol{B}$.

- **提高题**

23. 已知 $\boldsymbol{A}$ 是元素都是 1 的 3 阶矩阵，证明：$(\boldsymbol{E}-\boldsymbol{A})^{-1}=\boldsymbol{E}-\frac{1}{2}\boldsymbol{A}$.

24. 试写出矩阵 $\boldsymbol{A}=\begin{pmatrix}1&0&0&1\\0&1&0&2\\0&0&1&3\\0&0&0&0\end{pmatrix}$ 的三种分块形式.

25. 设 $\boldsymbol{A}$ 为 m 阶可逆矩阵，$\boldsymbol{D}$ 为 n 阶可逆矩阵，求矩阵

$$\boldsymbol{T}=\begin{pmatrix}\boldsymbol{A}&\boldsymbol{B}\\\boldsymbol{O}&\boldsymbol{D}\end{pmatrix}$$

的逆矩阵.

- **考研真题**

26. （2003 年）设 $\boldsymbol{A},\boldsymbol{B}$ 均为 3 阶矩阵，$\boldsymbol{E}$ 为 3 阶单位矩阵，已知 $\boldsymbol{AB}=2\boldsymbol{A}+\boldsymbol{B}$，$\boldsymbol{B}=\begin{pmatrix}2&0&0\\0&4&0\\2&0&2\end{pmatrix}$，则 $(\boldsymbol{A}-\boldsymbol{E})^{-1}=$ ________.

27. （2008 年）设 $\boldsymbol{A}$ 为 n 阶矩阵，若 $\boldsymbol{A}^3=\boldsymbol{O}$，则（　　）.

(A) $\boldsymbol{E}-\boldsymbol{A}$ 不可逆，$\boldsymbol{E}+\boldsymbol{A}$ 不可逆

(B) $\boldsymbol{E}-\boldsymbol{A}$ 不可逆，$\boldsymbol{E}+\boldsymbol{A}$ 可逆

(C) $\boldsymbol{E}-\boldsymbol{A}$ 可逆，$\boldsymbol{E}+\boldsymbol{A}$ 可逆

(D) $\boldsymbol{E}-\boldsymbol{A}$ 可逆，$\boldsymbol{E}+\boldsymbol{A}$ 不可逆

28. （2011 年）设 $\boldsymbol{A}$ 为 3 阶矩阵，将 $\boldsymbol{A}$ 的第 2 列加到第 1 列得矩阵 $\boldsymbol{B}$，再交换 $\boldsymbol{B}$ 的第 2 行与第 3 行得单位矩阵，记 $\boldsymbol{P}_1=\begin{pmatrix}1&0&0\\1&1&0\\0&0&1\end{pmatrix}$，$\boldsymbol{P}_2=\begin{pmatrix}1&0&0\\0&0&1\\0&1&0\end{pmatrix}$，则 $\boldsymbol{A}=$（　　）.

(A) $\boldsymbol{P}_1\boldsymbol{P}_2$　　(B) $\boldsymbol{P}_1^{-1}\boldsymbol{P}_2$

(C) $\boldsymbol{P}_2\boldsymbol{P}_1$　　(D) $\boldsymbol{P}_2\boldsymbol{P}_1^{-1}$

29. （2012 年）设 $\boldsymbol{A}$ 为 3 阶矩阵，$\boldsymbol{P}$ 为 3 阶可逆矩阵，且 $\boldsymbol{P}^{-1}\boldsymbol{A}\boldsymbol{P}=\begin{pmatrix}1&0&0\\0&1&0\\0&0&2\end{pmatrix}$．若 $\boldsymbol{P}=(\boldsymbol{a}_1,\boldsymbol{a}_2,\boldsymbol{a}_3)$，$\boldsymbol{Q}=(\boldsymbol{a}_1+\boldsymbol{a}_2,\boldsymbol{a}_2,\boldsymbol{a}_3)$，则 $\boldsymbol{Q}^{-1}\boldsymbol{A}\boldsymbol{Q}=$（　　）.

(A) $\begin{pmatrix}1&0&0\\0&2&0\\0&0&1\end{pmatrix}$　　(B) $\begin{pmatrix}1&0&0\\0&1&0\\0&0&2\end{pmatrix}$

(C) $\begin{pmatrix}2&0&0\\0&1&0\\0&0&2\end{pmatrix}$　　(D) $\begin{pmatrix}2&0&0\\0&2&0\\0&0&1\end{pmatrix}$

第2章 行列式与矩阵的秩

内容导引

行列式与矩阵的秩是两个重要的矩阵函数，它们在线性方程组理论中有着重要的作用.

行列式最早是一种速记表达式，出现在解线性方程组的问题中，后来从方程组理论的发展中分离出来，形成了独立的理论. 行列式主要用于求解特殊的线性方程组，矩阵是否可逆的判定；三维空间多个平面或多个点组相关位置的判定，还可以计算体积；行列式可以用于证明微积分中值定理、多项式理论；初等代数、线性微分方程组用行列式来计算也非常方便；特殊的积分行列式，可以解决与完全线性群及酉群有关的一系列母函数的展开问题. 行列式也可以计算周转轮系的啮合效率；雅可比行列式应用于热力学，可使热力学关系式的推导变得十分方便. 行列式还可以应用到测定食品饮料合成色素的方法中；初等量子力学的计算中常常会涉及行列式；行列式的图形展开定理也可以用于分析电路.

矩阵的秩除了用于判定线性方程组有无解、有什么样的解外，在解析几何中还可以用于判定空间两直线、直线与平面、平面与平面的位置关系；矩阵秩的结论，在矩阵的广义逆中也有应用. 矩阵秩可以用于判定齐次马尔可夫（Markov）链的遍历性；在测绘中的概括平差模型中也会用到矩阵的秩.

本章主要介绍行列式的定义、展开公式、性质、计算方法，并讨论方阵的行列式以及矩阵的秩等内容. 主要内容可以用以下框图表示.

大国工匠：大任担当

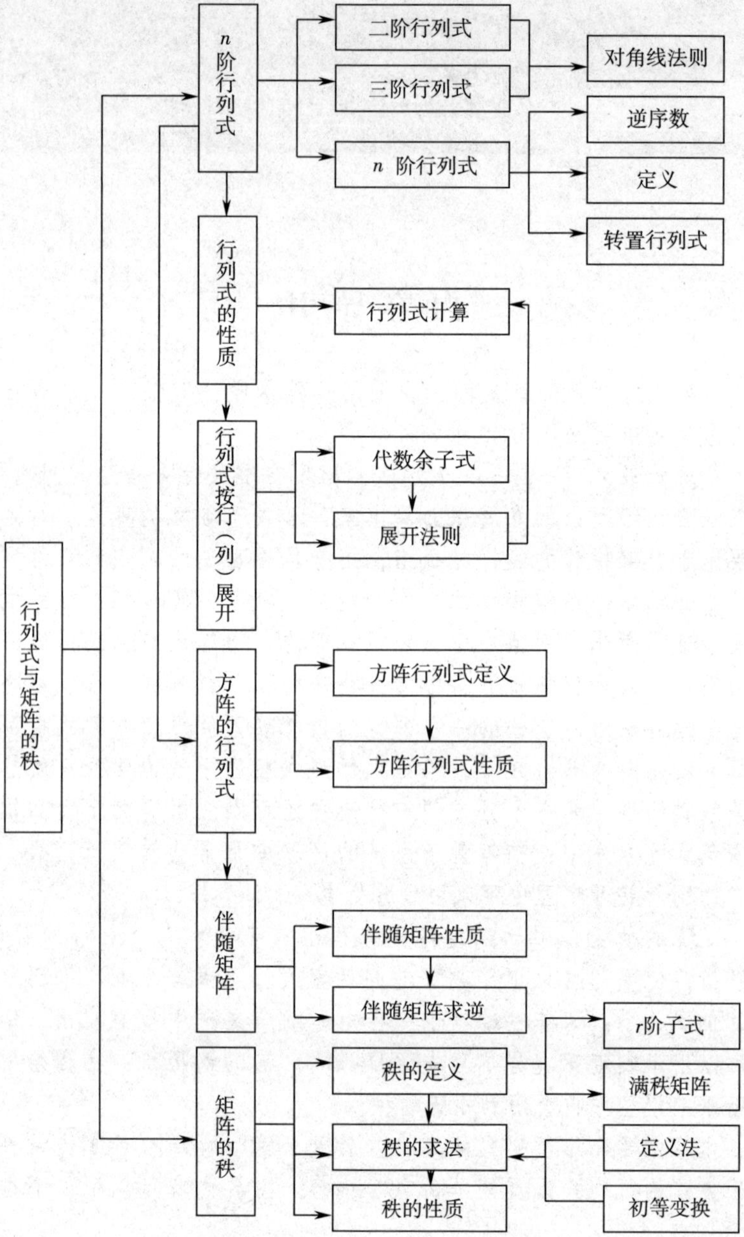
行列式与矩阵的秩
n阶行列式
二阶行列式
三阶行列式
n 阶行列式
对角线法则
逆序数
定义
转置行列式
行列式的性质
行列式计算
行列式按行（列）展开
代数余子式
展开法则
方阵的行列式
方阵行列式定义
方阵行列式性质
伴随矩阵
伴随矩阵性质
伴随矩阵求逆
矩阵的秩
秩的定义
秩的求法
秩的性质
r阶子式
满秩矩阵
定义法
初等变换

引例

我们在学习一元函数微分学时，介绍过拉格朗日中值定理. 即设函数$f(x)$满足条件：①$f(x)$在闭区间$[a,b]$上连续；②$f(x)$在开区间(a,b)内可导，则在(a,b)内至少存在一点ξ，使得$f'(\xi)=\frac{f(b)-f(a)}{b-a}$. 证明拉格朗日中值定理时，最常见的证明是构造一个$F(x)=f(x)-\left[f(a)+\frac{f(b)-f(a)}{b-a}(x-a)\right]$这样的辅助函数，由于它满足罗尔定理的条件，则在$(a,b)$内至少存在一点$\xi$，有$F'(\xi)=0$，即有$f'(\xi)-\frac{f(b)-f(a)}{b-a}=0$，从而得出要证的结论. 然而除了利用这样的辅助函数以外，我们还能应用拉格朗日定理的几何意义和行列式的性质，构造含有行列式的辅助函数进行证明. 其证明过程，等我们学习完本章的内容后再加以介绍.

2.1 二阶、三阶行列式

本节主要介绍二阶、三阶行列式的定义以及计算二、三阶行列式的对角线法则.

2.1.1 二阶行列式

二阶行列式产生于求解二元线性方程组的问题中.

现利用消元法求解二元线性方程组

$$\begin{cases} a_{11}x_1+a_{12}x_2=b_1 & (2.1)\\ a_{21}x_1+a_{22}x_2=b_2, & (2.2)\end{cases}$$

将式(2.1)$\times a_{22}$－式(2.2)$\times a_{12}$，可消去x_2，得

$$(a_{11}a_{22}-a_{12}a_{21})x_1=b_1a_{22}-a_{12}b_2; \qquad (2.3)$$

将式(2.2)$\times a_{11}$－式(2.1)$\times a_{21}$，可消去x_1，得

$$(a_{11}a_{22}-a_{12}a_{21})x_2=a_{11}b_2-b_1a_{21}. \qquad (2.4)$$

若$a_{11}a_{22}-a_{12}a_{21}=0$时，即两方程的未知数系数成比例，则方程组表示两条平行或重合的直线，此时方程组无解或有无限多个解；

若$a_{11}a_{22}-a_{12}a_{21}\neq 0$时，由式（2.3）、式（2.4）可求得方程组

的解为

$$x_1 = \frac{b_1a_{22} - a_{12}b_2}{a_{11}a_{22} - a_{12}a_{21}}, x_2 = \frac{a_{11}b_2 - b_1a_{21}}{a_{11}a_{22} - a_{12}a_{21}}.$$

注意到，此时方程组的解完全由它的系数和常数项所决定，并且解的分子、分母具有一定的规律. 为了便于记忆，给出了所谓的"二阶行列式"来记录，下面给出二阶行列式的定义.

定义 1 记号 $\begin{vmatrix} a_{11} & a_{12} \\ a_{21} & a_{22} \end{vmatrix}$ 表示代数和 $a_{11}a_{22} - a_{12}a_{21}$，称为**二阶行列式**，即

$$\begin{vmatrix} a_{11} & a_{12} \\ a_{21} & a_{22} \end{vmatrix} = a_{11}a_{22} - a_{12}a_{21}.$$

其中 $a_{ij}(i,j = 1,2)$ 称为行列式的**元素**. 位于第 i 行第 j 列的元素称为**行列式的** (i,j) **元**. 如图 2.1.1 所示，将 a_{11} 到 a_{22} 的实连线称为**主对角线**，主对角线上的元素称为**主对角元**，将 a_{12} 到 a_{21} 的虚连线称为**副对角线**.

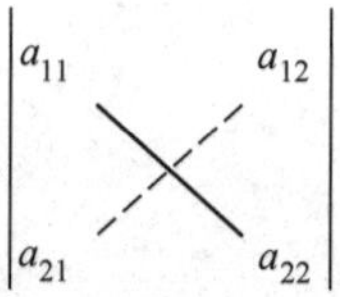

图 2.1.1

行列式的对角线法则：二阶行列式等于主对角线上两元素之积减去副对角线上两元素之积.

利用二阶行列式的定义，二元线性方程组的解可表示为

$$x_1 = \frac{\begin{vmatrix} b_1 & a_{12} \\ b_2 & a_{22} \end{vmatrix}}{\begin{vmatrix} a_{11} & a_{12} \\ a_{21} & a_{22} \end{vmatrix}}, x_2 = \frac{\begin{vmatrix} a_{11} & b_1 \\ a_{21} & b_2 \end{vmatrix}}{\begin{vmatrix} a_{11} & a_{12} \\ a_{21} & a_{22} \end{vmatrix}},$$

其中分母 $\begin{vmatrix} a_{11} & a_{12} \\ a_{21} & a_{22} \end{vmatrix}$ 称为二元线性方程组的**系数行列式**.

注意到，二元线性方程组的解 x_1 、x_2 的分母由系数行列式构成，而分子由常数项分别替换系数行列式的一、二两列构成.

例 1 设 $D = \begin{vmatrix} a & b \\ 0 & d \end{vmatrix}$，求 D 的值.

解 由行列式的定义，得 $D = ad$.

2.1.2 三阶行列式

类似于二阶行列式定义的方法，下面给出三阶行列式的定义.

定义 2 记号 $\begin{vmatrix} a_{11} & a_{12} & a_{13} \\ a_{21} & a_{22} & a_{23} \\ a_{31} & a_{32} & a_{33} \end{vmatrix}$ 表示代数和

$a_{11}a_{22}a_{33} + a_{12}a_{23}a_{31} + a_{13}a_{21}a_{32} - a_{13}a_{22}a_{31} - a_{11}a_{23}a_{32} - a_{12}a_{21}a_{33}$，称为三阶行列式，即

$$\begin{vmatrix} a_{11} & a_{12} & a_{13} \\ a_{21} & a_{22} & a_{23} \\ a_{31} & a_{32} & a_{33} \end{vmatrix}$$

$$= a_{11}a_{22}a_{33} + a_{12}a_{23}a_{31} + a_{13}a_{21}a_{32} - a_{13}a_{22}a_{31} - a_{11}a_{23}a_{32} - a_{12}a_{21}a_{33}.$$

注：三阶行列式形式上具有下面的特点：

（1）共有 $3! = 6$ 项；

（2）每一项都是位于不同行、不同列的三个元素的乘积；

（3）其中三项附有“+”号，三项附有“-”号.

三阶行列式可用对角线法则记忆，如图 2.1.2 所示.

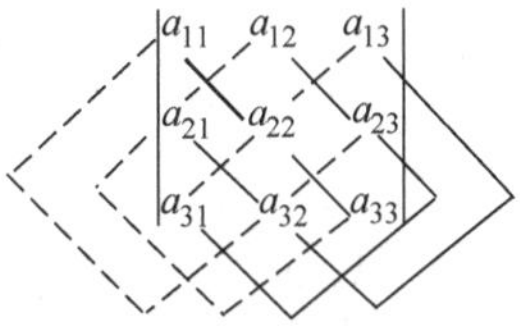

图 2.1.2

即平行于主对角线、以实线联结的三个元素乘积是代数和的正项，平行于副对角线、以虚线联结的三个元素乘积是代数和的负项.

例 2 计算行列式

$$D = \begin{vmatrix} 1 & -3 & 2 \\ 2 & 4 & -1 \\ -1 & -1 & 1 \end{vmatrix}.$$

解 根据三阶行列式的对角线法则，

$$D = 1 \times 4 \times 1 + (\underline{\quad\quad}) \times (-1) \times (-3) + 2 \times (-1) \times \underline{\quad\quad}$$
$$- (-1) \times 4 \times 2 - 2 \times (\underline{\quad\quad}) \times 1 - 1 \times (-1) \times (-1) = 10$$

例 3 当 x 取何值时，

$$\begin{vmatrix} x-1 & 4 & 2 \\ -2 & x & x \\ 4 & 2 & 1 \end{vmatrix} > 0?$$

解 $\begin{vmatrix} x-1 & 4 & 2 \\ -2 & x & x \\ 4 & 2 & 1 \end{vmatrix} = \underline{\quad\quad} > 0$，可解得 $0 < x < 9$.

练　　习

- **选择题**

1. 下面哪个行列式的值为1？（　　）

(A) $\begin{vmatrix} 1 & 4 \\ 1 & 3 \end{vmatrix}$　　(B) $\begin{vmatrix} 1 & 3 \\ 1 & 4 \end{vmatrix}$

(C) $\begin{vmatrix} 1 & 2 & 3 \\ 0 & 1 & 2 \\ 0 & 3 & 1 \end{vmatrix}$　　(D) $\begin{vmatrix} 0 & 0 & 1 \\ 0 & 1 & 0 \\ 1 & 0 & 0 \end{vmatrix}$

2. 与行列式 $\begin{vmatrix} 2 & -1 \\ 1 & 3 \end{vmatrix}$ 相等的是（　　）.

(A) $\begin{pmatrix} 2 & -1 \\ 1 & 3 \end{pmatrix}$　　(B) $\begin{vmatrix} 2 & -1 & 0 \\ 1 & 3 & 0 \\ 0 & 1 & 0 \end{vmatrix}$

(C) $\begin{pmatrix} -2 & 1 \\ 1 & 3 \end{pmatrix}$　　(D) $\begin{vmatrix} 2 & 1 \\ -1 & 3 \end{vmatrix}$

3. 行列式 $\begin{vmatrix} 0 & 0 & -1 \\ 0 & 1 & 0 \\ 1 & 0 & 1 \end{vmatrix}$ 等于（　　）.

(A) 1　(B) -1　(C) 0　(D) 2

4. 二阶行列式 $\begin{vmatrix} \cos\alpha & -\sin\alpha \\ \sin\alpha & \cos\alpha \end{vmatrix}$ 的值为（　　）.

(A) -1　(B) 0　(C) 1　(D) $\cos2\alpha$

5. 已知二元线性方程组 $\begin{cases} a_{11}x_1 + a_{12}x_2 + b_1 = 0 \\ a_{21}x_1 + a_{22}x_2 + b_2 = 0 \end{cases}$ 的系数行列式 $\begin{vmatrix} a_{11} & a_{12} \\ a_{21} & a_{22} \end{vmatrix} \neq 0$，则 $x_1 =$（　　）.

(A) $\dfrac{\begin{vmatrix} b_1 & a_{12} \\ b_2 & a_{22} \end{vmatrix}}{\begin{vmatrix} a_{11} & a_{12} \\ a_{21} & a_{22} \end{vmatrix}}$　　(B) $\dfrac{\begin{vmatrix} a_{11} & b_1 \\ a_{21} & b_2 \end{vmatrix}}{\begin{vmatrix} a_{11} & a_{12} \\ a_{21} & a_{22} \end{vmatrix}}$

(C) $\dfrac{\begin{vmatrix} -b_1 & a_{12} \\ -b_2 & a_{22} \end{vmatrix}}{\begin{vmatrix} a_{11} & a_{12} \\ a_{21} & a_{22} \end{vmatrix}}$　　(D) $\dfrac{\begin{vmatrix} -b_1 & a_{12} \\ b_2 & a_{22} \end{vmatrix}}{\begin{vmatrix} a_{11} & a_{12} \\ a_{21} & a_{22} \end{vmatrix}}$

6. 方程 $\begin{vmatrix} x & 3 & 4 \\ -1 & x & 0 \\ 0 & x & 1 \end{vmatrix} = 0$ 的根是（　　）.

(A) $x_1 = 1, x_2 = 3$　(B) $x_1 = 2, x_2 = 3$

(C) $x_1 = 0, x_2 = 1$　(D) $x_1 = -1, x_2 = 1$

- **填空题**

7. 二阶行列式的代数和共____项，每一项是____个元素乘积. 三阶行列式的代数和共____项，每一项是____个元素乘积.

8. $\begin{vmatrix} 12 & -2 \\ 0 & 2 \end{vmatrix} =$ ________；$\begin{vmatrix} 3 & 12 \\ 1 & 0 \end{vmatrix} =$ ________；

$\begin{vmatrix} 1 & 2 & 3 \\ 0 & 1 & 2 \\ 0 & 0 & 1 \end{vmatrix} =$ ________；$\begin{vmatrix} 1 & 0 & 0 \\ 3 & 1 & 0 \\ 2 & 3 & 1 \end{vmatrix} =$ ________；

$\begin{vmatrix} 0 & 0 & 3 \\ 0 & 1 & 0 \\ 2 & 0 & 0 \end{vmatrix} =$ ________.

9. 已知二元线性方程组 $\begin{cases} a_{11}x_1 + a_{12}x_2 = b_1 \\ a_{21}x_1 + a_{22}x_2 = b_2 \end{cases}$，称 $\begin{vmatrix} a_{11} & a_{12} \\ a_{21} & a_{22} \end{vmatrix}$ 是方程组的____行列式.

10. 已知行列式 $\begin{vmatrix} a & 2 & 1 \\ 2 & 3 & 0 \\ 1 & -1 & 1 \end{vmatrix} = 0$，则数 $a =$ ____.

- **计算题**

11. 计算下列三阶行列式：

(1) $\begin{vmatrix} 1 & 2 & 3 \\ 3 & 1 & 2 \\ 2 & 3 & 1 \end{vmatrix}$；(2) $\begin{vmatrix} \begin{vmatrix} 2 & 0 \\ 3 & 1 \end{vmatrix} & & \\ & \begin{vmatrix} 0 & -3 \\ 1 & 8 \end{vmatrix} & \\ & & \begin{vmatrix} 2 & 2 \\ 1 & 3 \end{vmatrix} \end{vmatrix}$；

(3) $\begin{vmatrix} 1 & 1 & 1 \\ a & b & c \\ a^2 & b^2 & c^2 \end{vmatrix}$.

12. 求解方程

$$\begin{vmatrix} 1 & 1 & 1 \\ 2 & 3 & x \\ 4 & 9 & x^2 \end{vmatrix} = 0.$$

13. 已知 $\boldsymbol{A} = \begin{pmatrix} \begin{vmatrix} 2x & 1 \\ 1-2x & x \end{vmatrix} & \begin{vmatrix} x & 2 \\ 1 & 3 \end{vmatrix} \\ \begin{vmatrix} x & 1 \\ 0 & x \end{vmatrix} & \begin{vmatrix} 2x & 1 \\ 4 & 2 \end{vmatrix} \end{pmatrix}$,

$\boldsymbol{B} = \begin{pmatrix} \begin{vmatrix} 3x+1 & 1 \\ 1 & 1 \end{vmatrix} & \begin{vmatrix} x & 0 \\ 0 & x \end{vmatrix} \\ \begin{vmatrix} 1 & x \\ 1 & 2 \end{vmatrix} & \begin{vmatrix} x & 2 \\ 2 & 4 \end{vmatrix} \end{pmatrix}$，并且 $\boldsymbol{A} = \boldsymbol{B}$，求 x.

- **证明题**

14. 设 $f(x) = \begin{vmatrix} 1 & x & 3 \\ 1 & 1 & x+2 \\ 2 & x+2 & 4-x \end{vmatrix}$，证明存在 $\zeta \in (0,1)$ 使 $f'(\zeta) = 0$.

2.2 n 阶行列式

本节主要介绍排列、逆序和对换，并给出 n 阶行列式的定义.

2.2.1 排列、逆序和对换

设有 n 个不同的元素，若对其编号，则可一一对应于自然数 $1,2,\cdots,n$，这样就构成了一个排列. 不失一般性，下面仅讨论 1 至 n 这样的自然数排列.

定义 3 由 $1,2,\cdots,n$ 共 n 个自然数组成的一个有序数列称为一个 n **级排列**，简称**排列**. 特别地，若 n 级排列中的自然数是按照递增顺序排起来的，称之为 n **级自然排列**.

例 4 4213 是由 1，2，3，4 四个自然数组成的一个 4 级排列，253614 是由 1，2，3，4，5，6 六个自然数组成的一个 6 级排列.

n 级排列的总个数有 $1\cdot 2\cdot \cdots \cdot n = n!$. 一个 n 级自然排列 $12\cdots n$，具有从小到大的自然顺序的特征，其他的 n 级排列都或多或少地破坏了这个自然顺序.

定义 4 在一个排列 $i_1\cdots i_s\cdots i_t\cdots i_n$ 中，如果 $i_s > i_t$，即两个数的前后位置与大小顺序相反，则称 i_s, i_t 构成排列 $i_1\cdots i_s\cdots i_t\cdots i_n$ 中的**一个逆序**，一个排列中逆序的总个数称为这个**排列的逆序数**. 排列 $i_1 i_2\cdots i_n$ 的逆序数记为 $\tau(i_1 i_2\cdots i_n)$. 逆序数是奇数的排列称为**奇排列**，逆序数是偶数的排列称为**偶排列**.

一般地，可按下面的方法计算逆序数：设有一个排列 $i_1i_2\cdots i_n$，考虑数 i_k，若排在 i_k 前且比 i_k 大的元素有 t_k 个（$k=1,2,\cdots,n$），则有 $\tau(i_1i_2\cdots i_n)=t_1+t_2+\cdots+t_n$.

例 5 4213 中，42，41，43，21 是全部的逆序，它的逆序数就是4，即 $\tau(4213)=4$，该排列为偶排列. 253614 的逆序数是 $\tau(253614)=$ __，该排列为奇排列.

定义 5 在一个排列 $i_1\cdots i_s\cdots i_t\cdots i_n$ 中，如果将两个数 i_s 和 i_t 对调，其余数的顺序不变，得到排列 $i_1\cdots i_t\cdots i_s\cdots i_n$，这样的变换称为一次对换.

例如，将排列 14325 中的数 4 与 2 作一次对换，得到新的排列 12345.

定理 1 任何排列经过一次对换改变奇偶性.

证 （1）先讨论相邻的两个数对换的情形.

设排列为 $i_1\cdots i_s abj_1\cdots j_t$，将 a 与 b 对换，则排列变为新排列 $i_1\cdots i_s baj_1\cdots j_t$. 比较两个排列中的逆序，发现 $i_1\cdots i_s;j_1\cdots j_t$ 中数的顺序没有改变，而且 a,b 与 $i_1\cdots i_s$ 和 $j_1\cdots j_t$ 中数的顺序也没有改变，仅仅改变了 a 与 b 的顺序. 因此，经过一次对换后，新排列仅比原排列增加（当 $a<b$ 时）或减少（当 $a>b$ 时）了一个逆序，所以奇偶性改变.

（2）再证不相邻的两个数对换的情形.

设排列为 $i_1\cdots i_s aj_1\cdots j_t bk_1\cdots k_r$，现将 a 与 b 对换，则排列变为新排列 $i_1\cdots i_s bj_1\cdots j_t ak_1\cdots k_r$. 注意到，新排列可以由原排列将 a 依次与 $j_1,\cdots,j_t,b$ 作 $t+1$ 次相邻对换，变为 $i_1\cdots ij_1\cdots j_t bak_1\cdots k_r$，再将 b 依次与 $j_t,j_{t-1},\cdots,j_1$ 作 t 次相邻对换得到，共作了 $2t+1$ 次相邻对换. 由此可知，新排列与原排列的奇偶性相反.

定理 2 由 $1,2,\cdots,n$ 构成的全部 n 级排列共有 $n!$ 个，其中奇、偶排列各占一半，均为 $\frac{n!}{2}$ 个（$n\geqslant 2$）.

证 由于 n 级排列的总个数为 $n\cdot(n-1)\cdot\cdots\cdot 2\cdot 1=n!$. 设它有 s 个奇排列，t 个偶排列. 将每个奇排列中位于排列前 1、2 位的两个数都对换一次，就得到 s 个偶排列，显然有 $s\leqslant t$ 同理有 $t\leqslant s$ 所以 $s=t$，即奇、偶排列的个数相等，各为 $\frac{n!}{2}$ 个.

2.2.2 n阶行列式的定义

定义6 由 n^2 个元素 $a_{ij}(i,j=1,2,\cdots,n)$ 组成的记号

$$\begin{vmatrix} a_{11} & a_{12} & \cdots & a_{1n} \\ a_{21} & a_{22} & \cdots & a_{2n} \\ \vdots & \vdots & & \vdots \\ a_{n1} & a_{n2} & \cdots & a_{nn} \end{vmatrix}$$

称为 n **阶行列式**，其中横排和纵排分别称为它的**行**和**列**. n 阶行列式表示由所有取自不同行和不同列的 n 个元素乘积 $a_{i_1j_1}a_{i_2j_2}\cdots a_{i_nj_n}$ 与 $(-1)^{\tau(i_1i_2\cdots i_n)+\tau(j_1j_2\cdots j_n)}$ ($i_1i_2\cdots i_n, j_1j_2\cdots j_n$ 是 n 级排列) 相乘的代数和，这样的乘积共有 $n!$ 个.

该定义可用数学公式表示为

$$D=\begin{vmatrix} a_{11} & a_{12} & \cdots & a_{1n} \\ a_{21} & a_{22} & \cdots & a_{2n} \\ \vdots & \vdots & & \vdots \\ a_{n1} & a_{n2} & \cdots & a_{nn} \end{vmatrix}=\sum(-1)^{\tau(i_1i_2\cdots i_n)+\tau(j_1j_2\cdots j_n)}a_{i_1j_1}a_{i_2j_2}\cdots a_{i_nj_n},$$

可以简记作 $\det(a_{ij})$，其中 a_{ij} 为行列式 D 的 (i,j) 元.

特别地，当 $n=1$ 时，$|a|=a$. 此处不要与数的绝对值混淆.

如果按第1行、第2行、第3行、…、第 n 行的自然顺序取元素，则

$$D=\begin{vmatrix} a_{11} & a_{12} & \cdots & a_{1n} \\ a_{21} & a_{22} & \cdots & a_{2n} \\ \vdots & \vdots & & \vdots \\ a_{n1} & a_{n2} & \cdots & a_{nn} \end{vmatrix}\sum(-1)^{\tau(j_1j_2\cdots j_n)}a_{1j_1}a_{2j_2}\cdots a_{nj_n};\quad(2.5)$$

同理，按列的自然顺序取元素，则

$$D=\begin{vmatrix} a_{11} & a_{12} & \cdots & a_{1n} \\ a_{21} & a_{22} & \cdots & a_{2n} \\ \vdots & \vdots & & \vdots \\ a_{n1} & a_{n2} & \cdots & a_{nn} \end{vmatrix}\sum(-1)^{\tau(i_1i_2\cdots i_n)}a_{i_11}a_{i_22}\cdots a_{i_nn}.\quad(2.6)$$

与矩阵对应，行列式也有相应的上（下）三角行列式、对角行列式.

例 6 求 n 阶下三角行列式 $\begin{vmatrix} a_{11} & 0 & \cdots & 0 \\ a_{21} & a_{22} & \cdots & 0 \\ \vdots & \vdots & & \vdots \\ a_{n1} & a_{n2} & \cdots & a_{nn} \end{vmatrix}$，上三角行列式 $\begin{vmatrix} a_{11} & a_{12} & \cdots & a_{1n} \\ 0 & a_{22} & \cdots & a_{2n} \\ \vdots & \vdots & & \vdots \\ 0 & 0 & \cdots & a_{nn} \end{vmatrix}$ 以及对角行列式 $\begin{vmatrix} \lambda_1 & 0 & \cdots & 0 \\ 0 & \lambda_2 & \cdots & 0 \\ \vdots & \vdots & & \vdots \\ 0 & 0 & \cdots & \lambda_n \end{vmatrix}$ 的值.

解 在下三角行列式中，第 1 行的元素除了 a_{11} 以外全为零，因为取第 1 行的其他数做乘积都是 0，故只考虑取 $j_1 = 1$ 的数 a_{11} 做出乘积. 第 2 行中，除 a_{21}, a_{22} 外，其余元素全为零，那么乘积一定为零，因此只考虑 $j_2 = 1$，2 两种情况. 由于 a_{11} 位于第 1 列，所以只能从第 2 行中取位于第 2 列的数 a_{22}. 这样依次类推下去，在 $n!$ 个的乘积中，除 ________ 这一项外，其余的项全为零，而这一项列标的排列 $12\cdots n$ 是偶排列，于是

$$\begin{vmatrix} a_{11} & 0 & \cdots & 0 \\ a_{21} & a_{22} & \cdots & 0 \\ \vdots & \vdots & & \vdots \\ a_{n1} & a_{n2} & \cdots & a_{nn} \end{vmatrix} = (-1)^{\tau(12\cdots n)} a_{11}a_{22}\cdots a_{nn} = a_{11}a_{22}\cdots a_{nn}.$$

同理，上三角行列式的值也是主对角元的乘积 ________，对角行列式的值为 ________.

练　习

- **选择题**

1. 下列排列是偶排列的是（　　）.

(A) 53214　　(B) 654321

(C) 12345　　(D) 32145

2. 已知由 1,2,3,4,5 组成一个偶排列 $32x5y$，则 x,y 分别为（　　）.

(A) 1，4　　(B) 4，1

(C) 1，2　　(D) 3，4

3. 排列 $n(n-1)(n-2)\cdots 321$ 的逆序数为（　　）.

(A) $\dfrac{n(n-1)}{2}$　　(B) n

(C) $n-1$　　(D) 不确定

4. 四阶行列式 $\det(a_{ij})$ 中的项 $a_{11}a_{33}a_{44}a_{22}$ 和 $a_{24}a_{31}a_{13}a_{42}$ 的符号分别为（　　）

(A) 正、正　　(B) 正、负

(C) 负、正　　(D) 负、负

- **填空题**

5. 213 是由 1，2，3 三个自然数组成的一个____级排列，25314 是由 1，2，3，4，5 五个自然数组成的一个____级排列.

6. 排列 31524 的逆序数为____，该排列为____排列.

7. 在 1，2，3 三个数的排列中，共有____个排列，其中奇排列____个，偶排列____个.

8. 在六阶行列式中，$a_{15}a_{23}a_{32}a_{44}a_{51}a_{66}$ 应取什么符号？________.

9. 四阶行列式中含有因子 $a_{11}a_{23}$ 的项是____和____.

- **计算题**

10. 利用 n 阶行列式定义计算行列式

$$D=\begin{vmatrix}2&0&5\\4&1&9\\3&0&4\end{vmatrix}.$$

11. 计算下列行列式：

(1) $\begin{vmatrix}1&0&\cdots&0\\0&2&\cdots&0\\\vdots&\vdots&&\vdots\\0&0&\cdots&n\end{vmatrix}$；(2) $\begin{vmatrix}1&2&3&4\\0&1&2&3\\0&0&1&2\\0&0&0&1\end{vmatrix}$.

- **证明题**

12. 证明行列式

$$\begin{vmatrix}0&\cdots&0&a_1\\0&\cdots&a_2&0\\\vdots&&\vdots&\vdots\\a_n&\cdots&0&0\end{vmatrix}=(-1)^{\frac{n(n-1)}{2}}a_1a_2\cdots a_n.$$

2.3 行列式的性质

本节主要介绍行列式的重要性质，并利用性质来计算行列式.

定义 7 设行列式 $D=\begin{vmatrix}a_{11}&a_{12}&\cdots&a_{1n}\\a_{21}&a_{22}&\cdots&a_{2n}\\\vdots&\vdots&&\vdots\\a_{n1}&a_{n2}&\cdots&a_{nn}\end{vmatrix}$，将 D 的行与列互换后得到的行列式称为 D **的转置行列式**，记作 D^{T}，即

$$D^{\mathrm{T}}=\begin{vmatrix}a_{11}&a_{21}&\cdots&a_{n1}\\a_{12}&a_{22}&\cdots&a_{n2}\\\vdots&\vdots&&\vdots\\a_{1n}&a_{2n}&\cdots&a_{nn}\end{vmatrix}.$$

注：特别地，行列式中 $|a^{\mathrm{T}}|=|a|^{\mathrm{T}}=a$.

性质 1 行列式与它的转置行列式相等，即 $D=D^{\mathrm{T}}$.

证 将 D 按行的顺序取元素，根据式（2.5）

$$D=\sum(-1)^{\tau(j_1j_2\cdots j_n)}a_{1j_1}a_{2j_2}\cdots a_{nj_n},$$

设 $D^{\mathrm{T}}=\det(b_{ij})$，其中 $b_{ij}=a_{ji}$，将 D^{T} 按列的顺序取元素，由式（2.6）

$$D^{\mathrm{T}} = \sum (-1)^{\tau(j_1j_2\cdots j_n)} b_{j_11}b_{j_22}\cdots b_{j_nn} = \sum (-1)^{\tau(j_1j_2\cdots j_n)} a_{1j_1}a_{2j_2}\cdots a_{nj_n},$$

即 $D = D^{\mathrm{T}}$.

由此性质可知，行列式的行和列具有同等的地位，行所具有的性质，列也同时具有. 因此对于以下性质仅对行或列一种情况做出证明.

性质 2 若互换行列式的两行（列），则行列式变号.

证 设行列式 $D_1 = \det(b_{ij})$ 是由行列式 $D = \det(a_{ij})$ 互换第 s,t 两行得到的，即 $b_{sj} = a_{tj}, b_{tj} = a_{sj}$，其余元素均未变，则

$$\begin{aligned}
D_1 &= \sum (-1)^{\tau(j_1\cdots j_s\cdots j_t\cdots j_n)} b_{1j_1}\cdots b_{sj_s}\cdots b_{tj_t}\cdots b_{nj_n} \\
&= \sum (-1)^{\tau(j_1\cdots j_s\cdots j_t\cdots j_n)} a_{1j_1}\cdots a_{tj_s}\cdots a_{sj_t}\cdots a_{nj_n} \\
&= \sum (-1)(-1)^{\tau(j_1\cdots j_t\cdots j_s\cdots j_n)} a_{1j_1}\cdots a_{sj_t}\cdots a_{tj_s}\cdots a_{nj_n} \\
&= -\sum (-1)^{\tau(j_1\cdots j_t\cdots j_s\cdots j_n)} a_{1j_1}\cdots a_{sj_t}\cdots a_{tj_s}\cdots a_{nj_n} \\
&= -D
\end{aligned}$$

通常以 r_i 表示行列式的第 i 行，以 c_i 表示行列式的第 i 列. 互换 i,j 两行，记作 $r_i \leftrightarrow r_j$；互换 i,j 两列，记作 $c_i \leftrightarrow c_j$.

推论 若行列式 D 中有两行（列）完全相同，则此行列式等于零.

证 将 D 中相同的这两行互换，根据性质 2，有 $D = -D$，则 $D = 0$.

性质 3 行列式某一行（列）中所有的元素都乘以同一个数 k，等于用数 k 乘此行列式.

证 设 $D_1 = \begin{vmatrix} a_{11} & a_{12} & \cdots & a_{1n} \\ \vdots & \vdots & & \vdots \\ ka_{s1} & ka_{s2} & \cdots & ka_{sn} \\ \vdots & \vdots & & \vdots \\ a_{n1} & a_{n2} & \cdots & a_{nn} \end{vmatrix}$，由行列式定义，得

$$\begin{aligned}
D_1 &= \sum (-1)^{\tau(j_1j_2\cdots j_n)} a_{1j_1}\cdots(ka_{sj_s})\cdots a_{nj_n} \\
&= k\sum (-1)^{\tau(j_1j_2\cdots j_n)} a_{1j_1}\cdots(a_{sj_s})\cdots a_{nj_n} = kD.
\end{aligned}$$

推论 1 行列式中某一行（列）的所有元素的公因子可以提到行列式记号的外面.

推论 2 若行列式有两行（列）的所有元素成比例，则此行列

式等于零.

证 由推论1，将这两行（列）的比例系数提到行列式外面，余下的行列式中就有两行（列）相同，再由性质2的推论，可知行列式等于零.

第 i 行乘以 k，记作 $r_i \times k$；第 i 列乘以 k，记作 $c_i \times k$；第 i 行（列）提出公因子 k，可记作 $r_i \div k(c_i \div k)$.

性质4 若行列式 D 某一行（列）的每个元素都是两数之和，则 D 可表示成两个行列式 D_1 与 D_2 的和，其中 D_1，D_2 对应的行（列）分别以这两数为元素，其他行（列）的元素与 D 相同，即

$$D = \begin{vmatrix} a_{11} & a_{12} & \cdots & a_{1n} \\ \vdots & \vdots & & \vdots \\ a_{i1}+a_{i1}' & a_{i2}+a_{i2}' & \cdots & a_{in}+a_{in}' \\ \vdots & \vdots & & \vdots \\ a_{n1} & a_{n2} & \cdots & a_{nn} \end{vmatrix}$$

$$= \begin{vmatrix} a_{11} & a_{12} & \cdots & a_{1n} \\ \vdots & \vdots & & \vdots \\ a_{i1} & a_{i2} & \cdots & a_{in} \\ \vdots & \vdots & & \vdots \\ a_{n1} & a_{n2} & \cdots & a_{nn} \end{vmatrix} + \begin{vmatrix} a_{11} & a_{12} & \cdots & a_{1n} \\ \vdots & \vdots & & \vdots \\ a_{i1}' & a_{i2}' & \cdots & a_{in}' \\ \vdots & \vdots & & \vdots \\ a_{n1} & a_{n2} & \cdots & a_{nn} \end{vmatrix}$$

$$= D_1 + D_2.$$

证 由行列式定义，

$$D = \sum (-1)^{\tau(j_1j_2\cdots j_i\cdots j_n)} a_{1j_1}\cdots(a_{ij_i}+a_{ij_i}')\cdots a_{nj_n}$$

$$= \sum (-1)^{\tau(j_1j_2\cdots j_i\cdots j_n)} a_{1j_1}\cdots a_{ij_i}\cdots a_{nj_n} + \sum (-1)^{\tau(j_1j_2\cdots j_i\cdots j_n)} a_{1j_1}\cdots a_{ij_i}'\cdots a_{nj_n}$$

$$= D_1 + D_2.$$

性质5 把行列式某一行（列）的各元素乘以同一数加到另一行（列）对应的元素上去，行列式不变.

证 以下仅证列的情况. 不失一般性，设

$$D = \begin{vmatrix} a_{11} & \cdots & a_{1i} & \cdots & a_{1j} & \cdots & a_{1n} \\ a_{21} & \cdots & a_{2i} & \cdots & a_{2j} & \cdots & a_{2n} \\ \vdots & & \vdots & & \vdots & & \vdots \\ a_{n1} & \cdots & a_{ni} & \cdots & a_{nj} & \cdots & a_{nn} \end{vmatrix},$$

以数 k 乘第 j 列加到第 i 列上去，则

$$D_1 = \begin{vmatrix} a_{11} & \cdots & a_{1i}+ka_{1j} & \cdots & a_{1j} & \cdots & a_{1n} \\ a_{21} & \cdots & a_{2i}+ka_{2j} & \cdots & a_{2j} & \cdots & a_{2n} \\ \vdots & & \vdots & & \vdots & & \vdots \\ a_{n1} & \cdots & a_{ni}+ka_{nj} & \cdots & a_{nj} & \cdots & a_{nn} \end{vmatrix}$$

$$= \begin{vmatrix} a_{11} & \cdots & a_{1i} & \cdots & a_{1j} & \cdots & a_{1n} \\ a_{21} & \cdots & a_{2i} & \cdots & a_{2j} & \cdots & a_{2n} \\ \vdots & & \vdots & & \vdots & & \vdots \\ a_{n1} & \cdots & a_{ni} & \cdots & a_{nj} & \cdots & a_{nn} \end{vmatrix} + \begin{vmatrix} a_{11} & \cdots & ka_{1j} & \cdots & a_{1j} & \cdots & a_{1n} \\ a_{21} & \cdots & ka_{2j} & \cdots & a_{2j} & \cdots & a_{2n} \\ \vdots & & \vdots & & \vdots & & \vdots \\ a_{n1} & \cdots & ka_{nj} & \cdots & a_{nj} & \cdots & a_{nn} \end{vmatrix} \text{（性质 4）}$$

$$= D + 0\text{（性质 3 推论 2）}$$

$$= D.$$

以数 k 乘第 j 行加到第 i 行上去，记作 $r_i + kr_j$；以数 k 乘第 j 列加到第 i 列上去，记作 $c_i + kc_j$.

性质2、性质 3、性质 5 介绍了行列式关于行（列）的三种运算，即 $r_i \leftrightarrow r_j(c_i \leftrightarrow c_j)$、$r_i \times k(c_i \times k)$、$r_i + kr_j(c_i + kc_j)$. 利用它们可简化行列式的计算. 特别是 $r_i + kr_j(c_i + kc_j)$ 可以把行列式中的许多元素化为 0，这样可以将行列式化为上三角行列式，由前面例 6 的结论，直接算得行列式的值.

例 7 计算行列式

$$D = \begin{vmatrix} 1 & 2 & 3 & 4 \\ 2 & 3 & 4 & 1 \\ 3 & 4 & 1 & 2 \\ 4 & 1 & 2 & 3 \end{vmatrix}.$$

解

$$D \xlongequal{c_1+c_2+c_3+c_4} \begin{vmatrix} 10 & 2 & 3 & 4 \\ 10 & 3 & 4 & 1 \\ 10 & 4 & 1 & 2 \\ 10 & 1 & 2 & 3 \end{vmatrix} = 10 \begin{vmatrix} 1 & 2 & 3 & 4 \\ 1 & 3 & 4 & 1 \\ 1 & 4 & 1 & 2 \\ 1 & 1 & 2 & 3 \end{vmatrix}$$

$$\xlongequal[r_4-r_1]{\substack{r_2-r_1\\ r_3-r_1}} 10\begin{vmatrix} 1 & 2 & 3 & 4 \\ \underline{\quad} & 1 & 1 & -3 \\ \underline{\quad} & 2 & -2 & -2 \\ \underline{\quad} & -1 & -1 & -1 \end{vmatrix}$$

$$\xlongequal[r_4+r_2]{r_3-2r_2} 10\begin{vmatrix} 1 & 2 & 3 & 4 \\ 0 & 1 & 1 & -3 \\ 0 & \underline{\quad} & -4 & 4 \\ 0 & \underline{\quad} & 0 & -4 \end{vmatrix}$$

$$= \underline{\qquad\qquad\qquad} = 160.$$

例 8 计算 n 阶行列式

$$D = \begin{vmatrix} x & a & a & \cdots & a & a \\ a & x & a & \cdots & a & a \\ a & a & x & \cdots & a & a \\ \vdots & \vdots & \vdots & & \vdots & \vdots \\ a & a & a & \cdots & x & a \\ a & a & a & \cdots & a & x \end{vmatrix}.$$

解

$$D \xlongequal{c_1+c_2+\cdots+c_n} \begin{vmatrix} \underline{\qquad\qquad} & a & a & \cdots & a & a \\ \underline{\qquad\qquad} & x & a & \cdots & a & a \\ \underline{\qquad\qquad} & a & x & \cdots & a & a \\ \vdots & \vdots & \vdots & & \vdots & \vdots \\ \underline{\qquad\qquad} & a & a & \cdots & x & a \\ \underline{\qquad\qquad} & a & a & \cdots & a & x \end{vmatrix}$$

$$\xlongequal[r_n-r_1]{\substack{r_2-r_1\\ r_3-r_1\\ \vdots}} \begin{vmatrix} x+(n-1)a & a & a & \cdots & a & a \\ \underline{\quad} & x-a & 0 & \cdots & 0 & 0 \\ \underline{\quad} & 0 & x-a & \cdots & 0 & 0 \\ \vdots & \vdots & \vdots & & \vdots & \vdots \\ \underline{\quad} & 0 & 0 & \cdots & x-a & 0 \\ \underline{\quad} & 0 & 0 & \cdots & 0 & x-a \end{vmatrix}$$

$$= [x+(n-1)a](x-a)^{n-1}.$$

例 9 设行列式

$$D = \begin{vmatrix} a_{11} & \cdots & a_{1k} & & & \\ \vdots & & \vdots & & \boldsymbol{O} & \\ a_{k1} & \cdots & a_{kk} & & & \\ c_{11} & \cdots & c_{1k} & b_{11} & \cdots & b_{1n} \\ \vdots & \vdots & \vdots & & \vdots & \\ c_{n1} & \cdots & c_{nk} & b_{n1} & \cdots & b_{nn} \end{vmatrix}, D_1 = \begin{vmatrix} a_{11} & \cdots & a_{1k} \\ \vdots & & \vdots \\ a_{k1} & \cdots & a_{kk} \end{vmatrix},$$

$$D_2 = \begin{vmatrix} b_{11} & \cdots & b_{1n} \\ \vdots & & \vdots \\ b_{n1} & \cdots & b_{nn} \end{vmatrix},$$

证明 $D = D_1 D_2$.

证 利用性质5，对 D_1 作行运算、对 D_2 作列运算，可将 D_1 ，D_2 化为下三角行列式，设求出的

$$D_1 = \begin{vmatrix} \underline{\quad} & & \\ \vdots & \ddots & \\ p_{k1} & \cdots & p_{kk} \end{vmatrix} = p_{11} \cdots p_{kk}, D_2 = \begin{vmatrix} q_{11} & & \\ \vdots & \ddots & \\ q_{n1} & \cdots & \underline{\quad} \end{vmatrix} = q_{11} \cdots p_{nn}.$$

对 D 的前 k 行作与 D_1 相同的行运算，后 n 列作与 D_2 相同的列运算，可将其化成下三角行列式

$$D = \begin{vmatrix} p_{11} & & & & & \\ \vdots & \ddots & & & & \\ p_{k1} & \cdots & p_{kk} & & & \\ c_{11} & \cdots & c_{1k} & q_{11} & & \\ \vdots & & \vdots & \vdots & \ddots & \\ c_{n1} & \cdots & c_{nk} & q_{n1} & \cdots & q_{nn} \end{vmatrix},$$

故

$$D = p_{11} \cdots p_{kk} \cdot q_{11} \cdots \underline{\quad\quad} = D_1 D_2.$$

练　　习

- **选择题**

1\. 设行列式 $\begin{vmatrix} x & y & z \\ 4 & 0 & 3 \\ 1 & 1 & 1 \end{vmatrix} = 1$，则行列式 $\begin{vmatrix} 2x & 2y & 2z \\ \frac{4}{3} & 0 & 1 \\ 1 & 1 & 1 \end{vmatrix} = (\quad)$.

(A) $\frac{2}{3}$　(B) 1　(C) 2　(D) $\frac{8}{3}$

2\. 如果行列式的所有元素变号，则（　　）.

(A) 行列式一定变号　(B) 行列式一定不变号

(C) 偶阶行列式变号　(D) 奇阶行列式变号

3\. 设 $\begin{vmatrix} a_1 & a_2 & a_3 \\ b_1 & b_2 & b_3 \\ c_1 & c_2 & c_3 \end{vmatrix} = k$，则 $\begin{vmatrix} a_1 & a_2 - 2a_3 & -a_3 \\ b_1 & b_2 - 2b_3 & -b_3 \\ c_1 & c_2 - 2c_3 & -c_3 \end{vmatrix} = (\quad)$.

(A) $-2k$　(B) $-k$　(C) k　(D) $2k$

- **计算题**

4\. 用行列式性质计算：

(1) $\begin{vmatrix} 103 & 100 & 204 \\ 199 & 200 & 395 \\ 301 & 300 & 600 \end{vmatrix}$；(2) $\begin{vmatrix} -ab & ac & ae \\ bd & -cd & de \\ bf & cf & -ef \end{vmatrix}$.

5. 计算下列行列式：

(1) $\begin{vmatrix} 3 & 1 & -1 & 2 \\ -5 & 1 & 3 & -4 \\ 2 & 0 & 1 & -1 \\ 1 & -5 & 3 & -3 \end{vmatrix}$；(2) $\begin{vmatrix} 3 & 1 & 1 & 1 \\ 1 & 3 & 1 & 1 \\ 1 & 1 & 3 & 1 \\ 1 & 1 & 1 & 3 \end{vmatrix}$；

(3) $\begin{vmatrix} 1 & 1 & 1 & 1 \\ 1 & 2 & 3 & 4 \\ 1 & 3 & 6 & 10 \\ 1 & 4 & 10 & 20 \end{vmatrix}$；(4) $\begin{vmatrix} x & y & z \\ x^2 & y^2 & z^2 \\ yz & xz & xy \end{vmatrix}$.

6. 计算下列 n 阶行列式：

(1) $\begin{vmatrix} 2 & 1 & 1 & \cdots & 1 \\ -1 & 2 & 1 & \cdots & 1 \\ -1 & -1 & 2 & \cdots & 1 \\ \vdots & \vdots & \vdots & & \vdots \\ -1 & -1 & -1 & \cdots & 2 \end{vmatrix}$；

(2) $\begin{vmatrix} x & a_1 & a_2 & \cdots & a_{n-1} & 1 \\ a_1 & x & a_2 & \cdots & a_{n-1} & 1 \\ \vdots & \vdots & \vdots & & \vdots & \vdots \\ a_1 & a_2 & a_3 & \cdots & x & 1 \\ a_1 & a_2 & a_3 & \cdots & a_n & 1 \end{vmatrix}$.

2.4 行列式按行（列）展开

本节主要介绍余子式、代数余子式及行列式按行（列）展开法则.

n 阶行列式的计算一般很麻烦. n 阶行列式共有 $n!$ 个乘积项，当 n 较大时, $n!$ 是个很大的数，直接用定义计算行列式几乎是不可能的，化为三角行列式有时也很烦琐，因此，将三阶以上的高阶行列式逐步降阶为低阶行列式也是常用的计算方法.

2.4.1 余子式和代数余子式

定义 8 在行列式 $D=\det(a_{ij})$ 中，划去元素 a_{ij} 所在的第 i 行与第 j 列，余下的 $n-1$ 阶行列式称为 D 中元素 a_{ij} 的**余子式**，记作 M_{ij}. 称 $(-1)^{i+j}M_{ij}$ 为 a_{ij} 的**代数余子式**，记为 A_{ij}，即

$$A_{ij}=(-1)^{i+j}M_{ij}.$$

例 10 求行列式

$$D=\begin{vmatrix} 3 & 1 & 2 & 4 \\ 2 & -1 & 1 & 2 \\ 0 & 6 & -2 & -1 \\ 1 & -4 & 2 & 3 \end{vmatrix}$$

中 (2,3) 元 1 的余子式和代数余子式.

解 $M_{23}=\begin{vmatrix}3 & 1 & 4\\ 0 & 6 & -1\\ 1 & -4 & 3\end{vmatrix}=17$，$A_{23}=\underline{\qquad}M_{23}=-17.$

2.4.2 行列式按行（列）展开

例 11 用第 1 列元素及对应的代数余子式表示三阶行列式

$$\begin{vmatrix}a_{11} & a_{12} & a_{13}\\ a_{21} & a_{22} & a_{23}\\ a_{31} & a_{32} & a_{33}\end{vmatrix}.$$

解

$$\begin{aligned}&\begin{vmatrix}a_{11} & a_{12} & a_{13}\\ a_{21} & a_{22} & a_{23}\\ a_{31} & a_{32} & a_{33}\end{vmatrix}\\ &=a_{11}a_{22}a_{33}+a_{12}a_{23}a_{31}+\underline{\qquad\quad}-a_{13}a_{22}a_{31}-a_{11}a_{23}a_{32}-\underline{\qquad\quad}\\ &=a_{11}(a_{22}a_{33}-a_{23}a_{32})-a_{21}(a_{12}a_{33}-a_{13}a_{32})+a_{31}(a_{12}a_{23}-a_{13}a_{22})\\ &=a_{11}\begin{vmatrix}a_{22} & a_{23}\\ a_{32} & a_{33}\end{vmatrix}-a_{21}\begin{vmatrix}a_{12} & a_{13}\\ a_{32} & a_{33}\end{vmatrix}+a_{31}\begin{vmatrix}a_{12} & a_{13}\\ a_{22} & a_{23}\end{vmatrix}\\ &=a_{11}M_{11}-a_{21}\underline{\quad}+a_{31}M_{31}\\ &=a_{11}A_{11}+a_{21}A_{21}+a_{31}A_{31}.\end{aligned}$$

由上例可见三阶行列式可以按其第 1 列展开为二阶行列式的形式. 同样，易知三阶行列式可按其任一行（列）展开为类似的形式. 那么，n 阶行列式是否可以按其任一行或任一列展开成较低阶的行列式呢?

定理 3 n 阶行列式 $D=\det(a_{ij})$ 等于它任意一行（列）的各元素与其对应代数余子式的乘积之和，即

$$D=a_{i1}A_{i1}+a_{i2}A_{i2}+\cdots+a_{in}A_{in}\ (i=1,2,\cdots,n),$$

或

$$D=a_{1j}A_{1j}+a_{2j}A_{2j}+\cdots+a_{nj}A_{nj}\ (j=1,2,\cdots,n).$$

证 先证两种特殊情况.

（1）设 D 的第 1 行中除元素 a_{11} 外，其他元素都为零. 此时

$$D=\begin{vmatrix}a_{11} & 0 & \cdots & 0\\ a_{21} & a_{22} & \cdots & a_{2n}\\ \vdots & \vdots & & \vdots\\ a_{n1} & a_{n2} & \cdots & a_{nn}\end{vmatrix},$$

根据2.3节例9的结论可知 $D = a_{11}M_{11}$，又 $A_{11} = (-1)^{1+1}M_{11}$，则 $D = a_{11}A_{11}$.

（2）设 D 的第 i 行中除元素 a_{ij} 外，其他元素都为零. 此时

$$D = \begin{vmatrix} a_{11} & \cdots & a_{1j} & \cdots & a_{1n} \\ \vdots & & \vdots & & \vdots \\ 0 & \cdots & a_{ij} & \cdots & 0 \\ \vdots & & \vdots & & \vdots \\ a_{n1} & \cdots & a_{nj} & \cdots & a_{nn} \end{vmatrix},$$

可将 D 的第 i 行依次与第 $i-1,\cdots,2,1$ 行对调后，再将第 j 列依次与第 $j-1,\cdots,2,1$ 列对调，所得行列式设为 D_1. 这样共经过 $i+j-2$ 次行、列的调换，将元素 a_{ij} 换到了 D_1 的第1行第1列的位置，而其余子式仍为原来的 M_{ij} 没变. 此时，$D = (-1)^{i+j-2}D_1 = (-1)^{i+j}D_1$，而 $D_1 = a_{ij}M_{ij}$，从而有 $D = a_{ij}A_{ij}$.

再证一般情形. 利用上面的结论和性质4，有

$$D = \begin{vmatrix} a_{11} & a_{12} & \cdots & a_{1n} \\ \vdots & \vdots & & \vdots \\ a_{i1}+0+\cdots+0 & 0+a_{i2}+\cdots+0 & \cdots & 0+\cdots+0+a_{in} \\ \vdots & \vdots & & \vdots \\ a_{n1} & a_{n2} & \cdots & a_{nn} \end{vmatrix}$$

$$= \begin{vmatrix} a_{11} & a_{12} & \cdots & a_{1n} \\ \vdots & \vdots & & \vdots \\ a_{i1} & 0 & \cdots & 0 \\ \vdots & \vdots & & \vdots \\ a_{n1} & a_{n2} & \cdots & a_{nn} \end{vmatrix} + \begin{vmatrix} a_{11} & a_{12} & \cdots & a_{1n} \\ \vdots & \vdots & & \vdots \\ 0 & a_{i2} & \cdots & 0 \\ \vdots & \vdots & & \vdots \\ a_{n1} & a_{n2} & \cdots & a_{nn} \end{vmatrix} + \cdots + \begin{vmatrix} a_{11} & a_{12} & \cdots & a_{1n} \\ \vdots & \vdots & & \vdots \\ 0 & 0 & \cdots & a_{in} \\ \vdots & \vdots & & \vdots \\ a_{n1} & a_{n2} & \cdots & a_{nn} \end{vmatrix}$$

$$= a_{i1}A_{i1} + a_{i2}A_{i2} + \cdots + a_{in}A_{in}\ (i = 1,2,\cdots,n);$$

同理可证，按列展开的情形，有

$$D = a_{1j}A_{1j} + a_{2j}A_{2j} + \cdots + a_{nj}A_{nj}\ (j = 1,2,\cdots,n).$$

这个定理称为**行列式按行（列）展开法则**. 这种计算行列式的方法也称为**降阶法**.

推论1 若 n 阶行列式 $D = \det(a_{ij})$ 第 i 行（第 j 列）的元素除 (i,j) 元 a_{ij} 外都为0，则有

$$D = a_{ij}A_{ij}.$$

例 12 计算行列式

$$D = \begin{vmatrix} 3 & 0 & 0 & 0 \\ 2 & 2 & 4 & -2 \\ -1 & 0 & 5 & 0 \\ 1 & 0 & 2 & -1 \end{vmatrix}.$$

解 D 的第 1 行中除元素 3 外都为 0，根据定理 3 的推论 1，

$$D = \underline{\quad} \times (-1)^{1+1} \begin{vmatrix} 2 & 4 & -2 \\ 0 & 5 & \underline{\quad} \\ 0 & 2 & \underline{\quad} \end{vmatrix}$$

$$= 3 \times 2 \times (-1)^{1+1} \begin{vmatrix} 5 & 0 \\ 2 & -1 \end{vmatrix} = 3 \times 2 \times \underline{\quad} \times (\underline{\quad}) = -30$$

注：本例还可首先按第 2 列展开，结果同上.

将行列式性质、行列式按行（列）展开法则结合应用，可以更加简便、灵活地计算行列式.

例 13 计算行列式

$$D = \begin{vmatrix} 4 & -3 & 1 & 2 \\ -3 & 1 & -1 & 0 \\ 5 & -1 & 0 & 3 \\ 1 & -1 & 2 & 1 \end{vmatrix}.$$

解

$$D \xlongequal[r_4 - 2r_1]{r_2 + r_1} \begin{vmatrix} 4 & -3 & 1 & 2 \\ 1 & -2 & 0 & 2 \\ 5 & -1 & 0 & 3 \\ -7 & 5 & 0 & -3 \end{vmatrix} = \underline{\qquad} \begin{vmatrix} 1 & -2 & 2 \\ 5 & -1 & 3 \\ -7 & 5 & -3 \end{vmatrix}$$

$$\xlongequal[r_3 + 7r_1]{r_2 - 5r_1} \begin{vmatrix} 1 & -2 & 2 \\ 0 & 9 & -7 \\ 0 & -9 & 11 \end{vmatrix} = (-1)^{1+1} \begin{vmatrix} 9 & -7 \\ -9 & 11 \end{vmatrix} = 36.$$

例 14 证明 n 阶范德蒙德（Vandermonde）行列式

$$D_n=\begin{vmatrix}1&1&\cdots&1\\x_1&x_2&\cdots&x_n\\x_1^{\ 2}&x_2^{\ 2}&\cdots&x_n^{\ 2}\\\vdots&\vdots&&\vdots\\x_1^{\ n-1}&x_2^{\ n-1}&\cdots&x_n^{\ n-1}\end{vmatrix}=\prod_{1\leqslant j<i\leqslant n}(x_i-x_j),\qquad(2.7)$$

这里

$$\prod_{1\leqslant j<i\leqslant n}(x_i-x_j)=(x_2-x_1)(x_3-x_1)\cdots(x_{n-1}-x_1)(x_n-x_1)\cdot$$
$$(x_3-x_2)\cdots(x_{n-1}-x_2)(x_n-x_2)\cdot\cdots$$
$$(x_{n-1}-x_{n-2})(x_n-x_{n-2})\cdot(x_n-x_{n-1}).$$

证 用数学归纳法.

二阶范德蒙德行列式为 $D_2=\begin{vmatrix}1&1\\x_1&x_2\end{vmatrix}=x_2-x_1$，故当 $n=2$ 时，式（2.7）成立；

假设对 $n-1$ 阶范德蒙德行列式，式（2.7）成立，下证对 n 阶范德蒙德行列式，式（2.7）也成立.

对 D_n 作降阶处理：从第 n 行开始，后一行减去前一行的 x_1 倍，可得

$$D_n=\begin{vmatrix}1&1&\cdots&1\\0&x_2-x_1&\cdots&x_n-x_1\\0&x_2(x_2-x_1)&\cdots&x_n(x_n-x_1)\\\vdots&\vdots&&\vdots\\0&x_2^{n-2}(x_2-x_1)&\cdots&x_n^{n-2}(x_n-x_1)\end{vmatrix},$$

再将 D_n 按第 1 列展开，并提出每列的公因子，则有

$$D_n=(x_2-x_1)(x_3-x_1)\cdots(x_n-x_1)\begin{vmatrix}1&1&\cdots&1\\x_2&x_3&\cdots&x_n\\\vdots&\vdots&&\vdots\\x_2^{n-2}&x_3^{n-2}&\cdots&x_n^{n-2}\end{vmatrix}.$$

注意到，上式右端的行列式是一个 $n-1$ 阶范德蒙德行列式. 根据假设前提，有

$$D_n=(x_2-x_1)(x_3-x_1)\cdots(x_n-x_1)\prod_{2\leqslant j<i\leqslant n}(x_i-x_j)=\prod_{1\leqslant j<i\leqslant n}(x_i-x_j).$$

推论 2 n 阶行列式 $\det(a_{ij})$ 某一行（列）的元素与另外一行（列）对应元素的代数余子式乘积的和等于零，即

$$a_{i1}A_{j1}+a_{i2}A_{j2}+\cdots+a_{in}A_{jn}=0\quad(i\neq j),$$

或

$$a_{1i}A_{1j}+a_{2i}A_{2j}+\cdots+a_{ni}A_{nj}=0\quad(i\neq j).$$

证 将行列式 D 中第 j 行的元素换为第 i 行（$i\neq j$）的对应元素，其他行不变，得到有两行相同的行列式 D_1，再将 D_1 按第 j 行展开，则有

$$D_1=a_{i1}A_{j1}+a_{i2}A_{j2}+\cdots+a_{in}A_{jn}=0\quad(i\neq j).$$

列的情形同理可证.

综合定理 3 及推论 2，有

$$\sum_{k=1}^{n}a_{ik}A_{jk}=\begin{cases}D & (i=j)\\ 0 & (i\neq j)\end{cases}=D\delta_{ij};\ \sum_{k=1}^{n}a_{ki}A_{kj}=\begin{cases}D & (i=j)\\ 0 & (i\neq j)\end{cases}=D\delta_{ij},$$

其中

$$\delta_{ij}=\begin{cases}1 & (i=j)\\ 0 & (i\neq j)\end{cases}.$$

用类似证明推论 2 的方法，可以讨论代数余子式的计算问题.

例 15 设 $D=\begin{vmatrix}1 & 2 & -1 & 2\\ 3 & 1 & 0 & 5\\ 1 & -2 & 0 & 3\\ 2 & 4 & 0 & 0\end{vmatrix}$ 中 (i,j) 元的余子式和代数余子式分别为 M_{ij} 和 A_{ij}，求 $A_{11}+A_{12}+A_{13}+A_{14}$ 及 $M_{11}-M_{12}+M_{13}-M_{14}$.

解

$$A_{11}+A_{12}+A_{13}+A_{14}=\begin{vmatrix}1 & 1 & 1 & 1\\ 3 & 1 & 0 & 5\\ 1 & -2 & 0 & 3\\ 2 & 4 & 0 & 0\end{vmatrix},$$

按第 3 列展开有

$$A_{11}+A_{12}+A_{13}+A_{14}=\begin{vmatrix}\_\_ & \_\_ & \_\_\\ \_\_ & \_\_ & \_\_\\ \_\_ & \_\_ & \_\_\end{vmatrix}$$

$$=0+20+6+20-36-0=10,$$

且 $M_{11}-M_{12}+M_{13}-M_{14}=A_{11}+A_{12}+A_{13}+A_{14}=10.$

练 习

- **选择题**

1. 某四阶行列式 D 的值为1，它的第1行元素为1，7，2，-1，而第1行元素对应的余子式分别为 -1,0，k，4，则 $k=$（　　）.

（A）-2　（B）-1　（C）1　（D）2

2. 某四阶行列式 D 的值为1，它的第1行元素为1，3，k，-1，而第2行元素对应的余子式分别为 -1,0，1，2，则 $k=$（　　）.

（A）-2　（B）-1　（C）1　（D）2

3. 若 $\begin{vmatrix} a_{11} & a_{12} \\ a_{21} & a_{22} \end{vmatrix}=1$，则 $\begin{vmatrix} -a_{11} & 3a_{12} & 0 \\ -a_{21} & 3a_{22} & 0 \\ 0 & 6 & 1 \end{vmatrix}=$（　　）.

（A）1　（B）3　（C）-3　（D）6

4. 行列式 $\begin{vmatrix} 3 & 4 & 9 \\ 5 & 7 & -1 \\ 2 & 1 & 4 \end{vmatrix}$ 的元素 a_{23} 的代数余子式 $A_{23}=$（　　）.

（A）3　（B）-3　（C）5　（D）-5

- **填空题**

5. 若 $\begin{vmatrix} 1 & 0 & 2 \\ x & 3 & 1 \\ 4 & x & 5 \end{vmatrix}$ 的代数余子式 $A_{12}=-1$，则代数余子式 $A_{21}=$________.

6. $D=\begin{vmatrix} 1 & 0 & 0 & 0 \\ -2 & 7 & 6 & -3 \\ -4 & 8 & 3 & -5 \\ 9 & -7 & 2 & 5 \end{vmatrix}$ 中（3,2）元8的余子式为____，其代数余子式为____.

7. 四阶行列式 D 中第三列元素为1，2，3，4，对应的余子式为1，-1，2，1，则 D 的值为____.

8. 已知行列式 $\begin{vmatrix} 4 & 3 & 2 & 1 \\ 1 & 4 & 3 & 2 \\ 2 & 1 & 4 & 3 \\ 3 & 2 & 1 & 4 \end{vmatrix}$，则 $3A_{14}+4A_{24}+A_{34}+2A_{44}=$____.

- **计算题**

9. 已知 $D=\begin{vmatrix} 1 & 0 & 0 \\ 2 & 3 & 0 \\ 4 & 5 & 6 \end{vmatrix}$，求：（1）$A_{11}+2A_{21}+4A_{31}$；（2）$4A_{21}+5A_{22}+6A_{23}$；（3）$7A_{31}+8A_{32}+9A_{33}$，其中 A_{ij} 表示 D 中 a_{ij} 的代数余子式.

10. 设 $D=\begin{vmatrix} 3 & -5 & 2 & 1 \\ 1 & 1 & 0 & -5 \\ -1 & 3 & 1 & 3 \\ 2 & -4 & -1 & -3 \end{vmatrix}$ 的余子式和代数余子式分别为 M_{ij} 和 A_{ij}，计算：

（1）$A_{11}+2A_{12}+A_{13}+A_{14}$；

（2）$3M_{21}+5M_{22}+M_{23}+2M_{24}$.

11. 用降阶法计算行列式：

（1）$\begin{vmatrix} 2 & 0 & 0 & 0 \\ 1 & 3 & 2 & -4 \\ 2 & 0 & 2 & 1 \\ 3 & 0 & 1 & 0 \end{vmatrix}$；　（2）$\begin{vmatrix} 1 & 1 & -1 & 2 \\ -5 & 1 & 3 & -1 \\ 2 & 0 & 1 & -1 \\ 1 & -5 & 3 & -3 \end{vmatrix}$；

（3）$\begin{vmatrix} 3 & 1 & -1 & 1 \\ -5 & 1 & 3 & -4 \\ 2 & 0 & 1 & 0 \\ 1 & -5 & 3 & -3 \end{vmatrix}$；（4）$\begin{vmatrix} a & 1 & 0 & 0 \\ -1 & b & 1 & 0 \\ 0 & -1 & c & 1 \\ 0 & 0 & -1 & d \end{vmatrix}$；

（5）$\begin{vmatrix} a & b & c & d \\ b & a & d & c \\ c & d & a & b \\ d & c & b & a \end{vmatrix}$.

- **证明题**

12. $\begin{vmatrix} a^2 & ab & b^2 \\ 2a & a+b & 2b \\ 1 & 1 & 1 \end{vmatrix}=(a-b)^3$.

2.5 方阵的行列式

本节主要介绍方阵的行列式和伴随矩阵，利用行列式来讨论矩阵可逆的条件，并介绍方阵的多项式.

2.5.1 方阵的行列式

定义 9 由 n 阶方阵 $\boldsymbol{A}$ 的元素，保持其原有位置不变所构成的行列式，称为**方阵 A 的行列式**，记作 $|\boldsymbol{A}|$ 或 $\det\boldsymbol{A}$.

例如，方阵 $\boldsymbol{A}=\begin{pmatrix}1 & 2 & 0\\ 2 & -1 & 3\\ 1 & -4 & 1\end{pmatrix}$ 的行列式为 $|\boldsymbol{A}|=\begin{vmatrix}1 & 2 & 0\\ 2 & -1 & 3\\ 1 & -4 & 1\end{vmatrix}$.

注： 虽然 n 阶方阵和它的行列式元素相同，但它们是两个不同的概念. 方阵表示 n 行 n 列共 n^2 个数构成的一个矩形数表，对应的行列式则表示由这个矩形数表所确定的一个数.

设 $\boldsymbol{A}$，$\boldsymbol{B}$ 为 n 阶方阵，λ 为数，则有以下性质：

（1）$|\boldsymbol{A}^{\mathrm{T}}|=|\boldsymbol{A}|^{\mathrm{T}}=|\boldsymbol{A}|$.

证 由行列式的性质 1，行列式和它的转置行列式相等，则 $|\boldsymbol{A}^{\mathrm{T}}|=|\boldsymbol{A}|$，而 $|\boldsymbol{A}|^{\mathrm{T}}=|\boldsymbol{A}|$，故 $|\boldsymbol{A}^{\mathrm{T}}|=|\boldsymbol{A}|^{\mathrm{T}}=|\boldsymbol{A}|$.

（2）$|\lambda\boldsymbol{A}|=\lambda^n|\boldsymbol{A}|$.

证 设 $\boldsymbol{A}=\begin{pmatrix}a_{11} & a_{12} & \cdots & a_{1n}\\ a_{21} & a_{22} & \cdots & a_{2n}\\ \vdots & \vdots & & \vdots\\ a_{n1} & a_{n2} & \cdots & a_{nn}\end{pmatrix}$，则 $\lambda\boldsymbol{A}=\begin{pmatrix}\lambda a_{11} & \lambda a_{12} & \cdots & \lambda a_{1n}\\ \lambda a_{21} & \lambda a_{22} & \cdots & \lambda a_{2n}\\ \vdots & \vdots & & \vdots\\ \lambda a_{n1} & \lambda a_{n2} & \cdots & \lambda a_{nn}\end{pmatrix}$，

故有

$$|\boldsymbol{A}|=\begin{vmatrix}a_{11} & a_{12} & \cdots & a_{1n}\\ a_{21} & a_{22} & \cdots & a_{2n}\\ \vdots & \vdots & & \vdots\\ a_{n1} & a_{n2} & \cdots & a_{nn}\end{vmatrix},\quad |\lambda\boldsymbol{A}|=\begin{vmatrix}\lambda a_{11} & \lambda a_{12} & \cdots & \lambda a_{1n}\\ \lambda a_{21} & \lambda a_{22} & \cdots & \lambda a_{2n}\\ \vdots & \vdots & & \vdots\\ \lambda a_{n1} & \lambda a_{n2} & \cdots & \lambda a_{nn}\end{vmatrix},$$

因此

$$|\lambda \boldsymbol{A}| = \begin{vmatrix} \lambda a_{11} & \lambda a_{12} & \cdots & \lambda a_{1n} \\ \lambda a_{21} & \lambda a_{22} & \cdots & \lambda a_{2n} \\ \vdots & \vdots & & \vdots \\ \lambda a_{n1} & \lambda a_{n2} & \cdots & \lambda a_{nn} \end{vmatrix} = \lambda^1 \begin{vmatrix} a_{11} & a_{12} & \cdots & a_{1n} \\ \lambda a_{21} & \lambda a_{22} & \cdots & \lambda a_{2n} \\ \vdots & \vdots & & \vdots \\ \lambda a_{n1} & \lambda a_{n2} & \cdots & \lambda a_{nn} \end{vmatrix}$$

$$= \lambda^2 \begin{vmatrix} a_{11} & a_{12} & \cdots & a_{1n} \\ a_{21} & a_{22} & \cdots & a_{2n} \\ \vdots & \vdots & & \vdots \\ \lambda a_{n1} & \lambda a_{n2} & \cdots & \lambda a_{nn} \end{vmatrix} = \cdots = \lambda^n |\boldsymbol{A}| .$$

注：数乘矩阵为矩阵中每个元素均乘以数，而数乘行列式为行列式某行（列）各元素与数相乘.

（3）$|\boldsymbol{AB}| = |\boldsymbol{A}||\boldsymbol{B}|$.

证 设 $\boldsymbol{A} = \begin{pmatrix} a_{11} & a_{12} & \cdots & a_{1n} \\ a_{21} & a_{22} & \cdots & a_{2n} \\ \vdots & \vdots & & \vdots \\ a_{n1} & a_{n2} & \cdots & a_{nn} \end{pmatrix}, \boldsymbol{B} = \begin{pmatrix} b_{11} & b_{12} & \cdots & b_{1n} \\ b_{21} & b_{22} & \cdots & b_{2n} \\ \vdots & \vdots & & \vdots \\ b_{n1} & b_{n2} & \cdots & b_{nn} \end{pmatrix}$.

现构造 $2n$ 阶行列式

$$D = \begin{vmatrix} a_{11} & \cdots & a_{1j} & \cdots & a_{1n} & & & & & \\ \vdots & & \vdots & & \vdots & & & \boldsymbol{O} & & \\ a_{n1} & \cdots & a_{nj} & \cdots & a_{nn} & & & & & \\ -1 & & & & & b_{11} & \cdots & b_{1j} & \cdots & b_{1n} \\ & & \ddots & & & \vdots & & \vdots & & \vdots \\ & & & & -1 & b_{n1} & \cdots & b_{nj} & \cdots & b_{nn} \end{vmatrix} = \begin{vmatrix} \boldsymbol{A} & \boldsymbol{O} \\ -\boldsymbol{E} & \boldsymbol{B} \end{vmatrix}.$$

则根据 2.3 节中例 9 的结论，$D = \begin{vmatrix} \boldsymbol{A} & \boldsymbol{O} \\ -\boldsymbol{E} & \boldsymbol{B} \end{vmatrix} = |\boldsymbol{A}||\boldsymbol{B}|$.

另一方面，若将 D 中的第 1 列乘以 b_{1j} ，第 2 列乘以 b_{2j} ，…，第 n 列乘 b_{nj} ，都加到第 $n+j$ 列上去，可使 $\boldsymbol{B}$ 的第 j 列元素全变为 0；同时使原来的 $\boldsymbol{O}$ 中的第 j 列变为

$$\begin{pmatrix} a_{11}b_{1j} + a_{12}b_{2j} + \cdots + a_{1n}b_{nj} \\ a_{21}b_{1j} + a_{22}b_{2j} + \cdots + a_{2n}b_{nj} \\ \vdots \\ a_{n1}b_{1j} + a_{n2}b_{2j} + \cdots + a_{nn}b_{nj} \end{pmatrix},$$

当$j=1,2,\cdots,n$时，则$\boldsymbol{O}$变为$\boldsymbol{C}$，即$D=\begin{vmatrix}\boldsymbol{A}&\boldsymbol{C}\\-\boldsymbol{E}&\boldsymbol{O}\end{vmatrix}$，其中

$$\boldsymbol{C}=(c_{ij})=a_{i1}b_{1j}+a_{i2}b_{2j}+\cdots+a_{in}b_{nj}\quad(i,j=1,2,\cdots,n),$$

由矩阵乘法的定义，可知$\boldsymbol{C}=\boldsymbol{AB}$.

再将$D=\begin{vmatrix}\boldsymbol{A}&\boldsymbol{C}\\-\boldsymbol{E}&\boldsymbol{O}\end{vmatrix}$作$n$次$r_j\leftrightarrow r_{n+j}(j=1,2,\cdots,n)$行交换，则

$$D=(-1)^n\begin{vmatrix}-\boldsymbol{E}&\boldsymbol{O}\\\boldsymbol{A}&\boldsymbol{C}\end{vmatrix}=(-1)^n|-\boldsymbol{E}||\boldsymbol{C}|=|\boldsymbol{C}|=|\boldsymbol{AB}|,$$

从而$|\boldsymbol{AB}|=|\boldsymbol{A}||\boldsymbol{B}|$.

注：对于n阶方阵$\boldsymbol{A}$，$\boldsymbol{B}$来说，一般$\boldsymbol{AB}\neq\boldsymbol{BA}$，但总有$|\boldsymbol{AB}|=|\boldsymbol{BA}|$，因为$|\boldsymbol{AB}|=|\boldsymbol{A}||\boldsymbol{B}|=|\boldsymbol{B}||\boldsymbol{A}|=|\boldsymbol{BA}|$.

（4）若$\boldsymbol{A}$可逆，则$|\boldsymbol{A}^{-1}|=\dfrac{1}{|\boldsymbol{A}|}$

证　$\boldsymbol{A}$可逆，则$\boldsymbol{AA}^{-1}=\boldsymbol{E}$，$|\boldsymbol{AA}^{-1}|=|\boldsymbol{E}|=1$，由上面性质(3)，$|\boldsymbol{AA}^{-1}|=|\boldsymbol{A}||\boldsymbol{A}^{-1}|=1$，即有

$$|\boldsymbol{A}^{-1}|=\frac{1}{|\boldsymbol{A}|}.$$

2.5.2　伴随矩阵

定义 10　设$\boldsymbol{A}=(a_{ij})$为n阶方阵，则称

$$\boldsymbol{A}^*=\begin{pmatrix}A_{11}&A_{21}&\cdots&A_{n1}\\A_{12}&A_{22}&\cdots&A_{n2}\\\vdots&\vdots&&\vdots\\A_{1n}&A_{2n}&\cdots&A_{nn}\end{pmatrix}=(A_{ij})^{\mathrm{T}}$$

为矩阵$\boldsymbol{A}$的伴随矩阵，其中A_{ij}为a_{ij}的代数余子式.

例 16　设$\boldsymbol{A}=\begin{pmatrix}1&-1&3\\2&-1&4\\-1&2&-4\end{pmatrix}$，求$\boldsymbol{A}$的伴随矩阵$\boldsymbol{A}^*$.

解　$A_{11}=\begin{vmatrix}-1&4\\2&-4\end{vmatrix}=-4$，$A_{12}=\underline{\quad}\begin{vmatrix}\underline{\quad}&\underline{\quad}\\\underline{\quad}&\underline{\quad}\end{vmatrix}=4$，

$A_{13}=\begin{vmatrix}\underline{\quad}&\underline{\quad}\\\underline{\quad}&\underline{\quad}\end{vmatrix}=3$，$A_{21}=-\begin{vmatrix}-1&3\\2&-4\end{vmatrix}=2$，

$$A_{22} = \begin{vmatrix} 1 & 3 \\ -1 & -4 \end{vmatrix} = -1 \text{ , } A_{23} = -\begin{vmatrix} 1 & -1 \\ -1 & 2 \end{vmatrix} = -1 \text{ ,}$$

$$A_{31} = \begin{vmatrix} \underline{\quad} & \underline{\quad} \\ \underline{\quad} & \underline{\quad} \end{vmatrix} = -1 \text{ , } A_{32} = \underline{\quad}\begin{vmatrix} \underline{\quad} & \underline{\quad} \\ \underline{\quad} & \underline{\quad} \end{vmatrix} = 2 \text{ ,}$$

$$A_{33} = \begin{vmatrix} 1 & -1 \\ 2 & -1 \end{vmatrix} = 1 \text{ ,}$$

所以

$$\boldsymbol{A}^* = \begin{pmatrix} \underline{\quad} & \underline{\quad} & \underline{\quad} \\ \underline{\quad} & \underline{\quad} & \underline{\quad} \\ \underline{\quad} & \underline{\quad} & \underline{\quad} \end{pmatrix}.$$

定理 4 设 $\boldsymbol{A} = (a_{ij})$ 为 n 阶方阵，则有

$$\boldsymbol{AA}^* = \boldsymbol{A}^*\boldsymbol{A} = |\boldsymbol{A}|E.$$

证 由定理 3 及推论 2，

$$\boldsymbol{AA}^* = \begin{pmatrix} a_{11} & a_{12} & \cdots & a_{1n} \\ a_{21} & a_{22} & \cdots & a_{2n} \\ \vdots & \vdots & & \vdots \\ a_{n1} & a_{n2} & \cdots & a_{nn} \end{pmatrix}\begin{pmatrix} A_{11} & A_{21} & \cdots & A_{n1} \\ A_{12} & A_{22} & \cdots & A_{n2} \\ \vdots & \vdots & & \vdots \\ A_{1n} & A_{2n} & \cdots & A_{nn} \end{pmatrix}$$

$$= \begin{pmatrix} |\boldsymbol{A}| & 0 & \cdots & 0 \\ 0 & |\boldsymbol{A}| & \cdots & 0 \\ \vdots & \vdots & & \vdots \\ 0 & 0 & \cdots & |\boldsymbol{A}| \end{pmatrix} = |\boldsymbol{A}|\boldsymbol{E}.$$

类似可证 $A^*A = |A|E$.

2.5.3 矩阵可逆的条件

第 1 章给出了逆矩阵的定义，并介绍了利用初等变换求逆矩阵的方法. 下面进一步讨论逆矩阵的相关问题.

定理 5 矩阵 $\boldsymbol{A}$ 可逆的充要条件是 $|\boldsymbol{A}| \neq 0$ ，且当 $\boldsymbol{A}$ 可逆时，有 $\boldsymbol{A}^{-1} = \dfrac{1}{|\boldsymbol{A}|}\boldsymbol{A}^*$.

证 必要性 若 $\boldsymbol{A}$ 为可逆矩阵，则 $\boldsymbol{AA}^{-1} = \boldsymbol{A}^{-1}\boldsymbol{A} = \boldsymbol{E}$ ，由方阵行列式的性质（3），$|\boldsymbol{AA}^{-1}| = |\boldsymbol{A}||\boldsymbol{A}^{-1}| = |\boldsymbol{E}| = 1$ ，所以 $|\boldsymbol{A}| \neq 0$.

充分性　若 $|\boldsymbol{A}| \neq 0$，由定理4，有 $\boldsymbol{A}\boldsymbol{A}^* = \boldsymbol{A}^*\boldsymbol{A} = |\boldsymbol{A}|\boldsymbol{E}$，可推出

$$\boldsymbol{A}\left(\frac{1}{|\boldsymbol{A}|}\boldsymbol{A}^*\right) = \left(\frac{1}{|\boldsymbol{A}|}\boldsymbol{A}^*\right)\boldsymbol{A} = \boldsymbol{E},$$

由逆矩阵的定义及逆矩阵的唯一性知，$\boldsymbol{A}$ 可逆且

$$\boldsymbol{A}^{-1} = \frac{1}{|\boldsymbol{A}|}\boldsymbol{A}^*.$$

对 n 阶方阵 $\boldsymbol{A}$，若 $|\boldsymbol{A}| = 0$，则称 $\boldsymbol{A}$ 为**奇异（退化）矩阵**；若 $|\boldsymbol{A}| \neq 0$，则称 $\boldsymbol{A}$ 为**非奇异（非退化）矩阵**. 由上面的定理5可知，$\boldsymbol{A}$ 为可逆矩阵的充要条件是 $\boldsymbol{A}$ 为非奇异矩阵.

例 17　判断矩阵 $\boldsymbol{A} = \begin{pmatrix} 3 & 7 & -3 \\ -2 & -5 & 2 \\ -4 & -10 & 3 \end{pmatrix}$ 是否可逆，若可逆，试用伴随矩阵方法求出逆矩阵.

解　因 $|\boldsymbol{A}| = 1 \neq 0$，故 $\boldsymbol{A}$ 可逆. 计算 $|\boldsymbol{A}|$ 的代数余子式 $A_{ij}(i, j = 1,2,3)$，得

$$A_{11} = 5,\ A_{12} = -2,\ A_{13} = 0,\ A_{21} = 9,\ A_{22} = -3,$$
$$A_{23} = 2,\ A_{31} = -1,\ A_{32} = 0,\ A_{33} = -1,$$

所以 $\boldsymbol{A}^* = \begin{pmatrix} \underline{\quad} & \underline{\quad} & \underline{\quad} \\ \underline{\quad} & \underline{\quad} & \underline{\quad} \\ \underline{\quad} & \underline{\quad} & \underline{\quad} \end{pmatrix}$，从而

$$\boldsymbol{A}^{-1} = \underline{\qquad} = \begin{pmatrix} 5 & 9 & -1 \\ -2 & -3 & 0 \\ 0 & 2 & -1 \end{pmatrix}.$$

注：用伴随矩阵方法求逆矩阵，需要计算出每个元素的代数余子式，计算量比较大，因此，当方阵阶数较高时，常采用1.3节中初等变换法来求逆矩阵.

推论　若 $\boldsymbol{A}$，$\boldsymbol{B}$ 为 n 阶方阵，且 $\boldsymbol{AB} = \boldsymbol{E}$（或 $\boldsymbol{BA} = \boldsymbol{E}$），则 $\boldsymbol{A}$ 可逆，且 $\boldsymbol{B} = \boldsymbol{A}^{-1}$.

证　由于 $\boldsymbol{AB} = \boldsymbol{E}$，有 $|\boldsymbol{AB}| = |\boldsymbol{A}| \cdot |\boldsymbol{B}| = |\boldsymbol{E}| = 1$，所以 $|\boldsymbol{A}| \neq 0$，从而由定理5可知 $\boldsymbol{A}$ 可逆，且 $\boldsymbol{B} = \boldsymbol{EB} = (\boldsymbol{A}^{-1}\boldsymbol{A})\boldsymbol{B} = \boldsymbol{A}^{-1}(\boldsymbol{AB}) = \boldsymbol{A}^{-1}\boldsymbol{E} = \boldsymbol{A}^{-1}$. 类似可证，若 $\boldsymbol{BA} = \boldsymbol{E}$，则 $\boldsymbol{A}$ 可逆，且 $\boldsymbol{B} = \boldsymbol{A}^{-1}$.

注：据此可简化1.2节中例10的证明.

2.5.4 方阵的 m 次多项式

在1.2节矩阵的运算中，曾经给出方阵 $\boldsymbol{A}$ 的 m 次多项式 $\varphi(\boldsymbol{A})=a_0\boldsymbol{E}+a_1\boldsymbol{A}+\cdots+a_m\boldsymbol{A}^m$，并知道方阵的多项式可以像数 x 的多项式一样相乘或因式分解.

以下再给出方阵的多项式的两个重要性质：

（1）若 $\varphi(\boldsymbol{A})=a_0\boldsymbol{E}+a_1\boldsymbol{A}+\cdots+a_m\boldsymbol{A}^m$，$\boldsymbol{P}$ 可逆，$\boldsymbol{B}$ 为任意方阵，且 $\boldsymbol{A}=\boldsymbol{PBP}^{-1}$，则有

$$\boldsymbol{A}^k=\boldsymbol{PB}^k\boldsymbol{P}^{-1},\varphi(\boldsymbol{A})=\boldsymbol{P}\varphi(\boldsymbol{B})\boldsymbol{P}^{-1}.$$

证

$$\begin{aligned}\boldsymbol{A}^k&=\underbrace{(\boldsymbol{PBP}^{-1})(\boldsymbol{PBP}^{-1})\cdots(\boldsymbol{PBP}^{-1})}_{k个}=\boldsymbol{PB}(\boldsymbol{P}^{-1}\boldsymbol{P})\boldsymbol{B}\cdots\boldsymbol{B}(\boldsymbol{P}^{-1}\boldsymbol{P})\boldsymbol{BP}^{-1}\\&=\boldsymbol{PBEB}\cdots\boldsymbol{BEBP}^{-1}=\boldsymbol{P}\underbrace{\boldsymbol{B}\cdots\boldsymbol{B}}_{k个}\boldsymbol{P}^{-1}\\&=\boldsymbol{PB}^k\boldsymbol{P}^{-1},\end{aligned}$$

$$\begin{aligned}\varphi(\boldsymbol{A})&=a_0\boldsymbol{E}+a_1\boldsymbol{A}+a_2\boldsymbol{A}^2+\cdots+a_m\boldsymbol{A}^m\\&=a_0\boldsymbol{PP}^{-1}+a_1\boldsymbol{PBP}^{-1}+a_2\boldsymbol{PB}^2\boldsymbol{P}^{-1}+\cdots+a_m\boldsymbol{PB}^m\boldsymbol{P}^{-1}\\&=\boldsymbol{P}(a_0\boldsymbol{E})\boldsymbol{P}^{-1}+\boldsymbol{P}(a_1\boldsymbol{B})\boldsymbol{P}^{-1}+\boldsymbol{P}(a_2\boldsymbol{B}^2)\boldsymbol{P}^{-1}+\cdots+\boldsymbol{P}(a_m\boldsymbol{B}^m)\boldsymbol{P}^{-1}\\&=\boldsymbol{P}(a_0\boldsymbol{E}+a_1\boldsymbol{B}+a_2\boldsymbol{B}^2+\cdots+a_m\boldsymbol{B}^m)\boldsymbol{P}^{-1}\\&=\boldsymbol{P}\varphi(\boldsymbol{B})\boldsymbol{P}^{-1}.\end{aligned}$$

（2）若 $\varphi(\boldsymbol{A})=a_0\boldsymbol{E}+a_1\boldsymbol{A}+\cdots+a_m\boldsymbol{A}^m$，$\boldsymbol{\Lambda}=\mathrm{diag}(\lambda_1,\lambda_2,\cdots,\lambda_n)$ 为对角矩阵，则有 $\boldsymbol{\Lambda}^k=\mathrm{diag}({\lambda_1}^k,{\lambda_2}^k,\cdots,{\lambda_n}^k)$，$\varphi(\boldsymbol{\Lambda})=\mathrm{diag}(\varphi(\lambda_1),\varphi(\lambda_2),\cdots,\varphi(\lambda_n))$.

证 $\boldsymbol{\Lambda}=\mathrm{diag}(\lambda_1,\lambda_2,\cdots,\lambda_n)=\begin{pmatrix}\lambda_1&&&\\&\lambda_2&&\\&&\ddots&\\&&&\lambda_n\end{pmatrix}$.

由于

$$\boldsymbol{\Lambda}^k=\underbrace{\begin{pmatrix}\lambda_1&&&\\&\lambda_2&&\\&&\ddots&\\&&&\lambda_n\end{pmatrix}\cdots\begin{pmatrix}\lambda_1&&&\\&\lambda_2&&\\&&\ddots&\\&&&\lambda_n\end{pmatrix}}_{k个}=\begin{pmatrix}{\lambda_1}^k&&&\\&{\lambda_2}^k&&\\&&\ddots&\\&&&{\lambda_n}^k\end{pmatrix},$$

因此 $\Lambda^k=\operatorname{diag}(\lambda_1{}^k,\lambda_2{}^k,\cdots,\lambda_n{}^k)$.

$$\varphi(\Lambda)=a_0E+a_1\Lambda+\cdots+a_m\Lambda^m$$

$$=a_0\begin{pmatrix}1&&&\\&1&&\\&&\ddots&\\&&&1\end{pmatrix}+a_1\begin{pmatrix}\lambda_1&&&\\&\lambda_2&&\\&&\ddots&\\&&&\lambda_n\end{pmatrix}+\cdots+a_m\begin{pmatrix}\lambda_1{}^m&&&\\&\lambda_2{}^m&&\\&&\ddots&\\&&&\lambda_n{}^m\end{pmatrix}$$

$$=\begin{pmatrix}a_0+a_1\lambda_1+\cdots+a_m\lambda_1{}^m&&&\\&a_0+a_1\lambda_2+\cdots+a_m\lambda_2{}^m&&\\&&\ddots&\\&&&a_0+a_1\lambda_n+\cdots+a_m\lambda_n{}^m\end{pmatrix}$$

$$=\begin{pmatrix}\varphi(\lambda_1)&&&\\&\varphi(\lambda_2)&&\\&&\ddots&\\&&&\varphi(\lambda_n)\end{pmatrix}=\operatorname{diag}(\varphi(\lambda_1),\varphi(\lambda_2),\cdots,\varphi(\lambda_n)).$$

例 18 设 $P=\begin{pmatrix}1&2\\1&4\end{pmatrix},\Lambda=\begin{pmatrix}1&0\\0&2\end{pmatrix}$，且有 $AP=P\Lambda$，求（1）A^k；（2）$\varphi(A)=A^5+2A^2$.

解 （1）因为 $|P|=2\neq0$，故 P 可逆，且有

$$P^{-1}=\underline{\quad}\begin{pmatrix}\underline{\quad}&\underline{\quad}\\\underline{\quad}&\underline{\quad}\end{pmatrix},$$

因为 $AP=P\Lambda$，可推出 $APP^{-1}=P\Lambda P^{-1}$，则 $AE=P\Lambda P^{-1}$，所以 $A=P\Lambda P^{-1}$；

又有 $\Lambda=\begin{pmatrix}1&0\\0&2\end{pmatrix}$，所以

$$\Lambda^k=\begin{pmatrix}\underline{\quad}&\underline{\quad}\\\underline{\quad}&\underline{\quad}\end{pmatrix},$$

故

$$A^k=P\Lambda^kP^{-1}=\begin{pmatrix}1&2\\1&4\end{pmatrix}\begin{pmatrix}1&0\\0&2^k\end{pmatrix}\frac{1}{2}\begin{pmatrix}4&-2\\-1&1\end{pmatrix}=\begin{pmatrix}2-2^k&2^k-1\\2-2^{k+1}&2^{k+1}-1\end{pmatrix}.$$

（2）因为 $\lambda_1=1,\lambda_2=2$，由上面的性质（2），有

$$\varphi(\boldsymbol{\Lambda}) = \boldsymbol{\Lambda}^5 + 2\boldsymbol{\Lambda}^2$$

$$= \begin{pmatrix} \varphi(1) & 0 \\ 0 & \varphi(2) \end{pmatrix} = \begin{pmatrix} \underline{\qquad\qquad} & 0 \\ 0 & \underline{\qquad\qquad} \end{pmatrix} = \begin{pmatrix} 3 & 0 \\ 0 & 40 \end{pmatrix},$$

从而

$$\varphi(\boldsymbol{A}) = \boldsymbol{P}\varphi(\boldsymbol{\Lambda})\boldsymbol{P}^{-1} = \begin{pmatrix} 1 & 2 \\ 1 & 4 \end{pmatrix}\begin{pmatrix} 3 & 0 \\ 0 & 40 \end{pmatrix}\frac{1}{2}\begin{pmatrix} 4 & -2 \\ -1 & 1 \end{pmatrix} = \begin{pmatrix} -34 & 37 \\ -74 & 77 \end{pmatrix}.$$

练　习

• **选择题**

1. 设三阶矩阵 $\boldsymbol{A}$ 的行列式 $|\boldsymbol{A}| = 2$，则 $|-2\boldsymbol{A}| =$ (　　).

(A) -2　(B) -4　(C) -16　(D) 8

2. 设 $\boldsymbol{A}$ 为二阶矩阵，且 $|\boldsymbol{A}| = -1$，则 $\big||\boldsymbol{A}|\boldsymbol{A}\big| =$ (　　).

(A) 0　(B) -1　(C) 1　(D) 2

3. 对任意的 n 阶方阵 $\boldsymbol{A}$，$\boldsymbol{B}$，总有 (　　).

(A) $|\boldsymbol{A}+\boldsymbol{B}| = |\boldsymbol{A}| + |\boldsymbol{B}|$

(B) $(\boldsymbol{AB})^{\mathrm{T}} = \boldsymbol{A}^{\mathrm{T}}\boldsymbol{B}^{\mathrm{T}}$

(C) $(\boldsymbol{A}-\boldsymbol{B})^2 = \boldsymbol{A}^2 - 2\boldsymbol{AB} + \boldsymbol{B}^2$

(D) $|\boldsymbol{AB}| = |\boldsymbol{BA}|$

4. 以下结论正确的是 (　　).

(A) 若方阵 $\boldsymbol{A}$ 的行列式 $|\boldsymbol{A}| = 0$，则 $\boldsymbol{A} = \boldsymbol{O}$

(B) 若 $\boldsymbol{A}^2 = \boldsymbol{O}$ 则 $\boldsymbol{A} = \boldsymbol{O}$

(C) 若 $\boldsymbol{A}$ 为对称矩阵，则 $\boldsymbol{A}^2$ 也是对称矩阵

(D) 对 n 阶矩阵 $\boldsymbol{A}$,$\boldsymbol{B}$，有 $(\boldsymbol{A}+\boldsymbol{B})(\boldsymbol{A}-\boldsymbol{B}) = \boldsymbol{A}^2 - \boldsymbol{B}^2$

5. 设 $\boldsymbol{A} = \begin{pmatrix} 2 & 0 \\ 1 & -1 \end{pmatrix}$，则 $\boldsymbol{A}^* =$ (　　).

(A) $\begin{pmatrix} -1 & 1 \\ 2 & 0 \end{pmatrix}$　(B) $\begin{pmatrix} -1 & 0 \\ -1 & 2 \end{pmatrix}$

(C) $\begin{pmatrix} 2 & 1 \\ 0 & -1 \end{pmatrix}$　(D) $\begin{pmatrix} 1 & -2 \\ 2 & 0 \end{pmatrix}$

6. 设 $\boldsymbol{A}$ 为三阶方阵，$\boldsymbol{A}^*$ 为 $\boldsymbol{A}$ 的伴随矩阵，$|\boldsymbol{A}| = 3$，则 $|\boldsymbol{A}^*| =$ (　　).

(A) $\frac{1}{3}$　(B) 3　(C) 6　(D) 9

7. 设 $\boldsymbol{A}$ 为 $n(n \geqslant 2)$ 阶方阵，且 $\boldsymbol{A}$ 的行列式 $|\boldsymbol{A}| = a \neq 0$，则 $|\boldsymbol{A}^*|$ 等于 (　　).

(A) a^{-1}　(B) a　(C) a^{n-1}　(D) a^n

• **填空题**

8. 若 $\boldsymbol{A}$,$\boldsymbol{B}$ 为三阶方阵，且 $|\boldsymbol{A}| = 2$，$|\boldsymbol{B}| = 2$，则 $|\boldsymbol{A}^{-1}\boldsymbol{B}^{\mathrm{T}}| =$________.

9. 设 $\boldsymbol{A} = \begin{pmatrix} 1 & 0 \\ 2 & -3 \end{pmatrix}$，$\boldsymbol{B} = \begin{pmatrix} 2 & 1 \\ 1 & -1 \end{pmatrix}$，则 $|\boldsymbol{AB}| =$ ________.

10. 设 $\boldsymbol{A} = \begin{pmatrix} 1 & 0 & 0 \\ 2 & 3 & 0 \\ 4 & 5 & 6 \end{pmatrix}$，则 $|\boldsymbol{A}| =$ ________；$(\boldsymbol{A}^*)^{-1} =$________.

11. 设 $\boldsymbol{A} = (\boldsymbol{\alpha},\boldsymbol{\gamma}_2,\boldsymbol{\gamma}_3,\boldsymbol{\gamma}_4)$，$\boldsymbol{B} = (\boldsymbol{\beta},\boldsymbol{\gamma}_2,\boldsymbol{\gamma}_3,\boldsymbol{\gamma}_4)$，其中 $\boldsymbol{\alpha},\boldsymbol{\beta},\boldsymbol{\gamma}_2,\boldsymbol{\gamma}_3,\boldsymbol{\gamma}_4$ 均为四维列向量，已知 $|\boldsymbol{A}| = 4$，$|\boldsymbol{B}| = 1$，则 $|\boldsymbol{A}+\boldsymbol{B}| =$________.

• **计算题**

12. 设 $\boldsymbol{A} = \begin{pmatrix} -1 & 3 \\ 0 & 4 \end{pmatrix}$，求 $\boldsymbol{A}$ 的伴随阵 $\boldsymbol{A}^*$.

13. 设矩阵 $\boldsymbol{A} = \begin{pmatrix} 3 & 2 \\ 5 & 4 \end{pmatrix}$，$\boldsymbol{B} = \begin{pmatrix} 7 & -4 \\ -5 & 3 \end{pmatrix}$. 求 $|\boldsymbol{A}|$，$|\boldsymbol{B}|$，$|\boldsymbol{A}^{\mathrm{T}}|$，$|\boldsymbol{AB}|$，$|\boldsymbol{A}^{-1}|$.

14. 判断方阵 $\boldsymbol{A} = \begin{pmatrix} -1 & 3 \\ 0 & 4 \end{pmatrix}$ 是否可逆，若可逆，

试用伴随矩阵方法求出逆矩阵.

15. 若A为4阶方阵，$|A|=2$，求$\left|\left(\frac{1}{2}A\right)^{-1}-\frac{3}{2}A^*\right|$.

16. 设2阶矩阵$A=\begin{pmatrix}3&2\\2&1\end{pmatrix}$，$P=\begin{pmatrix}0&1\\1&1\end{pmatrix}$，矩阵$B$满足关系式$PB=A^*P$，计算行列式$|B|$的值.

17. 设$P=\begin{pmatrix}2&2\\2&3\end{pmatrix}$，$\Lambda=\begin{pmatrix}1&0\\0&2\end{pmatrix}$，且有$AP=P\Lambda$，求（1）$A^5$；（2）$f(A)=A^2+2A-E$.

• **证明题**

18. 设矩阵A可逆，证明$(A^*)^{-1}=|A^{-1}|A$.

2.6 矩阵的秩

本节介绍矩阵秩的定义、矩阵秩的性质以及矩阵秩的求法.

矩阵的秩反映了矩阵内在的重要特征，是讨论向量组的线性相关性、线性方程组解的存在性等问题的重要工具.

2.6.1 矩阵秩的定义

定义 11 $m\times n$矩阵A中任取k行k列（$k\leqslant min\{m,n\}$），位于这些行列交叉处的k^2个元素，不改变它们的位置次序所得到的k阶行列式，称为矩阵A的一个k**阶子式**. 记为D_k.

例如，矩阵$A=\begin{pmatrix}1&3&-2&2\\0&2&-1&3\\-2&0&1&5\end{pmatrix}$中，取它的第3行第4列交叉处的元素，得到它的一个1阶子式5；取它的第1、2行，第1、2列交叉处的元素得到一个2阶子式为$\begin{vmatrix}1&3\\0&2\end{vmatrix}=2$；再取第1、2、3行，第2、3、4列交叉处的元素，得到一个3阶子式为$\begin{vmatrix}3&-2&2\\2&-1&3\\0&1&5\end{vmatrix}=0$.

注：一个$m\times n$矩阵共有$C_m^kC_n^k$个k阶子式.

定义 12 $m\times n$矩阵A中，若存在不等于0的r阶子式，而所有的$r+1$阶子式（如果存在的话）全等于0，则称这个r阶非零子式为矩阵A的**最高阶非零子式**. 最高阶非零子式的阶数r称为**矩阵A的秩**，记为$R(A)$. 规定当$A=O$时，$R(A)=0$.

矩阵A的秩是唯一的. 事实上，假设$R(A)=r$，由矩阵秩的定义，存在 A 的最高阶非零子式 $D_r \neq 0$，而 A 的所有 $r+1$ 阶子式（如果存在的话）全等于0. 任取 A 的 $r+2$ 阶子式 D_{r+2}，现将行列式按列展开，$D_{r+2} = d_{1j}D_{1j} + d_{2j}D_{2j} + \cdots + d_{nj}D_{nj}$，其中 $D_{1j}, D_{2j}, \cdots, D_{nj}$ 是 D_{r+2} 中元素 $d_{1j}, d_{2j}, \cdots, d_{nj}$ 的代数余子式，均为 $r+1$ 阶子式，都等于0，所以 $D_{r+2} = 0$，因此 A 的所有 $r+2$ 阶子式 D_{r+2} 都为0. 依次类推，因此当 $R(A) = r$ 时，A 的所有高于 r 阶的子式（如果存在的话）全等于0，$R(A)$ 就是 A 的非零子式的最高阶数. 由此可见，矩阵的秩是唯一的.

注：需要说明的是，与大多数线性代数教材一样，这里矩阵的秩是建立在非零行列式的基础之上的，这是由于行列式与矩阵秩的计算确有关系，且易于计算，但缺憾是增加了矩阵的秩与线性方程组的解之间的关系理解的难度. 更为贴切的定义，读者可以在典型的高等代数教材中找到. 在那儿，矩阵的秩被定义为构成矩阵的列（行）向量组任一最大无关组中所含向量的个数.

例 19 利用定义求矩阵 $A = \begin{pmatrix} 1 & 2 & 3 \\ 2 & 2 & 3 \\ 2 & 4 & 6 \end{pmatrix}$ 的秩.

解 易见 A 的二阶子式 $\begin{vmatrix} 1 & 2 \\ 2 & 2 \end{vmatrix} = -2 \neq 0$，又 A 的三阶子式只有 $|A|$，且

$$|A| = \begin{vmatrix} 1 & 2 & 3 \\ 2 & 2 & 3 \\ \underline{\quad} & 4 & 6 \end{vmatrix} = \begin{vmatrix} 1 & 2 & 3 \\ 2 & 2 & 3 \\ \underline{\quad} & \underline{\quad} & \underline{\quad} \end{vmatrix} = 0,$$

故 $R(A) = 2$.

定义 13 设 A 为 $m \times n$ 矩阵，若 $R(A) = \min\{m, n\}$，则称矩阵 A 为**满秩矩阵**，否则称为**降秩矩阵**.

根据这样的定义，可逆矩阵一定是满秩矩阵，不可逆矩阵一定是降秩矩阵. 非奇异矩阵一定是满秩矩阵，奇异矩阵一定是降秩矩阵.

由矩阵秩的定义，可得下面的两个定理：

定理 6 $0 \leqslant R(A_{m\times n}) \leqslant \min\{m, n\}$.

证 由秩的定义，$R(A)$ 是 A 的非零子式的最高阶数，所以 $0 \leqslant$

$R(\boldsymbol{A}) \leqslant m, 0 \leqslant R(\boldsymbol{A}) \leqslant n$，即 $0 \leqslant R(\boldsymbol{A}_{m\times n}) \leqslant \min\{m,n\}$．

对 n 阶方阵 $\boldsymbol{A}$，由定理6，显然有

$$R(\boldsymbol{A}) \leqslant n.$$

定理 7 $\boldsymbol{A}$ 为 $m \times n$ 矩阵，则 $R(\boldsymbol{A}^{\mathrm{T}}) = R(\boldsymbol{A})$．

证 令 $R(\boldsymbol{A}) = r$，则矩阵 $\boldsymbol{A}$ 有最高阶非零子式 $D_r \neq 0$，并且任意 $r+1$ 阶子式 $D_{r+1} = 0$．而 D_r^{T}，D_{r+1}^{T} 分别是 $\boldsymbol{A}^{\mathrm{T}}$ 的 r 阶子式和 $r+1$ 阶子式，且 $D_r^{\mathrm{T}} = D_r \neq 0$，$D_{r+1}^{\mathrm{T}} = D_{r+1} = 0$，则 D_r^{T} 是 $\boldsymbol{A}^{\mathrm{T}}$ 的最高 r 阶非零子式，所以 $R(\boldsymbol{A}^{\mathrm{T}}) = R(\boldsymbol{A}) = r$．

结合矩阵秩的概念，下面进一步讨论矩阵可逆的条件.

定理 8 $\boldsymbol{A}$ 为 n 阶方阵，则 $\boldsymbol{A}$ 可逆的充要条件为 $R(\boldsymbol{A}) = n$．

证 由2.5节定理5，$\boldsymbol{A}$ 可逆的充要条件为 $|\boldsymbol{A}| \neq 0$，又 $D_n = |\boldsymbol{A}|$，由秩的定义知道结论成立.

$\boldsymbol{A}$ 为 n 阶方阵，由定理6，必有 $R(\boldsymbol{A}) \leqslant n$，再由定理8知，$\boldsymbol{A}$ 不可逆的充要条件为 $R(\boldsymbol{A}) < n$．

2.6.2 矩阵秩的求法

利用定义可以求矩阵的秩. 先来看下面两个例子.

例 20 求矩阵 $\boldsymbol{A} = \begin{pmatrix} 1 & 2 & 1 & 2 \\ 0 & 2 & -1 & 3 \\ 1 & 4 & 0 & 5 \end{pmatrix}$ 的秩.

解 $\boldsymbol{A}$ 中存在一个2阶子式 $\begin{vmatrix} 1 & 2 \\ 0 & 2 \end{vmatrix} = 2$ ____，$\boldsymbol{A}$ 的3阶子式共有四个，计算烦琐一些，但可以验证全为零. 所以 $R(\boldsymbol{A})$ ____.

例 21 求矩阵 $\boldsymbol{B} = \begin{pmatrix} 1 & 3 & -2 & 3 & 1 \\ 0 & 2 & -1 & 3 & -2 \\ 0 & 0 & 0 & 1 & 5 \\ 0 & 0 & 0 & 0 & 0 \end{pmatrix}$ 的秩.

解 $\boldsymbol{B}$ 是一个行阶梯形矩阵，其非零行有3行. 取 $\boldsymbol{B}$ 的第1、2、3行和第1、2、4列，得到 $\boldsymbol{B}$ 的3阶子式 $\begin{vmatrix} 1 & 3 & 3 \\ 0 & 2 & 3 \\ 0 & 0 & 1 \end{vmatrix} = 2 \neq 0$，而 $\boldsymbol{B}$ 的所有的4阶子式中必有一行全为0，因此4阶子式全为0. 故 $R(\boldsymbol{B}) = 3$．

可见，利用定义求矩阵的秩，需要从低到高（或从高到低）计算许多行列式，当矩阵的行列数较高时，计算比较麻烦. 但当矩阵是行阶梯形矩阵时，一看便知，矩阵的秩就等于其非零行的行数. 由1.3节知道，矩阵通过一系列初等行变换能够化为行阶梯形矩阵. 那么，问题是对矩阵施行初等行变换后矩阵的秩是否改变呢？如若秩不改变，则可以先利用初等行变换将矩阵化为行阶梯形矩阵，再由行阶梯形矩阵的秩即可得到原来矩阵的秩. 下面讨论这个问题.

定理9 若 $\boldsymbol{A} \sim \boldsymbol{B}$，则 $R(\boldsymbol{A}) = R(\boldsymbol{B})$.

证 考察 $\boldsymbol{A}$ 经过一次初等行变换变为 $\boldsymbol{B}$ 的情形：

先证 $R(\boldsymbol{A}) \leqslant R(\boldsymbol{B})$. 设 $R(\boldsymbol{A}) = r$，则 $\boldsymbol{A}$ 中必存在最高为 r 阶的非零子式 D_r.

当① $\boldsymbol{A} \overset{r_i \leftrightarrow r_j}{\sim} \boldsymbol{B}$ 或② $\boldsymbol{A} \overset{r_i \times k}{\sim} \boldsymbol{B} (k \neq 0)$ 时，则 $\boldsymbol{B}$ 中总有与 D_r 相应的 r 阶子式 D_{r1}，易见 $D_{r1} = \pm D_r$ 或 $D_{r1} = kD_r$，而 $D_r \neq 0$，故 $D_{r1} \neq 0$，所以 $R(\boldsymbol{A}) \leqslant R(\boldsymbol{B})$.

当③ $\boldsymbol{A} \overset{r_i + kr_j}{\sim} \boldsymbol{B}$ 时，有两种情况.

若 D_r 不含 $\boldsymbol{A}$ 的第 i 行或既含 A 的第 i 行又含 A 的第 j 行，则这样的行变换并没有改变 D_r，因此 D_r 也是 $\boldsymbol{B}$ 的 r 阶非零子式，故 $R(\boldsymbol{A}) \leqslant R(\boldsymbol{B})$；

若 D_r 含 $\boldsymbol{A}$ 的第 i 行，但不含 $\boldsymbol{A}$ 的第 j 行，则 $\boldsymbol{B}$ 中与 D_r 对应 r 阶子式 D_{r1} 可表示为 $D_{r1} = D_r \pm kD_{r2}$，其中 D_{r2} 也是 $\boldsymbol{B}$ 的 r 阶子式，由于 $D_{r1} \pm kD_{r2} = D_r \neq 0$，则 D_{r1}，D_{r2} 不应同时为零，即 $\boldsymbol{B}$ 中必存在 r 阶非零子式，故 $R(\boldsymbol{A}) \leqslant R(\boldsymbol{B})$.

同理，$\boldsymbol{B}$ 也可以经过一次初等行变换变为 $\boldsymbol{A}$，故有 $R(\boldsymbol{A}) \geqslant R(\boldsymbol{B})$，因此 $R(\boldsymbol{A}) = R(\boldsymbol{B})$.

由此可知，经过有限次初等行变换，矩阵的秩保持不变.

又若 $\boldsymbol{A}$ 经过初等列变换变为 $\boldsymbol{B}$，则 $\boldsymbol{A}^{\mathrm{T}}$ 经过初等行变换变为 $\boldsymbol{B}^{\mathrm{T}}$，故有 $R(\boldsymbol{A}^{\mathrm{T}}) = R(\boldsymbol{B}^{\mathrm{T}})$，而由定理7，$R(\boldsymbol{A}^{\mathrm{T}}) = R(\boldsymbol{A})$，$R(\boldsymbol{B}) = R(\boldsymbol{B}^{\mathrm{T}})$，故 $R(\boldsymbol{A}) = R(\boldsymbol{B})$，因此经过有限次初等列变换，矩阵的秩仍然不变.

定理9给出了求矩阵的秩的又一方法，只要用初等行变换把矩阵化为行阶梯形矩阵，行阶梯形矩阵中非零行的行数就是矩阵的秩. 同理，也可用初等列变换求矩阵的秩.

例 22 求矩阵 $\boldsymbol{A}=\begin{pmatrix}1&-1&2&1&0\\2&-2&4&-2&0\\3&0&6&-1&1\\2&1&4&2&1\end{pmatrix}$ 的秩.

解 对 A 施行初等行变换，将其化成行阶梯形矩阵，即

$$\boldsymbol{A}\overset{\substack{r_2-2r_1\\r_3-3r_1\\r_4-2r_1}}{\sim}\begin{pmatrix}1&-1&2&1&0\\0&0&0&-4&0\\0&3&0&-4&1\\0&3&0&0&1\end{pmatrix}\overset{r_2\leftrightarrow r_4}{\sim}\begin{pmatrix}1&-1&2&1&0\\0&3&0&0&1\\0&3&0&-4&1\\0&0&0&-4&0\end{pmatrix}$$

$$\overset{r_3-r_2}{\sim}\begin{pmatrix}1&-1&2&1&0\\0&3&0&0&1\\0&0&0&-4&0\\0&0&0&-4&0\end{pmatrix}\overset{r_4-r_3}{\sim}\begin{pmatrix}1&-1&2&1&0\\0&3&0&0&1\\0&0&0&-4&0\\0&0&0&0&0\end{pmatrix},$$

由于有 3 个非零行，因此 $R(\boldsymbol{A})=3$.

在 1.3 节中，曾经给出任意 $m\times n$ 阶矩阵 $\boldsymbol{A}$ 等价于一个标准形矩阵 $\boldsymbol{F}=\begin{pmatrix}\boldsymbol{E}_r&\boldsymbol{O}\\\boldsymbol{O}&\boldsymbol{O}\end{pmatrix}_{m\times n}$，由定理 9 可知，$\boldsymbol{F}$ 中数 r 就是矩阵 $\boldsymbol{A}$ 的秩，即矩阵 $\boldsymbol{A}$ 的标准形由秩 $R(\boldsymbol{A})$ 完全确定，所以标准形是唯一的.

2.6.3 矩阵秩的性质

前面介绍了矩阵秩的一些基本性质（定理 6、定理 7、定理 9），下面来讨论其他一些常用的性质.

定理 10 若存在可逆矩阵 $\boldsymbol{P}$，$\boldsymbol{Q}$，使 $\boldsymbol{PAQ}=\boldsymbol{B}$，则 $R(\boldsymbol{A})=R(\boldsymbol{B})$

证 若存在可逆矩阵 $\boldsymbol{P}$，$\boldsymbol{Q}$，使 $\boldsymbol{PAQ}=\boldsymbol{B}$，则根据 1.3 节中定理 3，有 $\boldsymbol{A}\sim\boldsymbol{B}$，再由定理 9，$R(\boldsymbol{A})=R(\boldsymbol{B})$.

若 $\boldsymbol{A}$，$\boldsymbol{B}$ 为行数相同的矩阵，则以 $\boldsymbol{A}$、$\boldsymbol{B}$ 为子块，保持它们原来的顺序，可构成一个新的同行矩阵，这个矩阵记为 $(\boldsymbol{A},\boldsymbol{B})$. 对于矩阵 $(\boldsymbol{A},\boldsymbol{B})$，显见 $(\boldsymbol{A},\boldsymbol{B})\sim(\boldsymbol{B},\boldsymbol{A})$，因此 $R(\boldsymbol{A},\boldsymbol{B})=R(\boldsymbol{B},\boldsymbol{A})$.

定理 11 $\max\{R(\boldsymbol{A}),R(\boldsymbol{B})\}\leqslant R(\boldsymbol{A},\boldsymbol{B})\leqslant R(\boldsymbol{A})+R(\boldsymbol{B})$. 特别地，当 $\boldsymbol{B}$ 为非零列向量时，有 $R(\boldsymbol{A})\leqslant R(\boldsymbol{A},\boldsymbol{B})\leqslant R(\boldsymbol{A})+1$.

证 因为 $\boldsymbol{A}$ 的最高阶非零子式总是 $(\boldsymbol{A},\boldsymbol{B})$ 的非零子式，所以 $R(\boldsymbol{A})\leqslant R(\boldsymbol{A},\boldsymbol{B})$. 同理有 $R(\boldsymbol{B})\leqslant R(\boldsymbol{A},\boldsymbol{B})$，因此有 $\max\{R(\boldsymbol{A}),$

$R(\boldsymbol{B})\} \leqslant R(\boldsymbol{A},\boldsymbol{B})$；

现设 $R(\boldsymbol{A})=s, R(\boldsymbol{B})=t$，把 $\boldsymbol{A}$ 和 $\boldsymbol{B}$ 分别作初等列变换，化为列阶梯形矩阵 $\boldsymbol{A}_1$ 和 $\boldsymbol{B}_1$，则 $\boldsymbol{A}_1$ 和 $\boldsymbol{B}_1$ 中分别含 s，t 个非零列，故可设

$$\boldsymbol{A} \overset{c}{\sim} \boldsymbol{A}_1=(a_1',\cdots,a_s',0,\cdots,0), \boldsymbol{B} \overset{c}{\sim} \boldsymbol{B}_1=(b_1',\cdots,b_t',0,\cdots,0),$$

从而 $(\boldsymbol{A},\boldsymbol{B}) \overset{c}{\sim} (\boldsymbol{A}_1,\boldsymbol{B}_1)$.

由于 $(\boldsymbol{A}_1,\boldsymbol{B}_1)$ 中只含 $s+t$ 个非零列，因此 $R(\boldsymbol{A}_1,\boldsymbol{B}_1) \leqslant s+t$，而 $R(\boldsymbol{A},\boldsymbol{B})=R(\boldsymbol{A}_1,\boldsymbol{B}_1)$，故 $R(\boldsymbol{A},\boldsymbol{B}) \leqslant s+t$，即 $R(\boldsymbol{A},\boldsymbol{B}) \leqslant R(\boldsymbol{A})+R(\boldsymbol{B})$. 当 $\boldsymbol{B}$ 为非零列向量时，$R(\boldsymbol{B})=1$，则有 $R(\boldsymbol{A}) \leqslant R(\boldsymbol{A},\boldsymbol{B}) \leqslant R(\boldsymbol{A})+1$.

定理 12 $R(\boldsymbol{A}+\boldsymbol{B}) \leqslant R(\boldsymbol{A})+R(\boldsymbol{B})$.

证 设 $\boldsymbol{A}$，$\boldsymbol{B}$ 为 $m \times n$ 矩阵. 对矩阵 $(\boldsymbol{A}+\boldsymbol{B},\boldsymbol{B})$ 作列变换 $c_i - c_{n+i}(i=1,2,\cdots,n)$，则

$$(\boldsymbol{A}+\boldsymbol{B},\boldsymbol{B}) \overset{c}{\sim} (\boldsymbol{A},\boldsymbol{B}),$$

于是

$$R(\boldsymbol{A}+\boldsymbol{B}) \leqslant R(\boldsymbol{A}+\boldsymbol{B},\boldsymbol{B})=R(\boldsymbol{A},\boldsymbol{B}) \leqslant R(\boldsymbol{A})+R(\boldsymbol{B}).$$

练　习

- **选择题**

1. 已知 $\boldsymbol{A}$ 有一个 r 阶子式不等于零，则 $R(\boldsymbol{A})=$（　　）.

(A) r　(B) $r+1$　(C) $\leqslant r$　(D) $\geqslant r$.

2. 设 $\boldsymbol{A}$ 是 n 阶方阵，若 $R(\boldsymbol{A})=r$，则（　　）.

(A) $\boldsymbol{A}$ 中所有 r 阶子式都不为零

(B) $\boldsymbol{A}$ 中所有 r 阶子式都为零

(C) $\boldsymbol{A}$ 中至少有一个 $r+1$ 阶子式不为零

(D) $\boldsymbol{A}$ 中至少有一个 r 阶子式不为零

3. 设 $\boldsymbol{A}=\begin{pmatrix}1&1&1&1\\2&2&2&2\\3&3&3&3\\4&4&4&4\end{pmatrix}$，则秩 $R(\boldsymbol{A})=$（　　）.

(A) 1　(B) 2　(C) 3　(D) 4

4. 设 3 阶方阵 $\boldsymbol{A}$ 的秩为 2，则与 $\boldsymbol{A}$ 等价的矩阵为（　　）.

(A) $\begin{pmatrix}1&1&1\\0&0&0\\0&0&0\end{pmatrix}$　(B) $\begin{pmatrix}1&1&1\\0&1&1\\0&0&0\end{pmatrix}$

(C) $\begin{pmatrix}1&1&1\\2&2&2\\0&0&0\end{pmatrix}$　(D) $\begin{pmatrix}1&1&1\\2&2&2\\3&3&3\end{pmatrix}$

5. 设 3 阶矩阵 $\boldsymbol{A}$ 的秩为 3，则其伴随矩阵 $\boldsymbol{A}^*$ 的秩为（　　）.

(A) 0　(B) 1　(C) 2　(D) 3

- **填空题**

6. 设矩阵 $\boldsymbol{A}=\begin{pmatrix}1&0&3&-1\\0&0&0&3\\0&0&0&0\end{pmatrix}$，则矩阵 $\boldsymbol{A}$ 的秩为________.

7. 设 $\boldsymbol{A}$ 为 4×3 阶矩阵，秩 $\boldsymbol{R}(\boldsymbol{AB})=2$，且 $\boldsymbol{B}=\begin{pmatrix}2&0&1\\0&1&0\\-2&0&1\end{pmatrix}$，则 $R(\boldsymbol{A})=$______.

• **计算题**

8. 求矩阵 $\boldsymbol{A}=\begin{pmatrix}1&2&3\\2&3&-5\\4&7&1\end{pmatrix}$ 的秩.

9. 求矩阵 $\begin{pmatrix}1&-2&3&5\\0&1&2&1\\1&-1&5&6\end{pmatrix}$ 的秩.

10. 求矩阵 $\boldsymbol{A}=\begin{pmatrix}1&-2&1&-4&2\\0&1&-1&3&1\\2&-4&4&10&-4\\4&-7&4&-4&5\end{pmatrix}$ 的秩.

11. 若 $\boldsymbol{A}=\begin{pmatrix}1&2&4\\2&\lambda&1\\1&1&0\end{pmatrix}$，为使矩阵 $\boldsymbol{A}$ 的秩有最小秩，求 λ.

12. 已知矩阵 $\boldsymbol{A}=\begin{pmatrix}1&1&2&a&3\\2&2&3&1&4\\1&0&1&1&5\\2&3&5&5&4\end{pmatrix}$ 的秩为 3，求 a 的值.

13. 设矩阵 $\boldsymbol{A}=\begin{pmatrix}1&2&a&1\\2&-3&1&0\\4&1&a&b\end{pmatrix}$ 的秩为 2，求 a,b.

• **证明题**

14. 设 $\boldsymbol{A}$ 是 n 阶方阵，若存在 n 阶方阵 $\boldsymbol{B}\neq O$，使 $\boldsymbol{AB}=O$，证明 $R(\boldsymbol{A})<n$.

2.7 行列式与矩阵的秩运算实验

本节介绍了计算行列式，求矩阵的秩，方阵的幂，以及求伴随矩阵等实验内容.

2.7.1 行列式的运算

行列式的运算函数见表 2.7.1.

表 2.7.1 行列式的运算函数表

函数	含义
det（A）	矩阵 A 的行列式

例 23 计算矩阵

$$\boldsymbol{A}=\begin{pmatrix}3&4&4&4\\4&3&4&4\\4&4&3&4\\4&4&4&3\end{pmatrix}$$

的行列式.

程序如下：

```
>> A = [3 4 4 4;4 3 4 4;4 4 3 4;4 4 4 3], C = det(A)
```

运行结果如下：

```
A =
    3    4    4    4
    4    3    4    4
    4    4    3    4
    4    4    4    3
C =
   -15.0000
```

2.7.2 求矩阵的秩、方阵的幂运算

矩阵的秩、方阵的幂运算函数见表 2.7.2.

表 2.7.2 矩阵的秩、方阵的幂运算函数表

函数	含义	函数	含义
rank (A)	A 的秩	A^n	A 的 n 次幂

例 24 已知矩阵

$$\boldsymbol{A}=\begin{pmatrix}2 & -1 & 2 & 1 & 1\\ 1 & 1 & -1 & 0 & 2\\ 2 & 5 & -4 & -2 & 9\\ 3 & 3 & -1 & -1 & 8\end{pmatrix},\boldsymbol{B}=\begin{pmatrix}1 & 2 & 3\\ 2 & 3 & 1\\ 3 & 2 & 1\end{pmatrix},$$

求 $R(\boldsymbol{A})$、$\boldsymbol{B}^3+3\boldsymbol{B}^2-2\boldsymbol{B}$.

程序如下：

```
>> A = [2 -1 2 1 1;1 1 -1 0 2;2 5 -4 -2 9;3 3 -1 -1 8],
B = [1 2 3;2 3 1; 3 2 1],C = rank(A), D = B^3 +3 * B^2 -2 * B
```

运行结果如下：

```
A =
    2   -1    2    1    1
    1    1   -1    0    2
    2    5   -4   -2    9
    3    3   -1   -1    8
```

```
B =
     1    2    3
     2    3    1
     3    2    1
C =
     3
D =
   106  124   82
   100  126   86
    98  124   90
```

2.7.3 求矩阵的伴随矩阵运算

矩阵的伴随矩阵运算函数见表 2.7.3.

表 2.7.3 矩阵的伴随矩阵运算函数表

函数	含义
det（A）*inv（A）	利用 2.5 节定理 4 求矩阵 $\boldsymbol{A}$ 的伴随矩阵

注：求伴随矩阵的前提是 A 必须可逆，当 A 不可逆时，也可求，但需编程.

例 25 已知矩阵 $\boldsymbol{A}=\begin{pmatrix}1&1&1\\1&2&1\\1&1&3\end{pmatrix}$，求伴随矩阵 $\boldsymbol{A}^*$.

程序如下：

```
>> A=[1 1 1;1 2 1;1 1 3],C=det(A)*inv(A)
```

运行结果如下：

```
A =
     1    1    1
     1    2    1
     1    1    3
C =
     5   -2   -1
    -2    2    0
    -1    0    1
```

2.7.4 课后实验

1. 实验目的：熟练掌握求行列式的运算，求矩阵的秩及求矩阵的伴随矩阵.

2. 实验内容：

（1）计算矩阵 $\boldsymbol{A}=\begin{pmatrix}1&4&0&3\\-2&7&6&-3\\-4&8&30&-5\\9&-7&2&5\end{pmatrix}$ 的行列式.

（2）已知矩阵 $\boldsymbol{A}=\begin{pmatrix}1&1&1&1&1\\2&0&-3&2&1\\1&3&6&1&2\\4&2&6&4&3\end{pmatrix}$，$\boldsymbol{B}=\begin{pmatrix}2&-1&1\\-1&1&2\\3&-1&0\end{pmatrix}$，求矩阵 $\boldsymbol{A}$ 的秩，求矩阵 $\boldsymbol{B}$ 的伴随矩阵.

2.8 应用实例

本节首先证明本章开始的引例问题，然后介绍行列式与矩阵的秩的两个实际应用问题.

2.8.1 引例的解

证 设

$$\varphi(x)=\begin{vmatrix}a&f(a)&1\\b&f(b)&1\\x&f(x)&1\end{vmatrix},$$

因为 $f(x)$ 在 $[a,b]$ 上连续，在 (a,b) 内可导，所以 $\varphi(x)$ 在 $[a,b]$ 上连续，在 (a,b) 内可导，且 $\varphi(a)=\varphi(b)=0$，故由罗尔定理知，至少存在一点 $\xi\in(a,b)$，使得

$$\varphi'(\xi)=\begin{vmatrix}a&f(a)&1\\b&f(b)&1\\1&f'(\xi)&0\end{vmatrix}=\begin{vmatrix}a&f(a)&1\\b-a&f(b)-f(a)&0\\1&f'(\xi)&0\end{vmatrix}=0,$$

则有 $f'(\xi)(b-a)=f(b)-f(a)$，即为

$$f'(\xi)=\frac{f(b)-f(a)}{b-a}.$$

注：这里默认了这样的一个性质：如果

$$\varphi(x)=\begin{vmatrix} a_{11} & a_{12} & a_{13} \\ a_{21} & a_{22} & a_{23} \\ a_{31}(x) & a_{32}(x) & a_{33}(x) \end{vmatrix},$$

其中 $a_{ij}(i=1,2;j=1,2,3)$ 为常数，而 $a_{3k}(x)(k=1,2,3)$ 为 x 的函数，且可导，则有

$$\varphi'(x)=\begin{vmatrix} a_{11} & a_{12} & a_{13} \\ a_{21} & a_{22} & a_{23} \\ a'_{31}(x) & a'_{32}(x) & a'_{33}(x) \end{vmatrix}.$$

这个性质是非常容易证明的，读者不妨自证一下.

2.8.2 实例1：欧拉四面体的体积计算问题

1752—1753 年间，数学大师欧拉曾经提出并解答了下述初等几何问题："已知一四面体的六条棱长，试确定它的体积计算公式". 对于这个问题他是这样解答的：

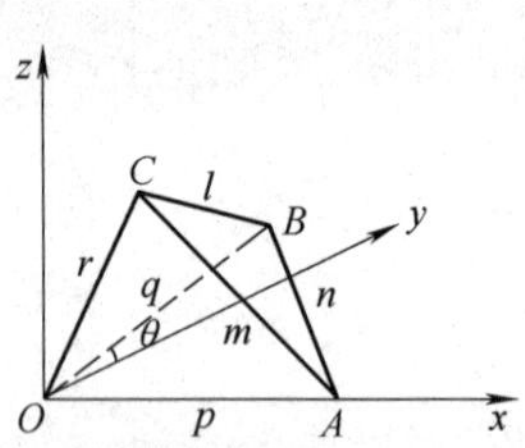

图 2.8.1

建立一个如图 2.8.1 所示的直角坐标系，设四面体 $O-ABC$ 的顶点坐标为 $O(0,0,0)$，$A(a_1,b_1,c_1)$，$B(a_2,b_2,c_2)$，$C(a_3,b_3,c_3)$，其六条棱长分别为 l,m,n,p,q,r，且向量 $\overrightarrow{OA},\overrightarrow{OB},\overrightarrow{OC}$ 组成右手系. 则由空间解析几何知识可得，四面体的体积 $V=\begin{vmatrix} a_1 & b_1 & c_1 \\ a_2 & b_2 & c_2 \\ a_3 & b_3 & c_3 \end{vmatrix}$ 等于以 l,m,n,p,q,r 为棱长的平行六面体的体积的 $\frac{1}{6}$，即有

$$V=\frac{1}{6}(\overrightarrow{OA}\times\overrightarrow{OB})\cdot\overrightarrow{OC}=\frac{1}{6}\begin{vmatrix} a_1 & b_1 & c_1 \\ a_2 & b_2 & c_2 \\ a_3 & b_3 & c_3 \end{vmatrix}.$$

将上式平方可得

$$V^2=\frac{1}{36}\begin{vmatrix} a_1 & b_1 & c_1 \\ a_2 & b_2 & c_2 \\ a_3 & b_3 & c_3 \end{vmatrix}\cdot\begin{vmatrix} a_1 & b_1 & c_1 \\ a_2 & b_2 & c_2 \\ a_3 & b_3 & c_3 \end{vmatrix}$$

$$=\frac{1}{36}\begin{vmatrix} a_1^2+b_1^2+c_1^2 & a_1a_2+b_1b_2+c_1c_2 & a_1a_3+b_1b_3+c_1c_3 \\ a_1a_2+b_1b_2+c_1c_2 & a_2^2+b_2^2+c_2^2 & a_2a_3+b_2b_3+c_2c_3 \\ a_1a_3+b_1b_3+c_2c_3 & a_2a_3+b_2b_3+c_2c_3 & a_3^2+b_3^2+c_3^2 \end{vmatrix}$$

由两向量的数量积和余弦定理，有

$$a_1^2+b_1^2+c_1^2=\overrightarrow{OA}\cdot\overrightarrow{OA}=p^2, a_1a_2+b_1b_2+c_1c_2=\overrightarrow{OA}\cdot\overrightarrow{OB}=p\cdot q\cdot\cos\theta=\frac{p^2+q^2-n^2}{2},$$

$$a_1a_3+b_1b_3+c_1c_3=\overrightarrow{OA}\cdot\overrightarrow{OC}=\frac{p^2+r^2-m^2}{2}, a_2^2+b_2^2+c_2^2=\overrightarrow{OB}\cdot\overrightarrow{OB}=q^2,$$

$$a_2a_3+b_2b_3+c_2c_3=\overrightarrow{OB}\cdot\overrightarrow{OC}=\frac{q^2+r^2-l^2}{2}, \overrightarrow{OC}\cdot\overrightarrow{OC}=a_3^2+b_3^2+c_3^2=r^2.$$

从而得到欧拉的四面体体积公式

$$V^2=\frac{1}{36}\begin{vmatrix} p^2 & \frac{p^2+q^2-n^2}{2} & \frac{p^2+r^2-m^2}{2} \\ \frac{p^2+q^2-n^2}{2} & q^2 & \frac{q^2+r^2-l^2}{2} \\ \frac{p^2+r^2-m^2}{2} & \frac{q^2+r^2-l^2}{2} & r^2 \end{vmatrix} \quad (2.8)$$

欧拉四面体在实际问题中有着广泛的应用. 例如，形状为四面体的古埃及金字塔，或一块形状为四面体的花岗岩巨石，只需用测量工具测出其六条棱长，即可利用（2.8）式计算出它们的体积.

2.8.3 实例2：矩阵秩判定齐次马尔可夫链的遍历性问题

马尔可夫过程（Markov process）是一类随机过程. 它的原始模型马尔可夫链，由俄国数学家 A. A. 马尔可夫于1907年提出. 该随机过程具有这样的特性：在已知目前状态（现在）的条件下，它未来的状态（将来）不依赖于它以往的状态（过去），并且时间、状态均为离散的. 在现实世界中，液体中微粒所做的布朗运动、传染病受感染的人数、车站的候车人数、森林中动物头数的变化构成等，都可视为马尔可夫过程. 马尔可夫链也有众多的生物学应用，特别是人口过程，可以帮助模拟生物人口过程的建模.

直观地说，一个遍历的马尔可夫链经过相当长的时间后，它处于各个状态的概率趋于稳定，且概率稳定值与初始状态无关. 在工程技术中，当马尔可夫链的极限概率分布存在时，它的遍历性表示一个系统经过相当长时间后趋于平衡状态，这时，系统处于各个状态的概率分布不依赖于初始状态，也不再随时间的推移而改变.

对于一个马尔可夫链，设 $p_{ij}(u,u+n)$ 为马尔可夫链的 n 步转移概率，若 $p_{ij}(u,u+n)$ 从 u 时刻处于状态 i，转移到 $u+n$ 时刻处于状态 j 的转移概率只与 i，j 及间距 n 有关，而与转移的起始时间 u 无关，即 $p_{ij}(u,u+n)=p_{ij}(n)$，则称此马尔可夫链是齐次的. 对于齐次马尔可夫链，我们常常需要判断齐次马尔可夫链 $\{X_n,n\geqslant 0\}$（X_n 为第 n 期的某随机变量，如第 n 期学生的成绩）的遍历性. 当经过相当长的时间 k，概率分布才趋于平衡，说明齐次马尔可夫链具有遍历性，当正整数 k 比较大时，这样的计算是非常烦琐的. 现在我们可以通过概率转移矩阵的秩来计算. 通过计算矩阵的秩，运算更简单、判定更便捷.

可以证明，齐次马尔可夫链 $\{X_n,n\geqslant 0\}$ 的遍历性，可以通过如下定理判定.

定理 13 设 $\{X_n,n\geqslant 0\}$ 为具有 t 个状态的齐次马尔可夫链，$R\begin{pmatrix}\boldsymbol{P}-\boldsymbol{E}\\ \boldsymbol{Z}\end{pmatrix}=r$，则有

当 $R\begin{pmatrix}\boldsymbol{P}-\boldsymbol{E}\\ \boldsymbol{Z}\end{pmatrix}=r=t$ 时，齐次马尔可夫链 $\{X_n,n\geqslant 0\}$ 具有遍历性；

当 $R\begin{pmatrix}\boldsymbol{P}-\boldsymbol{E}\\ \boldsymbol{Z}\end{pmatrix}=r<t$ 时，齐次马尔可夫链 $\{X_n,n\geqslant 0\}$ 不具有遍历性.

其中，$\boldsymbol{P}=(p_{ij})_{t\times t}=\begin{pmatrix}p_{11} & \cdots & p_{1j} & \cdots & p_{1t}\\ \vdots & & \vdots & & \vdots\\ p_{i1} & \cdots & p_{ij} & \cdots & p_{it}\\ \vdots & & \vdots & & \vdots\\ p_{t1} & \cdots & p_{tj} & \cdots & p_{tt}\end{pmatrix}$ 是齐次马尔可夫链 $\{X_n,n\geqslant 0\}$ 的一步转移概率矩阵；$\boldsymbol{E}$ 为 t 阶单位矩阵；$\boldsymbol{Z}$ 为与 $\boldsymbol{P}-\boldsymbol{E}$ 同列的元素全为 1 的行向量；$\boldsymbol{\pi}=(\pi_1,\pi_2,\cdots,\pi_t)^{\mathrm{T}}$ 为齐次马尔可夫链 $\{X_n,n\geqslant 0\}$ 的极限分布；$R\begin{pmatrix}\boldsymbol{P}-\boldsymbol{E}\\ \boldsymbol{Z}\end{pmatrix}=r$ 为下列线性方程组（2.9）中的系数矩阵.

$$\begin{cases}(\boldsymbol{P}-\boldsymbol{E})\boldsymbol{\pi}=\boldsymbol{O}\\ \sum\limits_{i=1}^{t}\boldsymbol{\pi}_i=1\end{cases}\qquad(2.9)$$

教学过程是一个随机过程，对于具有相同基础知识背景的学生，在同时接受新知识的程度是随机的，我们可以把一个班的学生划分为优、良、中、及格、不及格五个等级，近似地认为处于同一等级的学生具有相同的基础知识，用齐次马尔可夫链，通过学生学习状态的转移概率矩阵，最终可以预测一个班学生学习成绩的稳定状态.

在教学效果指标的量化过程中，齐次马尔可夫链评估法是将一个群体（如一个班或一个年级）的学生在某次考试中获得优（90分以上）、良（80~89分）、中（70~79分）、及格（60~69分）和不及格（59分以下）各等级学生人数占总人数之比，作为状态变量，用向量表示，即

$$X_k(t)=(X_1(t),X_2(t),X_3(t),X_4(t),X_5(t))^{\mathrm{T}}.$$

例如，设各个等级学生转移情况构成的一步转移概率矩阵为

$$\boldsymbol{P}=\begin{pmatrix}0&1&0&0&0\\ \frac{1}{3}&\frac{1}{3}&\frac{1}{3}&0&0\\ 0&\frac{1}{3}&\frac{1}{3}&\frac{1}{3}&0\\ 0&0&\frac{1}{3}&\frac{1}{3}&\frac{1}{3}\\ 0&0&0&1&0\end{pmatrix},$$

则

$$\begin{pmatrix}\boldsymbol{P}-\boldsymbol{E}\\ \boldsymbol{Z}\end{pmatrix}=\begin{pmatrix}-1&1&0&0&0\\ \frac{1}{3}&-\frac{2}{3}&\frac{1}{3}&0&0\\ 0&\frac{1}{3}&-\frac{2}{3}&\frac{1}{3}&0\\ 0&0&\frac{1}{3}&-\frac{2}{3}&\frac{1}{3}\\ 0&0&0&1&-1\\ 1&1&1&1&1\end{pmatrix}.$$

故通过MATLAB软件，程序如下：

```
>> A = [ -1 1 0 0 0;1/3  -2/3 1/3 0 0;0 1/3  -2/3 1/3 0;0 0 1
```

```
/3  -2/3 1/3;0 0 0 1  -1;1 1 1 1 1],rref(A)
A =
     -1.0000    1.0000         0         0         0
      0.3333   -0.6667    0.3333         0         0
           0    0.3333   -0.6667    0.3333         0
           0         0    0.3333   -0.6667    0.3333
           0         0    1.0000   -1.0000
      1.0000    1.0000    1.0000    1.0000    1.0000
ans =
     1     0     0     0     0
     0     1     0     0     0
     0     0     1     0     0
     0     0     0     1     0
     0     0     0     0     1
     0     0     0     0     0
```

所以 $R\begin{pmatrix}\boldsymbol{P}-\boldsymbol{E}\\ \boldsymbol{Z}\end{pmatrix}=5=t$，因此最终这个班学生的学习成绩将趋于稳定状态.

综合练习 2

- **基本题**

1. 确定下列排列的逆序数，并指出它们是奇排列还是偶排列.

(1) 53214；　　(2) 654321.

2. 在六阶行列式中，下列各元素乘积应取什么符号？

(1) $a_{15}a_{23}a_{32}a_{44}a_{51}a_{66}$；(2) $a_{51}a_{32}a_{13}a_{44}a_{65}a_{26}$.

3. 计算下列各行列式：

(1) $\begin{vmatrix}2&1&4&1\\3&-1&2&1\\1&2&3&2\\5&0&6&2\end{vmatrix}$；(2) $\begin{vmatrix}1&-2&1&0\\0&3&-2&-1\\4&-1&0&6\\1&2&-6&3\end{vmatrix}$；

(3) $\begin{vmatrix}3&4&4&4\\4&3&4&4\\4&4&3&4\\4&4&4&3\end{vmatrix}$；(4) $\begin{vmatrix}2&0&-1&3\\-1&3&3&0\\1&-1&2&1\\3&-1&0&1\end{vmatrix}$；

(5) $\begin{vmatrix}2&1&-5&1\\1&-3&0&-6\\0&2&-1&2\\1&4&-7&6\end{vmatrix}$；

(6) $\begin{vmatrix}x&y&x+y\\y&x+y&x\\x+y&x&y\end{vmatrix}$；

(7) $\begin{vmatrix} 1+a & 1 & 1 \\ 1 & 1+b & 1 \\ 1 & 1 & 1+c \end{vmatrix}$;

(8) $\begin{vmatrix} a & ax & ax^2 & ax^3 \\ -1 & a & ax & ax^2 \\ 0 & -1 & a & ax \\ 0 & 0 & -1 & a \end{vmatrix}(a \neq 0)$.

4. 证明 $\begin{vmatrix} a_0 & 1 & 1 & \cdots & 1 \\ 1 & a_1 & 0 & \cdots & 0 \\ 1 & 0 & a_2 & \cdots & 0 \\ \vdots & \vdots & \vdots & & \vdots \\ 1 & 0 & 0 & \cdots & a_n \end{vmatrix} = a_1a_2\cdots a_n\left(a_0 - \sum_{i=1}^{n}\frac{1}{a_i}\right)(a_1a_2\cdots a_n \neq 0)$.

5. 设4阶行列式 $D = \begin{vmatrix} a & b & c & d \\ d & a & c & d \\ b & d & c & a \\ a & d & c & b \end{vmatrix}$，求 $A_{11}+A_{21}+A_{31}+A_{41}$.

6. 计算 n 阶行列式

$$D_n = \begin{vmatrix} a & 0 & 0 & \cdots & 0 & 1 \\ 0 & a & 0 & \cdots & 0 & 0 \\ 0 & 0 & a & \cdots & 0 & 0 \\ \vdots & \vdots & \vdots & & \vdots & \vdots \\ 0 & 0 & 0 & \cdots & a & 0 \\ 1 & 0 & 0 & \cdots & 0 & a \end{vmatrix}.$$

7. 求出以下方程的所有根：

(1) $\begin{vmatrix} x & 3 & 4 \\ -1 & x & 0 \\ 0 & x & 1 \end{vmatrix} = 0$；(2) $\begin{vmatrix} 1 & 1 & 1 & 1 \\ 1 & 1-x & 1 & 1 \\ 1 & 1 & 2-x & 1 \\ 1 & 1 & 1 & 3-x \end{vmatrix} = 0$.

8. 设 $|\boldsymbol{A}| = 3$，$|\boldsymbol{B}| = 2$，则有（　　）.

(A) $|\boldsymbol{AB}^{\mathrm{T}}| = \frac{3}{2}$　　(B) $|\boldsymbol{AB}^{\mathrm{T}}| = 3\times 2$

(C) $|\boldsymbol{AB}^{\mathrm{T}}| = 3^2$　　(D) $|\boldsymbol{AB}^{\mathrm{T}}| = 2^3$

9. 设 $\boldsymbol{A},\boldsymbol{B}$ 均为 $n(n \geqslant 2)$ 阶方阵，则必有（　　）.

(A) $|\boldsymbol{A}+\boldsymbol{B}| = |\boldsymbol{A}| + |\boldsymbol{B}|$

(B) $\boldsymbol{AB} = \boldsymbol{BA}$

(C) $|\boldsymbol{AB}| = |\boldsymbol{BA}|$

(D) $(\boldsymbol{A}+\boldsymbol{B})^{-1} = \boldsymbol{B}^{-1} + \boldsymbol{A}^{-1}$

10. 设 $\boldsymbol{A},\boldsymbol{B}$ 为 n 阶方阵，满足 $\boldsymbol{A}^2 = \boldsymbol{B}^2$，则必有（　　）.

(A) $\boldsymbol{A} = \boldsymbol{B}$　　(B) $\boldsymbol{A} = -\boldsymbol{B}$

(C) $|\boldsymbol{A}| = |\boldsymbol{B}|$　　(D) $|\boldsymbol{A}^2| = |\boldsymbol{B}^2|$

11. 设 $\boldsymbol{A}$ 是 n 阶方阵，k 为常数，则下列选项中成立的是（　　）.

(A) $|(k\boldsymbol{A})^{\mathrm{T}}| = k^n|\boldsymbol{A}|$　(B) $(k\boldsymbol{A})^{\mathrm{T}} = \frac{1}{k}\boldsymbol{A}^{\mathrm{T}}$

(C) $|(k\boldsymbol{A})^{\mathrm{T}}| = k|\boldsymbol{A}|$　(D) $|(k\boldsymbol{A})^{\mathrm{T}}| = \frac{k}{|\boldsymbol{A}|}$.

12. 已知二阶矩阵 $\boldsymbol{A} = \begin{pmatrix} a & b \\ c & d \end{pmatrix}$ 的行列式 $|\boldsymbol{A}| = -1$，则 $(\boldsymbol{A}^*)^{-1} =$（　　）.

(A) $\begin{pmatrix} -a & -b \\ -c & -d \end{pmatrix}$　　(B) $\begin{pmatrix} a & b \\ c & d \end{pmatrix}$

(C) $\begin{pmatrix} d & -b \\ -c & a \end{pmatrix}$　　(D) $\begin{pmatrix} -d & b \\ c & -a \end{pmatrix}$

13. 设 $\boldsymbol{A}$ 为 n 阶可逆矩阵，$k \neq 0$ 为常数，则 $(k\boldsymbol{A})^* =$（　　）.

(A) $k\boldsymbol{A}^*$　(B) $k^{n-1}\boldsymbol{A}^*$　(C) $k^n\boldsymbol{A}^*$　(D) $k^n\boldsymbol{A}$

14. 设 $\boldsymbol{A}^{-1}\boldsymbol{BA} = \boldsymbol{A}^*\boldsymbol{B} - \boldsymbol{E}$，$\boldsymbol{A}^* = \begin{pmatrix} 2 & 2 & 2 \\ 2 & 6 & 4 \\ 3 & 6 & 8 \end{pmatrix}$ 为 $\boldsymbol{A}$ 的伴随矩阵，试求矩阵 $\boldsymbol{B}$.

15. 设矩阵 $\boldsymbol{A} = \begin{pmatrix} 2 & 1 & 0 \\ 1 & 2 & 0 \\ 0 & 0 & 1 \end{pmatrix}$，矩阵 $\boldsymbol{B}$ 满足 $\boldsymbol{ABA}^* = 2\boldsymbol{BA}^* + \boldsymbol{E}$，其中 $\boldsymbol{A}^*$ 为 $\boldsymbol{A}$ 的伴随矩阵，$\boldsymbol{E}$ 是单位矩阵，求 $|\boldsymbol{B}|$.

- **综合题**

16. 设 $D = \begin{vmatrix} 1 & 2 & 3 \\ 1 & 0 & -1 \\ -2 & 0 & 3 \end{vmatrix}$ 中 a_{ij} 元的余子式和代

数余子式分别为 M_{ij} 和 A_{ij}，求：

(1) D；(2) $a_{11}A_{11}+a_{12}A_{12}+a_{13}A_{13}$；

(3) $a_{21}A_{11}+a_{22}A_{12}+a_{23}A_{13}$；

(4) $A_{11}+A_{22}+A_{33}$；(5) $A_{11}+A_{12}+A_{13}$；

(6) $M_{11}-M_{12}+M_{13}$.

17. 设 $|A|=\begin{vmatrix}1&-5&1&3\\1&1&3&4\\1&1&2&3\\2&2&3&4\end{vmatrix}$，计算 $A_{41}+A_{42}+A_{43}+A_{44}=$？其中 A_{4j} 是 $|A|$ 中元素 $a_{4j}(j=1,2,3,4)$ 的代数余子式.

18. 计算下列 n 阶行列式：

(1) $\begin{vmatrix}x&a&a&\cdots&a\\-a&x&a&\cdots&a\\-a&-a&x&\cdots&a\\\vdots&\vdots&\vdots&&\vdots\\-a&-a&-a&\cdots&x\end{vmatrix}(a\neq 0)$；

(2) $\begin{vmatrix}a&x&x&\cdots&x\\y&a&x&\cdots&x\\y&y&a&\cdots&x\\\vdots&\vdots&\vdots&&\vdots\\y&y&y&\cdots&a\end{vmatrix}$；

(3) $\begin{vmatrix}x&-1&0&\cdots&0\\0&x&-1&\cdots&0\\\vdots&\vdots&\vdots&&\vdots\\a_n&a_{n-1}&a_{n-2}&\cdots&x+a_1\end{vmatrix}$；

(4) $\begin{vmatrix}1&2&3&\cdots&n\\1&x+1&3&\cdots&n\\1&2&x+1&\cdots&n\\\vdots&\vdots&\vdots&&\vdots\\1&2&3&\cdots&x+1\end{vmatrix}$.

19. 计算

$$D=\begin{vmatrix}1&1&1&1\\a&b&c&d\\a^2&b^2&c^2&d^2\\a^4&b^4&c^4&d^4\end{vmatrix}.$$

20. 若 A，B，C 均为 3 阶可逆方阵，$|A|=-1$，$|B|=2$，计算 $|2C^{-1}(A^{T}B^{-1})^2C|$.

21. 设 A 为 3 阶矩阵，且 $|A|=\frac{1}{2}$，求 $|(3A)^{-1}-2A^*|$ 的值.

22. 确定参数 λ，使矩阵 $\begin{pmatrix}1&1&\lambda^2&-2\\1&-2&\lambda&1\\-2&1&-2&\lambda\end{pmatrix}$ 的秩最小.

23. 已知 $A=\begin{pmatrix}x&1&1\\1&x&1\\1&1&x\end{pmatrix}$，讨论 A 的秩.

24. 设 α，β 都是 n 维非零列向量，$A=\alpha\beta^{T}$，求证 $R(A)=1$.

- **提高题**

25. 如果排列 $x_1x_2\cdots x_{n-1}x_n$ 的逆序数为 t，则排列 $x_nx_{n-1}\cdots x_2x_1$ 的逆序数是（　　）.

(A) $\frac{n(n-1)}{2}$　　(B) t

(C) $\frac{n(n-1)}{2}-t$　　(D) 不确定

26. 设 $f(x)=\begin{vmatrix}1&x-1&2x-1\\1&x-2&3x-2\\1&x-3&4x-3\end{vmatrix}$，证明存在 $\zeta\in(0,1)$ 使 $f'(\zeta)=0$.

27. 证明奇数阶反对称矩阵的行列式为零.

28. 设 n 阶方阵 A 中有 n^2-n 个以上元素为零，则 $|A|$ 的值为多少.

29. 计算 n 阶“三对角”行列式

$$D_n=\begin{vmatrix}\alpha+\beta&\alpha\beta&0&\cdots&0&0\\1&\alpha+\beta&\alpha\beta&\cdots&0&0\\0&1&\alpha+\beta&\cdots&0&0\\\vdots&\vdots&\vdots&&\vdots&\vdots\\0&0&0&\cdots&1&\alpha+\beta\end{vmatrix}$$

30. 计算

$$D_n=\begin{vmatrix}1+a_1 & 1 & \cdots & 1\\ 1 & 1+a_2 & \cdots & 1\\ \vdots & \vdots & & \vdots\\ 1 & 1 & \cdots & 1+a_n\end{vmatrix},$$

其中 $a_1a_2\cdots a_n\neq 0$.

31. 计算

$$D_n=\begin{vmatrix}\cos\alpha & 1 & 0 & \cdots & 0 & 0\\ 1 & 2\cos\alpha & 1 & \cdots & 0 & 0\\ 0 & 1 & 2\cos\alpha & \cdots & 0 & 0\\ \vdots & \vdots & \vdots & & \vdots & \vdots\\ 0 & 0 & 0 & \cdots & 2\cos\alpha & 1\\ 0 & 0 & 0 & \cdots & 1 & 2\cos\alpha\end{vmatrix}.$$

32. 若 $\boldsymbol{A}$ 为 n 阶方阵，$\boldsymbol{E}$ 为单位矩阵，满足 $\boldsymbol{A}\boldsymbol{A}^{\mathrm{T}}=\boldsymbol{E}$，$|\boldsymbol{A}|<0$，求 $|\boldsymbol{A}+\boldsymbol{E}|$.

33. 设矩阵 $\boldsymbol{A}=\begin{pmatrix}1 & 1 & -1\\ -1 & 1 & 1\\ 1 & -1 & 1\end{pmatrix}$. 矩阵 $\boldsymbol{X}$ 满足 $\boldsymbol{A}^*\boldsymbol{X}=\boldsymbol{A}^{-1}+2\boldsymbol{X}$，其中 $\boldsymbol{A}^*$ 是 $\boldsymbol{A}$ 的伴随矩阵，求矩阵 $\boldsymbol{X}$.

34. 设 $\boldsymbol{A}$ 为 n 阶方阵（$n\geqslant 3$），证明：$(\boldsymbol{A}^*)^*=|\boldsymbol{A}|^{n-2}\boldsymbol{A}$.

- **考研真题**

35.（1991 年）计算 n 阶行列式

$$\begin{vmatrix}a & b & 0 & \cdots & 0 & 0\\ 0 & a & b & \cdots & 0 & 0\\ 0 & 0 & a & \cdots & 0 & 0\\ \vdots & \vdots & \vdots & & \vdots & \vdots\\ 0 & 0 & 0 & \cdots & a & b\\ b & 0 & 0 & \cdots & 0 & a\end{vmatrix}.$$

36.（1994 年）设 $\boldsymbol{A}$ 是 n 阶非零矩阵，$\boldsymbol{A}^*$ 是其伴随矩阵，当 $\boldsymbol{A}^*=\boldsymbol{A}^{\mathrm{T}}$ 时，且满足 $a_{ij}=A_{ij}$，证明 $\boldsymbol{A}$ 可逆.

37.（1998 年）设 $\boldsymbol{A}$，$\boldsymbol{B}$ 均为 n 阶方阵，$|\boldsymbol{A}|=2$，$|\boldsymbol{B}|=-3$，求 $|2\boldsymbol{A}^*\boldsymbol{B}^{-1}|$ 的值.

38.（2000 年）设 $\boldsymbol{\alpha}=(1,0,-1)^{\mathrm{T}}$，矩阵 $\boldsymbol{A}=\boldsymbol{\alpha}\boldsymbol{\alpha}^{\mathrm{T}}$，$n\in\mathbb{Z}^+$，求 $|a\boldsymbol{E}-\boldsymbol{A}^n|$.

39.（2000 年）设矩阵 $\boldsymbol{A}$ 的伴随矩阵 $\boldsymbol{A}^*=\begin{pmatrix}1 & 0 & 0 & 0\\ 0 & 1 & 0 & 0\\ 1 & 0 & 1 & 0\\ 0 & -3 & 0 & 8\end{pmatrix}$，且 $\boldsymbol{A}\boldsymbol{B}\boldsymbol{A}^{-1}=\boldsymbol{B}\boldsymbol{A}^{-1}+3\boldsymbol{E}$，其中 $\boldsymbol{E}$ 为 4 阶单位矩阵，求矩阵 $\boldsymbol{B}$.

40.（2001 年）设矩阵 $\boldsymbol{A}=\begin{pmatrix}k & 1 & 1 & 1\\ 1 & k & 1 & 1\\ 1 & 1 & k & 1\\ 1 & 1 & 1 & k\end{pmatrix}$，且 $R(\boldsymbol{A})=3$，求 k.

41.（2005 年）设 $\boldsymbol{\alpha}_1,\boldsymbol{\alpha}_2,\boldsymbol{\alpha}_3$ 均为 3 维列向量，记矩阵 $\boldsymbol{A}=(\boldsymbol{\alpha}_1,\boldsymbol{\alpha}_2,\boldsymbol{\alpha}_3)$，$\boldsymbol{B}=(\boldsymbol{\alpha}_1+\boldsymbol{\alpha}_2+\boldsymbol{\alpha}_3,\boldsymbol{\alpha}_1+2\boldsymbol{\alpha}_2+4\boldsymbol{\alpha}_3,\boldsymbol{\alpha}_1+3\boldsymbol{\alpha}_2+9\boldsymbol{\alpha}_3)$，如果 $|\boldsymbol{A}|=1$，求 $|\boldsymbol{B}|$.

42.（2006 年）设矩阵 $\boldsymbol{A}=\begin{pmatrix}2 & 1\\ -1 & 2\end{pmatrix}$，$\boldsymbol{E}$ 为 2 阶单位矩阵，矩阵 $\boldsymbol{B}$ 满足 $\boldsymbol{B}\boldsymbol{A}=\boldsymbol{B}+2\boldsymbol{E}$，求 $|\boldsymbol{B}|$.

43.（2007 年）设矩阵 $\boldsymbol{A}=\begin{pmatrix}0 & 1 & 0 & 0\\ 0 & 0 & 1 & 0\\ 0 & 0 & 0 & 1\\ 0 & 0 & 0 & 0\end{pmatrix}$，求 $R(\boldsymbol{A}^3)$.

44.（2008 年）$\boldsymbol{A}=\boldsymbol{\alpha}\boldsymbol{\alpha}^{\mathrm{T}}+\boldsymbol{\beta}\boldsymbol{\beta}^{\mathrm{T}}$，$\boldsymbol{\alpha}^{\mathrm{T}}$ 为 $\boldsymbol{\alpha}$ 的转置，$\boldsymbol{\beta}^{\mathrm{T}}$ 为 $\boldsymbol{\beta}$ 的转置. 证明：$R(\boldsymbol{A})\leqslant 2$.

45.（2012 年）设 $\boldsymbol{A}$ 为 3 阶矩阵，$|\boldsymbol{A}|=3$，$\boldsymbol{A}^*$ 为 $\boldsymbol{A}$ 的伴随矩阵，若交换 $\boldsymbol{A}$ 的第 1 行与第 2 行得矩阵 $\boldsymbol{B}$，求 $|\boldsymbol{B}\boldsymbol{A}^*|$.

第3章 向量组与线性方程组

内容导引

大国工匠：大技贵精

前两章学习了有关矩阵、矩阵的秩以及行列式理论以后，现在可以开始讨论线性代数的一个非常主要的内容——线性方程组的求解问题了. 本章涉及的克拉默法则、向量组的线性相关性和解线性方程组，在实际中有着非常广泛的应用.

克拉默法则在理论上可以用于判定变量和方程个数相等的线性方程组解的情况，并在有唯一解时，公式化地求出它的解；也可以验证矩阵是否存在逆矩阵；它在三维相对论欧拉方程组的洛伦兹变换下的不变性证明中起到了关键作用. 现在克拉默法则还可以用于求解一定条件下的一般线性方程组. 克拉默法则虽然有其局限性，但在现实中还是有着许多方面的应用的. 例如，它可以用于公路沥青混合料目标配比设计中对各矿料组成比例的确定；它还可以用于井字梁各节点受力的分配系数计算公式的推导，并简化其计算过程. 以向量组的等价理论为依据，线性方程组实现了用有限个解（向量）表达无穷个解（向量）的目的. 向量的线性表示和向量组的线性相关性还可以应用于实际的很多方面. 它的应用主要体现在事物间一定性质下的相互替代性上. 例如，配比问题中一些材料的替代方案的确定；根据某一性质进行的事物分类及归类问题的研究；线性相关性问题甚至拓展到了现象间的线性相关程度的研究.

线性方程组更是广泛应用于商业、经济学、社会学、生态学、人口统计学、遗传学、工程学以及物理学等各个领域，实际上非常多的现实问题的研究，都可以转化为线性方程组的求解问题. 具体的如投入产出问题、产销平衡问题、交通流量的预测问题、联合收入问题、费用分摊问题等，都可以用线性方程组加以解决. 甚至空间直线与直线、直线与平面、平面与平面的位置关系都可以用线性方程组的理论加以判定.

本章将首先介绍求解一类特殊线性方程组的克拉默法则；借助以前学习过的高斯消元法，以矩阵的形式给出一般线性方程组有解的判别定理，并求出一般解. 至此，线性方程组解的问题暂告一个段落. 接着介绍向量组及其线性相关性理论，而后应用这一理论讨论出线性方程组解的结构，得出了一般线性方程组解的完美形式. 本章主要内容可以用以下框图表示.

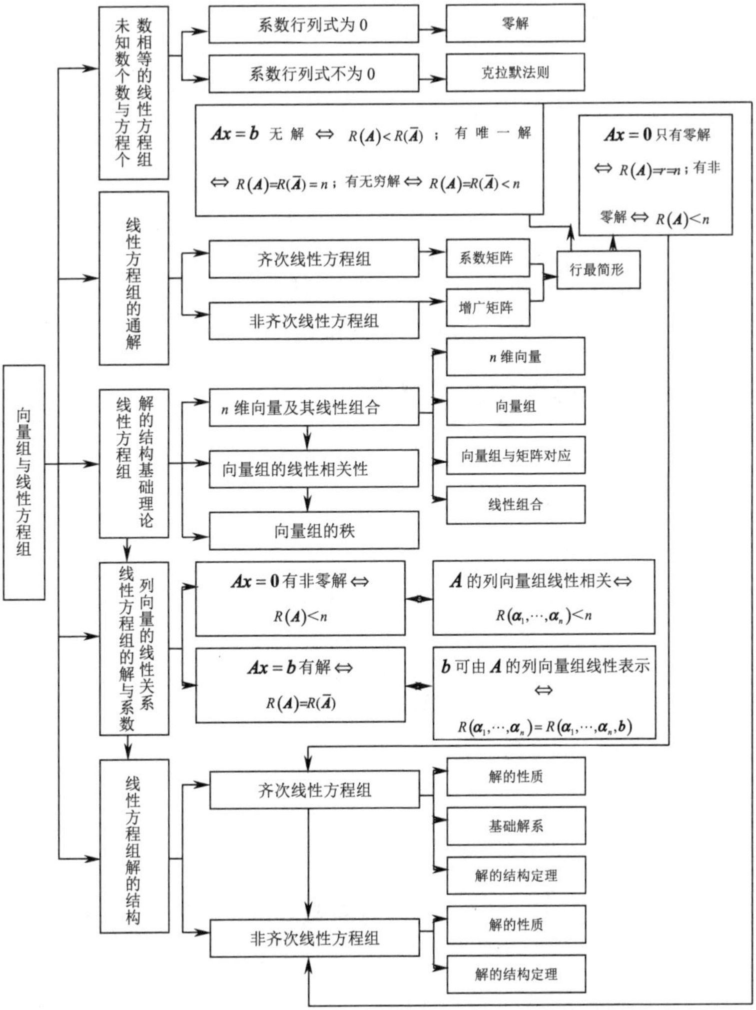

引例

某商场衬衫专柜销售 S、M、L、XL 四种型号的某品牌衬衫. 四种型号衬衫的售价分别为 110 元、120 元、130 元、150 元. 已知当天共售出衬衫 26 件，营业额为 3200 元. 并已知 L 号衬衫的销量为 S 号与 XL 号衬衫销量的总和，L 号衬衫的销量收入也为 S 号与 XL 号衬衫销量收入的总和. 试问当天每种型号的衬衫分别售出几件？

这是实际中的商品销量问题. 在实际应用中，还有许多问题的研究最终可以归结为这样的线性方程组. 研究这类问题，需要线性方程组的知识及性质. 我们留待本章的最后去解决.

3.1 克拉默法则

本节将给出求未知数个数 n 与方程的个数 m 相等的线性方程组的解的一种方式，即克拉默法则及其推论.

3.1.1 线性方程组的基本概念

在第 1 章中已介绍过，含有 n 个未知数 m 个方程（m，n 未必相等）的线性方程组可表示为

$$\begin{cases} a_{11}x_1 + a_{12}x_2 + \cdots + a_{1n}x_n = b_1 \\ a_{21}x_1 + a_{22}x_2 + \cdots + a_{2n}x_n = b_2 \\ \qquad\vdots \\ a_{m1}x_1 + a_{m2}x_2 + \cdots + a_{mn}x_n = b_m \end{cases}, \tag{3.1}$$

其矩阵方程形式为

$$\boldsymbol{Ax} = \boldsymbol{b}, \tag{3.2}$$

其中，$\boldsymbol{A} = \begin{pmatrix} a_{11} & a_{12} & \cdots & a_{1n} \\ a_{21} & a_{22} & \cdots & a_{2n} \\ \vdots & \vdots & & \vdots \\ a_{m1} & a_{m2} & \cdots & a_{mn} \end{pmatrix}$ 为系数矩阵，$\boldsymbol{x} = \begin{pmatrix} x_1 \\ x_2 \\ \vdots \\ x_n \end{pmatrix}$ 为解向量，

$\boldsymbol{b}=\begin{pmatrix} b_1 \\ b_2 \\ \vdots \\ b_m \end{pmatrix}$ 为**常数项向量**. 以后线性方程组（3.1）及其矩阵方程形式（3.2）将视讨论方便混合使用.

特别地，如果式（3.2）中常向量 $\boldsymbol{b}$ 为零向量，即 $\boldsymbol{b}=\begin{pmatrix} 0 \\ 0 \\ \vdots \\ 0 \end{pmatrix}=\boldsymbol{0}$ 时，则式（3.1）、式（3.2）分别变为

$$\begin{cases} a_{11}x_1+a_{12}x_2+\cdots+a_{1n}x_n=0 \\ a_{21}x_1+a_{22}x_2+\cdots+a_{2n}x_n=0 \\ \qquad\qquad\vdots \\ a_{m1}x_1+a_{m2}x_2+\cdots+a_{mn}x_n=0 \end{cases} \tag{3.3}$$

和矩阵方程形式
$$\boldsymbol{Ax}=\boldsymbol{0}. \tag{3.4}$$

式（3.3）、式（3.4）称为**齐次线性方程组**，而当式（3.2）中常向量 $\boldsymbol{b}$ 不为零，即式（3.1）中 $b_1, b_2, \cdots, b_m$ 不全为零时，式（3.1）、式（3.2）称为**非齐次线性方程组**. 显然，齐次线性方程组一定有**零解**：

$$\boldsymbol{x}=\begin{pmatrix} x_1 \\ x_2 \\ \vdots \\ x_n \end{pmatrix}=\begin{pmatrix} 0 \\ 0 \\ \vdots \\ 0 \end{pmatrix}=\boldsymbol{0}.$$

3.1.2 克拉默法则

当未知数个数 n 与方程个数 m 相等，即 $m=n$ 时，方程组（3.1）变为

$$\begin{cases} a_{11}x_1+a_{12}x_2+\cdots+a_{1n}x_n=b_1 \\ a_{21}x_1+a_{22}x_2+\cdots+a_{2n}x_n=b_2 \\ \qquad\qquad\vdots \\ a_{n1}x_1+a_{n2}x_2+\cdots+a_{nn}x_n=b_n \end{cases}, \tag{3.5}$$

即
$$\boldsymbol{Ax}=\boldsymbol{b} \tag{3.6}$$
系数矩阵 $\boldsymbol{A}$ 的行列式为

$$|A|=\begin{vmatrix} a_{11} & \cdots & a_{1n} \\ \vdots & & \vdots \\ a_{n1} & \cdots & a_{nn} \end{vmatrix}.$$

用 $|\boldsymbol{A}_j|=\begin{vmatrix} a_{11} & \cdots & a_{1,j-1} & b_1 & a_{1,j+1} & \cdots & a_{1n} \\ \vdots & & \vdots & \vdots & \vdots & & \vdots \\ a_{n1} & \cdots & a_{n,j-1} & b_n & a_{n,j+1} & \cdots & a_{nn} \end{vmatrix}$ $(j=1,\ 2,\ \cdots,\ n)$ 来表示 $|\boldsymbol{A}|$ 中第 j 列分别换成常数项 $b_1,\ b_2,\ \cdots,\ b_n$ 后所得到的行列式.

克拉默（Cramer）法则 若线性方程组（3.5）的系数行列式 $|\boldsymbol{A}|\neq 0$，则其有唯一的一组解

$$x_1=\frac{|\boldsymbol{A}_1|}{|\boldsymbol{A}|},x_2=\frac{|\boldsymbol{A}_2|}{|\boldsymbol{A}|},\cdots,x_n=\frac{|\boldsymbol{A}_n|}{|\boldsymbol{A}|}.$$

证 由于系数行列式 $|\boldsymbol{A}|\neq 0$，所以系数矩阵 $\boldsymbol{A}$ 可逆. 以 $\boldsymbol{A}^{-1}$ 左乘方程组 $\boldsymbol{Ax}=\boldsymbol{b}$ 两边，得 $\boldsymbol{A}^{-1}\boldsymbol{Ax}=\boldsymbol{A}^{-1}\boldsymbol{b}$，即 $\boldsymbol{x}=\boldsymbol{A}^{-1}\boldsymbol{b}$，故方程组有解. 又逆矩阵 $\boldsymbol{A}^{-1}$ 唯一，故方程组解唯一. 在 $\boldsymbol{x}=\boldsymbol{A}^{-1}\boldsymbol{b}$ 中，由 2.5 节定理 5 知 $\boldsymbol{A}^{-1}=\frac{1}{|\boldsymbol{A}|}\boldsymbol{A}^*$，则

$$\boldsymbol{x}=\begin{pmatrix} x_1 \\ x_2 \\ \vdots \\ x_n \end{pmatrix}=\boldsymbol{A}^{-1}\boldsymbol{b}=\frac{1}{|\boldsymbol{A}|}\boldsymbol{A}^*\boldsymbol{b}=\frac{1}{|\boldsymbol{A}|}\begin{pmatrix} A_{11} & A_{21} & \cdots & A_{n1} \\ A_{12} & A_{22} & \cdots & A_{n2} \\ \vdots & \vdots & & \vdots \\ A_{1n} & A_{2n} & \cdots & A_{nn} \end{pmatrix}\begin{pmatrix} b_1 \\ b_2 \\ \vdots \\ b_n \end{pmatrix}$$

$$=\frac{1}{|\boldsymbol{A}|}\begin{pmatrix} b_1A_{11}+b_2A_{21}+\cdots+b_nA_{n1} \\ b_1A_{12}+b_2A_{22}+\cdots+b_nA_{n2} \\ \vdots \\ b_1A_{1n}+b_2A_{2n}+\cdots+b_nA_{nn} \end{pmatrix}.$$

上式中
$$b_1A_{1j}+b_2A_{2j}+\cdots+b_nA_{nj}(j=1,2,\cdots,n) \tag{3.7}$$
是行列式 $|\boldsymbol{A}_j|=\begin{vmatrix} a_{11} & \cdots & a_{1,j-1} & b_1 & a_{1,j+1} & \cdots & a_{1n} \\ \vdots & & \vdots & \vdots & \vdots & & \vdots \\ a_{n1} & \cdots & a_{n,j-1} & b_n & a_{n,j+1} & \cdots & a_{nn} \end{vmatrix}$ $(j=1,2,\cdots,n)$ 按第 j 列的展开式，即有

$$\boldsymbol{x}=\begin{pmatrix}x_1\\x_2\\\vdots\\x_n\end{pmatrix}=\frac{1}{|\boldsymbol{A}|}\begin{pmatrix}|\boldsymbol{A}_1|\\|\boldsymbol{A}_2|\\\vdots\\|\boldsymbol{A}_n|\end{pmatrix},$$

所以 $$x_1=\frac{|\boldsymbol{A}_1|}{|\boldsymbol{A}|},\quad x_2=\frac{|\boldsymbol{A}_2|}{|\boldsymbol{A}|},\quad \cdots,\ x_n=\frac{|\boldsymbol{A}_n|}{|\boldsymbol{A}|}.$$

例如，在二元线性方程组 $\begin{cases}a_{11}x_1+a_{12}x_2=b_1\\a_{21}x_1+a_{22}x_2=b_2\end{cases}$ 中，当 $|\boldsymbol{A}|=\begin{vmatrix}a_{11}&a_{12}\\a_{21}&a_{22}\end{vmatrix}=a_{11}a_{22}-a_{12}a_{21}\neq 0$ 时，由克拉默法则，可得方程组有唯一解，为

$$x_1=\frac{|\boldsymbol{A}_1|}{|\boldsymbol{A}|}=\frac{\begin{vmatrix}b_1&a_{12}\\b_2&a_{22}\end{vmatrix}}{\begin{vmatrix}a_{11}&a_{12}\\a_{21}&a_{22}\end{vmatrix}}=\frac{b_1a_{22}-b_2a_{12}}{a_{11}a_{22}-a_{12}a_{21}},$$

$$x_2=\frac{|\boldsymbol{A}_2|}{|\boldsymbol{A}|}=\frac{\begin{vmatrix}a_{11}&b_1\\a_{21}&b_2\end{vmatrix}}{\begin{vmatrix}a_{11}&a_{12}\\a_{21}&a_{22}\end{vmatrix}}=\frac{b_2a_{11}-b_1a_{21}}{a_{11}a_{22}-a_{12}a_{21}}.$$

这与2.1节中用消元法求得的解一致.

例 1 解二元线性方程组

$$\begin{cases}2x_1+x_2=5\\3x_1-2x_2=4\end{cases}.$$

解 因为 $|\boldsymbol{A}|=\begin{vmatrix}2&1\\3&-2\end{vmatrix}=\underline{\qquad}\neq 0$，根据克拉默法则，得

$$x_1=\frac{\begin{vmatrix}b_1&a_{12}\\b_2&a_{22}\end{vmatrix}}{|\boldsymbol{A}|}=\frac{\begin{vmatrix}5&1\\4&-2\end{vmatrix}}{\begin{vmatrix}2&1\\3&-2\end{vmatrix}}=\frac{\underline{\qquad}}{\underline{\qquad}}=2,$$

$$x_2 = \frac{\begin{vmatrix} a_{11} & \underline{\quad} \\ a_{21} & \underline{\quad} \end{vmatrix}}{|\boldsymbol{A}|} = \frac{\begin{vmatrix} 2 & 5 \\ 3 & 4 \end{vmatrix}}{\begin{vmatrix} 2 & 1 \\ 3 & -2 \end{vmatrix}} = \frac{-7}{-7} = 1.$$

例 2 解线性方程组

$$\begin{cases} x_1 - x_2 + x_3 + 2x_4 = 0 \\ 2x_1 + x_2 - x_3 + x_4 = 0 \\ 3x_1 + 2x_2 + x_3 + 5x_4 = 5 \\ -x_1 - x_2 + x_3 + x_4 = -1 \end{cases}.$$

解

$$|\boldsymbol{A}| = \begin{vmatrix} 1 & -1 & 1 & 2 \\ 2 & 1 & -1 & 1 \\ 3 & 2 & 1 & 5 \\ -1 & -1 & 1 & 1 \end{vmatrix} \overset{\substack{c_1+c_4 \\ c_2+c_4 \\ c_3-c_4}}{=} \begin{vmatrix} 3 & \underline{\quad} & -1 & 2 \\ 3 & \underline{\quad} & -2 & 1 \\ 8 & \underline{\quad} & -4 & 5 \\ 0 & \underline{\quad} & 0 & 1 \end{vmatrix}$$

$$= 1 \times (-1)^{4+4} \begin{vmatrix} 3 & 1 & -1 \\ 3 & 2 & -2 \\ 8 & 7 & -4 \end{vmatrix} \overset{\substack{r_2-2r_1 \\ r_3-4r_1}}{=} \begin{vmatrix} 3 & 1 & -1 \\ -3 & 0 & 0 \\ -4 & 3 & 0 \end{vmatrix}$$

$$= (-1) \times (-1)\underline{\quad} \begin{vmatrix} -3 & 0 \\ -4 & 3 \end{vmatrix} = 9 \neq 0,$$

$$|\boldsymbol{A}_1| = \begin{vmatrix} 0 & -1 & 1 & 2 \\ 0 & 1 & -1 & 1 \\ 5 & 2 & 1 & 5 \\ -1 & -1 & 1 & 1 \end{vmatrix} = 9, \ |\boldsymbol{A}_2| = \begin{vmatrix} 1 & 0 & 1 & 2 \\ 2 & 0 & -1 & 1 \\ 3 & 5 & 1 & 5 \\ -1 & -1 & 1 & 1 \end{vmatrix} = 18,$$

$$|\boldsymbol{A}_3| = \begin{vmatrix} 1 & -1 & 0 & 2 \\ 2 & 1 & 0 & 1 \\ 3 & 2 & 5 & 5 \\ -1 & -1 & -1 & 1 \end{vmatrix} = 27, \ |\boldsymbol{A}_4| = \begin{vmatrix} 1 & -1 & 1 & 0 \\ 2 & 1 & -1 & 0 \\ 3 & 2 & 1 & 5 \\ -1 & -1 & 1 & -1 \end{vmatrix} = -9,$$

$$x_1 = \frac{|\boldsymbol{A}_1|}{|\boldsymbol{A}|} = \frac{9}{9} = 1, x_2 = \frac{\underline{\quad}}{\underline{\quad}} = \frac{18}{9} = 2,$$

$$x_3 = \frac{|\boldsymbol{A}_3|}{|\boldsymbol{A}|} = \frac{27}{9} = 3, x_4 = \frac{\underline{\quad}}{|\boldsymbol{A}|} = \frac{-9}{9} = -1.$$

根据克拉默法则，不难得到下面的两个推论：

推论 1 若线性方程组（3.5）无解或有两个以上不同的解，则它的系数行列式必为零.

注：此推论是克拉默法则的逆否命题.

对于齐次线性方程组

$$\begin{cases} a_{11}x_1 + a_{12}x_2 + \cdots + a_{1n}x_n = 0 \\ a_{21}x_1 + a_{22}x_2 + \cdots + a_{2n}x_n = 0 \\ \qquad\qquad \vdots \\ a_{n1}x_1 + a_{n2}x_2 + \cdots + a_{nn}x_n = 0 \end{cases} \tag{3.8}$$

有：

推论 2 若齐次线性方程组（3.8）的系数行列式 $|\boldsymbol{A}| \neq 0$，则它只有零解. 换言之，若齐次线性方程组（3.8）存在非零解，则必有 $|\boldsymbol{A}| = 0$.

注：由推论 2，$|\boldsymbol{A}| = \mathbf{0}$ 是齐次线性方程组（3.8）有非零解的必要条件，以后可知此条件也是充分的.

例 3 λ 取何值时，二元齐次线性方程组

$$\begin{cases} x_1 + \lambda x_2 = 0 \\ \lambda x_1 + x_2 = 0 \end{cases}$$

有非零解？

解 由推论 2，若所给的方程组有非零解，则 ______，即

$$|\boldsymbol{A}| = \begin{vmatrix} 1 & \underline{\quad} \\ \lambda & 1 \end{vmatrix} = 1 - \lambda^2 = 0,$$

所以 $\lambda = \pm 1$.

注：克拉默法则的重大意义在于给出了一定条件下的线性方程组解与系数的关系，但在应用上存在许多局限. 例如，一般情况下，它只适用于未知数个数与方程个数相等的方程组，且即使能够求解，需要计算 $n+1$ 个 n 阶行列式，计算量也相当大.

练　习

- **选择题**

1. 克拉默法则适用于下面哪种类型的方程组？（　　）.

(A) 方程的个数大于未知数的个数

(B) 方程的个数小于未知数的个数

(C) 方程的个数等于未知数的个数

(D) 任意

2. 以下不能用克拉默法则求解的方程组是(　　).

(A) $\begin{cases}6x_1-4x_2=10\\5x_1+7x_2=29\end{cases}$

(B) $\begin{cases}3x_1+2x_2=5\\9x_1+6x_2=29\end{cases}$

(C) $\begin{cases}x_1+x_2-2x_3=-3\\5x_1-2x_2+7x_3=22\\2x_1-5x_2+4x_3=4\end{cases}$

(D) $\begin{cases}3x_1-2x_2=5\\7x_1+6x_2=1\end{cases}$

3. 以下不能用克拉默法则求解的方程组是(　　).

(A) $\begin{cases}6x_1-4x_2=10\\5x_1+7x_2=29\end{cases}$

(B) $\begin{cases}x_1-x_2+2x_4=-5\\3x_1+2x_2-x_3-2x_4=6\\4x_1+3x_2-x_3-x_4=0\\2x_1-x_3=0\end{cases}$

(C) $\begin{cases}x_1+x_2-2x_3=-3\\5x_1-2x_2+7x_3=22\\2x_1-5x_2+4x_3=4\end{cases}$

(D) $\begin{cases}x_1-x_2+2x_4=-5\\3x_1+2x_2-x_3-2x_4=6\\4x_1+3x_2-x_3-x_4=0\end{cases}$

4. 下列说法正确的是(　　).

(A) 若线性方程组的系数行列式不等于零，则它只有零解.

(B) 若线性方程组存在非零解，则必有系数行列式等于零.

(C) 若齐次线性方程组的系数行列式不等于零，则它只有零解.

(D) 只有当线性方程组无解时才有它的系数行列式为零.

● **填空题**

5. 克拉默法则只能应用于________的方程组.

6. 若齐次线性方程组的系数行列式不等于零，则它的解的情况是________；若齐次线性方程组存在非零解，则必有____________.

7. 若线性方程组的系数行列式不等于零，则它的解的情况是________.

8. 当 λ 满足________时，线性方程组 $\begin{cases}4x_1-\lambda x_2=10\\\lambda x_1-9x_2=29\end{cases}$ 有唯一解.

● **计算题**

9. 用克拉默法则解下列方程组：

(1) $\begin{cases}6x_1-4x_2=10\\5x_1+7x_2=29\end{cases}$；

(2) $\begin{cases}x_1+x_2-2x_3=-3\\5x_1-2x_2+7x_3=22\\2x_1-5x_2+4x_3=4\end{cases}$；

(3) $\begin{cases}x_1+x_2+x_3+x_4=5\\x_1+2x_2-x_3+4x_4=-2\\2x_1-3x_2-x_3-5x_4=-2\\3x_1+x_2+2x_3+11x_4=0\end{cases}$.

10. 问 k 取何值时，齐次线性方程组

$$\begin{cases}kx+y+z=0\\x+ky-z=0\\2x-y+z=0\end{cases}$$

有非零解？

11. 问 λ，μ 取何值时，齐次线性方程组

$$\begin{cases}\lambda x_1 + x_2 + x_3 = 0\\ x_1 + \mu x_2 + x_3 = 0\\ x_1 + 2\mu x_2 + x_3 = 0\end{cases}$$

只有零解？

12. 已知方程组

$$\begin{cases}x_1 + x_2 + x_3 = a\\ ax_1 + x_2 + (a-1)x_3 = a-1.\\ x_1 + ax_2 + x_3 = 1\end{cases}$$

讨论 a 取何值时方程组有唯一解？并求其唯一解.

13. 设

$$\boldsymbol{A} = \begin{pmatrix}1 & 1 & 1 & \cdots & 1\\ a_1 & a_2 & a_3 & \cdots & a_n\\ a_1^2 & a_2^2 & a_3^2 & \cdots & a_n^2\\ \vdots & \vdots & \vdots & & \vdots\\ a_1^{n-1} & a_2^{n-1} & a_3^{n-1} & \cdots & a_n^{n-1}\end{pmatrix}, \boldsymbol{x} = \begin{pmatrix}x_1\\ x_2\\ x_3\\ \vdots\\ x_n\end{pmatrix}, \boldsymbol{b} = \begin{pmatrix}1\\ 1\\ 1\\ \vdots\\ 1\end{pmatrix},$$

其中 $a_i \neq a_j(i \neq j;\ i = 1, 2, \cdots, n)$. 求线性方程组 $\boldsymbol{A}^{\mathrm{T}}\boldsymbol{x} = \boldsymbol{b}$ 的解.

3.2 线性方程组的解

本节主要利用线性方程组的系数矩阵 $\boldsymbol{A}$ 和增广矩阵 $\overline{\boldsymbol{A}} = (\boldsymbol{A},\boldsymbol{b})$ 的秩来讨论线性方程组是否有解，以及有解时解是否唯一等问题，在此基础上，利用初等行变换来求线性方程组的解.

引例 求解线性方程组

$$\begin{cases}2x_2 + 3x_3 - x_4 = 2\\ x_1 + x_2 - 2x_3 + x_4 = 3.\\ 3x_1 + 2x_2 - x_3 + 2x_4 = 4\end{cases} \tag{3.9}$$

解 系数矩阵 $\boldsymbol{A} = \begin{pmatrix}0 & 2 & 3 & -1\\ 1 & 1 & -2 & 1\\ 3 & 2 & -1 & 2\end{pmatrix}$，增广矩阵 $\overline{\boldsymbol{A}} = (\boldsymbol{A},\boldsymbol{b}) =$

$$\begin{pmatrix}0 & 2 & 3 & -1 & 2\\ 1 & 1 & -2 & 1 & 3\\ 3 & 2 & -1 & 2 & 4\end{pmatrix}.$$

用消元法求方程组的解，同时观察方程组的系数矩阵和增广矩阵的相应变化：

(1) 交换线性方程组 (3.9) 第 1 个和第 2 个方程的位置，得到与 (3.9) 同解的方程组

$$\begin{cases} x_1 + x_2 - 2x_3 + x_4 = 3 \\ 2x_2 + 3x_3 - x_4 = 2, \\ 3x_1 + 2x_2 - x_3 + 2x_4 = 4 \end{cases} \tag{3.10}$$

相当于对 $\overline{A}$ 作变换 $r_1 \leftrightarrow r_2$，得方程组 (3.10) 的增广矩阵

$$\overline{A}_1 = \begin{pmatrix} 1 & 1 & -2 & 1 & 3 \\ 0 & 2 & 3 & -1 & 2 \\ 3 & 2 & -1 & 2 & 4 \end{pmatrix}.$$

（2）方程组（3.10）的第一个方程乘以 −3 加到第 3 个方程上去，得与方程组（3.10）同解的方程组

$$\begin{cases} x_1 + x_2 - 2x_3 + x_4 = 3 \\ 2x_2 + 3x_3 - x_4 = 2, \\ -x_2 + 5x_3 - x_4 = -5 \end{cases} \tag{3.11}$$

相当于对 $\overline{A}_1$ 作变换 $r_3 - 3r_1$，得方程组（3.11）的增广矩阵

$$\overline{A}_2 = \begin{pmatrix} 1 & 1 & -2 & 1 & 3 \\ 0 & 2 & 3 & -1 & 2 \\ 0 & -1 & 5 & -1 & -5 \end{pmatrix}.$$

（3）方程组（3.11）的第 2 个方程分别乘以 $\frac{1}{2}$、$-\frac{1}{2}$，分别加到第 3 个和第 1 个方程上去，得与方程组（3.11）同解的方程组

$$\begin{cases} x_1 - \frac{7}{2}x_3 + \frac{3}{2}x_4 = 2 \\ 2x_2 + 3x_3 - x_4 = 2, \\ \frac{13}{2}x_3 - \frac{3}{2}x_4 = -4 \end{cases} \tag{3.12}$$

相当于对 $\overline{A}_2$ 作变换 $r_3 + \frac{1}{2}r_2$、$r_1 - \frac{1}{2}r_2$，得方程组（3.12）的增广矩阵

$$\overline{A}_3 = \begin{pmatrix} 1 & 0 & -\frac{7}{2} & \frac{3}{2} & 2 \\ 0 & 2 & 3 & -1 & 2 \\ 0 & 0 & \frac{13}{2} & -\frac{3}{2} & -4 \end{pmatrix}.$$

（4）方程组（3.12）的第 3 个方程分别乘以 $\frac{2}{13} \times \frac{7}{2}$、$\frac{2}{13} \times$

(-3)，分别加到第 1 个和第 2 个方程上去，得与方程组（3.12）同解的方程组

$$\begin{cases} x_1 \qquad\qquad + \dfrac{9}{13}x_4 = -\dfrac{2}{13} \\ \quad 2x_2 \qquad - \dfrac{4}{13}x_4 = \dfrac{50}{13}, \\ \qquad \dfrac{13}{2}x_3 - \dfrac{3}{2}x_4 = -4 \end{cases} \tag{3.13}$$

相当于对 $\overline{\boldsymbol{A}}_3$ 作变换 $r_1+\dfrac{7}{13}r_3$、$r_2-\dfrac{6}{13}r_3$，得方程组(3.13)的增广矩阵

$$\overline{\boldsymbol{A}}_4 = \begin{pmatrix} 1 & 0 & 0 & \dfrac{9}{13} & -\dfrac{2}{13} \\ 0 & 2 & 0 & -\dfrac{4}{13} & \dfrac{50}{13} \\ 0 & 0 & \dfrac{13}{2} & -\dfrac{3}{2} & -4 \end{pmatrix}.$$

（5）方程组（3.13）的第 2 个方程乘以$\dfrac{1}{2}$，第 3 个方程乘以$\dfrac{2}{13}$，得与方程组（3.13）同解的方程组

$$\begin{cases} x_1 \qquad + \dfrac{9}{13}x_4 = -\dfrac{2}{13} \\ \quad x_2 \quad - \dfrac{2}{13}x_4 = \dfrac{25}{13}, \\ \qquad x_3 - \dfrac{3}{13}x_4 = -\dfrac{8}{13} \end{cases} \tag{3.14}$$

相当于对 $\overline{\boldsymbol{A}}_4$ 作变换 $\dfrac{1}{2}r_2$、$\dfrac{2}{13}r_3$，得方程组（3.14）的增广矩阵

$$\overline{\boldsymbol{A}}_5 = \begin{pmatrix} 1 & 0 & 0 & \dfrac{9}{13} & -\dfrac{2}{13} \\ 0 & 1 & 0 & -\dfrac{2}{13} & \dfrac{25}{13} \\ 0 & 0 & 1 & -\dfrac{3}{13} & -\dfrac{8}{13} \end{pmatrix}.$$

注意到 $\overline{\boldsymbol{A}}_5$ 为行最简形矩阵.

由方程组（3.14）得到原方程组的解

$$\begin{cases} x_1 = -\dfrac{2}{13} - \dfrac{9}{13}x_4 \\ x_2 = \dfrac{25}{13} + \dfrac{2}{13}x_4 \\ x_3 = -\dfrac{8}{13} + \dfrac{3}{13}x_4 \end{cases} \quad (x_4 \text{ 为任意常数}).$$

从上面的引例可见，用消元法求解线性方程组等价于对其增广矩阵施行初等行变换. 由于任意矩阵行等价于一个行最简形矩阵(1.3 节定理 1)，并且行最简形矩阵对应的方程组与原方程组同解(上例仅为直观感受，更严格的证明略). 这样，原来通过消元法对线性方程组解的讨论，就可转化为对方程组增广矩阵的行最简形矩阵的讨论.

设有 n 个未知数，m 个方程的线性方程组

$$\begin{cases} a_{11}x_1 + a_{12}x_2 + \cdots + a_{1n}x_n = b_1 \\ a_{21}x_1 + a_{22}x_2 + \cdots + a_{2n}x_n = b_2 \\ \qquad\qquad\vdots \\ a_{m1}x_1 + a_{m2}x_2 + \cdots + a_{mn}x_n = b_m \end{cases}, \tag{3.15}$$

矩阵方程形式为

$$\boldsymbol{Ax} = \boldsymbol{b} \tag{3.16}$$

其中系数矩阵 $\boldsymbol{A} = \begin{pmatrix} a_{11} & a_{12} & \cdots & a_{1n} \\ a_{21} & a_{22} & \cdots & a_{2n} \\ \vdots & \vdots & & \vdots \\ a_{m1} & a_{m2} & \cdots & a_{mn} \end{pmatrix}$，解向量 $\boldsymbol{x} = \begin{pmatrix} x_1 \\ x_2 \\ \vdots \\ x_n \end{pmatrix}$，常数项向量 $\boldsymbol{b} = \begin{pmatrix} b_1 \\ b_2 \\ \vdots \\ b_m \end{pmatrix}$，增广矩阵 $\overline{\boldsymbol{A}} = (\boldsymbol{A}, \boldsymbol{b}) = \begin{pmatrix} a_{11} & a_{12} & \cdots & a_{1n} & b_1 \\ a_{21} & a_{22} & \cdots & a_{2n} & b_2 \\ \vdots & \vdots & & \vdots & \vdots \\ a_{m1} & a_{m2} & \cdots & a_{mn} & b_m \end{pmatrix}$.

定理 1 线性方程组 (3.15)，(1) 无解的充要条件是 $R(\boldsymbol{A}) < R(\overline{\boldsymbol{A}})$；(2) 有唯一解的充要条件是 $R(\boldsymbol{A}) = R(\overline{\boldsymbol{A}}) = n$；(3) 有无穷多个解的充要条件是 $R(\boldsymbol{A}) = R(\overline{\boldsymbol{A}}) < n$.

证 因为 (1)、(2)、(3) 的必要性依次是 (2)、(3)，(1)、(3)，(1)、(2) 中条件充分性的逆否命题，因此，以下只证条件的充分性.

设 $R(\boldsymbol{A})=r$，则 $\boldsymbol{A}$ 可以通过一系列初等行变换化为一个行最简形矩阵，不妨设为

$$\tilde{\boldsymbol{A}}=\begin{pmatrix}1&0&\cdots&0&b_{11}&\cdots&b_{1,n-r}\\0&1&\cdots&0&b_{21}&\cdots&b_{2,n-r}\\\vdots&\vdots&&\vdots&\vdots&&\vdots\\0&0&\cdots&1&b_{r1}&\cdots&b_{r,n-r}\\0&0&\cdots&0&0&\cdots&0\\0&0&\cdots&0&0&\cdots&0\\\vdots&\vdots&&\vdots&\vdots&&\vdots\\0&0&\cdots&0&0&\cdots&0\end{pmatrix}.$$

对增广矩阵 $\overline{\boldsymbol{A}}$ 施行与上面同系列的初等行变换，得到矩阵

$$\overline{\boldsymbol{A}}_1=\begin{pmatrix}1&0&\cdots&0&b_{11}&\cdots&b_{1,n-r}&b'_1\\0&1&\cdots&0&b_{21}&\cdots&b_{2,n-r}&b'_2\\\vdots&\vdots&&\vdots&\vdots&&\vdots&\vdots\\0&0&\cdots&1&b_{r1}&\cdots&b_{r,n-r}&b'_r\\0&0&\cdots&0&0&\cdots&0&b'_{r+1}\\0&0&\cdots&0&0&\cdots&0&0\\\vdots&\vdots&&\vdots&\vdots&&\vdots&\vdots\\0&0&\cdots&0&0&\cdots&0&b'_m\end{pmatrix},$$

继续对 $\overline{\boldsymbol{A}}_1$ 施行初等行变换，则得到一个行最简形矩阵

$$\tilde{\boldsymbol{A}}_1=\begin{pmatrix}1&0&\cdots&0&b_{11}&\cdots&b_{1,n-r}&b'_1\\0&1&\cdots&0&b_{21}&\cdots&b_{2,n-r}&b'_2\\\vdots&\vdots&&\vdots&\vdots&&\vdots&\vdots\\0&0&\cdots&1&b_{r1}&\cdots&b_{r,n-r}&b'_r\\0&0&\cdots&0&0&\cdots&0&d_{r+1}\\0&0&\cdots&0&0&\cdots&0&0\\\vdots&\vdots&&\vdots&\vdots&&\vdots&\vdots\\0&0&\cdots&0&0&\cdots&0&0\end{pmatrix}. \quad (3.17)$$

其中 $d_{r+1}=0,\ 1$.

当 $d_{r+1}=0$ 时，$R(\boldsymbol{A})=R(\tilde{\boldsymbol{A}})=R(\overline{\boldsymbol{A}})=R(\boldsymbol{A},\boldsymbol{b})=R(\tilde{\boldsymbol{A}}_1)$；

当 $d_{r+1}=1$ 时, $R(\boldsymbol{A})=R(\tilde{\boldsymbol{A}})\leqslant R(\bar{\boldsymbol{A}})=R(\boldsymbol{A},\boldsymbol{b})=R(\tilde{\boldsymbol{A}}_1)$.

由式（3.17）可得线性方程组

$$\begin{cases}x_1+b_{11}x_{r+1}+\cdots+b_{1,n-r}x_n=b'_1\\x_2+b_{21}x_{r+1}+\cdots+b_{2,n-r}x_n=b'_2\\\quad\vdots\\x_r+b_{r1}x_{r+1}+\cdots+b_{r,n-r}x_n=b'_r\\0=d_{r+1}\end{cases},\tag{3.18}$$

而方程组（3.18）与方程组（3.15）同解. 因此:

（1）若 $R(\boldsymbol{A})<R(\bar{\boldsymbol{A}})$, 即 $d_{r+1}=1$ 时, $\bar{\boldsymbol{A}}_1$ 的第 $r+1$ 行对应一个矛盾方程 $0=1$, 故方程组（3.18）无解, 因此原方程组（3.15）无解.

（2）若 $R(\boldsymbol{A})=R(\bar{\boldsymbol{A}})=r$, 即 $d_{r+1}=0$ 时,

1）当 $R(\boldsymbol{A})=R(\bar{\boldsymbol{A}})=r<n$ 时, 方程组（3.15）同解于方程组

$$\begin{cases}x_1+b_{11}x_{r+1}+\cdots+b_{1,n-r}x_n=b'_1\\x_2+b_{21}x_{r+1}+\cdots+b_{2,n-r}x_n=b'_2\\\quad\vdots\\x_r+b_{r1}x_{r+1}+\cdots+b_{r,n-r}x_n=b'_r\end{cases},$$

即

$$\begin{cases}x_1=-b_{11}x_{r+1}-\cdots-b_{1,n-r}x_n+b'_1\\x_2=-b_{21}x_{r+1}-\cdots-b_{2,n-r}x_n+b'_2\\\quad\vdots\\x_r=-b_{r1}x_{r+1}-\cdots-b_{r,n-r}x+b'_r\end{cases}.\tag{3.19}$$

式（3.19）为原方程组（3.15）的解, 其中 x_{r+1}, x_{r+2}, …, x_n 可以各自取任意实数, 故原方程组有无穷多个解. 令 $x_{r+1}=c_1$, …, $x_n=c_{n-r}$, 即得原方程组的含 $n-r$ 个参数的解

$$\begin{cases}x_1=-b_{11}c_1-\cdots-b_{1,n-r}c_{n-r}+b'_1\\x_2=-b_{21}c_1-\cdots-b_{2,n-r}c_{n-r}+b'_2\\\quad\vdots\\x_r=-b_{r1}c_1-\cdots-b_{r,n-r}c_{n-r}+b'_r\\x_{r+1}=c_1\\\quad\vdots\\x_n=c_{n-r}\end{cases}.\tag{3.20}$$

式（3.20）写成矩阵形式为

$$\begin{pmatrix} x_1 \\ \vdots \\ x_r \\ x_{r+1} \\ \vdots \\ x_n \end{pmatrix} = c_1 \begin{pmatrix} -b_{11} \\ \vdots \\ -b_{r1} \\ 1 \\ \vdots \\ 0 \end{pmatrix} + \cdots + c_{n-r} \begin{pmatrix} -b_{1,n-r} \\ \vdots \\ -b_{r,n-r} \\ 0 \\ \vdots \\ 1 \end{pmatrix} + \begin{pmatrix} b'_1 \\ \vdots \\ b'_r \\ 0 \\ \vdots \\ 0 \end{pmatrix}, \qquad (3.21)$$

其中 c_1，…，c_{n-r} 为参数，可以取任意实数.

由于解式（3.20）和式（3.21）可表示线性方程组式（3.15）的任一解，故称之为**线性方程组（3.15）的通解**.

2）当 $R(\boldsymbol{A}) = R(\overline{\boldsymbol{A}}) = r = n$ 时，原方程组同解于方程组

$$\begin{cases} x_1 = b'_1 \\ x_2 = b'_2 \\ \quad\vdots \\ x_n = b'_n \end{cases} \qquad (3.22)$$

故原方程组有唯一解.

定理1的证明过程，给出了求解线性方程组 $\boldsymbol{Ax} = \boldsymbol{b}$ 的一般步骤：

（1）对非齐次线性方程组 $\boldsymbol{Ax} = \boldsymbol{b}$，将增广矩阵 $\overline{\boldsymbol{A}} = (\boldsymbol{A}, \boldsymbol{b})$ 化成行阶梯形，从中计算 $R(\boldsymbol{A})$、$R(\boldsymbol{A}, \boldsymbol{b})$.

1）若 $R(\boldsymbol{A}) < R(\overline{\boldsymbol{A}})$，则方程组无解；

2）若 $R(\boldsymbol{A}) = R(\overline{\boldsymbol{A}})$，则进一步将 $\overline{\boldsymbol{A}} = (\boldsymbol{A}, \boldsymbol{b})$ 化成行最简形：

若 $R(\boldsymbol{A}) = R(\overline{\boldsymbol{A}}) = r = n$，则方程组有唯一解；

若 $R(\boldsymbol{A}) = R(\boldsymbol{A}, \boldsymbol{b}) = r < n$，则方程组有无穷多个解，将行最简形中 r 个非零行的非零首元所对应的未知数，由其余 $n - r$ 个未知数及常量表示，令这 $n - r$ 个未知数分别等于参数 c_1，c_2，…，c_{n-r}，由行最简形，写出含 $n - r$ 个参数的通解；

（2）对齐次线性方程组 $\boldsymbol{Ax} = \boldsymbol{0}$，由于 $R(\overline{\boldsymbol{A}}) = R(\boldsymbol{A})$，所以齐次线性方程组一定有解，将 $\boldsymbol{A}$ 化成行最简形：

1）若 $R(\boldsymbol{A}) = r = n$ 时，则方程组只有零解；

2）若 $R(\boldsymbol{A}) = r < n$ 时，则方程组有无穷多个解，按（1）类似方法写出通解.

例 4 求解齐次线性方程组

$$\begin{cases} x_1 + x_2 + 2x_3 - x_4 = 0 \\ 2x_1 + x_2 + x_3 - x_4 = 0 \\ 2x_1 + 2x_2 + x_3 + 2x_4 = 0 \end{cases}.$$

解 对系数矩阵 $\boldsymbol{A}$ 施行初等行变换将其化成行最简形矩阵：

$$\boldsymbol{A} = \begin{pmatrix} 1 & 1 & 2 & -1 \\ 2 & 1 & 1 & -1 \\ 2 & 2 & 1 & 2 \end{pmatrix} \overset{r_2-2r_1}{\underset{r_3-2r_1}{\sim}} \begin{pmatrix} 1 & 1 & 2 & -1 \\ 0 & -1 & -3 & 1 \\ \underline{\quad} & \underline{\quad} & \underline{\quad} & \underline{\quad} \end{pmatrix} \overset{r_1+r_2}{\underset{r_2-r_3}{\sim}} \begin{pmatrix} 1 & 0 & -1 & 0 \\ 0 & -1 & 0 & -3 \\ 0 & 0 & -3 & 4 \end{pmatrix}$$

$$\overset{r_1-\frac{1}{3}r_3}{\sim} \begin{pmatrix} 1 & 0 & 0 & -\frac{4}{3} \\ 0 & -1 & 0 & -3 \\ 0 & 0 & -3 & 4 \end{pmatrix} \overset{r_2\times(-1)}{\underset{r_3\times(-\frac{1}{3})}{\sim}} \begin{pmatrix} 1 & 0 & 0 & -\frac{4}{3} \\ 0 & 1 & 0 & 3 \\ 0 & 0 & 1 & \underline{\quad} \end{pmatrix},$$

因 $R(\boldsymbol{A}) = 3 < n = 4$，故方程组有无穷多个解，并且与原方程组同解的方程组为

$$\begin{cases} x_1 - \frac{4}{3}x_4 = 0 \\ x_2 + \underline{\qquad} = 0, \\ x_3 - \frac{4}{3}x_4 = 0 \end{cases}$$

令 $x_4 = c$，即得含参数形式的通解为

$$\begin{cases} x_1 = \frac{4}{3}c \\ x_2 = -3c \\ x_3 = \frac{4}{3}\underline{\quad} \\ x_4 = c \end{cases} \quad (c \in \mathbb{R}),$$

或写成矩阵形式

$$\begin{pmatrix} x_1 \\ x_2 \\ x_3 \\ x_4 \end{pmatrix} = c \begin{pmatrix} \frac{4}{3} \\ -3 \\ \frac{4}{3} \\ 1 \end{pmatrix} \quad (c \in \mathbb{R}).$$

例 5 求解非齐次线性方程组

$$\begin{cases} x_1 - 2x_2 + 3x_3 - x_4 = 1 \\ 3x_1 - x_2 + 5x_3 - 3x_4 = 2. \\ 2x_1 + x_2 + 2x_3 - 2x_4 = 3 \end{cases}$$

解 对增广矩阵施行初等行变换将其化为行阶梯形矩阵：

$$\overline{A} = \begin{pmatrix} 1 & -2 & 3 & -1 & 1 \\ 3 & -1 & 5 & -3 & 2 \\ 2 & 1 & 2 & -2 & 3 \end{pmatrix} \overset{r_2-3r_1}{\underset{r_3-2r_1}{\sim}} \begin{pmatrix} 1 & -2 & 3 & -1 & 1 \\ 0 & 5 & -4 & 0 & -1 \\ 0 & 5 & -4 & 0 & 1 \end{pmatrix}$$

$$\overset{r_3-r_2}{\sim} \begin{pmatrix} 1 & -2 & 3 & -1 & 1 \\ 0 & 5 & -4 & 0 & -1 \\ 0 & 0 & 0 & 0 & \_\_ \end{pmatrix},$$

可见 $R(\boldsymbol{A}) = 2$ ____ $R(\overline{\boldsymbol{A}}) = 3$，故方程组无解.

例 6 求解非齐次线性方程组

$$\begin{cases} 2x + y - z + w = 1 \\ 4x + 2y - 2z + w = 2. \\ 2x + y - z - w = 1 \end{cases}$$

解

$$\overline{A} = \begin{pmatrix} 2 & 1 & -1 & 1 & 1 \\ 4 & 2 & -2 & 1 & 2 \\ 2 & 1 & -1 & -1 & 1 \end{pmatrix} \overset{r_2-2r_1}{\underset{r_3-r_1}{\sim}} \begin{pmatrix} 2 & 1 & -1 & 1 & 1 \\ 0 & 0 & 0 & -1 & 0 \\ \_\_ & \_\_ & \_\_ & \_\_ & \_\_ \end{pmatrix}$$

$$\overset{\substack{r_1+r_2 \\ r_3-2r_2}}{\underset{r_2\times(-1)}{\sim}} \begin{pmatrix} 2 & 1 & -1 & 0 & 1 \\ 0 & 0 & 0 & 1 & 0 \\ 0 & 0 & 0 & 0 & 0 \end{pmatrix}$$

$$\overset{r_1\times\frac{1}{2}}{\sim} \begin{pmatrix} 1 & \frac{1}{2} & -\frac{1}{2} & 0 & \frac{1}{2} \\ 0 & 0 & 0 & 1 & 0 \\ 0 & 0 & 0 & 0 & 0 \end{pmatrix},$$

可见 $R(\boldsymbol{A}) = R(\overline{\boldsymbol{A}}) = 2$ ____ $n = 4$，故方程组有无穷多个解.

$\overline{\boldsymbol{A}}$ 对应的同解方程组为

$$\begin{cases} x + \frac{1}{2}y - \frac{1}{2}z = \frac{1}{2} \\ \qquad\qquad\quad w = 0 \end{cases}$$

令 $y = c_1, z = c_2$，即得原方程组的通解为

$$\begin{pmatrix} x \\ y \\ z \\ w \end{pmatrix} = c_1 \begin{pmatrix} -\frac{1}{2} \\ 1 \\ 0 \\ 0 \end{pmatrix} + c_2 \begin{pmatrix} \frac{1}{2} \\ 0 \\ 1 \\ 0 \end{pmatrix} + \begin{pmatrix} \underline{\quad} \\ \underline{\quad} \\ \underline{\quad} \\ \underline{\quad} \end{pmatrix} (c_1, c_2 \in \mathbb{R}).$$

例 7 设线性方程组

$$\begin{cases} (1+\lambda)x_1 + x_2 + x_3 = 0 \\ x_1 + (1+\lambda)x_2 + x_3 = 3 \\ x_1 + x_2 + (1+\lambda)x_3 = \lambda \end{cases}.$$

试问当 λ 为何值时，（1）方程组有唯一解？（2）方程组无解？（3）方程组有无穷多个解？此时写出其通解.

解法 1 对增广矩阵作初等行变换将它化成行阶梯形矩阵：

$$\overline{A} = \begin{pmatrix} 1+\lambda & 1 & 1 & 0 \\ 1 & 1+\lambda & 1 & 3 \\ 1 & 1 & 1+\lambda & \lambda \end{pmatrix} \underset{\substack{r_2 - r_1 \\ r_3-(1+\lambda)r_1 \\ r_3 + r_2}}{\overset{r_1 \leftrightarrow r_3}{\sim}} \begin{pmatrix} 1 & 1 & 1+\lambda & \lambda \\ 0 & \lambda & -\lambda & 3-\lambda \\ 0 & 0 & -\lambda(3+\lambda) & (1-\lambda)(3+\lambda) \end{pmatrix}.$$

（1）当 $-\lambda(3+\lambda) \neq 0$，即 λ ___ 0 且 $\lambda \neq -3$ 时，$R(A) = R(\overline{A}) = 3$，此时方程组有______；

（2）当 $\lambda = 0$ 时，$R(A) = 1 \neq R(\overline{A}) = 2$，此时方程组______；

（3）当 $\lambda = -3$ 时，$R(A) = R(\overline{A}) = 2 < 3$，此时方程组____________. 将 $\overline{A}$ 进一步化成行最简形矩阵，得

$$\overline{A} \overset{r}{\sim} \begin{pmatrix} 1 & 1 & -2 & -3 \\ 0 & -3 & 3 & 6 \\ 0 & 0 & 0 & 0 \end{pmatrix} \overset{r}{\sim} \begin{pmatrix} 1 & 0 & -1 & -1 \\ 0 & 1 & -1 & -2 \\ 0 & 0 & 0 & 0 \end{pmatrix},$$

对应的方程组为

$$\begin{cases} x_1 = x_3 - 1 \\ x_2 = x_3 - 2 \end{cases}$$

令 $x_3 = c$，可得通解为

$$\begin{pmatrix} x_1 \\ x_2 \\ x_3 \end{pmatrix} = c \begin{pmatrix} 1 \\ 1 \\ 1 \end{pmatrix} + \begin{pmatrix} -1 \\ -2 \\ 0 \end{pmatrix} \quad (c \in \mathbb{R}).$$

注：对含参数的矩阵作初等行变换时，一般不作 $r_2-\dfrac{1}{\lambda+1}r_1$、$r_2\times(\lambda+1)$、$r_3\times\dfrac{1}{\lambda+3}$ 这样的变换. 有时若确实需作这样的变换，则应附加对 $\lambda+1=0$（或 $\lambda+3=0$）的讨论.

解法 2 注意到，本题中未知数个数和方程个数相等，即系数矩阵为方阵. 由克拉默法则，当且仅当系数行列式 $|\boldsymbol{A}|\neq 0$ 时，方程组有唯一解.

$$|\boldsymbol{A}|=\begin{vmatrix}1+\lambda & 1 & 1\\ 1 & 1+\lambda & 1\\ 1 & 1 & \underline{\qquad}\end{vmatrix}\xlongequal[c_1+c_3]{c_1+c_2}\underline{\qquad\quad}\begin{vmatrix}1 & 1 & 1\\ 1 & 1+\lambda & 1\\ 1 & 1 & 1+\lambda\end{vmatrix}$$

$$\xlongequal{\underline{\qquad}}(3+\lambda)\begin{vmatrix}1 & 1 & 1\\ 0 & \lambda & 0\\ 0 & 0 & \lambda\end{vmatrix}=(3+\lambda)\lambda^2,$$

即当且仅当 $\lambda\neq 0$ 且 $\lambda\neq -3$ 时，方程组有唯一解；

当 $\lambda=0$ 时，

$$\overline{\boldsymbol{A}}=\begin{pmatrix}1 & 1 & 1 & 0\\ 1 & 1 & 1 & 3\\ 1 & 1 & 1 & 0\end{pmatrix}\overset{\substack{r_2-r_1\\ r_3-r_1}}{\underset{r_2\times\frac{1}{3}}{\sim}}\begin{pmatrix}1 & 1 & 1 & 0\\ 0 & 0 & 0 & 1\\ 0 & 0 & 0 & 0\end{pmatrix},$$

可见 $R(\boldsymbol{A})=1\neq R(\overline{\boldsymbol{A}})=2$，此时方程组无解；

当 $\lambda=-3$ 时，

$$\overline{\boldsymbol{A}}=\begin{pmatrix}-2 & 1 & 1 & 0\\ 1 & -2 & 1 & 3\\ 1 & 1 & -2 & -3\end{pmatrix}\overset{r}{\sim}\begin{pmatrix}1 & 0 & -1 & -1\\ 0 & 1 & -1 & -2\\ \underline{\quad} & \underline{\quad} & \underline{\quad} & \underline{\quad}\end{pmatrix},$$

可见 $R(\boldsymbol{A})=R(\overline{\boldsymbol{A}})=2$，此时方程组有无穷多个解，且通解为

$$\begin{pmatrix}x_1\\ x_2\\ x_3\end{pmatrix}=c\begin{pmatrix}1\\ 1\\ 1\end{pmatrix}+\begin{pmatrix}-1\\ -2\\ 0\end{pmatrix}\ (c\in\mathbb{R}).$$

注：本例中的解法 2 较简单，但它只适用于系数矩阵为方阵的情形.

依据定理 1 可得以下两个推论：

推论 1 线性方程组 $\boldsymbol{Ax}=\boldsymbol{b}$ 有解的充要条件是 $R(\boldsymbol{A})=R(\overline{\boldsymbol{A}})$.

推论2 齐次线性方程组 $\boldsymbol{Ax}=\mathbf{0}$ 有非零解的充要条件是 $R(\boldsymbol{A})<n$.

注：推论1、推论2是线性方程组理论中最基本的两个结论.

引理 矩阵方程 $\boldsymbol{AX}=\boldsymbol{B}$ 等价于 l 个线性方程组 $\boldsymbol{Ax}_j=\boldsymbol{b}_j(j=1,2,\cdots,l)$，其中 $\boldsymbol{A}=(a_{ij})_{m\times n}$、$\boldsymbol{B}=(b_{ij})_{m\times l}$、$\boldsymbol{X}=(x_{ij})_{n\times l}$.

证 现将 $\boldsymbol{X}$、$\boldsymbol{B}$ 分别按列分块，记为

$$\boldsymbol{X}=(\boldsymbol{x}_1,\boldsymbol{x}_2,\cdots,\boldsymbol{x}_l)、\boldsymbol{B}=(\boldsymbol{b}_1,\boldsymbol{b}_2,\cdots,\boldsymbol{b}_l),$$

则

$$\boldsymbol{AX}=\boldsymbol{B}\Leftrightarrow \boldsymbol{A}(\boldsymbol{x}_1,\boldsymbol{x}_2,\cdots,\boldsymbol{x}_l)=(\boldsymbol{b}_1,\boldsymbol{b}_2,\cdots,\boldsymbol{b}_l)$$

$$\overset{\text{分块矩阵的乘法}}{\Leftrightarrow}(\boldsymbol{Ax}_1,\boldsymbol{Ax}_2,\cdots,\boldsymbol{Ax}_l)=(\boldsymbol{b}_1,\boldsymbol{b}_2,\cdots,\boldsymbol{b}_l)$$

$$\overset{\text{矩阵的相等}}{\Leftrightarrow}\boldsymbol{Ax}_j=\boldsymbol{b}_j(j=1,2,\cdots,l),$$

由上可知，矩阵方程 $\boldsymbol{AX}=\boldsymbol{B}$ 等价于 l 个线性方程组 $\boldsymbol{Ax}_j=\boldsymbol{b}_j(j=1,2,\cdots,l)$.

将上面的定理1推广到矩阵方程中，有下面的结论.

定理2 矩阵方程 $\boldsymbol{AX}=\boldsymbol{B}$ 有解的充要条件是 $R(\boldsymbol{A})=R(\boldsymbol{A},\boldsymbol{B})$.

证 充分性 设 $R(\boldsymbol{A})=R(\boldsymbol{A},\boldsymbol{B})$，则 $R(\boldsymbol{A})\leqslant R(\boldsymbol{A},\boldsymbol{b}_j)\leqslant R(\boldsymbol{A},\boldsymbol{B})=R(\boldsymbol{A})$

$(j=1,2,\cdots,l)$，因此 $R(\boldsymbol{A})=R(\boldsymbol{A},\boldsymbol{b}_j)$，从而由定理1知，$l$ 个线性方程组 $\boldsymbol{Ax}_j=\boldsymbol{b}_j$

$(j=1,2,\cdots,l)$ 都有解，于是由引理，矩阵方程 $\boldsymbol{AX}=\boldsymbol{B}$ 有解.

必要性 设矩阵方程 $\boldsymbol{AX}=\boldsymbol{B}$ 有解，由引理，l 个线性方程组 $\boldsymbol{Ax}_j=\boldsymbol{b}_j(j=1,2,\cdots,l)$ 都有解. 设解为 $\boldsymbol{x}_j=(\lambda_{1j},\lambda_{2j},\cdots,\lambda_{nj})^{\mathrm{T}}(j=1,2,\cdots,l)$，将 $\boldsymbol{A}$ 按列分块，则 $\boldsymbol{Ax}_j=\boldsymbol{b}_j$ 可表示为 $(\boldsymbol{\alpha}_1,\boldsymbol{\alpha}_2,\cdots,\boldsymbol{\alpha}_n)(\lambda_{1j},\lambda_{2j},\cdots,\lambda_{nj})^{\mathrm{T}}=\boldsymbol{b}_j$，即

$$\lambda_{1j}\boldsymbol{\alpha}_1+\lambda_{2j}\boldsymbol{\alpha}_2+\cdots+\lambda_{nj}\boldsymbol{\alpha}_n=\boldsymbol{b}_j.$$

对矩阵 $(\boldsymbol{A},\boldsymbol{B})=(\boldsymbol{\alpha}_1,\cdots,\boldsymbol{\alpha}_n,\boldsymbol{b}_1,\cdots,\boldsymbol{b}_l)$ 作初等列变换：第1列 $\boldsymbol{\alpha}_1$ 乘以 $-\lambda_{1j}$，第2列 $\boldsymbol{\alpha}_2$ 乘以 $-\lambda_{2j}$，直到第 n 列 $\boldsymbol{\alpha}_n$ 乘以 $-\lambda_{nj}$，然后加到第 $n+j$ 列 $\boldsymbol{b}_j$ 上，则

$$\begin{aligned}&\boldsymbol{b}_j+(-\lambda_{1j})\boldsymbol{\alpha}_1+(-\lambda_{2j})\boldsymbol{\alpha}_2+\cdots+(-\lambda_{nj})\boldsymbol{\alpha}_n\\&=\boldsymbol{b}_j-(\lambda_{1j}\boldsymbol{\alpha}_1+\lambda_{2j}\boldsymbol{\alpha}_2+\cdots+\lambda_{nj}\boldsymbol{\alpha}_n)=\boldsymbol{b}_j-\boldsymbol{b}_j=\mathbf{0},\end{aligned}$$

这样把 $(\boldsymbol{A},\boldsymbol{B})$ 的第 $n+1$ 列、…、第 $n+l$ 列都变为 $\mathbf{0}$，即有 $(\boldsymbol{A},\boldsymbol{B})\overset{c}{\sim}$

$(\boldsymbol{A},\boldsymbol{O})$，因此 $R(\boldsymbol{A},\boldsymbol{B})=R(\boldsymbol{A},\boldsymbol{O})=R(\boldsymbol{A})$，即 $R(\boldsymbol{A})=R(\boldsymbol{A},\boldsymbol{B})$.

推论 矩阵方程 $\boldsymbol{A}_{m\times n}\boldsymbol{X}_{n\times l}=\boldsymbol{O}$ 只有零解的充要条件是 $R(\boldsymbol{A})=n$.

证 由于 $\boldsymbol{B}=\boldsymbol{O}$，所以 $R(\boldsymbol{A},\boldsymbol{B})=R(\boldsymbol{A},\boldsymbol{O})=R(\boldsymbol{A})$，由定理2，矩阵方程一定有解，$\boldsymbol{X}=(\boldsymbol{x}_1,\boldsymbol{x}_2,\cdots,\boldsymbol{x}_l)=(\boldsymbol{0},\boldsymbol{0},\cdots,\boldsymbol{0})$ 即为一个解. 由于 $\boldsymbol{x}_j\ (j=1,2,\cdots,l)$ 的列向量有 n 个元素，故 $\boldsymbol{A}\boldsymbol{x}_j=\boldsymbol{0}$ 为 n 个未知数的齐次线性方程组，其有非零解的充分必要条件是 $R(\boldsymbol{A})=n$. 因此 $\boldsymbol{A}_{m\times n}\boldsymbol{X}_{n\times l}=\boldsymbol{O}$ 只有零解的充要条件是 $R(\boldsymbol{A})=n$.

例8 $R(\boldsymbol{AB})\leqslant\min\{R(\boldsymbol{A}),R(\boldsymbol{B})\}$.

证 令 $\boldsymbol{AB}=\boldsymbol{C}$，则矩阵方程 $\boldsymbol{AX}=\boldsymbol{C}$ 有解 $\boldsymbol{X}=\boldsymbol{B}$，由定理2可知 $R(\boldsymbol{A})=R(\boldsymbol{A},\boldsymbol{C})$，所以 $R(\boldsymbol{C})\leqslant R(\boldsymbol{A},\boldsymbol{C})=R(\boldsymbol{A})$，即 $R(\boldsymbol{AB})\leqslant R(\boldsymbol{A})$；因 $\boldsymbol{AB}=\boldsymbol{C}$，故 $\boldsymbol{B}^{\mathrm{T}}\boldsymbol{A}^{\mathrm{T}}=\boldsymbol{C}^{\mathrm{T}}$，故矩阵方程 $\boldsymbol{B}^{\mathrm{T}}\boldsymbol{X}=\boldsymbol{C}^{\mathrm{T}}$ 有解 $\boldsymbol{X}=\boldsymbol{A}^{\mathrm{T}}$，同理以上证明过程可知 $R(\boldsymbol{C}^{\mathrm{T}})\leqslant$ ____，并且又已知 $R(\boldsymbol{B}^{\mathrm{T}})=R(\boldsymbol{B}),R(\boldsymbol{C}^{\mathrm{T}})=R(\boldsymbol{C})$，所以 $R(\boldsymbol{AB})\leqslant$ ____. 于是 $R(\boldsymbol{AB})\leqslant\min\{R(\boldsymbol{A}),R(\boldsymbol{B})\}$.

练　习

- **选择题**

1. 若某线性方程组的系数行列式为零，则该方程组（　　）.

(A) 有唯一解　　(B) 有非零解

(C) 无解　　(D) 有无穷多解或无解

2. 设 $\boldsymbol{A}$ 是 n 阶方阵，方程组 $\boldsymbol{Ax}=\boldsymbol{0}$ 有无穷多解，则方程组 $\boldsymbol{AA}^{\mathrm{T}}\boldsymbol{x}=\boldsymbol{0}$（　　）.

(A) 只有零解　　(B) 有 n 个解

(C) 有无穷多解　　(D) 无解

3. 设 $\boldsymbol{A}$，$\boldsymbol{B}$ 都是 n 阶方阵，且 $|\boldsymbol{AB}|=1$，则方程组 $\boldsymbol{Ax}=\boldsymbol{0}$ 与 $\boldsymbol{Bx}=\boldsymbol{0}$ 的非零解的个数是（　　）.

(A) 0　　(B) 1

(C) n　　(D) $r(0<r<n)$

4. 设 $\boldsymbol{A}$ 是 n 阶方阵，如果方程组 $\boldsymbol{Ax}=\boldsymbol{b}$ 有唯一解，则下列不正确的是（　　）.

(A) $\boldsymbol{A}$ 奇异　　(B) $\boldsymbol{A}$ 非奇异

(C) $\boldsymbol{A}$ 可逆　　(D) $\boldsymbol{A}$ 满秩

5. 如果方程组 $\boldsymbol{Ax}=\boldsymbol{b}$ 中，方程个数小于未知数个数，则（　　）.

(A) $\boldsymbol{Ax}=\boldsymbol{b}$ 必有无穷多解

(B) $\boldsymbol{Ax}=\boldsymbol{0}$ 有非零解

(C) $\boldsymbol{Ax}=\boldsymbol{0}$ 只有零解

(D) $\boldsymbol{Ax}=\boldsymbol{b}$ 一定无解

6. 如果方程组 $\boldsymbol{Ax}=\boldsymbol{b}$ 对应的齐次方程组 $\boldsymbol{Ax}=\boldsymbol{0}$ 有无穷多解，则 $\boldsymbol{Ax}=\boldsymbol{b}$（　　）.

(A) 必有无穷多解　　(B) 可能有唯一解

(C) 可能无解　　(D) 一定无解

7. 设矩阵 $\boldsymbol{A}_{m\times n}$ 的秩 $R(\boldsymbol{A})=n$，则非齐次方程组 $\boldsymbol{Ax}=\boldsymbol{b}$（　　）.

(A) 一定有解

(B) 可能有解

(C) 一定有唯一解

(D) 一定有无穷多解

8. 非齐次线性方程组 $\boldsymbol{Ax}=\boldsymbol{b}$ 中未知数个数为 n，方程个数为 m，系数矩阵 $\boldsymbol{A}$ 的秩为 r，则(　　).

(A) 当 $r=m$ 时，方程组 $\boldsymbol{Ax}=\boldsymbol{b}$ 有解

(B) 当 $r=n$ 时，方程组 $\boldsymbol{Ax}=\boldsymbol{b}$ 有唯一解

(C) 当 $m=n$ 时，方程组 $\boldsymbol{Ax}=\boldsymbol{b}$ 有唯一解

(D) 当 $r<n$ 时，方程组 $\boldsymbol{Ax}=\boldsymbol{b}$ 有无穷多解

- **填空题**

9. 设 n 元齐次线性方程组 $\boldsymbol{Ax}=\boldsymbol{0}$ 的系数矩阵 $\boldsymbol{A}$ 的秩为 r，则 $\boldsymbol{Ax}=\boldsymbol{0}$ 有非零解的充分必要条件是________.

10. 若非齐次线性方程组有无穷多解，则其所对应的齐次线性方程组的解的情况是________.

11. 当 $\lambda=$ ________时，齐次线性方程组

$$\begin{cases}(1-\lambda)x_1-2x_2+4x_3=0\\2x_1+(3-\lambda)x_2+x_3=0\\x_1+x_2+(1-\lambda)x_3=0\end{cases}$$

有非零解.

12. 已知 $\boldsymbol{A}$ 是一 4×5 矩阵，秩 $R(\boldsymbol{A})=4$，则 $\boldsymbol{Ax}=\boldsymbol{0}$ 的解的情况是________，$\boldsymbol{Ax}=\boldsymbol{b}$ 的解的情况是________.

- **计算题**

13. 求解下列线性方程组：

(1) $\begin{cases}x_1+3x_2+x_3-3x_4=0\\3x_1+2x_2-2x_4=0\\x_1-2x_2-2x_3+3x_4=0\end{cases}$；

(2) $\begin{cases}x_1+4x_2-x_3=-1\\x_2+x_3=-1\\x_1+3x_2-2x_3=0\end{cases}$；

(3) $\begin{cases}4x_1+2x_2-x_3=2\\3x_1-x_2+2x_3=10\\11x_1+3x_2=8\end{cases}$.

14. 问 λ 取何值时，线性方程组

$$\begin{cases}2x_1-x_2-x_3=2\\x_1-2x_2+x_3=\lambda\\x_1+x_2-2x_3=\lambda^2\end{cases}$$

有解？并求出全部解.

15. 求解 $\boldsymbol{Ax}=\boldsymbol{b}$，其中

$$\boldsymbol{A}=\begin{pmatrix}\lambda&1&1&1\\1&\lambda&1&1\\1&1&\lambda&1\end{pmatrix},\ \boldsymbol{b}=\begin{pmatrix}1\\\lambda\\\lambda^2\end{pmatrix}.$$

3.3 向量组及其线性组合

本节先介绍 n 维向量、向量组的有关概念，然后讨论向量组的线性组合、向量组线性表示、向量组的等价等，以及它们与方程组的解及矩阵的秩的关系，为后面深入研究线性方程组的解的结构做准备.

3.3.1 n 维向量

向量是数学中的一个非常重要的概念. 第 1 章曾在一行或一列的特殊矩阵中涉及了向量. 现对向量定义如下：

定义 1 n 个数 a_1，a_2，…，a_n 顺序排成的一行或一列称为一个

n **维向量**，简称**向量**，这 n 个数称为该向量的分量，第 i 个数 a_i 称为第 i 个分量.

分量全为实数的向量称为**实向量**，分量至少有一个为复数的向量称为**复向量**. 本书只讨论实向量.

这 n 个数排成一列称为 n **维列向量**，记为 $\boldsymbol{\alpha}=\begin{pmatrix}a_1\\a_2\\\vdots\\a_n\end{pmatrix}$，为书写方便列向量可以写为 $\boldsymbol{\alpha}=(a_1,a_2,\cdots,a_n)^{\mathrm{T}}$；这 n 个数排成一行称为 n **维行向量**，记为 $\boldsymbol{\beta}=(a_1,a_2,\cdots,a_n)$.

注：按定义1，n 维列向量 $\boldsymbol{\alpha}$ 与 n 维行向量 $\boldsymbol{\beta}$ 是相同的向量，但从矩阵的角度看是不同的，通常总看作是不同的向量.

本书以后章节中，不特别申明，向量一般指的是列向量. 常用小写希腊字母 $\boldsymbol{\alpha}$，$\boldsymbol{\beta}$，$\boldsymbol{\gamma}$，… 表示向量，有时也用 $\boldsymbol{a}$，$\boldsymbol{b}$，$\boldsymbol{c}$，$\boldsymbol{o}$，$\boldsymbol{u}$，$\boldsymbol{v}$，$\boldsymbol{x}$，$\boldsymbol{y}$ 等拉丁字母表示.

由于向量是一行或一列的特殊矩阵，可以套用1.2节中矩阵的相等、加法、减法、数乘的定义，并且它们满足相应的运算规律. 现归纳如下：

设 k，l 是实数，$\boldsymbol{\alpha}=(a_1,a_2,\cdots,a_n)^{\mathrm{T}}$，$\boldsymbol{\beta}=(b_1,b_2,\cdots,b_n)^{\mathrm{T}}$，$\boldsymbol{\gamma}=(r_1,r_2,\cdots,r_n)^{\mathrm{T}}$ 为 n 维向量，则有：

(1) 相等　若 $a_i=b_i$，$i=1,2,\cdots,n$，则 $\boldsymbol{\alpha}=\boldsymbol{\beta}$；

(2) 加法运算　$\boldsymbol{\alpha}+\boldsymbol{\beta}=(a_1+b_1,a_2+b_2,\cdots,a_n+b_n)$；

减法运算　$\boldsymbol{\alpha}-\boldsymbol{\beta}=(a_1-b_1,a_2-b_2,\cdots,a_n-b_n)$；

(3) 数乘向量　$k\boldsymbol{\alpha}=(ka_1,ka_2,\cdots,ka_n)$；

(4) 加法交换律　$\boldsymbol{\alpha}+\boldsymbol{\beta}=\boldsymbol{\beta}+\boldsymbol{\alpha}$；

加法结合律　$\boldsymbol{\alpha}+(\boldsymbol{\beta}+\boldsymbol{\gamma})=(\boldsymbol{\alpha}+\boldsymbol{\beta})+\boldsymbol{\gamma}$；

(5) 数乘分配律　$k(\boldsymbol{\alpha}+\boldsymbol{\beta})=k\boldsymbol{\alpha}+k\boldsymbol{\beta}$；

$(k+l)\boldsymbol{\alpha}=k\boldsymbol{\alpha}+l\boldsymbol{\alpha}$；

数乘结合律　$k(l\boldsymbol{\alpha})=(kl)\boldsymbol{\alpha}$.

例9 设 $\boldsymbol{\alpha}_1=(2,-2,1,0)^{\mathrm{T}}$，$\boldsymbol{\alpha}_2=(4,-1,2,-3)^{\mathrm{T}}$，(1) 求 $\boldsymbol{\alpha}_1-2\boldsymbol{\alpha}_2$；(2) 若 $3\boldsymbol{\alpha}_1-2(\boldsymbol{\beta}+\boldsymbol{\alpha}_2)=0$，求 $\boldsymbol{\beta}$.

解　(1) $\boldsymbol{\alpha}_1-2\boldsymbol{\alpha}_2=(2,\underline{\quad\ },1,0)^{\mathrm{T}}-2(4,-1,2,-3)^{\mathrm{T}}$

$$= (2-8, \_\_\_ +2, 1-4, 0+6)^{\mathrm{T}}$$
$$= (-6, 0, -3, 6)^{\mathrm{T}}.$$

（2）因为 $3\boldsymbol{\alpha}_1 - 2(\boldsymbol{\beta} + \boldsymbol{\alpha}_2) = \mathbf{0}$，所以 $3\boldsymbol{\alpha}_1 - 2\boldsymbol{\beta} - 2\boldsymbol{\alpha}_2 = \mathbf{0}$，$2\boldsymbol{\beta} = 3\boldsymbol{\alpha}_1 - 2\boldsymbol{\alpha}_2$，$\boldsymbol{\beta} = \dfrac{3}{2}\boldsymbol{\alpha}_1 - \boldsymbol{\alpha}_2 = \dfrac{3}{2}(2, -2, 1, 0)^{\mathrm{T}} - (4, -1, 2, -3)^{\mathrm{T}} = \left(-1, \_\_\_, -\dfrac{1}{2}, 3\right)^{\mathrm{T}}$.

3.3.2 向量组

定义 2 由维数相同的列向量（行向量）所组成的集合称为**向量组**.

例如，$A = \{(1,0,0,0)^{\mathrm{T}}, (0,1,0,0)^{\mathrm{T}}, (0,0,1,0)^{\mathrm{T}}, (0,0,0,1)^{\mathrm{T}}\}$ 是由 4 个 4 维列向量组成的向量组.

在空间解析几何中，“空间”常作为点的集合，称为点空间，因此向量组 $\mathbb{R}^3 = \{\boldsymbol{r} = (x, y, z)^{\mathrm{T}} \mid x, y, z \in \mathbb{R}\}$ 又称为三维向量空间，它含有无穷多个向量. 类似地，n 维向量的全体构成的向量组 $\mathbb{R}^n = \{\boldsymbol{x} = (x_1, x_2, \cdots, x_n)^{\mathrm{T}} \mid x_1, x_2, \cdots, x_n \in \mathbb{R}\}$ 称为 n 维向量空间. n 维向量空间以后还会涉及.

$S = \{\boldsymbol{x} \mid \boldsymbol{Ax} = \boldsymbol{b}\}$ 表示 n 个未知数 m 个方程的线性方程组 $\boldsymbol{Ax} = \boldsymbol{b}$ 的所有 n 维解向量构成的向量组，也称为解空间，它可能没有向量，也可能有有限多个或无穷多个向量.

注：向量组中的向量个数可以是有限的也可以是无限的. 如果没有特别说明，仅讨论向量个数有限的向量组.

定义 3 矩阵

$$\boldsymbol{A} = (a_{ij})_{m\times n} = \begin{pmatrix} a_{11} & a_{12} & \cdots & a_{1n} \\ a_{21} & a_{22} & \cdots & a_{2n} \\ \vdots & \vdots & & \vdots \\ a_{m1} & a_{m2} & \cdots & a_{mn} \end{pmatrix} \tag{3.23}$$

的每列元素构成一个 m 维列向量. 矩阵 $\boldsymbol{A}$ 共构成 n 个 m 维列向量

$$\boldsymbol{\alpha}_1 = \begin{pmatrix} a_{11} \\ a_{21} \\ \vdots \\ a_{m1} \end{pmatrix} \quad (3.24), \quad \alpha_2 = \begin{pmatrix} a_{12} \\ a_{22} \\ \vdots \\ a_{m2} \end{pmatrix} \quad (3.25), \cdots, \alpha_n = \begin{pmatrix} a_{1n} \\ a_{2n} \\ \vdots \\ a_{mn} \end{pmatrix} \quad (3.26),$$

$\boldsymbol{\alpha}_1,\boldsymbol{\alpha}_2,\cdots,\boldsymbol{\alpha}_n$ 组成的向量组称为**矩阵 $\boldsymbol{A}$ 的列向量组**.

同样，矩阵 $\boldsymbol{A}$ 构成 m 个 n 维行向量

$$\boldsymbol{\beta}_1^{\mathrm{T}} = (a_{11},a_{12},\cdots,a_{1n}), \tag{3.27}$$

$$\boldsymbol{\beta}_2^{\mathrm{T}} = (a_{21},a_{22},\cdots,a_{2n}), \tag{3.28}$$

$$\vdots$$

$$\boldsymbol{\beta}_m^{\mathrm{T}} = (a_{m1},a_{m2},\cdots,a_{mn}), \tag{3.29}$$

$\boldsymbol{\beta}_1^{\mathrm{T}}$，$\boldsymbol{\beta}_2^{\mathrm{T}}$，$\cdots$，$\boldsymbol{\beta}_m^{\mathrm{T}}$ 组成的向量组称为**矩阵 $\boldsymbol{A}$ 的行向量组**.

现有 n 个 m 维列向量的向量组：$\boldsymbol{\alpha}_1$(3.24)，$\boldsymbol{\alpha}_2$(3.25)，$\cdots$，$\boldsymbol{\alpha}_n$(3.26)，由该向量组可以构造出一个式（3.23）所示的矩阵 $\boldsymbol{A}$，称为以上**列向量组的矩阵**，记为矩阵 $\boldsymbol{A}=(\boldsymbol{\alpha}_1,\boldsymbol{\alpha}_2,\cdots,\boldsymbol{\alpha}_n)$.

同样，现有 m 个 n 维行向量的向量组：$\boldsymbol{\beta}_1^{\mathrm{T}}$(3.27)，$\boldsymbol{\beta}_2^{\mathrm{T}}$(3.28)，$\cdots$，$\boldsymbol{\beta}_m^{\mathrm{T}}$(3.29)，该向量组也可以构造出一个式（3.23）所示的矩阵 $\boldsymbol{A}$，称为以上**行向量组的矩阵**，记为矩阵 $\boldsymbol{A}=\begin{pmatrix}\boldsymbol{\beta}_1^{\mathrm{T}}\\ \boldsymbol{\beta}_2^{\mathrm{T}}\\ \vdots\\ \boldsymbol{\beta}_m^{\mathrm{T}}\end{pmatrix}$.

由定义 3 可以看出，该定义中的矩阵和含有有限个向量的向量组之间存在一一对应的关系. 以后对于含有有限个向量的向量组 $\boldsymbol{\alpha}_1$，$\boldsymbol{\alpha}_2$，$\cdots$，$\boldsymbol{\alpha}_n$，一般称为向量组 A：$\boldsymbol{\alpha}_1$，$\boldsymbol{\alpha}_2$，$\cdots$，$\boldsymbol{\alpha}_n$，它所构成的矩阵称为矩阵 $\boldsymbol{A}=(\boldsymbol{\alpha}_1,\boldsymbol{\alpha}_2,\cdots,\boldsymbol{\alpha}_n)$.

3.3.3 向量组的线性组合

定义 4 给定向量组 A：$\boldsymbol{\alpha}_1$，$\boldsymbol{\alpha}_2$，$\cdots$，$\boldsymbol{\alpha}_n$ 及任意 n 个实数 k_1，k_2，$\cdots$，k_n，称向量

$$k_1\boldsymbol{\alpha}_1+k_2\boldsymbol{\alpha}_2+\cdots+k_n\boldsymbol{\alpha}_n$$

为**向量组 A 的一个线性组合**，k_1，k_2，$\cdots$，k_n 称为这个**线性组合的系数**. 对给定向量 $\boldsymbol{b}$，若存在一组数 λ_1，λ_2，$\cdots$，λ_n，使 $\boldsymbol{b}=\lambda_1\boldsymbol{\alpha}_1+\lambda_2\boldsymbol{\alpha}_2+\cdots+\lambda_n\boldsymbol{\alpha}_n$，则称**向量 $\boldsymbol{b}$ 能由向量组 A 线性表示**（或**线性表出**）.

例如，设 $\boldsymbol{b}=\begin{pmatrix}1\\2\end{pmatrix}$，$\boldsymbol{\alpha}_1=\begin{pmatrix}0\\1\end{pmatrix}$，$\boldsymbol{\alpha}_2=\begin{pmatrix}1\\0\end{pmatrix}$，则有 $\boldsymbol{b}=2\boldsymbol{\alpha}_1+\boldsymbol{\alpha}_2$，即 $\boldsymbol{b}$ 是 $\boldsymbol{\alpha}_1$，$\boldsymbol{\alpha}_2$ 的线性组合，或者说 $\boldsymbol{b}$ 能由 $\boldsymbol{\alpha}_1$，$\boldsymbol{\alpha}_2$ 线性表示.

又如，任何一个 n 维向量 $\boldsymbol{\alpha}=\begin{pmatrix}a_1\\a_2\\\vdots\\a_n\end{pmatrix}$ 都是向量组 $\boldsymbol{e}_1=\begin{pmatrix}1\\0\\\vdots\\0\end{pmatrix}$，$\boldsymbol{e}_2=\begin{pmatrix}0\\1\\\vdots\\0\end{pmatrix},\cdots,\boldsymbol{e}_n=\begin{pmatrix}0\\0\\\vdots\\1\end{pmatrix}$ 的线性组合，因为总有 $\boldsymbol{\alpha}=a_1\boldsymbol{e}_1+a_2\boldsymbol{e}_2+\cdots+a_n\boldsymbol{e}_n$，其中 $\boldsymbol{e}_1$，$\boldsymbol{e}_2$，…，$\boldsymbol{e}_n$ 是 n 阶单位矩阵 $\boldsymbol{E}=(\boldsymbol{e}_1,\boldsymbol{e}_2,\cdots,\boldsymbol{e}_n)$ 的列向量组，称之为 n 维单位坐标向量组.

定理 3 向量 $\boldsymbol{b}$ 能由向量组 $\boldsymbol{\alpha}_1$，$\boldsymbol{\alpha}_2$，…，$\boldsymbol{\alpha}_n$ 线性表示的充要条件是矩阵 $\boldsymbol{A}=(\boldsymbol{\alpha}_1,\boldsymbol{\alpha}_2,\cdots,\boldsymbol{\alpha}_n)$ 的秩等于矩阵 $\boldsymbol{B}=(\boldsymbol{\alpha}_1,\boldsymbol{\alpha}_2,\cdots,\boldsymbol{\alpha}_n,\boldsymbol{b})$ 的秩.

证 如果向量 $\boldsymbol{b}$ 能由向量组 $A:\boldsymbol{\alpha}_1$，$\boldsymbol{\alpha}_2$，…，$\boldsymbol{\alpha}_n$ 线性表示，由定义 4 可知，存在实数 x_1，x_2，…，x_n 使得 $x_1\boldsymbol{\alpha}_1+x_2\boldsymbol{\alpha}_2+\cdots+x_n\boldsymbol{\alpha}_n=\boldsymbol{b}$，则

$$x_1\boldsymbol{\alpha}_1+x_2\boldsymbol{\alpha}_2+\cdots+x_n\boldsymbol{\alpha}_n=\boldsymbol{b}\xLeftrightarrow{\text{1.4节分块矩阵的乘法表示}}(\boldsymbol{\alpha}_1,\boldsymbol{\alpha}_2,\cdots,\boldsymbol{\alpha}_n)\begin{pmatrix}x_1\\x_2\\\vdots\\x_n\end{pmatrix}=\boldsymbol{b}$$

$$\xLeftrightarrow{\text{解向量}\boldsymbol{x}\text{为上式的解}}\boldsymbol{Ax}=\boldsymbol{b}\text{ 有解}$$

$$\xLeftrightarrow{\text{3.2节定理1}}R(\boldsymbol{A})=R(\boldsymbol{A},\boldsymbol{b}).$$

因此，向量 $\boldsymbol{b}$ 能由向量组 $A:\boldsymbol{\alpha}_1$，$\boldsymbol{\alpha}_2$，…，$\boldsymbol{\alpha}_n$ 线性表示，则线性方程组 $\boldsymbol{Ax}=\boldsymbol{b}$ 有解；而线性方程组 $\boldsymbol{Ax}=\boldsymbol{b}$ 有解，则向量 $\boldsymbol{b}$ 能由向量组 $A:\boldsymbol{\alpha}_1$，$\boldsymbol{\alpha}_2$，…，$\boldsymbol{\alpha}_n$ 线性表示. 这样向量组的线性表示问题等价地转化为线性方程组的求解问题，而线性方程组解的判别已经有确定性的结论，所以其结论可以用来研究向量组的线性表示问题.

定义 5 设有两个向量组 $A:\boldsymbol{\alpha}_1$，$\boldsymbol{\alpha}_2$，…，$\boldsymbol{\alpha}_n$ 及 $B:\boldsymbol{\beta}_1$，$\boldsymbol{\beta}_2$，…，$\boldsymbol{\beta}_m$，若向量组 B 中的每一个向量都能由向量组 A 线性表示，则称向量组 B 能由向量组 A 线性表示. 若向量组 A 与向量组 B 能相互线性表示，则称这两个向量组等价.

定理4 设有两个向量组 $A:\boldsymbol{\alpha}_1,\ \boldsymbol{\alpha}_2,\ \cdots,\ \boldsymbol{\alpha}_n$ 及 $B:\boldsymbol{\beta}_1,\ \boldsymbol{\beta}_2,\ \cdots,\ \boldsymbol{\beta}_m$，对应的矩阵分别为 $\boldsymbol{A}=(\boldsymbol{\alpha}_1,\boldsymbol{\alpha}_2,\cdots,\boldsymbol{\alpha}_n)$ 和 $\boldsymbol{B}=(\boldsymbol{\beta}_1,\boldsymbol{\beta}_2,\cdots,\boldsymbol{\beta}_m)$，则向量组 B 能由向量组 A 线性表示的充要条件是矩阵 $\boldsymbol{A}=(\boldsymbol{\alpha}_1,\boldsymbol{\alpha}_2,\cdots,\boldsymbol{\alpha}_n)$ 的秩等于矩阵 $(\boldsymbol{A},\boldsymbol{B})=(\boldsymbol{\alpha}_1,\boldsymbol{\alpha}_2,\cdots,\boldsymbol{\alpha}_n,\boldsymbol{\beta}_1,\boldsymbol{\beta}_2,\cdots,\boldsymbol{\beta}_m)$ 的秩，即 $R(\boldsymbol{A})=R(\boldsymbol{A},\boldsymbol{B})$.

证 因为向量组 B 能由向量组 A 线性表示，则对每个向量 $\boldsymbol{\beta}_j(j=1,2,\cdots,m)$ 存在数 $k_{1j},k_{2j},\cdots,k_{nj}$，使

$$\boldsymbol{\beta}_j=k_{1j}\boldsymbol{\alpha}_1+k_{2j}\boldsymbol{\alpha}_2+\cdots+k_{nj}\boldsymbol{\alpha}_n=(\boldsymbol{\alpha}_1,\boldsymbol{\alpha}_2,\cdots,\boldsymbol{\alpha}_n)\begin{pmatrix}k_{1j}\\k_{2j}\\\vdots\\k_{nj}\end{pmatrix},$$

从而

$$(\boldsymbol{\beta}_1,\boldsymbol{\beta}_2,\cdots,\boldsymbol{\beta}_m)=(\boldsymbol{\alpha}_1,\boldsymbol{\alpha}_2,\cdots,\boldsymbol{\alpha}_n)\begin{pmatrix}k_{11}&k_{12}&\cdots&k_{1m}\\k_{21}&k_{22}&\cdots&k_{2m}\\\vdots&\vdots&&\vdots\\k_{n1}&k_{n2}&\cdots&k_{nm}\end{pmatrix},$$

记矩阵 $\boldsymbol{K}=(k_{ij})_{n\times m}$，则 $\boldsymbol{AK}=\boldsymbol{B}$，即矩阵方程 $\boldsymbol{AX}=\boldsymbol{B}$ 有解 $\boldsymbol{K}$，由3.2节定理2有 $R(\boldsymbol{A})=R(\boldsymbol{A},\boldsymbol{B})$.

推论1 向量组 $A:\boldsymbol{\alpha}_1,\ \boldsymbol{\alpha}_2,\ \cdots,\ \boldsymbol{\alpha}_n$ 与向量组 $B:\boldsymbol{\beta}_1,\ \boldsymbol{\beta}_2,\ \cdots,\ \boldsymbol{\beta}_m$ 等价的充要条件是

$$R(\boldsymbol{A})=R(\boldsymbol{B})=R(\boldsymbol{A},\boldsymbol{B}),$$

其中 $\boldsymbol{A}=(\boldsymbol{\alpha}_1,\boldsymbol{\alpha}_2,\cdots,\boldsymbol{\alpha}_n)$，$\boldsymbol{B}=(\boldsymbol{\beta}_1,\boldsymbol{\beta}_2,\cdots,\boldsymbol{\beta}_m)$.

证 两向量组等价，即它们能相互线性表示. 由定理4，向量组 B 能由向量组 A 线性表示的充要条件是 $R(\boldsymbol{A})=R(\boldsymbol{A},\boldsymbol{B})$. 同样由定理4，向量组 A 能由向量组 B 线性表示的充要条件是 $R(\boldsymbol{B})=R(\boldsymbol{B},\boldsymbol{A})$. 而 $R(\boldsymbol{A},\boldsymbol{B})=R(\boldsymbol{B},\boldsymbol{A})$，因此向量组 A，B 等价的充要条件是 $R(\boldsymbol{A})=R(\boldsymbol{B})=R(\boldsymbol{A},\boldsymbol{B})$.

推论2 设向量组 $\boldsymbol{\beta}_1,\ \boldsymbol{\beta}_2,\ \cdots,\ \boldsymbol{\beta}_m$ 能由向量组 $\boldsymbol{\alpha}_1,\ \boldsymbol{\alpha}_2,\ \cdots,\ \boldsymbol{\alpha}_n$ 线性表示，则

$$R(\boldsymbol{B})\leqslant R(\boldsymbol{A}),$$

其中 $\boldsymbol{A}=(\boldsymbol{\alpha}_1,\boldsymbol{\alpha}_2,\cdots,\boldsymbol{\alpha}_n)$，$\boldsymbol{B}=(\boldsymbol{\beta}_1,\boldsymbol{\beta}_2,\cdots,\boldsymbol{\beta}_m)$.

证 因为向量组 $\boldsymbol{\beta}_1,\boldsymbol{\beta}_2,\cdots,\boldsymbol{\beta}_m$ 能由向量组 $\boldsymbol{\alpha}_1,\boldsymbol{\alpha}_2,\cdots,\boldsymbol{\alpha}_n$ 线性表

示，由定理 4，$R(\boldsymbol{A}) = R(\boldsymbol{A},\boldsymbol{B})$，而显然 $R(\boldsymbol{B}) \leqslant R(\boldsymbol{A},\boldsymbol{B})$，因此 $R(\boldsymbol{B}) \leqslant R(\boldsymbol{A})$.

由上面的结论，可知下面四个命题等价.

（1）向量 $\boldsymbol{b}$ 能由向量组 A:$\boldsymbol{\alpha}_1$，$\boldsymbol{\alpha}_2$，…，$\boldsymbol{\alpha}_n$ 线性表示；

（2）线性方程组 $\boldsymbol{Ax} = \boldsymbol{b}$ 有解，其中矩阵 $\boldsymbol{A}$ 以 $\boldsymbol{\alpha}_1$，$\boldsymbol{\alpha}_2$，…，$\boldsymbol{\alpha}_n$ 为列向量组；

（3）向量组 $\boldsymbol{\alpha}_1$，$\boldsymbol{\alpha}_2$，…，$\boldsymbol{\alpha}_n$ 与向量组 $\boldsymbol{\alpha}_1$，$\boldsymbol{\alpha}_2$，…，$\boldsymbol{\alpha}_n$，$\boldsymbol{b}$ 等价；

（4）矩阵 $\boldsymbol{A} = (\boldsymbol{\alpha}_1,\boldsymbol{\alpha}_2,\cdots,\boldsymbol{\alpha}_n)$ 与矩阵 $\boldsymbol{B} = (\boldsymbol{\alpha}_1,\boldsymbol{\alpha}_2,\cdots,\boldsymbol{\alpha}_n,\boldsymbol{b})$ 的秩相等.

由上面的结论，也可知以下四个命题等价.

（1）向量组 $\boldsymbol{\beta}_1$，$\boldsymbol{\beta}_2$，…，$\boldsymbol{\beta}_m$ 能由向量组 $\boldsymbol{\alpha}_1$，$\boldsymbol{\alpha}_2$，…，$\boldsymbol{\alpha}_n$ 线性表示；

（2）方程 $\boldsymbol{AX} = \boldsymbol{B}$ 有解；

（3）向量组 $\boldsymbol{\alpha}_1,\boldsymbol{\alpha}_2,\cdots,\boldsymbol{\alpha}_n$ 与向量组 $\boldsymbol{\alpha}_1,\boldsymbol{\alpha}_2,\cdots,\boldsymbol{\alpha}_n,\boldsymbol{\beta}_1,\boldsymbol{\beta}_2,\cdots,\boldsymbol{\beta}_m$ 等价；

（4）$R(\boldsymbol{A}) = R(\boldsymbol{A},\boldsymbol{B})$.

例 10 已知 3 个向量

$$\boldsymbol{\alpha}_1 = \begin{pmatrix} 1 \\ 2 \\ -1 \end{pmatrix}, \boldsymbol{\alpha}_2 = \begin{pmatrix} 2 \\ -1 \\ 1 \end{pmatrix}, \boldsymbol{b} = \begin{pmatrix} 4 \\ 3 \\ -1 \end{pmatrix},$$

证明向量 $\boldsymbol{b}$ 能由向量组 $\boldsymbol{\alpha}_1$，$\boldsymbol{\alpha}_2$ 线性表示，并写出表示式.

解 令 $\boldsymbol{A} = (\boldsymbol{\alpha}_1,\boldsymbol{\alpha}_2)$，$\boldsymbol{B} = (\boldsymbol{\alpha}_1,\boldsymbol{\alpha}_2,\boldsymbol{b})$，现通过比较 $R(\boldsymbol{A})$ 与 $R(\boldsymbol{B})$ 的大小来证明.

将 $\boldsymbol{B} = (\boldsymbol{\alpha}_1,\boldsymbol{\alpha}_2,\boldsymbol{b})$ 化成行最简形

$$\boldsymbol{B} = \begin{pmatrix} 1 & 2 & 4 \\ 2 & -1 & 3 \\ -1 & 1 & -1 \end{pmatrix} \overset{r_2-2r_1}{\underset{r_3+r_1}{\sim}} \begin{pmatrix} 1 & 2 & 4 \\ 0 & -5 & -5 \\ 0 & 3 & 3 \end{pmatrix}$$

$$\overset{r_2\div(-5)}{\underset{r_3-3r_2}{\sim}} \begin{pmatrix} 1 & 2 & 4 \\ 0 & 1 & 1 \\ \underline{\quad} & \underline{\quad} & \underline{\quad} \end{pmatrix} \overset{r_1-2r_2}{\sim} \begin{pmatrix} 1 & 0 & 2 \\ 0 & 1 & 1 \\ 0 & 0 & 0 \end{pmatrix},$$

可见 $R(\boldsymbol{A}) = \underline{\qquad}$，所以向量 $\boldsymbol{b}$ 能由向量组 $\boldsymbol{\alpha}_1$，$\boldsymbol{\alpha}_2$ 线性表示.

现设
$$\boldsymbol{b} = k_1\boldsymbol{\alpha}_1 + k_2\boldsymbol{\alpha}_2, \tag{3.30}$$

由上面 $\boldsymbol{B}$ 等价于行最简形矩阵知，以 $\boldsymbol{B}$ 为增广矩阵的线性方程组 $\boldsymbol{Ax}=\boldsymbol{b}$ 与行最简形矩阵对应的线性方程组同解，对比 $\boldsymbol{Ax}=\boldsymbol{b}$ 及 $k_1\boldsymbol{\alpha}_1+k_2\boldsymbol{\alpha}_2=\boldsymbol{b}$ 知 $k_1=2$，$k_2=1$，则 $\boldsymbol{b}=$ ______.

例 11 设

$$\boldsymbol{\alpha}_1=\begin{pmatrix}0\\1\\1\end{pmatrix},\boldsymbol{\alpha}_2=\begin{pmatrix}1\\1\\0\end{pmatrix},\boldsymbol{\beta}_1=\begin{pmatrix}-1\\0\\1\end{pmatrix},\boldsymbol{\beta}_2=\begin{pmatrix}1\\2\\1\end{pmatrix},\boldsymbol{\beta}_3=\begin{pmatrix}3\\2\\-1\end{pmatrix},$$

证明：向量组 $\boldsymbol{\alpha}_1$，$\boldsymbol{\alpha}_2$ 与向量组 $\boldsymbol{\beta}_1$，$\boldsymbol{\beta}_2$，$\boldsymbol{\beta}_3$ 等价.

证 设 $\boldsymbol{A}$，$\boldsymbol{B}$ 分别为向量组 $\boldsymbol{\alpha}_1$、$\boldsymbol{\alpha}_2$，$\boldsymbol{\beta}_1$、$\boldsymbol{\beta}_2$、$\boldsymbol{\beta}_3$ 所构成的矩阵. 由定理 4 的推论 1，只要证 $R(\boldsymbol{A})=R(\boldsymbol{B})=R(\boldsymbol{A},\boldsymbol{B})$ 即可. 现利用初等行变换将矩阵 $(\boldsymbol{A},\boldsymbol{B})$ 化成行阶梯形：

$$(\boldsymbol{A},\boldsymbol{B})=\begin{pmatrix}0&1&-1&1&3\\1&1&0&2&2\\1&0&1&1&-1\end{pmatrix}\overset{r_1\leftrightarrow r_3}{\underset{r_2-r_1}{\sim}}\begin{pmatrix}1&0&1&1&-1\\0&1&-1&1&3\\0&1&-1&1&3\end{pmatrix}$$

$$\overset{r_3-r_2}{\sim}\begin{pmatrix}1&0&1&1&-1\\0&1&-1&1&3\\0&0&0&0&0\end{pmatrix},$$

从中可见，$R(\boldsymbol{A})=$ ______ $=2$. 继续将后 3 列单独化成行阶梯形矩阵：

$$\boldsymbol{B}\overset{r}{\sim}\begin{pmatrix}1&1&-1\\-1&1&3\\0&0&0\end{pmatrix}\overset{r_2+r_1}{\sim}\begin{pmatrix}1&1&-1\\0&2&2\\0&0&0\end{pmatrix},$$

因而有 $R(\boldsymbol{B})=$ __.

所以 $R(\boldsymbol{A})=R(\boldsymbol{B})=R(\boldsymbol{A},\boldsymbol{B})$，向量组 $\boldsymbol{\alpha}_1$，$\boldsymbol{\alpha}_2$ 与向量组 $\boldsymbol{\beta}_1$，$\boldsymbol{\beta}_2$，$\boldsymbol{\beta}_3$ 等价.

例 12 设 $\boldsymbol{\alpha}_1$，$\boldsymbol{\alpha}_2$，…，$\boldsymbol{\alpha}_m$ 是由 m 个向量构成的 n 维向量组，证明：n 维单位坐标向量组能由向量组 $\boldsymbol{\alpha}_1$，$\boldsymbol{\alpha}_2$，…，$\boldsymbol{\alpha}_m$ 线性表示的充要条件是 $R(\boldsymbol{A})=n$，其中 $\boldsymbol{A}=(\boldsymbol{\alpha}_1,\boldsymbol{\alpha}_2,\cdots,\boldsymbol{\alpha}_m)$ 为 $n\times m$ 矩阵.

证 由定理 4，向量组 $\boldsymbol{e}_1$，$\boldsymbol{e}_2$，…，$\boldsymbol{e}_n$ 能由向量组 $\boldsymbol{\alpha}_1$，$\boldsymbol{\alpha}_2$，…，$\boldsymbol{\alpha}_n$ 线性表示的充要条件是 $R(\boldsymbol{A})=R(\boldsymbol{A},\boldsymbol{E})$，而 $R(\boldsymbol{A},\boldsymbol{E})\geqslant R(\boldsymbol{E})=n$，又因为矩阵 $(\boldsymbol{A},\boldsymbol{E})$ 只有 n 行，所以 $R(\boldsymbol{A},\boldsymbol{E})\leqslant n$，这样就有 ______ $=n$，即 $R(\boldsymbol{A})=n$.

练　习

• **选择题**

1. 设$\boldsymbol{\alpha}_1=\begin{pmatrix}1\\2\end{pmatrix}$，$\boldsymbol{\alpha}_2=\begin{pmatrix}1\\0\end{pmatrix}$，$\boldsymbol{\alpha}_3=\begin{pmatrix}2\\0\end{pmatrix}$，则下列说法错误的是（　　）.

(A) $\boldsymbol{\alpha}_2$ 可以由 $\boldsymbol{\alpha}_1$，$\boldsymbol{\alpha}_3$ 线性表示

(B) $\boldsymbol{\alpha}_1$ 可以由 $\boldsymbol{\alpha}_2$，$\boldsymbol{\alpha}_3$ 线性表示

(C) $\boldsymbol{\alpha}_3$ 可以由 $\boldsymbol{\alpha}_1$，$\boldsymbol{\alpha}_2$ 线性表示

(D) $\boldsymbol{\alpha}_1$ 不可以由 $\boldsymbol{\alpha}_2$，$\boldsymbol{\alpha}_3$ 线性表示

2. 设$\boldsymbol{\beta}=(2,-3,5)^{\mathrm{T}}$，$\boldsymbol{\alpha}_1=(1,0,0)^{\mathrm{T}}$，$\boldsymbol{\alpha}_2=(1,2,0)^{\mathrm{T}}$，$\boldsymbol{\alpha}_3=(1,2,3)^{\mathrm{T}}$，则下列说法正确的是（　　）.

(A) $\boldsymbol{\alpha}_3$ 可以由 $\boldsymbol{\alpha}_1$，$\boldsymbol{\alpha}_2$ 线性表示

(B) $\boldsymbol{\beta}$ 不可以由 $\boldsymbol{\alpha}_1$，$\boldsymbol{\alpha}_2$，$\boldsymbol{\alpha}_3$ 线性表示

(C) $\boldsymbol{\alpha}_3$ 不可以由 $\boldsymbol{\beta}$，$\boldsymbol{\alpha}_1$，$\boldsymbol{\alpha}_2$ 线性表示

(D) $\boldsymbol{\beta}$ 可以由 $\boldsymbol{\alpha}_1$，$\boldsymbol{\alpha}_2$，$\boldsymbol{\alpha}_3$ 线性表示

3. 下列选项中不与“向量 $\boldsymbol{b}$ 能由向量组 $A:\boldsymbol{\alpha}_1$，$\boldsymbol{\alpha}_2$，…，$\boldsymbol{\alpha}_n$ 线性表示”等价的是（　　）.

(A) 线性方程组 $A\boldsymbol{x}=\boldsymbol{b}$ 无解

(B) 线性方程组 $A\boldsymbol{x}=\boldsymbol{b}$ 有解，其中矩阵 $\boldsymbol{A}$ 以 $\boldsymbol{\alpha}_1$，$\boldsymbol{\alpha}_2$，…，$\boldsymbol{\alpha}_n$ 为列向量组

(C) 向量组 $\boldsymbol{\alpha}_1$，$\boldsymbol{\alpha}_2$，…，$\dot{\boldsymbol{\alpha}}_n$ 与向量组 $\boldsymbol{\alpha}_1$，$\boldsymbol{\alpha}_2$，…，$\boldsymbol{\alpha}_n$，$\boldsymbol{b}$ 等价

(D) 矩阵 $\boldsymbol{A}=(\boldsymbol{\alpha}_1,\boldsymbol{\alpha}_2,\cdots,\boldsymbol{\alpha}_n)$ 与矩阵 $\boldsymbol{B}=(\boldsymbol{\alpha}_1,\boldsymbol{\alpha}_2,\cdots,\boldsymbol{\alpha}_n,\boldsymbol{b})$ 的秩相等

4. 下列选项中与“向量组 $B:\boldsymbol{\beta}_1$，$\boldsymbol{\beta}_2$，…，$\boldsymbol{\beta}_m$ 能由向量组 $A:\boldsymbol{\alpha}_1$，$\boldsymbol{\alpha}_2$，…，$\boldsymbol{\alpha}_n$ 线性表示”等价的是（　　）.

(A) 矩阵方程 $\boldsymbol{AX}=\boldsymbol{B}$ 无解

(B) $R(\boldsymbol{A})<R(\boldsymbol{A},\boldsymbol{B})$

(C) 向量组 $A:\boldsymbol{\alpha}_1$，$\boldsymbol{\alpha}_2$，…，$\boldsymbol{\alpha}_n$ 与向量组 $C:\boldsymbol{\alpha}_1$，$\boldsymbol{\alpha}_2$，…，$\boldsymbol{\alpha}_n$，$\boldsymbol{\beta}_1$，$\boldsymbol{\beta}_2$，…，$\boldsymbol{\beta}_m$ 等价

(D) $R(\boldsymbol{A})>R(\boldsymbol{A},\boldsymbol{B})$

• **填空题**

5. 设$\boldsymbol{\alpha}_1=(2,-3,1,1)^{\mathrm{T}}$，$\boldsymbol{\alpha}_2=(3,1,-2,-4)^{\mathrm{T}}$，则$\boldsymbol{\alpha}_1-2\boldsymbol{\alpha}_2=$ ________.

6. 设$\boldsymbol{\alpha}=(2,3,1)^{\mathrm{T}}$，$\boldsymbol{\beta}=(0,2,-3)^{\mathrm{T}}$，$\boldsymbol{\gamma}=(-4,3,-1)^{\mathrm{T}}$，则$\boldsymbol{\alpha}-4\boldsymbol{\beta}+3\boldsymbol{\gamma}=$ ________.

7. 设向量$\boldsymbol{\alpha}_1=(-5,1,-3)^{\mathrm{T}}$，$\boldsymbol{\alpha}_2=(1,-2,0)^{\mathrm{T}}$，$\boldsymbol{\alpha}_3=(3,1,2)^{\mathrm{T}}$，则满足$3(\boldsymbol{\beta}-\boldsymbol{\alpha}_3)=2(\boldsymbol{\alpha}_2-\boldsymbol{\alpha}_1)$的向量$\boldsymbol{\beta}=$ ________.

8. 设有两向量组 $A:\boldsymbol{\alpha}_1$，$\boldsymbol{\alpha}_2$，$B:\boldsymbol{\beta}_1$，$\boldsymbol{\beta}_2$，$\boldsymbol{\beta}_3$，向量$\boldsymbol{\beta}_1$能由向量组 $A:\boldsymbol{\alpha}_1$，$\boldsymbol{\alpha}_2$ 线性表示的充要条件是________，两向量组等价的充要条件是________.

9. 设 $R(\boldsymbol{\alpha}_1,\boldsymbol{\alpha}_2,\boldsymbol{\alpha}_3)=3$，$R(\boldsymbol{\alpha}_1,\boldsymbol{\alpha}_2,\boldsymbol{\alpha}_3,\boldsymbol{\alpha}_4)=4$，则$\boldsymbol{\alpha}_4$ ____用$\boldsymbol{\alpha}_1$，$\boldsymbol{\alpha}_2$，$\boldsymbol{\alpha}_3$线性表示.（填能或不能）

10. 设$\boldsymbol{\beta}=(1,2,3)^{\mathrm{T}}$，$\boldsymbol{\alpha}_1=(1,0,0)^{\mathrm{T}}$，$\boldsymbol{\alpha}_2=(1,1,0)^{\mathrm{T}}$，$\boldsymbol{\alpha}_3=(1,1,1)^{\mathrm{T}}$，则$\boldsymbol{\beta}$ ________（填能或不能）由$\boldsymbol{\alpha}_1$，$\boldsymbol{\alpha}_2$，$\boldsymbol{\alpha}_3$ 线性表示，并且表达式为________.

• **计算题**

11. 设$\boldsymbol{\alpha}=(2,3,0)^{\mathrm{T}}$，$\boldsymbol{\beta}=(0,-3,1)^{\mathrm{T}}$，$\boldsymbol{\gamma}=(2,-4,1)^{\mathrm{T}}$，计算$2\boldsymbol{\alpha}-3\boldsymbol{\beta}+\boldsymbol{\gamma}$.

12. 设$\boldsymbol{\alpha}=(1,0,-2,3)^{\mathrm{T}}$，$\boldsymbol{\beta}=(4,-1,-2,3)^{\mathrm{T}}$，求满足方程$2\boldsymbol{\alpha}+\boldsymbol{\beta}+3\boldsymbol{\gamma}=\mathbf{0}$的向量$\boldsymbol{\gamma}$.

13. 将下列各题中的向量$\boldsymbol{\beta}$表示为其他向量的线性组合：

(1) $\boldsymbol{\beta}=(3,4)^{\mathrm{T}}$，$\boldsymbol{\alpha}_1=(1,2)^{\mathrm{T}}$，$\boldsymbol{\alpha}_2=(-1,0)^{\mathrm{T}}$；

(2) $\boldsymbol{\beta}=(3,5,-6)^{\mathrm{T}}$，$\boldsymbol{\alpha}_1=(1,0,1)^{\mathrm{T}}$，$\boldsymbol{\alpha}_2=(1,1,1)^{\mathrm{T}}$，$\boldsymbol{\alpha}_3=(0,-1,-1)^{\mathrm{T}}$.

14. $\boldsymbol{\beta}_1=\begin{pmatrix}1\\0\\-1\end{pmatrix}$，$\boldsymbol{\beta}_2=\begin{pmatrix}1\\1\\1\end{pmatrix}$，$\boldsymbol{\beta}_3=\begin{pmatrix}3\\1\\-1\end{pmatrix}$，

$\boldsymbol{\beta}_4=\begin{pmatrix}5\\3\\1\end{pmatrix}$，判断 $\boldsymbol{\beta}_4$ 可否由 $\boldsymbol{\beta}_1,\boldsymbol{\beta}_2,\boldsymbol{\beta}_3$ 线性表示.

15. 已知向量 $\boldsymbol{\gamma}_1$，$\boldsymbol{\gamma}_2$ 由向量 $\boldsymbol{\beta}_1$，$\boldsymbol{\beta}_2$，$\boldsymbol{\beta}_3$ 线性表示为

$\boldsymbol{\gamma}_1=3\boldsymbol{\beta}_1-\boldsymbol{\beta}_2+\boldsymbol{\beta}_3$，$\boldsymbol{\gamma}_2=\boldsymbol{\beta}_1+2\boldsymbol{\beta}_2+4\boldsymbol{\beta}_3$，

向量 $\boldsymbol{\beta}_1$，$\boldsymbol{\beta}_2$，$\boldsymbol{\beta}_3$ 由向量 $\boldsymbol{\alpha}_1$，$\boldsymbol{\alpha}_2$，$\boldsymbol{\alpha}_3$ 线性表示为

$\boldsymbol{\beta}_1=2\boldsymbol{\alpha}_1+\boldsymbol{\alpha}_2-5\boldsymbol{\alpha}_3,\boldsymbol{\beta}_2=\boldsymbol{\alpha}_1+3\boldsymbol{\alpha}_2+\boldsymbol{\alpha}_3$，

$\boldsymbol{\beta}_3=-\boldsymbol{\alpha}_1+4\boldsymbol{\alpha}_2-\boldsymbol{\alpha}_3$.

求向量 $\boldsymbol{\gamma}_1$，$\boldsymbol{\gamma}_2$ 由向量 $\boldsymbol{\alpha}_1$，$\boldsymbol{\alpha}_2$，$\boldsymbol{\alpha}_3$ 的线性表示式.

16. 设向量组 A：$\boldsymbol{a}_1$，$\boldsymbol{a}_2$，向量组 B：$\boldsymbol{b}_1$，$\boldsymbol{b}_2$，其中

$$\boldsymbol{a}_1=\begin{pmatrix}1\\-1\\2\\4\end{pmatrix},\quad \boldsymbol{a}_2=\begin{pmatrix}0\\3\\1\\2\end{pmatrix},\quad \boldsymbol{b}_1=\begin{pmatrix}3\\0\\7\\14\end{pmatrix},\boldsymbol{b}_2=\begin{pmatrix}2\\1\\5\\10\end{pmatrix},$$

证明向量组 A 与向量组 B 等价.

3.4 向量组的线性相关性

本节介绍向量组线性相关、线性无关的概念，并讨论向量组线性相关性的有关性质.

3.4.1 线性相关与线性无关

一个向量组中，不同向量之间有什么联系？如何刻画理解它们相互之间的关系？例如：三个三维向量 $\boldsymbol{\alpha}_1=\begin{pmatrix}1\\-1\\1\end{pmatrix}$，$\boldsymbol{\alpha}_2=\begin{pmatrix}3\\1\\1\end{pmatrix}$，$\boldsymbol{\alpha}_3=\begin{pmatrix}2\\0\\1\end{pmatrix}$是否共面？或者说，三个向量中是否有一个向量可以由其他两个向量线性表示？

我们知道，在三维向量空间中，向量的加法从几何意义上讲符合平行四边形法则，所以三个向量共面就相当于其中一个向量可以由其他两个向量线性表示. 通过计算知 $\boldsymbol{\alpha}_3=\frac{1}{2}\boldsymbol{\alpha}_1+\frac{1}{2}\boldsymbol{\alpha}_2$，由向量加法的几何意义知 $\frac{1}{2}\boldsymbol{\alpha}_1$，$\frac{1}{2}\boldsymbol{\alpha}_2$，$\boldsymbol{\alpha}_3$ 可以构成平行四边形，所以 $\boldsymbol{\alpha}_1$，$\boldsymbol{\alpha}_2$，$\boldsymbol{\alpha}_3$ 这三个向量是共面的. 实际上并不是所有的三维向量空间中的三个向量都是共面的，这表明类似共面这种关系是值得研究的，而且可以把这个关系推广到高维向量空间中，为了描述简便，给出如下的定义.

定义 6 给定向量组 A：$\boldsymbol{\alpha}_1, \boldsymbol{\alpha}_2, \cdots, \boldsymbol{\alpha}_n$，若存在不全为零的数 $k_1, k_2, \cdots, k_n$，使

$$k_1\boldsymbol{\alpha}_1 + k_2\boldsymbol{\alpha}_2 + \cdots + k_n\boldsymbol{\alpha}_n = \mathbf{0}, \tag{3.31}$$

则称向量组 A 线性相关；若向量组 A 不是线性相关的，则称向量组 A 线性无关.

不难看出，若当且仅当 $k_1 = k_2 = \cdots = k_n = 0$ 时式（3.31）成立，向量组 A 线性无关.

例如，向量组 $\boldsymbol{e}_1 = \begin{pmatrix}1\\0\\0\end{pmatrix}$，$\boldsymbol{e}_2 = \begin{pmatrix}0\\1\\0\end{pmatrix}$，$\boldsymbol{e}_3 = \begin{pmatrix}0\\0\\1\end{pmatrix}$，$\boldsymbol{\alpha} = \begin{pmatrix}1\\2\\3\end{pmatrix}$ 线性相关. 因为

$\boldsymbol{e}_1 + 2\boldsymbol{e}_2 + 3\boldsymbol{e}_3 - \boldsymbol{\alpha} = \mathbf{0}$，其中 $k_1 = 1$，$k_2 = 2$，$k_3 = 3$，$k_4 = -1$ 不全为 0，故 $\boldsymbol{e}_1$，$\boldsymbol{e}_2$，$\boldsymbol{e}_3$，$\boldsymbol{\alpha}$ 线性相关.

又如，向量组 $\boldsymbol{e}_1 = \begin{pmatrix}1\\0\\0\end{pmatrix}$，$\boldsymbol{e}_2 = \begin{pmatrix}0\\1\\0\end{pmatrix}$，$\boldsymbol{e}_3 = \begin{pmatrix}0\\0\\1\end{pmatrix}$ 线性无关. 因为假设

$$k_1\boldsymbol{e}_1 + k_2\boldsymbol{e}_2 + k_3\boldsymbol{e}_3 = \mathbf{0}, \text{则 } k_1\begin{pmatrix}1\\0\\0\end{pmatrix} + k_2\begin{pmatrix}0\\1\\0\end{pmatrix} + k_3\begin{pmatrix}0\\0\\1\end{pmatrix} = \mathbf{0}, \text{即} \begin{pmatrix}k_1\\k_2\\k_3\end{pmatrix} = \mathbf{0},$$

必有 $k_1 = k_2 = k_3 = 0$，故 $\boldsymbol{e}_1, \boldsymbol{e}_2, \boldsymbol{e}_3$ 线性无关.

特别地，对于只含一到两个向量的向量组，其线性相关性如下：

对于一个向量 $\boldsymbol{\alpha}$，当且仅当 $\boldsymbol{\alpha} = \mathbf{0}$ 时线性相关；当且仅当 $\boldsymbol{\alpha} \neq \mathbf{0}$ 时线性无关.

对于两个向量 $\boldsymbol{\alpha}_1 = \begin{pmatrix}a_{11}\\a_{12}\\\vdots\\a_{1m}\end{pmatrix}$，$\boldsymbol{\alpha}_2 = \begin{pmatrix}a_{21}\\a_{22}\\\vdots\\a_{2m}\end{pmatrix}$，向量组 $\boldsymbol{\alpha}_1$，$\boldsymbol{\alpha}_2$ 线性相关

$\Leftrightarrow$ 存在不全为零的数 k_1，k_2，使得 $k_1\boldsymbol{\alpha}_1 + k_2\boldsymbol{\alpha}_2 = \mathbf{0}$，不妨设 $k_1 \neq 0$

$$\Leftrightarrow \boldsymbol{\alpha}_1+\frac{k_2}{k_1}\boldsymbol{\alpha}_2=\mathbf{0}\text{，即}\begin{pmatrix} a_{11}+\dfrac{k_2}{k_1}a_{21}\\ a_{12}+\dfrac{k_2}{k_1}a_{22}\\ \vdots\\ a_{1m}+\dfrac{k_2}{k_1}a_{2m}\end{pmatrix}=\mathbf{0}$$

$$\Leftrightarrow a_{11}+\frac{k_2}{k_1}a_{21}=0, a_{12}+\frac{k_2}{k_1}a_{22}=0, \cdots, a_{1m}+\frac{k_2}{k_1}a_{2m}=0,$$

即

$$\frac{a_{11}}{a_{21}}=-\frac{k_2}{k_1}, \frac{a_{12}}{a_{22}}=-\frac{k_2}{k_1}, \cdots, \frac{a_{1m}}{a_{2m}}=-\frac{k_2}{k_1}.$$

因此两个向量 $\boldsymbol{\alpha}_1$，$\boldsymbol{\alpha}_2$ 线性相关的充要条件是 $\boldsymbol{\alpha}_1$，$\boldsymbol{\alpha}_2$ 的分量对应成比例，如果向量的维数是二维或者三维，其几何意义是两向量共线.

如何判断一个向量组是否线性相关或者线性无关？

定理 5 设向量组 $\boldsymbol{\alpha}_1$，$\boldsymbol{\alpha}_2$，$\cdots$，$\boldsymbol{\alpha}_n$ 构成的矩阵为 $\boldsymbol{A}=(\boldsymbol{\alpha}_1,\boldsymbol{\alpha}_2,\cdots,\boldsymbol{\alpha}_n)$，则向量组线性相关的充要条件是矩阵 $\boldsymbol{A}$ 的秩小于向量的个数 n；等价地，向量组线性无关的充要条件是 $R(\boldsymbol{A})=n$.

证 由定义 6，向量组线性相关，即存在不全为零的数 x_1，x_2，$\cdots$，x_n，使得 $x_1\boldsymbol{\alpha}_1+x_2\boldsymbol{\alpha}_2+\cdots+x_n\boldsymbol{\alpha}_n=\mathbf{0}$，亦即方程组 $\boldsymbol{Ax}=\mathbf{0}$ 有非零解，由 3.2 节定理 1 的推论 2，该方程组有非零解的充要条件是 $R(\boldsymbol{A})<n$，因此向量组线性相关的充要条件是矩阵 $\boldsymbol{A}$ 的秩小于向量的个数 n.

因为向量组只有线性相关或无关两种情况，而矩阵 $\boldsymbol{A}$ 有 n 列，故 $R(\boldsymbol{A})$ 也只有小于 n 或等于 n 两种情况，由于向量组线性相关的充要条件是 $R(\boldsymbol{A})<n$，则向量组线性无关的充要条件只能是 $R(\boldsymbol{A})=n$.

推论 n 个 n 维向量 $\boldsymbol{\alpha}_1$，$\boldsymbol{\alpha}_2$，$\cdots$，$\boldsymbol{\alpha}_n$ 线性相关的充要条件是它们所构成的方阵 $\boldsymbol{A}=(\boldsymbol{\alpha}_1,\boldsymbol{\alpha}_2,\cdots,\boldsymbol{\alpha}_n)$ 的行列式 $|\boldsymbol{A}|=0$；等价地，$\boldsymbol{\alpha}_1$，$\boldsymbol{\alpha}_2$，$\cdots$，$\boldsymbol{\alpha}_n$ 线性无关的充分必要条件是 $|\boldsymbol{A}|\neq 0$.

证 由定理 5，$\boldsymbol{\alpha}_1$，$\boldsymbol{\alpha}_2$，$\cdots$，$\boldsymbol{\alpha}_n$ 线性相关 $\Leftrightarrow R(\boldsymbol{A})<n$，而 $R(\boldsymbol{A})<n \Leftrightarrow |\boldsymbol{A}|=0$，因此 $\boldsymbol{\alpha}_1$，$\boldsymbol{\alpha}_2$，$\cdots$，$\boldsymbol{\alpha}_n$ 线性相关 $\Leftrightarrow |\boldsymbol{A}|=0$；

仍由定理 5，$\boldsymbol{\alpha}_1$，$\boldsymbol{\alpha}_2$，$\cdots$，$\boldsymbol{\alpha}_n$ 线性无关 $\Leftrightarrow R(\boldsymbol{A})=n$，而 $R(\boldsymbol{A})$

$=n \Leftrightarrow |\boldsymbol{A}| \neq 0$，因此 $\boldsymbol{\alpha}_1$，$\boldsymbol{\alpha}_2$，…，$\boldsymbol{\alpha}_n$ 线性无关 $\Leftrightarrow |\boldsymbol{A}| \neq 0$.

注：以上的讨论揭示了向量组的线性相关性与齐次线性方程组的解及矩阵的秩三者之间的联系.

定理 6 设有 n 维向量组 $\boldsymbol{\alpha}_1$，$\boldsymbol{\alpha}_2$，…，$\boldsymbol{\alpha}_n$，向量组的矩阵 $\boldsymbol{A}=(\boldsymbol{\alpha}_1,\boldsymbol{\alpha}_2,\cdots,\boldsymbol{\alpha}_n)$，则

（1）向量组线性相关 $\Leftrightarrow$ 齐次线性方程组 $\boldsymbol{Ax}=\boldsymbol{0}$ 有非零解 $\Leftrightarrow R(\boldsymbol{A})<n \Leftrightarrow |\boldsymbol{A}|=0$；

（2）向量组线性无关 $\Leftrightarrow$ 齐次线性方程组 $\boldsymbol{Ax}=\boldsymbol{0}$ 只有零解 $\Leftrightarrow R(\boldsymbol{A})=n \Leftrightarrow |\boldsymbol{A}| \neq 0$.

证 由 3.2 节定理 1 的推论 2、定理 5 及其推论即可得到.

例如，n 维单位坐标向量组 $\boldsymbol{e}_1$，$\boldsymbol{e}_2$，…，$\boldsymbol{e}_n$ 必线性无关. 这是因为它们所构成的矩阵 $(\boldsymbol{e}_1,\boldsymbol{e}_2,\cdots,\boldsymbol{e}_n)=\begin{pmatrix}1&0&\cdots&0\\0&1&\cdots&0\\\vdots&\vdots&&\vdots\\0&0&\cdots&1\end{pmatrix}$ 为单位阵 $\boldsymbol{E}$，而 $|\boldsymbol{E}|=1\neq 0$.

例 13 判断矩阵 $\begin{pmatrix}1&1&3&5\\0&1&1&3\\-1&1&-1&1\end{pmatrix}$ 中列向量组 $\boldsymbol{\beta}_1$，$\boldsymbol{\beta}_2$，$\boldsymbol{\beta}_3$，$\boldsymbol{\beta}_4$ 的线性相关性.

解 设 $k_1\boldsymbol{\beta}_1+k_2\boldsymbol{\beta}_2+k_3\boldsymbol{\beta}_3+k_4\boldsymbol{\beta}_4=\boldsymbol{0}$，比较两端的对应分量可得

$$\begin{pmatrix}1&1&3&5\\0&1&1&3\\-1&1&-1&1\end{pmatrix}\begin{pmatrix}\underline{\quad}\\\underline{\quad}\\\underline{\quad}\\\underline{\quad}\end{pmatrix}=\begin{pmatrix}0\\0\\0\end{pmatrix}, \quad 即\ \boldsymbol{Ax}=\boldsymbol{0}.$$

由于

$$\begin{pmatrix}1&1&3&5\\0&1&1&3\\-1&1&-1&1\end{pmatrix}\overset{r}{\sim}\begin{pmatrix}1&1&3&5\\0&1&1&3\\0&2&2&6\end{pmatrix}\overset{r}{\sim}\begin{pmatrix}1&1&3&5\\0&1&1&3\\0&0&0&0\end{pmatrix},$$

所以 $R(\boldsymbol{A})=2$.

因为未知量的个数是 4，而 $R(\boldsymbol{A})=$ __ <4，所以 $\boldsymbol{Ax}=\boldsymbol{0}$ __ 非零解，由定义知 $\boldsymbol{\beta}_1$，$\boldsymbol{\beta}_2$，$\boldsymbol{\beta}_3$，$\boldsymbol{\beta}_4$ 线性相关.

例 14 给定向量组

$$\boldsymbol{\alpha}_1=\begin{pmatrix}1\\2\\3\end{pmatrix},\quad \boldsymbol{\alpha}_2=\begin{pmatrix}2\\4\\5\end{pmatrix},\quad \boldsymbol{\alpha}_3=\begin{pmatrix}3\\1\\3\end{pmatrix},$$

试讨论它的线性相关性.

解法 1 对向量组的矩阵 $\boldsymbol{A}=(\boldsymbol{\alpha}_1,\boldsymbol{\alpha}_2,\boldsymbol{\alpha}_3)$ 施行初等行变换，将其化成行阶梯形：

$$\boldsymbol{A}=(\boldsymbol{\alpha}_1,\boldsymbol{\alpha}_2,\boldsymbol{\alpha}_3)=\begin{pmatrix}1&2&3\\2&4&1\\3&5&3\end{pmatrix}\underset{r_3-3r_1}{\overset{r_2-2r_1}{\sim}}\begin{pmatrix}1&2&3\\0&0&-5\\0&-1&-6\end{pmatrix}\overset{r_2\leftrightarrow r_3}{\sim}\begin{pmatrix}1&2&3\\0&-1&-6\\0&0&-5\end{pmatrix},$$

从中可见 $R(\boldsymbol{A})=$ __， 由定理 5，向量组 $\boldsymbol{\alpha}_1$，$\boldsymbol{\alpha}_2$，$\boldsymbol{\alpha}_3$ ______关.

解法 2 由于向量组的矩阵 $\boldsymbol{A}=(\boldsymbol{\alpha}_1,\boldsymbol{\alpha}_2,\boldsymbol{\alpha}_3)=\begin{pmatrix}1&2&3\\2&4&1\\3&5&3\end{pmatrix}$ 为方阵，而 $|\boldsymbol{A}|=\begin{vmatrix}1&2&3\\2&4&1\\3&5&3\end{vmatrix}=-5$ ____， 由定理 5 推论可知，向量组 $\boldsymbol{\alpha}_1,\boldsymbol{\alpha}_2,\boldsymbol{\alpha}_3$ 线性无关.

解法 3 利用定义 6. 设有数 k_1,k_2,k_3， 使得 $k_1\boldsymbol{\alpha}_1+k_2\boldsymbol{\alpha}_2+k_3\boldsymbol{\alpha}_3=\mathbf{0}$， 即对应齐次线性方程组 $(\boldsymbol{\alpha}_1,\boldsymbol{\alpha}_2,\boldsymbol{\alpha}_3)\begin{pmatrix}k_1\\k_2\\k_3\end{pmatrix}=\boldsymbol{A}\begin{pmatrix}k_1\\k_2\\k_3\end{pmatrix}=\mathbf{0}$， 其系数行列式 $|\boldsymbol{A}|=\begin{vmatrix}1&2&3\\2&4&1\\3&5&3\end{vmatrix}=-5\neq 0$， 故 $\boldsymbol{A}$ 可逆，则齐次线性方程组____零解 $k_1=k_2=k_3=0$， 故向量组 $\boldsymbol{\alpha}_1$，$\boldsymbol{\alpha}_2$，$\boldsymbol{\alpha}_3$ 线性无关.

例 15 已知向量组 $\boldsymbol{\alpha}_1$，$\boldsymbol{\alpha}_2$，$\boldsymbol{\alpha}_3$ 线性无关，$\boldsymbol{\beta}_1=\boldsymbol{\alpha}_1+\boldsymbol{\alpha}_2$， $\boldsymbol{\beta}_2=\boldsymbol{\alpha}_2+\boldsymbol{\alpha}_3$， $\boldsymbol{\beta}_3=\boldsymbol{\alpha}_1-\boldsymbol{\alpha}_3$， 证明向量组 $\boldsymbol{\beta}_1$，$\boldsymbol{\beta}_2$，$\boldsymbol{\beta}_3$ 线性相关.

证法 1 利用定义 6. 设有数 k_1，k_2，k_3， 使得 $k_1\boldsymbol{\beta}_1+k_2\boldsymbol{\beta}_2+k_3\boldsymbol{\beta}_3=\mathbf{0}$， 即 $k_1(\boldsymbol{\alpha}_1+\boldsymbol{\alpha}_2)+k_2(\boldsymbol{\alpha}_2+\boldsymbol{\alpha}_3)+k_3(\boldsymbol{\alpha}_1-\boldsymbol{\alpha}_3)=\mathbf{0}$，

亦即 $$(k_1+k_3)\boldsymbol{\alpha}_1+\_\_\_\_\_\_\,\boldsymbol{\alpha}_2+(k_2-k_3)\boldsymbol{\alpha}_3=\mathbf{0}.$$

因为$\boldsymbol{\alpha}_1,\boldsymbol{\alpha}_2,\boldsymbol{\alpha}_3$线性无关，所以$\begin{cases}k_1+k_3=0\\k_1+k_2=0,\\k_2-k_3=0\end{cases}$ 即$\begin{pmatrix}1&0&1\\1&1&0\\0&1&-1\end{pmatrix}\begin{pmatrix}k_1\\k_2\\k_3\end{pmatrix}=\begin{pmatrix}0\\0\\0\end{pmatrix}$，计算$\begin{vmatrix}1&0&1\\1&1&0\\0&1&-1\end{vmatrix}=0$，故齐次线性方程组____非零解，则向量组$\boldsymbol{\beta}_1,\boldsymbol{\beta}_2,\boldsymbol{\beta}_3$线性相关.

证法 2　由于向量组$\boldsymbol{\alpha}_1$，$\boldsymbol{\alpha}_2$，$\boldsymbol{\alpha}_3$线性无关，故向量组的矩阵$\boldsymbol{A}=(\boldsymbol{\alpha}_1,\boldsymbol{\alpha}_2,\boldsymbol{\alpha}_3)$的秩$R(\boldsymbol{A})=3$. 由已知条件，向量组$\boldsymbol{\beta}_1$，$\boldsymbol{\beta}_2$，$\boldsymbol{\beta}_3$的矩阵

$$\boldsymbol{B}=(\boldsymbol{\beta}_1,\boldsymbol{\beta}_2,\boldsymbol{\beta}_3)=(\boldsymbol{\alpha}_1,\boldsymbol{\alpha}_2,\boldsymbol{\alpha}_3)\begin{pmatrix}\underline{\quad}&\underline{\quad}&\underline{\quad}\\\underline{\quad}&\underline{\quad}&\underline{\quad}\\\underline{\quad}&\underline{\quad}&\underline{\quad}\end{pmatrix},$$

即$\boldsymbol{B}=\boldsymbol{AK}$，其中　$\left|\boldsymbol{K}\right|=\begin{vmatrix}1&0&1\\1&1&0\\0&1&-1\end{vmatrix}$.

设$\boldsymbol{\beta}_1k_1+\boldsymbol{\beta}_2k_2+\boldsymbol{\beta}_3k_3=\boldsymbol{0}$，即$(\boldsymbol{\beta}_1,\boldsymbol{\beta}_2,\boldsymbol{\beta}_3)\begin{pmatrix}k_1\\k_2\\k_3\end{pmatrix}=\boldsymbol{0}$，亦即$\boldsymbol{Bk}=\boldsymbol{0}$，所以$(\boldsymbol{AK})\boldsymbol{k}=\boldsymbol{A}(\boldsymbol{Kk})=\boldsymbol{0}$. 因为矩阵$\boldsymbol{A}$的列向量组$\boldsymbol{\alpha}_1$，$\boldsymbol{\alpha}_2$，$\boldsymbol{\alpha}_3$线性无关，由线性无关定义，有___$=\boldsymbol{0}$. 又因为$|\boldsymbol{K}|=\begin{vmatrix}1&0&1\\1&1&0\\0&1&-1\end{vmatrix}=0$，知方程$\boldsymbol{Kk}=\boldsymbol{0}$__非零解，所以向量组$\boldsymbol{\beta}_1,\boldsymbol{\beta}_2,\boldsymbol{\beta}_3$线性相关.

3.4.2　线性相关性的有关性质

性质 1　含有零向量的向量组必线性相关.

证　设向量组$\boldsymbol{\alpha}_1$，$\boldsymbol{\alpha}_2$，…，$\boldsymbol{\alpha}_n$，其中$\boldsymbol{\alpha}_i=\boldsymbol{0}$，令$k_1=k_2=\cdots=k_{i-1}=k_{i+1}=\cdots=k_n=0$，$k_i=1$，则有

$$\begin{aligned}&k_1\boldsymbol{\alpha}_1+k_2\boldsymbol{\alpha}_2+\cdots+k_{i-1}\boldsymbol{\alpha}_{i-1}+k_i\boldsymbol{\alpha}_i+k_{i+1}\boldsymbol{\alpha}_{i+1}+\cdots+k_n\boldsymbol{\alpha}_n\\&=0\boldsymbol{\alpha}_1+0\boldsymbol{\alpha}_2+0\boldsymbol{\alpha}_{i-1}+1\times\boldsymbol{0}+0\boldsymbol{\alpha}_{i+1}+\cdots+0\boldsymbol{\alpha}_n\\&=\boldsymbol{0}.\end{aligned}$$

所以含有零向量的向量组必线性相关.

性质 2 n 个 m 维向量组成的向量组，当 $m<n$（即向量个数大于维数）时必线性相关. 特别地，任意 $m+1$ 个 m 维向量组成的向量组必线性相关.

证 设有 n 个 m 维向量 $\boldsymbol{\alpha}_1=\begin{pmatrix}a_{11}\\a_{21}\\\vdots\\a_{m1}\end{pmatrix},\boldsymbol{\alpha}_2=\begin{pmatrix}a_{12}\\a_{22}\\\vdots\\a_{m2}\end{pmatrix},\cdots,\boldsymbol{\alpha}_n=\begin{pmatrix}a_{1n}\\a_{2n}\\\vdots\\a_{mn}\end{pmatrix}$,

它们构成的矩阵为

$$\boldsymbol{A}_{m\times n}=(\boldsymbol{\alpha}_1,\boldsymbol{\alpha}_2,\cdots,\boldsymbol{\alpha}_n)=\begin{pmatrix}a_{11}&a_{12}&\cdots&a_{1n}\\a_{21}&a_{22}&\cdots&a_{2n}\\\vdots&\vdots&&\vdots\\a_{m1}&a_{m2}&\cdots&a_{mn}\end{pmatrix},$$

由于 $0\leqslant R(\boldsymbol{A}_{m\times n})\leqslant\min\{m,n\}$，而 $m<n$，故 $R(\boldsymbol{A})\leqslant m<n$，由定理 5，$\boldsymbol{\alpha}_1$，$\boldsymbol{\alpha}_2$，…，$\boldsymbol{\alpha}_n$ 线性相关.

性质 3 若向量组 $\boldsymbol{\alpha}_1$，$\boldsymbol{\alpha}_2$，…，$\boldsymbol{\alpha}_m$ 线性相关，则向量组 $\boldsymbol{\alpha}_1$，$\boldsymbol{\alpha}_2$，…，$\boldsymbol{\alpha}_m$，$\boldsymbol{\alpha}_{m+1}$，…，$\boldsymbol{\alpha}_n(n>m)$ 必线性相关. 反之，若向量组 $\boldsymbol{\alpha}_1$，$\boldsymbol{\alpha}_2$，…，$\boldsymbol{\alpha}_m$，$\boldsymbol{\alpha}_{m+1}$，…，$\boldsymbol{\alpha}_n$ 线性无关，则向量组 $\boldsymbol{\alpha}_1$，$\boldsymbol{\alpha}_2$，…，$\boldsymbol{\alpha}_m$ 也线性无关.

证法 1 因为 $\boldsymbol{\alpha}_1$，$\boldsymbol{\alpha}_2$，…，$\boldsymbol{\alpha}_m$ 线性相关，则存在不全为零的数 k_1，k_2，…，k_m，使得

$$k_1\boldsymbol{\alpha}_1+k_2\boldsymbol{\alpha}_2+\cdots+k_m\boldsymbol{\alpha}_m=\boldsymbol{0},$$

这时也有 $k_1\boldsymbol{\alpha}_1+k_2\boldsymbol{\alpha}_2+\cdots+k_m\boldsymbol{\alpha}_m+0\boldsymbol{\alpha}_{m+1}+\cdots+0\boldsymbol{\alpha}_n=\boldsymbol{0}$，故 $\boldsymbol{\alpha}_1$，$\boldsymbol{\alpha}_2$，…，$\boldsymbol{\alpha}_m$，$\boldsymbol{\alpha}_{m+1}$，…，$\boldsymbol{\alpha}_n$ 也线性相关.

而若向量组 $\boldsymbol{\alpha}_1$，$\boldsymbol{\alpha}_2$，…，$\boldsymbol{\alpha}_m$，$\boldsymbol{\alpha}_{m+1}$，…，$\boldsymbol{\alpha}_n$ 线性无关，则向量组 $\boldsymbol{\alpha}_1$，$\boldsymbol{\alpha}_2$，…，$\boldsymbol{\alpha}_m$ 也线性无关. 是上面已证明结论的逆否命题，显然成立.

证法 2 设 $\boldsymbol{A}=(\boldsymbol{\alpha}_1,\boldsymbol{\alpha}_2,\cdots,\boldsymbol{\alpha}_m)$，$\boldsymbol{B}=(\boldsymbol{\alpha}_1,\boldsymbol{\alpha}_2,\cdots,\boldsymbol{\alpha}_m,\boldsymbol{\alpha}_{m+1},\cdots,\boldsymbol{\alpha}_n)$，$\boldsymbol{C}=(\boldsymbol{\alpha}_{m+1},\cdots,\boldsymbol{\alpha}_n)$，则 $\boldsymbol{B}=(\boldsymbol{A},\boldsymbol{C})$. 已知向量组 $\boldsymbol{\alpha}_1$，$\boldsymbol{\alpha}_2$，…，$\boldsymbol{\alpha}_m$ 线性相关，由定理 5，有 $R(\boldsymbol{A})<m$. 矩阵 $\boldsymbol{C}$ 是只有 $n-m$ 列的矩阵，由 2.6 节定理 6，因此 $R(\boldsymbol{C})\leqslant n-m$. 故由 2.6 节定理 11，有 $R(\boldsymbol{B})=R(\boldsymbol{A},\boldsymbol{C})\leqslant R(\boldsymbol{A})+R(\boldsymbol{C})<m+n-m=n$. 从

而必定有 $R(\boldsymbol{B}) < n$，由定理5，$\boldsymbol{\alpha}_1$，$\boldsymbol{\alpha}_2$，…，$\boldsymbol{\alpha}_m$，$\boldsymbol{\alpha}_{m+1}$，…，$\boldsymbol{\alpha}_n$ 线性相关.

性质4 设 $\boldsymbol{\alpha}_j = (a_{1j}, a_{2j}, \cdots, a_{rj})^{\mathrm{T}}$，$\boldsymbol{\beta}_j = (a_{1j}, a_{2j}, \cdots, a_{rj}, a_{r+1,j}, \cdots, a_{sj})^{\mathrm{T}}$，$j = 1,2,\cdots,n$，$s > r$，若向量组 $\boldsymbol{\alpha}_1$，$\boldsymbol{\alpha}_2$，…，$\boldsymbol{\alpha}_n$ 线性无关，则向量组 $\boldsymbol{\beta}_1$，$\boldsymbol{\beta}_2$，…，$\boldsymbol{\beta}_n$ 也线性无关. 反之，若向量组 $\boldsymbol{\beta}_1$，$\boldsymbol{\beta}_2$，…，$\boldsymbol{\beta}_n$ 线性相关，则向量组 $\boldsymbol{\alpha}_1$，$\boldsymbol{\alpha}_2$，…，$\boldsymbol{\alpha}_n$ 也线性相关.

证 向量组 $\boldsymbol{\alpha}_1$，$\boldsymbol{\alpha}_2$，…，$\boldsymbol{\alpha}_n$ 的矩阵

$$\boldsymbol{A} = (\boldsymbol{\alpha}_1, \boldsymbol{\alpha}_2, \cdots, \boldsymbol{\alpha}_n) = \begin{pmatrix} a_{11} & a_{12} & \cdots & a_{1n} \\ a_{21} & a_{22} & \cdots & a_{2n} \\ \vdots & \vdots & & \vdots \\ a_{r1} & a_{r2} & \cdots & a_{rn} \end{pmatrix},$$

向量组 $\boldsymbol{\beta}_1$，$\boldsymbol{\beta}_2$，…，$\boldsymbol{\beta}_n$ 的矩阵

$$\boldsymbol{B} = (\boldsymbol{\beta}_1, \boldsymbol{\beta}_2, \cdots, \boldsymbol{\beta}_n) = \begin{pmatrix} a_{11} & a_{12} & \cdots & a_{1n} \\ a_{21} & a_{22} & \cdots & a_{2n} \\ \vdots & \vdots & & \vdots \\ a_{r1} & a_{r2} & \cdots & a_{rn} \\ a_{r+1,1} & a_{r+1,2} & \cdots & a_{r+1,n} \\ \vdots & \vdots & & \vdots \\ a_{s1} & a_{s2} & \cdots & a_{sn} \end{pmatrix},$$

显然 $R(\boldsymbol{A}) \leqslant R(\boldsymbol{B})$. 若 $\boldsymbol{\alpha}_1$，$\boldsymbol{\alpha}_2$，…，$\boldsymbol{\alpha}_n$ 线性无关，则 $R(\boldsymbol{A}) = n$，此时 $n = R(\boldsymbol{A}) \leqslant R(\boldsymbol{B})$，而 $\boldsymbol{B}$ 只有 n 列，故 $R(\boldsymbol{B}) \leqslant n$，所以 $n \leqslant R(\boldsymbol{B}) \leqslant n$，则 $R(\boldsymbol{B}) = n$，由定理5，$\boldsymbol{\beta}_1$，$\boldsymbol{\beta}_2$，…，$\boldsymbol{\beta}_n$ 线性无关.

若向量组 $\boldsymbol{\beta}_1$，$\boldsymbol{\beta}_2$，…，$\boldsymbol{\beta}_n$ 线性相关，则向量组 $\boldsymbol{\alpha}_1$，$\boldsymbol{\alpha}_2$，…，$\boldsymbol{\alpha}_n$ 也线性相关，此为前面结论的逆否命题，显然也成立.

例16 讨论向量组 $\boldsymbol{\alpha}_1 = \begin{pmatrix} 1 \\ 0 \\ 0 \\ 3 \end{pmatrix}, \boldsymbol{\alpha}_2 = \begin{pmatrix} 0 \\ 1 \\ 0 \\ 1 \end{pmatrix}, \boldsymbol{\alpha}_3 = \begin{pmatrix} 0 \\ 0 \\ 1 \\ -3 \end{pmatrix}$ 的线性相关性.

解 将 $\boldsymbol{\alpha}_1$，$\boldsymbol{\alpha}_2$，$\boldsymbol{\alpha}_3$ 删去第__个分量，成为向量组 $\boldsymbol{e}_1$，$\boldsymbol{e}_2$，$\boldsymbol{e}_3$，易见 $\boldsymbol{e}_1$，$\boldsymbol{e}_2$，$\boldsymbol{e}_3$ 线性无关，由性质__，得 $\boldsymbol{\alpha}_1$，$\boldsymbol{\alpha}_2$，$\boldsymbol{\alpha}_3$ 也线性无关.

注：本题还可以利用定义，考察方程 $k_1\boldsymbol{\alpha}_1 + k_2\boldsymbol{\alpha}_2 + k_3\boldsymbol{\alpha}_3 = \boldsymbol{0}$ 中 $k_i(i = 1,2,3)$ 的取值情况，再通过解线性方程组，求得 $k_1 = k_2 =$

$k_3=0$，得出 $\boldsymbol{\alpha}_1,\boldsymbol{\alpha}_2,\boldsymbol{\alpha}_3$ 线性无关的结论. 除上述方法外，还可以利用定理 5，对矩阵 $\boldsymbol{A}=(\boldsymbol{\alpha}_1,\boldsymbol{\alpha}_2,\boldsymbol{\alpha}_3)$ 进行初等行变换，计算出 $R(\boldsymbol{A})=3$，得出向量组 $\boldsymbol{\alpha}_1,\boldsymbol{\alpha}_2,\boldsymbol{\alpha}_3$ 线性无关.

3.4.3 线性表示、线性相关、线性无关三者之间的关系

定理 7 向量组 $A:\boldsymbol{\alpha}_1,\ \boldsymbol{\alpha}_2,\ \cdots,\ \boldsymbol{\alpha}_n\ (n\geqslant 2)$ 线性相关的充要条件是其中至少有一个向量可由其余 $n-1$ 个向量线性表示.

证 充分性 若向量组 A 中有某个向量能由其余 $n-1$ 个向量线性表示，不妨设 $\boldsymbol{\alpha}_n$ 可由 $\boldsymbol{\alpha}_1,\ \boldsymbol{\alpha}_2,\ \cdots,\ \boldsymbol{\alpha}_{n-1}$ 线性表示，即有 $\lambda_1,\ \lambda_2,\ \cdots,\ \lambda_{n-1}$，使 $\boldsymbol{\alpha}_n=\lambda_1\boldsymbol{\alpha}_1+\lambda_2\boldsymbol{\alpha}_2+\cdots+\lambda_{n-1}\boldsymbol{\alpha}_{n-1}$，于是有 $\lambda_1\boldsymbol{\alpha}_1+\lambda_2\boldsymbol{\alpha}_2+\cdots+\lambda_{n-1}\boldsymbol{\alpha}_{n-1}-\boldsymbol{\alpha}_n=\boldsymbol{0}$，而 $\lambda_1,\ \lambda_2,\ \cdots,\ \lambda_{n-1},\ -1$ 这 n 个数不全为零，所以向量组 $A:\boldsymbol{\alpha}_1,\ \boldsymbol{\alpha}_2,\ \cdots,\ \boldsymbol{\alpha}_n$ 线性相关.

必要性 若向量组 $A:\boldsymbol{\alpha}_1,\ \boldsymbol{\alpha}_2,\ \cdots,\ \boldsymbol{\alpha}_n$ 线性相关，则存在不全为零的数 $k_1,\ k_2,\ \cdots,\ k_n$，使

$$k_1\boldsymbol{\alpha}_1+k_2\boldsymbol{\alpha}_2+\cdots+k_n\boldsymbol{\alpha}_n=\boldsymbol{0},$$

不妨设 $k_1\neq 0$，于是有 $\boldsymbol{\alpha}_1=-\dfrac{1}{k_1}(k_2\boldsymbol{\alpha}_2+\cdots+k_n\boldsymbol{\alpha}_n)$.

注：(1) 向量组 $A:\boldsymbol{\alpha}_1,\ \boldsymbol{\alpha}_2,\ \cdots,\ \boldsymbol{\alpha}_n$ 线性相关，不能得出其中任一向量均可由其余 $n-1$ 个向量线性表示. 例如，$\boldsymbol{\alpha}_1=(0,0)^{\mathrm{T}}$，$\boldsymbol{\alpha}_2=(1,0)^{\mathrm{T}}$，显然有 $\boldsymbol{\alpha}_1+0\boldsymbol{\alpha}_2=\boldsymbol{0}$，即 $\boldsymbol{\alpha}_1,\ \boldsymbol{\alpha}_2$ 线性相关，但 $\boldsymbol{\alpha}_2$ 并不能由 $\boldsymbol{\alpha}_1$ 线性表示.

(2) 定理 7 的逆否命题为：向量组 $A:\boldsymbol{\alpha}_1,\ \boldsymbol{\alpha}_2,\ \cdots,\ \boldsymbol{\alpha}_n\ (n\geqslant 2)$ 线性无关的充要条件是 $\boldsymbol{\alpha}_1,\ \boldsymbol{\alpha}_2,\ \cdots,\ \boldsymbol{\alpha}_n$ 中任一个 $\boldsymbol{\alpha}_i\ (i=1,2,\cdots,n)$ 都不能由其余 $n-1$ 个向量线性表示.

定理 8 设向量组 $A:\boldsymbol{\alpha}_1,\ \boldsymbol{\alpha}_2,\ \cdots,\ \boldsymbol{\alpha}_n$ 线性无关，则向量组 $B:\boldsymbol{\alpha}_1,\ \boldsymbol{\alpha}_2,\ \cdots,\ \boldsymbol{\alpha}_n,\ \boldsymbol{b}$ 线性相关的充要条件是向量 $\boldsymbol{b}$ 能由向量组 $A:\boldsymbol{\alpha}_1,\ \boldsymbol{\alpha}_2,\ \cdots,\ \boldsymbol{\alpha}_n$ 线性表示，且表示式唯一.

证 记矩阵 $\boldsymbol{A}=(\boldsymbol{\alpha}_1,\boldsymbol{\alpha}_2,\cdots,\boldsymbol{\alpha}_n)$，矩阵 $\boldsymbol{B}=(\boldsymbol{\alpha}_1,\boldsymbol{\alpha}_2,\cdots,\boldsymbol{\alpha}_n,\boldsymbol{b})$，则有 $R(\boldsymbol{A})\leqslant R(\boldsymbol{B})$.

必要性 因为向量组 A 线性无关，由定理 5 知 $R(\boldsymbol{A})=n$；又向量组 B 线性相关，则 $R(\boldsymbol{B})<n+1$. 所以 $n=R(\boldsymbol{A})\leqslant R(\boldsymbol{B})<n+1$，即有 $R(\boldsymbol{B})=n$，亦即 $R(\boldsymbol{A})=R(\boldsymbol{B})=n$，由 3.2 节定理 1 知，

方程组

$$(\boldsymbol{\alpha}_1,\boldsymbol{\alpha}_2,\cdots,\boldsymbol{\alpha}_n)\begin{pmatrix}x_1\\x_2\\\vdots\\x_n\end{pmatrix}=\boldsymbol{A}\boldsymbol{x}=\boldsymbol{b}$$

有唯一解，即向量 $\boldsymbol{b}$ 能由向量组 $A:\boldsymbol{\alpha}_1$，$\boldsymbol{\alpha}_2$，…，$\boldsymbol{\alpha}_n$ 线性表示，且表示式唯一.

充分性　因为向量 $\boldsymbol{b}$ 可由向量组 $A:\boldsymbol{\alpha}_1$，$\boldsymbol{\alpha}_2$，…，$\boldsymbol{\alpha}_n$ 线性表示，由定理7，$\boldsymbol{\alpha}_1$，$\boldsymbol{\alpha}_2$，…，$\boldsymbol{\alpha}_n$，$\boldsymbol{b}$ 线性相关. 而向量 $\boldsymbol{b}$ 由向量组 $A:\boldsymbol{\alpha}_1$，$\boldsymbol{\alpha}_2$，…，$\boldsymbol{\alpha}_n$ 唯一线性表示，即

$$\boldsymbol{A}\boldsymbol{x}=(\boldsymbol{\alpha}_1,\boldsymbol{\alpha}_2,\cdots,\boldsymbol{\alpha}_n)\boldsymbol{x}=\boldsymbol{b}$$

有唯一解，由3.2节定理1知，$R(\boldsymbol{A})=R(\boldsymbol{B})=n$，由定理5知 $\boldsymbol{\alpha}_1,\boldsymbol{\alpha}_2,\cdots,\boldsymbol{\alpha}_n$ 线性无关.

例 17　设向量组 $\boldsymbol{\alpha}_1$，$\boldsymbol{\alpha}_2$，$\boldsymbol{\alpha}_3$ 线性相关，向量组 $\boldsymbol{\alpha}_2$，$\boldsymbol{\alpha}_3$，$\boldsymbol{\alpha}_4$ 线性无关，证明：（1）$\boldsymbol{\alpha}_1$ 能由 $\boldsymbol{\alpha}_2$，$\boldsymbol{\alpha}_3$ 线性表示，且表示式唯一；（2）$\boldsymbol{\alpha}_4$ 不能由 $\boldsymbol{\alpha}_1$，$\boldsymbol{\alpha}_2$，$\boldsymbol{\alpha}_3$ 线性表示.

证　（1）因向量组 $\boldsymbol{\alpha}_2$，$\boldsymbol{\alpha}_3$，$\boldsymbol{\alpha}_4$ 线性无关，由性质3，$\boldsymbol{\alpha}_2$，$\boldsymbol{\alpha}_3$ 线性无关，而向量组 $\boldsymbol{\alpha}_1$，$\boldsymbol{\alpha}_2$，$\boldsymbol{\alpha}_3$ 线性相关，由定理8，__ 能由 $\boldsymbol{\alpha}_2$，$\boldsymbol{\alpha}_3$ 线性表示，且表示式唯一.

（2）用反证法，设 $\boldsymbol{\alpha}_4$ 能由 $\boldsymbol{\alpha}_1$，$\boldsymbol{\alpha}_2$，$\boldsymbol{\alpha}_3$ 线性表示，又由（1）可知 $\boldsymbol{\alpha}_1$ 能由 $\boldsymbol{\alpha}_2$，$\boldsymbol{\alpha}_3$ 线性表示，则 __ 能由 $\boldsymbol{\alpha}_2$，$\boldsymbol{\alpha}_3$ 线性表示，与向量组 $\boldsymbol{\alpha}_2$，$\boldsymbol{\alpha}_3$，$\boldsymbol{\alpha}_4$ 线性无关矛盾，所以 $\boldsymbol{\alpha}_4$ 不能由 $\boldsymbol{\alpha}_1$，$\boldsymbol{\alpha}_2$，$\boldsymbol{\alpha}_3$ 线性表示.

练　习

- **选择题**

1. 已知 $\boldsymbol{\alpha}_1=(1,1,-1)$，$\boldsymbol{\alpha}_2=(1,1,1)$，则下面哪个向量可以由 $\boldsymbol{\alpha}_1$，$\boldsymbol{\alpha}_2$ 线性表示？（　　）

（A）（1，0，0）　　（B）（1，1，0）

（C）（0，1，1）　　（D）（0，1，0）

2. 设 n 维列向量组 $\boldsymbol{\alpha}_1$，…，$\boldsymbol{\alpha}_m(m<n)$ 线性无关，则 n 维列向量组 $\boldsymbol{\beta}_1$，…，$\boldsymbol{\beta}_m$ 线性无关的充分必要条件为（　　）.

（A）向量组 $\boldsymbol{\alpha}_1$，…，$\boldsymbol{\alpha}_m$ 可由向量组 $\boldsymbol{\beta}_1$，…，$\boldsymbol{\beta}_m$ 线性表示

（B）向量组 $\boldsymbol{\beta}_1$，…，$\boldsymbol{\beta}_m$ 可由向量组 $\boldsymbol{\alpha}_1$，…，$\boldsymbol{\alpha}_m$ 线性表示

（C）向量组 $\boldsymbol{\alpha}_1$，…，$\boldsymbol{\alpha}_m$ 与向量组 $\boldsymbol{\beta}_1$，…，$\boldsymbol{\beta}_m$ 等价

（D）矩阵 $\boldsymbol{A}=(\boldsymbol{\alpha}_1,\cdots,\boldsymbol{\alpha}_m)$ 与矩阵 $\boldsymbol{B}=(\boldsymbol{\beta}_1,\cdots,\boldsymbol{\beta}_m)$ 等价

3. 设$\boldsymbol{\beta}$，$\boldsymbol{\alpha}_1$，$\boldsymbol{\alpha}_2$线性相关，$\boldsymbol{\beta}$，$\boldsymbol{\alpha}_2$，$\boldsymbol{\alpha}_3$线性无关，则（　　）.

(A) $\boldsymbol{\alpha}_1$，$\boldsymbol{\alpha}_2$，$\boldsymbol{\alpha}_3$线性相关

(B) $\boldsymbol{\alpha}_1$，$\boldsymbol{\alpha}_2$，$\boldsymbol{\alpha}_3$线性无关

(C) $\boldsymbol{\alpha}_1$可用$\boldsymbol{\beta}$，$\boldsymbol{\alpha}_2$线性表示

(D) β可用$\boldsymbol{\alpha}_1$，$\boldsymbol{\alpha}_2$线性表示

4. 若同维向量组$\boldsymbol{\alpha}_1, \boldsymbol{\alpha}_2, \cdots, \boldsymbol{\alpha}_m$和$\boldsymbol{\beta}_1, \boldsymbol{\beta}_2, \cdots, \boldsymbol{\beta}_m$均线性无关，则向量组$\boldsymbol{\alpha}_1+\boldsymbol{\beta}_1, \boldsymbol{\alpha}_2+\boldsymbol{\beta}_2, \cdots, \boldsymbol{\alpha}_m+\boldsymbol{\beta}_m$是（　　）.

(A) 线性相关

(B) 线性无关

(C) 或者线性相关，或者线性无关

(D) 既不线性相关，也不线性无关

5. 设向量组$\boldsymbol{\alpha}_1$，$\boldsymbol{\alpha}_2$，$\boldsymbol{\alpha}_3$线性无关，向量$\boldsymbol{\beta}_1$可由$\boldsymbol{\alpha}_1$，$\boldsymbol{\alpha}_2$，$\boldsymbol{\alpha}_3$线性表示，而向量$\boldsymbol{\beta}_2$不能由$\boldsymbol{\alpha}_1$，$\boldsymbol{\alpha}_2$，$\boldsymbol{\alpha}_3$线性表示，则对于任意常数k，必有（　　）.

(A) $\boldsymbol{\alpha}_1$，$\boldsymbol{\alpha}_2$，$\boldsymbol{\alpha}_3$，$k\boldsymbol{\beta}_1+\boldsymbol{\beta}_2$线性无关

(B) $\boldsymbol{\alpha}_1$，$\boldsymbol{\alpha}_2$，$\boldsymbol{\alpha}_3$，$k\boldsymbol{\beta}_1+\boldsymbol{\beta}_2$线性相关

(C) $\boldsymbol{\alpha}_1$，$\boldsymbol{\alpha}_2$，$\boldsymbol{\alpha}_3$，$\boldsymbol{\beta}_1+k\boldsymbol{\beta}_2$线性无关

(D) $\boldsymbol{\alpha}_1$，$\boldsymbol{\alpha}_2$，$\boldsymbol{\alpha}_3$，$\boldsymbol{\beta}_1+k\boldsymbol{\beta}_2$线性相关

● **填空题**

6. 若向量组$\boldsymbol{\alpha}_1$，$\boldsymbol{\alpha}_2$，$\boldsymbol{\alpha}_3$线性无关，则向量组$\boldsymbol{\alpha}_1+\boldsymbol{\alpha}_2+\boldsymbol{\alpha}_3$，$\boldsymbol{\alpha}_3+\boldsymbol{\alpha}_1$是线性________.

7. 若$\boldsymbol{\alpha}_1=(1,1,1)$，$\boldsymbol{\alpha}_2=(a,0,b)$，$\boldsymbol{\alpha}_3=(1,3,2)$，且$\boldsymbol{\alpha}_1$，$\boldsymbol{\alpha}_2$，$\boldsymbol{\alpha}_3$线性相关，则$a$，$b$满足关系式________.

8. 设三阶方阵$\boldsymbol{A}=\begin{pmatrix}1&2&-2\\2&1&2\\3&0&4\end{pmatrix}$，三维列向量$\boldsymbol{\alpha}=(a,1,1)^{\mathrm{T}}$，已知$\boldsymbol{A\alpha}$与$\boldsymbol{\alpha}$线性相关，则$a=$________.

9. 设向量组$\boldsymbol{\alpha}_1=(a,0,c)$，$\boldsymbol{\alpha}_2=(b,c,0)$，$\boldsymbol{\alpha}_3=(0,a,b)$线性无关，则$a$，$b$，$c$必满足关系式________.

10. 若$\boldsymbol{\alpha}_1=(1,0,2)^{\mathrm{T}}$，$\boldsymbol{\alpha}_2=(-1,2,2)^{\mathrm{T}}$，$\boldsymbol{\alpha}_3=(3,k,8)^{\mathrm{T}}$线性相关，则$k=$________.

● **计算题**

11. 判断下列向量组的线性相关性：

(1) $\begin{pmatrix}1\\1\\1\end{pmatrix},\begin{pmatrix}-1\\2\\-2\end{pmatrix},\begin{pmatrix}0\\3\\-1\end{pmatrix}$；(2) $\begin{pmatrix}1\\1\\1\\1\end{pmatrix},\begin{pmatrix}-1\\2\\-2\\3\end{pmatrix},\begin{pmatrix}0\\3\\-1\\4\end{pmatrix}$；

(3) $\begin{pmatrix}1\\1\\0\end{pmatrix},\begin{pmatrix}0\\1\\1\end{pmatrix},\begin{pmatrix}1\\0\\1\end{pmatrix},\begin{pmatrix}1\\2\\4\end{pmatrix}$.

12. 问t取何值时，向量组$\begin{pmatrix}1\\1\\0\end{pmatrix}$，$\begin{pmatrix}1\\3\\-1\end{pmatrix}$，$\begin{pmatrix}5\\3\\t\end{pmatrix}$线性相关？

13. 证明：若向量组$\boldsymbol{\xi}_0$，$\boldsymbol{\xi}_1$，$\boldsymbol{\xi}_2$线性无关，则向量组$\boldsymbol{\eta}_0=\boldsymbol{\xi}_0$，$\boldsymbol{\eta}_1=\boldsymbol{\eta}_0+\boldsymbol{\xi}_1$，$\boldsymbol{\eta}_2=\boldsymbol{\eta}_0+\boldsymbol{\xi}_2$线性无关.

14. 设$\boldsymbol{\beta}_1=\boldsymbol{\alpha}_1+\boldsymbol{\alpha}_2$，$\boldsymbol{\beta}_2=\boldsymbol{\alpha}_2+\boldsymbol{\alpha}_3$，$\boldsymbol{\beta}_3=\boldsymbol{\alpha}_3+\boldsymbol{\alpha}_4$，$\boldsymbol{\beta}_4=\boldsymbol{\alpha}_4+\boldsymbol{\alpha}_1$，证明$\boldsymbol{\beta}_1$，$\boldsymbol{\beta}_2$，$\boldsymbol{\beta}_3$，$\boldsymbol{\beta}_4$线性相关，并说明这种情况下向量组$\boldsymbol{\alpha}_1$，$\boldsymbol{\alpha}_2$，$\boldsymbol{\alpha}_3$，$\boldsymbol{\alpha}_4$与向量组$\boldsymbol{\beta}_1$，$\boldsymbol{\beta}_2$，$\boldsymbol{\beta}_3$，$\boldsymbol{\beta}_4$相关性之间的关系.

15. 已知$\boldsymbol{\beta}_1=\begin{pmatrix}1\\0\\1\end{pmatrix}$，$\boldsymbol{\beta}_2=\begin{pmatrix}1\\2\\3\end{pmatrix}$，$\boldsymbol{\beta}_3=\begin{pmatrix}4\\7\\9\end{pmatrix}$，$\boldsymbol{\beta}_4=\begin{pmatrix}2\\-5\\-1\end{pmatrix}$，判断$\boldsymbol{\beta}_4$可否由$\boldsymbol{\beta}_1$，$\boldsymbol{\beta}_2$，$\boldsymbol{\beta}_3$线性表示并写出其表示式.

3.5 向量组的秩

本节介绍向量组的最大无关组及向量组的秩，并利用矩阵的秩

来研究向量组的秩.

考虑问题：对于向量组 A:$\boldsymbol{\alpha}_1$, $\boldsymbol{\alpha}_2$, …, $\boldsymbol{\alpha}_n$，能不能找到向量组 B:$\boldsymbol{\beta}_1$, $\boldsymbol{\beta}_2$, …, $\boldsymbol{\beta}_r$，使得向量组 A 中任一个向量都可由向量组 B 线性表示，进而要求如何寻找向量组 B 是所有能表示向量组 A 的向量组中向量个数最少的？具有这样特性的向量组是否唯一？它们与向量组 A 之间有什么关系？为了研究这些问题，下面引入秩的概念.

定义 7 在向量组 A 中若能选出 r 个向量 $\boldsymbol{\alpha}_1$, $\boldsymbol{\alpha}_2$, …, $\boldsymbol{\alpha}_r$，构成向量组 A_0，满足：

(1) 向量组 A_0 线性无关；

(2) 向量组 A 中任意 $r+1$ 个向量（若有 $r+1$ 个向量）都线性相关，

则称向量组 A_0:$\boldsymbol{\alpha}_1$, $\boldsymbol{\alpha}_2$, …, $\boldsymbol{\alpha}_r$ 是向量组 A 的一个**最大线性无关向量组**，简称**最大无关组**. 最大无关组中所含向量的个数 r 称**向量组 A 的秩**，记为 R_A.

注：线性无关向量组的最大无关组即为其自身；只含零向量的向量组没有最大无关组，规定它的秩为零. 定义 7 中的向量组 A 可以是向量个数有限或无限的向量组.

只含有限个向量的向量组的秩，与向量组构成的矩阵的秩之间有着必然的联系，为说明这点，有以下定理：

定理 9 矩阵的秩等于它的列向量组的秩，也等于它的行向量组的秩.

证 首先，证明矩阵的秩等于它的列向量组的秩. 要证明这一点，只要证明矩阵的秩等于列向量组的最大无关组的向量个数 r 即可，亦即只要证明列向量组存在 r 个列向量线性无关，但任意 $r+1$ 个列向量线性相关.

先证存在 r 个列向量线性无关. 设矩阵 $\boldsymbol{A}=(\boldsymbol{\alpha}_1,\boldsymbol{\alpha}_2,\cdots,\boldsymbol{\alpha}_n)$，且 $R(\boldsymbol{A})=r$，即存在 r 阶非零子式 D_r，记为 $D_r=\begin{vmatrix} d_{11} & d_{12} & \cdots & d_{1r} \\ d_{21} & d_{22} & \cdots & d_{2r} \\ \vdots & \vdots & & \vdots \\ d_{r1} & d_{r2} & \cdots & d_{rr} \end{vmatrix} \neq 0$. $\boldsymbol{D}=\begin{pmatrix} d_{11} & d_{12} & \cdots & d_{1r} \\ d_{21} & d_{22} & \cdots & d_{2r} \\ \vdots & \vdots & & \vdots \\ d_{r1} & d_{r2} & \cdots & d_{rr} \end{pmatrix}$ 为与之对应的矩阵，即 D_r 为方阵 $\boldsymbol{D}$ 的行列式. 由于 $D_r\neq 0$，则 $R(\boldsymbol{D})=r$，由

3.4 节定理 5，知 $\boldsymbol{D}$ 的 r 列向量线性无关. 而 $\boldsymbol{D}$ 是由矩阵 $\boldsymbol{A}$ 的不同行和不同列元素构成的方阵，从而由 3.4 节性质 4，知与 $\boldsymbol{D}$ 对应的矩阵 $\boldsymbol{A}$ 中的 r 个列向量线性无关.

再证任意 $r+1$ 个列向量线性相关. $\boldsymbol{A}$ 的任意 $r+1$ 个列向量所组成的矩阵的秩 $\leqslant R(\boldsymbol{A}) < r+1$，由 3.4 节定理 5，知 $\boldsymbol{A}$ 的任意 $r+1$ 个列向量线性相关.

从而根据定义，矩阵的列向量组的秩等于 r.

其次，证明矩阵的秩等于它的行向量组的秩.

对矩阵 $\boldsymbol{A}$ 考虑其转置 $\boldsymbol{A}^{\mathrm{T}}$. 由前面的证明可知，$\boldsymbol{A}^{\mathrm{T}}$ 的列向量组的秩等于 $\boldsymbol{A}^{\mathrm{T}}$ 的秩 $R(\boldsymbol{A}^{\mathrm{T}})$，而 $\boldsymbol{A}^{\mathrm{T}}$ 的列向量组为 $\boldsymbol{A}$ 的行向量组，又 $R(\boldsymbol{A}^{\mathrm{T}}) = R(\boldsymbol{A}) = r$，因此矩阵 $\boldsymbol{A}$ 行向量组的秩也等于 r.

据此，只含有限个向量的向量组 $\boldsymbol{\alpha}_1$，$\boldsymbol{\alpha}_2$，…，$\boldsymbol{\alpha}_n$ 的秩也可记为 $R(\boldsymbol{\alpha}_1,\boldsymbol{\alpha}_2,\cdots,\boldsymbol{\alpha}_n)$. 以后记号 $R(\boldsymbol{\alpha}_1,\boldsymbol{\alpha}_2,\cdots,\boldsymbol{\alpha}_n)$ 既可看作向量组 $\boldsymbol{\alpha}_1$，$\boldsymbol{\alpha}_2$，…，$\boldsymbol{\alpha}_n$ 的秩，也可看作矩阵 $\boldsymbol{A} = (\boldsymbol{\alpha}_1,\boldsymbol{\alpha}_2,\cdots,\boldsymbol{\alpha}_n)$ 的秩.

最大无关组有以下性质：

性质 1 向量组的最大无关组一般不唯一，但所含向量的个数相同.

证 由定义可直接推出.

例如，设向量组 A：$\boldsymbol{\alpha}_1 = \begin{pmatrix}1\\0\end{pmatrix}$，$\boldsymbol{\alpha}_2 = \begin{pmatrix}1\\1\end{pmatrix}$，$\boldsymbol{\alpha}_3 = \begin{pmatrix}0\\1\end{pmatrix}$，易见 $\boldsymbol{\alpha}_1$，$\boldsymbol{\alpha}_2$、$\boldsymbol{\alpha}_2$，$\boldsymbol{\alpha}_3$ 与 $\boldsymbol{\alpha}_1$，$\boldsymbol{\alpha}_3$ 均为 A 的最大无关组，都有两个向量.

性质 2 向量组 A 的最大线性无关组 A_0 和向量组 A 本身等价.

证 即要证 A_0 与 A 能相互线性表示. 设向量组 A：$\boldsymbol{\alpha}_1$，$\boldsymbol{\alpha}_2$，…，$\boldsymbol{\alpha}_r$，…，$\boldsymbol{\alpha}_n$，A_0：$\boldsymbol{\alpha}_1$，$\boldsymbol{\alpha}_2$，…，$\boldsymbol{\alpha}_r$. A_0 是 A 的一部分，当然能被向量组 A 线性表示，即

$$\boldsymbol{\alpha}_i = 0\boldsymbol{\alpha}_1 + \cdots + 0\boldsymbol{\alpha}_{i-1} + 1 \times \boldsymbol{\alpha}_i + 0\boldsymbol{\alpha}_{i+1} + \cdots + 0\boldsymbol{\alpha}_n (i = 1,2,\cdots,r);$$

又设 $\boldsymbol{\alpha}$ 为 A 中任一向量，因 $\boldsymbol{\alpha}_1$，$\boldsymbol{\alpha}_2$，…，$\boldsymbol{\alpha}_r$，$\boldsymbol{\alpha}$ 中含 $r+1$ 个向量，必线性相关，而 $\boldsymbol{\alpha}_1$，$\boldsymbol{\alpha}_2$，…，$\boldsymbol{\alpha}_r$ 线性无关，由 3.4 节定理 7，知 $\boldsymbol{\alpha}$ 能由 $\boldsymbol{\alpha}_1$，$\boldsymbol{\alpha}_2$，…，$\boldsymbol{\alpha}_r$ 线性表示，由 $\boldsymbol{\alpha}$ 的任意性，可知 A 能由 A_0 线性表示.

故 A_0 与 A 等价.

性质 3 同一个向量组的任意两个最大无关组等价.

证 设 A_0，$A_0{}'$ 是向量组 A 的两个最大无关组，由性质 2 可知，它们均与向量组 A 等价，从而 A_0 与 $A_0{}'$ 等价.

例 18 全体 n 维向量构成的向量组记作 R^n，求 R^n 的一个最大无关组及 R^n 的秩.

解 由 3.4 节中的例子，n 维单位坐标向量组 $\boldsymbol{e}_1$，$\boldsymbol{e}_2$，…，$\boldsymbol{e}_n$ 线性无关，且由 3.4 节性质 2，知任意 $n+1$ 个 n 维向量必________，从而 $\boldsymbol{e}_1$，$\boldsymbol{e}_2$，…，$\boldsymbol{e}_n$ 是 R^n 的一个最大无关组，且 $R(R^n)=$ __ .

易见，任何 n 个线性无关的 n 维向量都是 R^n 的最大无关组.

由上面的讨论可知，给定一个向量组，其中任一向量均能由它的最大无关组来线性表示. 那么，如何求出一个最大无关组，并把不属于最大无关组的向量用这个最大无关组线性表示呢？下面通过矩阵与齐次线性方程组的解之间的联系来回答这个问题.

如果矩阵 $\boldsymbol{A}$ 经过初等行变换变为 $\boldsymbol{B}$，即 $\boldsymbol{A}\overset{r}{\sim}\boldsymbol{B}$，则存在可逆矩阵 $\boldsymbol{P}$，使得 $\boldsymbol{PA}=\boldsymbol{B}$. 因此 $\boldsymbol{Ax}=\boldsymbol{0}\Leftrightarrow\boldsymbol{PAx}=\boldsymbol{0}\Leftrightarrow\boldsymbol{Bx}=\boldsymbol{0}$，即齐次线性方程组 $\boldsymbol{Ax}=\boldsymbol{0}$ 与 $\boldsymbol{Bx}=\boldsymbol{0}$ 同解. 设 $\boldsymbol{A}=(\boldsymbol{\alpha}_1,\boldsymbol{\alpha}_2,\cdots,\boldsymbol{\alpha}_n)$，$\boldsymbol{B}=(\boldsymbol{\varphi}_1,\boldsymbol{\varphi}_2,\cdots,\boldsymbol{\varphi}_n)$，即有

$$x_1\boldsymbol{\alpha}_1+x_2\boldsymbol{\alpha}_2+\cdots+x_n\boldsymbol{\alpha}_n=\boldsymbol{0} \text{ 与 } x_1\boldsymbol{\varphi}_1+x_2\boldsymbol{\varphi}_2+\cdots+x_n\boldsymbol{\varphi}_n=\boldsymbol{0} \text{ 同解.}$$

于是知 $\boldsymbol{A}$ 的列向量组 $\boldsymbol{\alpha}_1$，$\boldsymbol{\alpha}_2$，…，$\boldsymbol{\alpha}_n$ 各向量之间与 $\boldsymbol{B}$ 的列向量组 $\boldsymbol{\varphi}_1$，$\boldsymbol{\varphi}_2$，…，$\boldsymbol{\varphi}_n$ 各向量之间有相同的线性相关性.

特别地，如果矩阵 $\boldsymbol{B}$ 是矩阵 $\boldsymbol{A}$ 的行最简形，则从矩阵 $\boldsymbol{B}$ 容易看出向量组 $\boldsymbol{\varphi}_1,\boldsymbol{\varphi}_2,\cdots,\boldsymbol{\varphi}_n$ 的最大无关组，并可看出 $\boldsymbol{\varphi}_i$ 列用最大无关组线性表示的表达式. 由于向量组 $\boldsymbol{\alpha}_1$，$\boldsymbol{\alpha}_2$，…，$\boldsymbol{\alpha}_n$ 各向量之间与 $\boldsymbol{\varphi}_1$，$\boldsymbol{\varphi}_2$，…，$\boldsymbol{\varphi}_n$ 各向量之间有相同的线性关系，因此对应可得向量组 $\boldsymbol{\alpha}_1$，$\boldsymbol{\alpha}_2$，…，$\boldsymbol{\alpha}_n$ 的最大无关组及 $\boldsymbol{\alpha}_i$ 列用最大无关组线性表示的表示式.

例 19 向量组 $T:\boldsymbol{\beta}_1=\begin{pmatrix}1\\0\\-2\end{pmatrix}$，$\boldsymbol{\beta}_2=\begin{pmatrix}3\\2\\0\end{pmatrix}$，$\boldsymbol{\beta}_3=\begin{pmatrix}-2\\-1\\1\end{pmatrix}$，$\boldsymbol{\beta}_4=\begin{pmatrix}2\\3\\5\end{pmatrix}$，求 T 的一个最大无关组，并将其余向量用最大无关组线性

表示.

解 构造矩阵

$$A=(\boldsymbol{\beta}_1,\boldsymbol{\beta}_2,\boldsymbol{\beta}_3,\boldsymbol{\beta}_4)=\begin{pmatrix}1&3&-2&2\\0&2&-1&3\\-2&0&1&5\end{pmatrix}\overset{r}{\sim}\begin{pmatrix}1&3&-2&2\\0&2&-1&3\\0&6&-3&9\end{pmatrix}$$

$$\overset{r}{\sim}\begin{pmatrix}1&3&-2&2\\0&2&-1&3\\0&0&0&0\end{pmatrix},$$

通过行最简形可以求得 $R(\boldsymbol{A})=2\Rightarrow R(T)=2$. 矩阵 $\boldsymbol{A}$ 中位于1，2行1，2列的二阶子式 $\begin{vmatrix}1&3\\0&2\end{vmatrix}=2\neq0$，故________是 T 的一个最大无关组.

将前面的行阶梯形矩阵行最简化，得

$$A\overset{r}{\sim}\begin{pmatrix}1&3&-2&2\\0&1&-\frac{1}{2}&\frac{3}{2}\\0&0&0&0\end{pmatrix}\overset{r}{\sim}\begin{pmatrix}1&\_\_&-\frac{1}{2}&-\frac{5}{2}\\0&1&-\frac{1}{2}&\frac{3}{2}\\0&0&0&0\end{pmatrix},$$

根据非齐次线性方程组解的知识知

$$\boldsymbol{\beta}_3=\_\_\_\boldsymbol{\beta}_1-\frac{1}{2}\boldsymbol{\beta}_2,\boldsymbol{\beta}_4=-\frac{5}{2}\boldsymbol{\beta}_1+\_\_\_\boldsymbol{\beta}_2.$$

依据定理9，只要将矩阵的秩改为向量组的秩，即可将3.3节定理3、定理4、定理4推论2及§3.4定理5，不加区别地自然改写为下面的定理：

3.3节定理3′ 向量 $\boldsymbol{b}$ 能由向量组 $\boldsymbol{\alpha}_1$，$\boldsymbol{\alpha}_2$，…，$\boldsymbol{\alpha}_n$ 线性表示的充要条件是

$$R(\boldsymbol{\alpha}_1,\boldsymbol{\alpha}_2,\cdots,\boldsymbol{\alpha}_n)=R(\boldsymbol{\alpha}_1,\boldsymbol{\alpha}_2,\cdots,\boldsymbol{\alpha}_n,\boldsymbol{b}).$$

3.3节定理4′ 向量组 $\boldsymbol{\beta}_1$，$\boldsymbol{\beta}_2$，…，$\boldsymbol{\beta}_m$ 能由向量组 $\boldsymbol{\alpha}_1$，$\boldsymbol{\alpha}_2$，…，$\boldsymbol{\alpha}_n$ 线性表示的充要条件是

$$R(\boldsymbol{\alpha}_1,\boldsymbol{\alpha}_2,\cdots,\boldsymbol{\alpha}_n)=R(\boldsymbol{\alpha}_1,\boldsymbol{\alpha}_2,\cdots,\boldsymbol{\alpha}_n,\boldsymbol{\beta}_1,\boldsymbol{\beta}_2,\cdots,\boldsymbol{\beta}_m).$$

3.3节定理4′推论2 设向量组 $\boldsymbol{\beta}_1$，$\boldsymbol{\beta}_2$，…，$\boldsymbol{\beta}_m$ 能由向量组 $\boldsymbol{\alpha}_1$，$\boldsymbol{\alpha}_2$，…，$\boldsymbol{\alpha}_n$ 线性表示，则

$$R(\boldsymbol{\beta}_1,\boldsymbol{\beta}_2,\cdots,\boldsymbol{\beta}_m)\leqslant R(\boldsymbol{\alpha}_1,\boldsymbol{\alpha}_2,\cdots,\boldsymbol{\alpha}_n).$$

3.4 节定理 5′ 向量组 $\boldsymbol{\alpha}_1$，$\boldsymbol{\alpha}_2$，…，$\boldsymbol{\alpha}_n$ 线性相关的充要条件是 $R(\boldsymbol{\alpha}_1,\boldsymbol{\alpha}_2,\cdots,\boldsymbol{\alpha}_n)<n$；等价地，向量组 $\boldsymbol{\alpha}_1$，$\boldsymbol{\alpha}_2$，…，$\boldsymbol{\alpha}_n$ 线性无关的充分必要条件是 $R(\boldsymbol{\alpha}_1,\boldsymbol{\alpha}_2,\cdots,\boldsymbol{\alpha}_n)=n$.

推论 1 等价的向量组的秩相等.

证 设向量组 A，B 的秩分别为 t,s，因两个向量组等价，即两个向量组能相互线性表示，由定理 4′ 推论 2，$t\leqslant s$ 与 $t\geqslant s$ 同时成立，所以 $t=s$.

这个推论给向量组的秩的意义提供了保证．因为同一个向量组的不同最大无关组均通过与原向量组等价而相互等价，因此虽然最大无关组可以有多个，但它们的秩却相等.

推论 2 （最大无关组的等价定义） 设向量组 $A_0:\boldsymbol{\alpha}_1$，$\boldsymbol{\alpha}_2$，…，$\boldsymbol{\alpha}_r$ 是向量组 $A:\boldsymbol{\alpha}_1$，$\boldsymbol{\alpha}_2$，…，$\boldsymbol{\alpha}_r$，$\boldsymbol{\alpha}_{r+1}$，…，$\boldsymbol{\alpha}_m$ 的一个部分组，且满足：

（1）向量组 $A_0:\boldsymbol{\alpha}_1$，$\boldsymbol{\alpha}_2$，…，$\boldsymbol{\alpha}_r$ 线性无关；

（2）向量组 A 中的任一向量 $\boldsymbol{\alpha}$ 均能由 $A_0:\boldsymbol{\alpha}_1$，$\boldsymbol{\alpha}_2$，…，$\boldsymbol{\alpha}_r$ 线性表示，则向量组 $A_0:\boldsymbol{\alpha}_1$，$\boldsymbol{\alpha}_2$，…，$\boldsymbol{\alpha}_r$ 便是向量组 A 的一个最大无关组.

证 只需证含有 m 个向量的 A 中任意 $r+1$ 个向量线性相关.

设 $\boldsymbol{\beta}_1$，$\boldsymbol{\beta}_2$，，…，$\boldsymbol{\beta}_{r+1}$ 是 A 中的任意 $r+1$ 个向量，由（2）可知，这 $r+1$ 个向量可以由 $A_0:\boldsymbol{\alpha}_1$，$\boldsymbol{\alpha}_2$，…，$\boldsymbol{\alpha}_r$ 线性表示，那么由定理 4′ 推论 2，$R(\boldsymbol{\beta}_1,\boldsymbol{\beta}_2,,\cdots,\boldsymbol{\beta}_{r+1})\leqslant R(A_0)=r$，则 $\boldsymbol{\beta}_1$，$\boldsymbol{\beta}_2$，，…，$\boldsymbol{\beta}_{r+1}$ 线性相关，所以向量组 $A_0:\boldsymbol{\alpha}_1$，$\boldsymbol{\alpha}_2$，…，$\boldsymbol{\alpha}_r$ 便是向量组 $A:\boldsymbol{\alpha}_1$，$\boldsymbol{\alpha}_2$，…$\boldsymbol{\alpha}_r$，$\boldsymbol{\alpha}_{r+1}$，…，$\boldsymbol{\alpha}_m$ 的最大无关组.

例 20 设齐次线性方程组

$$\begin{cases} x_1+2x_2+x_3-2x_4=0\\ 2x_1+3x_2-x_4=0\\ x_1-x_2-5x_3+7x_4=0\end{cases}$$

的全体解向量构成的向量组为 S，求 S 的秩.

解 对系数矩阵 $\boldsymbol{A}$ 施行初等行变换将其化为行最简形：

$$\boldsymbol{A}=\begin{pmatrix}1&2&1&-2\\2&3&0&-1\\1&-1&-5&7\end{pmatrix}\overset{r}{\sim}\begin{pmatrix}1&0&-3&4\\0&1&2&-3\\0&0&0&0\end{pmatrix},$$

得
$$\begin{cases} x_1 = 3x_3 \underline{\qquad} x_4 \\ x_2 = -2x_3 + \underline{\quad} x_4 \end{cases},$$

令 $x_3 = c_1, x_4 = c_2$，得通解为

$$\begin{pmatrix} x_1 \\ x_2 \\ x_3 \\ x_4 \end{pmatrix} = c_1 \begin{pmatrix} 3 \\ -2 \\ 1 \\ 0 \end{pmatrix} + c_2 \begin{pmatrix} -4 \\ 3 \\ 0 \\ 1 \end{pmatrix},$$

即 $\boldsymbol{x} = c_1\boldsymbol{\xi}_1 + c_2\boldsymbol{\xi}_2$，其中 $\boldsymbol{\xi}_1 = \begin{pmatrix} 3 \\ -2 \\ 1 \\ 0 \end{pmatrix}, \boldsymbol{\xi}_2 = \begin{pmatrix} -4 \\ 3 \\ 0 \\ 1 \end{pmatrix}$.

所以该方程组的全体解向量构成的向量组为 $S = \{\boldsymbol{x} = c_1\boldsymbol{\xi}_1 + c_2\boldsymbol{\xi}_2 \mid c_1, c_2 \in \mathbb{R}\}$，即 S 能由向量组 $\boldsymbol{\xi}_1$，$\boldsymbol{\xi}_2$ 线性表示. 又因为 $\boldsymbol{\xi}_1$，$\boldsymbol{\xi}_2$ ________，知 $\boldsymbol{\xi}_1$，$\boldsymbol{\xi}_2$ 是 S 的最大无关组，所以 $R(S) = $ __ .

练　　习

● 选择题

1. 设有向量组 $\boldsymbol{\alpha}_1 = (1, -1, 2, 4)$，$\boldsymbol{\alpha}_2 = (0, 3, 1, 2)$，$\boldsymbol{\alpha}_3 = (3, 0, 7, 14)$，$\boldsymbol{\alpha}_4 = (1, -2, 2, 0)$，$\boldsymbol{\alpha}_5 = (2, 1, 5, 10)$，则该向量组的最大线性无关组是(　　).

(A) $\boldsymbol{\alpha}_1$，$\boldsymbol{\alpha}_2$，$\boldsymbol{\alpha}_3$

(B) $\boldsymbol{\alpha}_1$，$\boldsymbol{\alpha}_2$，$\boldsymbol{\alpha}_4$

(C) $\boldsymbol{\alpha}_1$，$\boldsymbol{\alpha}_2$，$\boldsymbol{\alpha}_5$

(D) $\boldsymbol{\alpha}_1$，$\boldsymbol{\alpha}_2$，$\boldsymbol{\alpha}_4, \boldsymbol{\alpha}_5$

2. 设 n 维向量组（Ⅰ）：$\boldsymbol{\alpha}_1$，$\boldsymbol{\alpha}_2$，…，$\boldsymbol{\alpha}_s$ 与向量组（Ⅱ）：$\boldsymbol{\beta}_1$，$\boldsymbol{\beta}_2$，…，$\boldsymbol{\beta}_t$ 均线性无关，且（Ⅰ）中的每个向量都不能由（Ⅱ）线性表示，同时（Ⅱ）中的每个向量也都不能由（Ⅰ）线性表示，则向量组 $\boldsymbol{\alpha}_1$，$\boldsymbol{\alpha}_2$，…，$\boldsymbol{\alpha}_s$，$\boldsymbol{\beta}_1$，$\boldsymbol{\beta}_2$，…，$\boldsymbol{\beta}_t$ 的线性关系是(　　).

(A) 线性相关

(B) 线性无关

(C) 或者线性相关，或者线性无关

(D) 既不线性相关，也不线性无关

3. 设 $\boldsymbol{\alpha}_1 = \begin{pmatrix} a_1 \\ a_2 \\ a_3 \end{pmatrix}$，$\boldsymbol{\alpha}_2 = \begin{pmatrix} b_1 \\ b_2 \\ b_3 \end{pmatrix}$，$\boldsymbol{\alpha}_3 = \begin{pmatrix} c_1 \\ c_2 \\ c_3 \end{pmatrix}$，则三条直线

$l_1: a_1x + b_1y + c_1 = 0, l_2: a_2x + b_2y + c_2 = 0,$

$l_3: a_3x + b_3y + c_3 = 0$

(其中 $a_i^2 + b_i^2 \neq 0$；$i = 1, 2, 3$) 交于一点的充要条件是(　　).

(A) $\boldsymbol{\alpha}_1$，$\boldsymbol{\alpha}_2$，$\boldsymbol{\alpha}_3$ 线性相关

(B) $\boldsymbol{\alpha}_1$，$\boldsymbol{\alpha}_2$，$\boldsymbol{\alpha}_3$ 线性无关

(C) $R(\boldsymbol{\alpha}_1, \boldsymbol{\alpha}_2, \boldsymbol{\alpha}_3) = R(\boldsymbol{\alpha}_1, \boldsymbol{\alpha}_2)$

(D) $\boldsymbol{\alpha}_1$，$\boldsymbol{\alpha}_2$，$\boldsymbol{\alpha}_3$ 线性相关，$\boldsymbol{\alpha}_1$，$\boldsymbol{\alpha}_2$ 线性无关

4. 设 $\boldsymbol{\alpha}_1$，$\boldsymbol{\alpha}_2$，…，$\boldsymbol{\alpha}_s$ 和 $\boldsymbol{\beta}_1$，$\boldsymbol{\beta}_2$，…，$\boldsymbol{\beta}_t$ 为两个 n

维向量组，且 $R(\boldsymbol{\alpha}_1,\boldsymbol{\alpha}_2,\cdots,\boldsymbol{\alpha}_s)=R(\boldsymbol{\beta}_1,\boldsymbol{\beta}_2,\cdots,\boldsymbol{\beta}_t)=r$，则（　　）.

（A）两向量组等价

（B）$R(\boldsymbol{\alpha}_1,\boldsymbol{\alpha}_2,\cdots,\boldsymbol{\alpha}_s,\boldsymbol{\beta}_1,\boldsymbol{\beta}_2,\cdots,\boldsymbol{\beta}_t)=r$

（C）当 $\boldsymbol{\alpha}_1$，$\boldsymbol{\alpha}_2$，…，$\boldsymbol{\alpha}_s$ 被 $\boldsymbol{\beta}_1$，$\boldsymbol{\beta}_2$，…，$\boldsymbol{\beta}_t$ 线性表示时，$\boldsymbol{\beta}_1$，$\boldsymbol{\beta}_2$，…，$\boldsymbol{\beta}_t$ 也可被 $\boldsymbol{\alpha}_1$，$\boldsymbol{\alpha}_2$，…，$\boldsymbol{\alpha}_s$ 线性表示

（D）当 $s=t$ 时，两向量组等价

- **填空题**

5. 已知向量组 $\boldsymbol{\alpha}_1$，$\boldsymbol{\alpha}_2$，$\boldsymbol{\alpha}_3$ 的秩为 3，则向量组 $\boldsymbol{\alpha}_1$，$\boldsymbol{\alpha}_3-\boldsymbol{\alpha}_2$ 的秩为________.

6. 已知秩为 3 的向量组 $\boldsymbol{\alpha}_1$，$\boldsymbol{\alpha}_2$，$\boldsymbol{\alpha}_3$，$\boldsymbol{\alpha}_4$ 可由向量组 $\boldsymbol{\beta}_1$，$\boldsymbol{\beta}_2$，$\boldsymbol{\beta}_3$ 线性表示，则向量组 $\boldsymbol{\beta}_1$，$\boldsymbol{\beta}_2$，$\boldsymbol{\beta}_3$ 必定线性________.

7. 已知向量组 $\boldsymbol{\alpha}_1=(1,2,-1,1)$，$\boldsymbol{\alpha}_2=(2,0,t,0)$，$\boldsymbol{\alpha}_3=(0,-4,5,-2)$ 的秩为 2，则 $t=$________.

8. 向量组 $\boldsymbol{\alpha}_1=(1,3,5,-1)$，$\boldsymbol{\alpha}_2=(2,-1,-3,4)$，$\boldsymbol{\alpha}_3=(5,1,-1,7)$ 和 $\boldsymbol{\alpha}_4=(7,7,9,1)$ 的一个最大线性无关组是________.

- **计算题**

9. 求下列向量组的秩：

（1）$\begin{pmatrix}1\\2\end{pmatrix}$，$\begin{pmatrix}3\\4\end{pmatrix}$；　　（2）$\begin{pmatrix}1\\2\\1\end{pmatrix}$，$\begin{pmatrix}2\\4\\2\end{pmatrix}$，$\begin{pmatrix}1\\2\\3\end{pmatrix}$.

10. 求矩阵 $\begin{pmatrix}1&-1&5&-1\\1&1&-2&3\\3&-1&8&1\\1&3&-9&7\end{pmatrix}$ 的列向量组的一个最大无关组.

11. 问 λ 取何值时，向量组

$$\boldsymbol{\alpha}_1=\begin{pmatrix}\lambda\\2\\1\\4\end{pmatrix},\quad \boldsymbol{\alpha}_2=\begin{pmatrix}1\\-3\\1\\3\end{pmatrix},\quad \boldsymbol{\alpha}_3=\begin{pmatrix}1\\2\\1\\4\end{pmatrix}$$

的秩为 2？

12. 设矩阵 $\boldsymbol{A}=\begin{pmatrix}2&-1&-1&1&2\\1&1&-2&1&4\\4&-6&2&-2&4\\3&6&-9&7&9\end{pmatrix}$，求矩阵 $\boldsymbol{A}$ 的列向量组的一个最大无关组，并把不属于最大无关组的列向量用最大无关组线性表示.

13. 已知向量组 T：$\boldsymbol{\alpha}_1=\begin{pmatrix}1\\1\\1\\3\end{pmatrix}$，$\boldsymbol{\alpha}_2=\begin{pmatrix}-1\\-3\\5\\1\end{pmatrix}$，$\boldsymbol{\alpha}_3=\begin{pmatrix}3\\2\\-1\\c+2\end{pmatrix}$，$\boldsymbol{\alpha}_4=\begin{pmatrix}-2\\-6\\10\\c\end{pmatrix}$，求向量组 T 的一个最大无关组.

14. 设 $\boldsymbol{A}_{m\times l}$，$\boldsymbol{B}_{l\times n}$，则 $R(\boldsymbol{AB})\leqslant R(\boldsymbol{A})$，$R(\boldsymbol{AB})\leqslant R(\boldsymbol{B})$.

3.6 线性方程组解的结构

在 3.2 节中，给出了线性方程组有解的判别定理，并讨论了对增广矩阵作初等行变换的方法来求线性方程组的解. 本节将用向量组的线性相关性理论来进一步讨论线性方程组的解，给出齐次线性方程组和非齐次线性方程组解的性质以及结构特点.

3.6.1 齐次线性方程组解的结构

齐次线性方程组有可能有无穷多个解，那么这些不同的解之间具有什么样的线性关系呢？

举例说明，设 $\boldsymbol{Ax}=\boldsymbol{0}$ 是线性方程组 $\begin{cases}2x_1+3x_2+x_3=0\\ x_1-2x_2+4x_3=0\\ 3x_1+8x_2-2x_3=0\end{cases}$ 的矩阵表示，已知 $\boldsymbol{\xi}_1=\begin{pmatrix}-2\\1\\1\end{pmatrix}$，$\boldsymbol{\xi}_2=\begin{pmatrix}4\\-2\\-2\end{pmatrix}$ 是它的两个解，可以验证 $\forall k$，$k\boldsymbol{\xi}_1$，$\boldsymbol{\xi}_1+\boldsymbol{\xi}_2$ 都是 $\boldsymbol{Ax}=\boldsymbol{0}$ 的解．这个结论是不是有着普遍意义？下面来进行讨论．

设有齐次线性方程组

$$\begin{cases}a_{11}x_1+a_{12}x_2+\cdots+a_{1n}x_n=0\\ a_{21}x_1+a_{22}x_2+\cdots+a_{2n}x_n=0\\ \qquad\vdots\\ a_{m1}x_1+a_{m2}x_2+\cdots+a_{mn}x_n=0\end{cases},\tag{3.32}$$

记

$$\boldsymbol{A}=\begin{pmatrix}a_{11}&a_{12}&\cdots&a_{1n}\\ a_{21}&a_{22}&\cdots&a_{2n}\\ \vdots&\vdots&&\vdots\\ a_{m1}&a_{m2}&\cdots&a_{mn}\end{pmatrix},\quad \boldsymbol{x}=\begin{pmatrix}x_1\\x_2\\ \vdots\\x_n\end{pmatrix},$$

则式（3.32）可以写成

$$\boldsymbol{Ax}=\boldsymbol{0}\tag{3.33}$$

利用向量方程（3.33）来讨论方程组（3.32）相当方便，以后二者不加区分．

定义 8 若 $x_1=\xi_{11}$，$x_2=\xi_{21}$，$\cdots$，$x_n=\xi_{n1}$ 为方程组（3.32）的解，则

$$\boldsymbol{x}=\begin{pmatrix}x_{11}\\x_{21}\\ \vdots\\x_{n1}\end{pmatrix}=\boldsymbol{\xi}_1=\begin{pmatrix}\xi_{11}\\ \xi_{21}\\ \vdots\\ \xi_{n1}\end{pmatrix}$$

称为方程组（3.32）或向量方程（3.33）的**解向量**或**解**.

下面讨论解向量的性质：

性质1 若 $\boldsymbol{x}=\boldsymbol{\xi}_1$，$\boldsymbol{x}=\boldsymbol{\xi}_2$ 是方程 $\boldsymbol{Ax}=\boldsymbol{0}$ 的解，则 $\boldsymbol{x}=\boldsymbol{\xi}_1+\boldsymbol{\xi}_2$ 也是方程 $\boldsymbol{Ax}=\boldsymbol{0}$ 的解.

证 因为 $\boldsymbol{A}(\boldsymbol{\xi}_1+\boldsymbol{\xi}_2)=\boldsymbol{A\xi}_1+\boldsymbol{A\xi}_2=\boldsymbol{0}+\boldsymbol{0}=\boldsymbol{0}$，故 $\boldsymbol{x}=\boldsymbol{\xi}_1+\boldsymbol{\xi}_2$ 满足方程 $\boldsymbol{Ax}=\boldsymbol{0}$.

性质2 若 $\boldsymbol{x}=\boldsymbol{\xi}_1$ 是方程 $\boldsymbol{Ax}=\boldsymbol{0}$ 的解，k 为实数，则 $\boldsymbol{x}=k\boldsymbol{\xi}_1$ 也是方程 $\boldsymbol{Ax}=\boldsymbol{0}$ 的解.

证 因为 $\boldsymbol{A}(k\boldsymbol{\xi}_1)=k(\boldsymbol{A\xi}_1)=k\cdot\boldsymbol{0}=\boldsymbol{0}$，故 $\boldsymbol{x}=k\boldsymbol{\xi}_1$ 满足方程 $\boldsymbol{Ax}=\boldsymbol{0}$.

性质3 若 $\boldsymbol{x}_1=\boldsymbol{\xi}_1$，$\boldsymbol{x}_2=\boldsymbol{\xi}_2$，…，$\boldsymbol{x}_n=\boldsymbol{\xi}_t$ 都是方程 $\boldsymbol{Ax}=\boldsymbol{0}$ 的解向量，k_1，k_2，…，k_t 为任意常数，则它们的线性组合 $k_1\boldsymbol{\xi}_1+k_2\boldsymbol{\xi}_2+\cdots+k_t\boldsymbol{\xi}_t$ 也为方程 $\boldsymbol{Ax}=\boldsymbol{0}$ 的解.

证 因为

$$\begin{aligned}\boldsymbol{A}(k_1\boldsymbol{\xi}_1+k_2\boldsymbol{\xi}_2+\cdots+k_t\boldsymbol{\xi}_t)&=\boldsymbol{A}k_1\boldsymbol{\xi}_1+\boldsymbol{A}k_2\boldsymbol{\xi}_2+\cdots+\boldsymbol{A}k_t\boldsymbol{\xi}_t\\&=k_1\boldsymbol{A\xi}_1+k_2\boldsymbol{A\xi}_2+\cdots+k_t\boldsymbol{A\xi}_t\\&=k_1\boldsymbol{0}+k_2\boldsymbol{0}+\cdots+k_t\boldsymbol{0}=\boldsymbol{0}.\end{aligned}$$

一般地，记方程组（3.32）的全体解向量的集合为 S，则 S 是一个向量组. 考虑到向量组的最大无关组的性质，若能找到解集 S 的一个最大无关组 S_0：$\boldsymbol{\xi}_1$，$\boldsymbol{\xi}_2$，…，$\boldsymbol{\xi}_t$，则方程组（3.32）的任一解向量 $\boldsymbol{x}$ 均可由 S_0 线性表示，即存在 k_1，k_2，…，k_t，使得 $\boldsymbol{x}=k_1\boldsymbol{\xi}_1+k_2\boldsymbol{\xi}_2+\cdots+k_t\boldsymbol{\xi}_t$；同时由上面的性质可见，对任意 k_1，k_2，…，k_t，最大无关组 S_0：$\boldsymbol{\xi}_1$，$\boldsymbol{\xi}_2$，…，$\boldsymbol{\xi}_t$ 的线性组合 $\boldsymbol{x}=k_1\boldsymbol{\xi}_1+k_2\boldsymbol{\xi}_2+\cdots+k_t\boldsymbol{\xi}_t$ 都是方程组（3.32）的解向量，由于 k_1，k_2，…，k_t 的任意性，$\boldsymbol{x}=k_1\boldsymbol{\xi}_1+k_2\boldsymbol{\xi}_2+\cdots+k_t\boldsymbol{\xi}_t$ 就是方程组（3.32）的通解.

齐次线性方程组解集 S 的最大无关组称为该齐次方程组的**基础解系**. 由以上讨论可知，若求齐次线性方程组的解集，只需求出它的基础解系即可.

定理10 若含 n 个未知数的齐次线性方程组 $\boldsymbol{Ax}=\boldsymbol{0}$ 的系数矩阵的秩 $R(\boldsymbol{A})=r<n$，则该方程组存在基础解系，且基础解系中恰含 $n-r$ 个向量.

证 因 $R(\boldsymbol{A})=r$，不失一般性，不妨设 $\boldsymbol{A}$ 的前 r 个列向量线性无关，于是 $\boldsymbol{A}$ 的行最简形矩阵为

$$B=\left.\overbrace{\begin{pmatrix} 1 & 0 & \cdots & 0 & b_{11} & \cdots & b_{1,n-r+1} & b_{1,n-r} \\ 0 & 1 & \cdots & 0 & b_{21} & \cdots & b_{2,n-r+1} & b_{2,n-r} \\ \vdots & \vdots & & \vdots & \vdots & & \vdots & \vdots \\ 0 & 0 & \cdots & 1 & b_{r1} & \cdots & b_{r,n-r+1} & b_{r,n-r} \\ 0 & 0 & \cdots & 0 & 0 & \cdots & 0 & 0 \\ 0 & 0 & \cdots & 0 & 0 & \cdots & 0 & 0 \\ \vdots & \vdots & & \vdots & \vdots & & \vdots & \vdots \\ 0 & 0 & \cdots & 0 & 0 & \cdots & 0 & 0 \end{pmatrix}}^{n\text{列}}\right\} m\text{ 行}$$

它对应的方程组为

$$\begin{cases} x_1 = -b_{11}x_{r+1} - \cdots - b_{1,n-r}x_n \\ \qquad\qquad \vdots \\ x_r = -b_{r1}x_{r+1} - \cdots - b_{r,n-r}x_n \end{cases}. \tag{3.34}$$

方程组（3.32）与方程组（3.34）同解，在方程组（3.34）中，任给 x_{r+1}，…，x_n 一组值，就唯一确定了 x_1，…，x_r 的值，则得到方程组（3.34）的一个解向量，也就是方程组（3.32）的解．现令 $n-r$ 个未知量 x_{r+1}，…，x_n 分别取

$$\begin{pmatrix} x_{r+1} \\ x_{r+2} \\ \vdots \\ x_n \end{pmatrix} = \left.\overbrace{\begin{pmatrix} 1 \\ 0 \\ \vdots \\ 0 \end{pmatrix}, \begin{pmatrix} 0 \\ 1 \\ \vdots \\ 0 \end{pmatrix}, \cdots, \begin{pmatrix} 0 \\ 0 \\ \vdots \\ 1 \end{pmatrix}}^{n-r\text{个}}\right\} n-r\text{ 行},$$

由方程组（3.34）依次可得

$$\begin{pmatrix} x_1 \\ x_2 \\ \vdots \\ x_r \end{pmatrix} = \begin{pmatrix} -b_{11} \\ -b_{21} \\ \vdots \\ -b_{r1} \end{pmatrix}, \begin{pmatrix} -b_{12} \\ -b_{22} \\ \vdots \\ -b_{r2} \end{pmatrix}, \cdots, \begin{pmatrix} -b_{1,n-r} \\ -b_{2,n-r} \\ \vdots \\ -b_{r,n-r} \end{pmatrix},$$

从而求得方程组（3.34），即方程组（3.32）的 $n-r$ 个解：

下面证明 $\boldsymbol{\xi}_1$，$\boldsymbol{\xi}_2$，…，$\boldsymbol{\xi}_{n-r}$ 就是解集 S 的一个最大无关组．

$$\boldsymbol{\xi}_1=\begin{pmatrix}-b_{11}\\ \vdots\\ -b_{r1}\\ 1\\ 0\\ \vdots\\ 0\end{pmatrix},\boldsymbol{\xi}_2=\begin{pmatrix}-b_{12}\\ \vdots\\ -b_{r2}\\ 0\\ 1\\ \vdots\\ 0\end{pmatrix},\cdots,\boldsymbol{\xi}_{n-r}=\begin{pmatrix}-b_{1,n-r}\\ \vdots\\ -b_{r,n-r}\\ 0\\ 0\\ \vdots\\ 1\end{pmatrix}\begin{matrix}\left.\begin{matrix}\\ \\ \\ \end{matrix}\right\} r\text{行}\\ \left.\begin{matrix}\\ \\ \\ \\ \end{matrix}\right\} n-r\text{行}\end{matrix}\Bigg\} n\text{行}.$$

首先，证明 ξ_1，ξ_2，…，ξ_{n-r} 线性无关，因为 $\begin{pmatrix}x_{r+1}\\ x_{r+2}\\ \vdots\\ x_n\end{pmatrix}$ 所取的 $n-r$ 个 $n-r$ 维向量 $\begin{pmatrix}1\\ 0\\ \vdots\\ 0\end{pmatrix},\begin{pmatrix}0\\ 1\\ \vdots\\ 0\end{pmatrix},\cdots,\begin{pmatrix}0\\ 0\\ \vdots\\ 1\end{pmatrix}$ 线性无关，所以由 3.4 节性质 4 可知，在每个向量上面加上 r 个分量而得到的 $n-r$ 个 n 维向量 $\boldsymbol{\xi}_1$，$\boldsymbol{\xi}_2$，…，$\boldsymbol{\xi}_{n-r}$ 也线性无关.

其次，证明方程组（3.32）的任一个解向量 $\boldsymbol{\xi}=(\lambda_1,\lambda_2,\cdots,\lambda_r,\lambda_{r+1},\cdots,\lambda_n)^{\mathrm{T}}$ 都可由解 $\boldsymbol{\xi}_1$，$\boldsymbol{\xi}_2$，…，$\boldsymbol{\xi}_{n-r}$ 线性表示. 为此，构造向量

$$\boldsymbol{\eta}=\boldsymbol{\xi}-\lambda_{r+1}\boldsymbol{\xi}_1-\cdots-\lambda_n\boldsymbol{\xi}_{n-r}=(d_1,d_2,\cdots,d_r,0,\cdots,0)^{\mathrm{T}},$$

由于 $\boldsymbol{\xi}_1$，$\boldsymbol{\xi}_2$，…，$\boldsymbol{\xi}_{n-r}$,$\boldsymbol{\xi}$ 是方程组（3.32）的解，故由性质 3，$\boldsymbol{\eta}$ 也是方程组（3.32）的解，将 $\boldsymbol{\eta}$ 代入方程组（3.34）可以得到 $d_1=d_2=\cdots=d_r=0$，则 $\boldsymbol{\eta}=\mathbf{0}$，故 $\boldsymbol{\xi}=\lambda_{r+1}\boldsymbol{\xi}_1+\cdots+\lambda_n\boldsymbol{\xi}_{n-r}$，即方程组（3.32）的任一解向量都可以由 $\boldsymbol{\xi}_1$，$\boldsymbol{\xi}_2$，…，$\boldsymbol{\xi}_{n-r}$ 来线性表示.

从而证明了 $\boldsymbol{\xi}_1$，$\boldsymbol{\xi}_2$，…，$\boldsymbol{\xi}_{n-r}$ 是解集 S 的一个最大无关组.

由定理 10 可知，方程组（3.32）的基础解系中含有 $n-r$ 个向量，又由最大无关组的性质可知，方程组（3.32）的任何 $n-r$ 个线性无关的解向量都可构成它的基础解系，因此基础解系不是唯一的. 设 $\boldsymbol{\xi}_1$，$\boldsymbol{\xi}_2$，…，$\boldsymbol{\xi}_{n-r}$ 是方程组（3.32）的一个基础解系，则方程组（3.32）的通解为

$$x=k_1\boldsymbol{\xi}_1+k_2\boldsymbol{\xi}_2+\cdots+k_{n-r}\boldsymbol{\xi}_{n-r},\quad k_1,k_2,\cdots k_{n-r}\in\mathbb{R}.$$

定理 10 的证明过程也提供了求齐次线性方程组的基础解系的方法.

例 21 设 $\boldsymbol{A}=\begin{pmatrix}1&2&2&0\\1&3&4&-2\\1&1&0&2\end{pmatrix}$，求 $\boldsymbol{Ax}=\mathbf{0}$ 的一个基础解系.

解 对 $\boldsymbol{A}$ 施行初等行变换，将 $\boldsymbol{A}$ 化为行最简形矩阵：

$$\boldsymbol{A}\overset{r}{\sim}\begin{pmatrix}1&0&-2&4\\0&1&2&-2\\0&0&0&0\end{pmatrix},$$

对应的同解方程组为

$$\begin{cases}x_1=2x_3-4x_4\\x_2=-2x_3+2x_4\end{cases},\tag{3.35}$$

依次取 $\begin{pmatrix}x_3\\x_4\end{pmatrix}=\begin{pmatrix}1\\0\end{pmatrix}$，$\begin{pmatrix}\underline{\quad}\\\underline{\quad}\end{pmatrix}$，可求得基础解系

$$\boldsymbol{\xi}_1=\begin{pmatrix}2\\-2\\1\\0\end{pmatrix},\boldsymbol{\xi}_2=\begin{pmatrix}-4\\2\\0\\1\end{pmatrix}.$$

注：上面的解法是从方程组（3.35）先求出基础解系，然后再写出通解；如用 3.2 节的解法，是从方程组（3.35）直接求出通解，再从通解的表达式中求得基础解系，如 3.2 节中的例 4，其基础解系为 $\boldsymbol{\xi}=\left(\frac{4}{3},-3,\frac{4}{3},1\right)^{\mathrm{T}}$. 这两种解法在难易程度上其实没有多少差别，只是本节的解法更突出了基础解系的作用和解的结构特点.

上例中，由式（3.35），若取 $\begin{pmatrix}x_3\\x_4\end{pmatrix}=\begin{pmatrix}1\\0\end{pmatrix},\begin{pmatrix}1\\1\end{pmatrix}$，对应得

$$\begin{pmatrix}x_1\\x_2\end{pmatrix}=\begin{pmatrix}2\\-2\end{pmatrix},\begin{pmatrix}\underline{\quad}\\\underline{\quad}\end{pmatrix},$$

可求出方程组的另一个基础解系为

$$\boldsymbol{\eta}_1=\begin{pmatrix}2\\-2\\1\\0\end{pmatrix},\boldsymbol{\eta}_2=\begin{pmatrix}\underline{\quad}\\\underline{\quad}\\\underline{\quad}\\\underline{\quad}\end{pmatrix}$$

从而得通解为

$$\boldsymbol{x} = c_1\boldsymbol{\eta}_1 + c_2\boldsymbol{\eta}_2 (c_1, c_2 \in \mathbb{R}).$$

显然 $\boldsymbol{\xi}_1$，$\boldsymbol{\xi}_2$ 与 $\boldsymbol{\eta}_1$，$\boldsymbol{\eta}_2$ 是等价的，两个通解的形式虽然不一样，但所含任意常数的个数相同，且都能表示方程组的任一解.

定理 10 不仅是线性方程组各种解法的理论基础，而且在利用向量组的线性相关性证明矩阵秩的性质时也很有用.

例 22 设 $\boldsymbol{A}_{m\times n}\boldsymbol{B}_{n\times l} = \boldsymbol{O}$，则 $R(\boldsymbol{A}) + R(\boldsymbol{B}) \leqslant n$.

证 设 $R(\boldsymbol{A}) = r$，记 $\boldsymbol{B} = (\boldsymbol{\beta}_1, \boldsymbol{\beta}_2, \cdots, \boldsymbol{\beta}_l)$，则

$\boldsymbol{AB} = \boldsymbol{A}(\boldsymbol{\beta}_1, \boldsymbol{\beta}_2, \cdots, \boldsymbol{\beta}_l) = (\boldsymbol{A\beta}_1, \boldsymbol{A\beta}_2, \cdots, \boldsymbol{A\beta}_l) = (\boldsymbol{0}, \boldsymbol{0}, \cdots, \boldsymbol{0})$，即有 $\boldsymbol{AB}_l = \boldsymbol{0}$，$i = 1, 2, \cdots, l$，这表示矩阵 $\boldsymbol{B}$ 的 l 个列向量都是齐次线性方程组 $\boldsymbol{Ax} = \boldsymbol{0}$ 的解，都可以由齐次线性方程组 $\boldsymbol{Ax} = \boldsymbol{0}$ 的基础解系线性表示，从而矩阵 $\boldsymbol{B}$ 的列向量组可以由齐次线性方程组 $\boldsymbol{Ax} = \boldsymbol{0}$ 的基础解系线性表示. 齐次线性方程 $\boldsymbol{Ax} = \boldsymbol{0}$ 基础解系中解的个数为 $n - r$，所以 $R(\boldsymbol{B}) = R(\boldsymbol{\beta}_1, \boldsymbol{\beta}_2, \cdots, \boldsymbol{\beta}_l) \leqslant n - r$，故 $R(\boldsymbol{A}) + R(\boldsymbol{B}) \leqslant r + n - r = n$.

例 23 设 $\boldsymbol{A}$ 为方阵，证明 $R(\boldsymbol{A}^{\mathrm{T}}\boldsymbol{A}) = R(\boldsymbol{A})$

证 考虑齐次线性方程组 $\boldsymbol{A}^{\mathrm{T}}\boldsymbol{Ax} = \boldsymbol{0}$ 及 $\boldsymbol{Ax} = \boldsymbol{0}$. 首先证这两个方程组同解，则基础解系相同，因而基础解系中解向量的个数相等. 再利用定理 10 即可证命题.

因为 $\boldsymbol{A}$ 为方阵，不妨设为 n 阶. 由定理 10，齐次线性方程组 $\boldsymbol{Ax} = \boldsymbol{0}$ 的基础解系中解向量的个数为 $n - R(\boldsymbol{A})$，而齐次线性方程组 $\boldsymbol{A}^{\mathrm{T}}\boldsymbol{Ax} = \boldsymbol{0}$ 的基础解系中解的个数为 $n - R(\boldsymbol{A}^{\mathrm{T}}\boldsymbol{A})$.

若 $\boldsymbol{x}$ 满足方程组 $\boldsymbol{Ax} = \boldsymbol{0}$，则有 $\boldsymbol{A}^{\mathrm{T}}(\boldsymbol{Ax}) = \boldsymbol{A}^{\mathrm{T}}\boldsymbol{0} = \boldsymbol{0}$，即有 $\boldsymbol{A}^{\mathrm{T}}\boldsymbol{Ax} = \boldsymbol{0}$，因此方程组 $\boldsymbol{Ax} = \boldsymbol{0}$ 的解都是方程组 $\boldsymbol{A}^{\mathrm{T}}\boldsymbol{Ax} = \boldsymbol{0}$ 的解.

若 $\boldsymbol{x}$ 满足方程组 $\boldsymbol{A}^{\mathrm{T}}\boldsymbol{Ax} = \boldsymbol{0}$，则有 $\boldsymbol{x}^{\mathrm{T}}(\boldsymbol{A}^{\mathrm{T}}\boldsymbol{A})\boldsymbol{x} = \boldsymbol{x}^{\mathrm{T}}\boldsymbol{0} = \boldsymbol{0}$，即有 $(\boldsymbol{Ax})^{\mathrm{T}}(\boldsymbol{Ax}) = \boldsymbol{0}$，由于 $\boldsymbol{Ax}$ 为列向量，设

$$\boldsymbol{Ax} = \begin{pmatrix} y_1 \\ y_2 \\ \vdots \\ y_n \end{pmatrix}, \tag{3.36}$$

从而有

$$(\boldsymbol{Ax})^{\mathrm{T}}(\boldsymbol{Ax}) = (y_1, y_2, \cdots, y_n)\begin{pmatrix} y_1 \\ y_2 \\ \vdots \\ y_n \end{pmatrix} = y_1^2 + y_2^2 + \cdots + y_n^2 = 0,$$

即有

$$y_1 = 0, y_2 = 0, \cdots, y_n = 0,$$

由式（3.36）知 $\boldsymbol{Ax} = \boldsymbol{0}$，所以方程组 $(\boldsymbol{A}^{\mathrm{T}}\boldsymbol{A})\boldsymbol{x} = \boldsymbol{0}$ 的解都是方程组 $\boldsymbol{Ax} = \boldsymbol{0}$ 的解.

综上所述，方程组 $\boldsymbol{Ax} = \boldsymbol{0}$ 与 $\boldsymbol{A}^{\mathrm{T}}\boldsymbol{Ax} = \boldsymbol{0}$ 同解，所以基础解系相同，故有 $n - R(\boldsymbol{A}) = n - R(\boldsymbol{A}^{\mathrm{T}}\boldsymbol{A})$，因此 $R(\boldsymbol{A}^{\mathrm{T}}\boldsymbol{A}) = R(\boldsymbol{A})$.

3.6.2 非齐次线性方程组解的结构

非齐次线性方程组有可能有无穷多个解，其通解在结构上具有什么特点？与齐次方程组的解之间又有着怎样的关系？

设有非齐次线性方程组

$$\begin{cases} a_{11}x_1 + a_{12}x_2 + \cdots + a_{1n}x_n = b_1 \\ a_{21}x_1 + a_{22}x_2 + \cdots + a_{2n}x_n = b_2 \\ \qquad\qquad\vdots \\ a_{m1}x_1 + a_{m2}x_2 + \cdots + a_{mn}x_n = b_m \end{cases}, \tag{3.37}$$

其向量方程为

$$\boldsymbol{Ax} = \boldsymbol{b} \tag{3.38}$$

向量方程（3.38）的解也就是向量组（3.37）的解向量.

性质4 若 $\boldsymbol{x} = \boldsymbol{\eta}_1$，$\boldsymbol{x} = \boldsymbol{\eta}_2$ 是方程组 $\boldsymbol{Ax} = \boldsymbol{b}$ 的解，则 $\boldsymbol{x} = \boldsymbol{\eta}_1 - \boldsymbol{\eta}_2$ 是对应的齐次方程组 $\boldsymbol{Ax} = \boldsymbol{0}$ 的解.

证 $\boldsymbol{A\eta}_1 = \boldsymbol{b}$，$\boldsymbol{A\eta}_2 = \boldsymbol{b}$，所以 $\boldsymbol{A}(\boldsymbol{\eta}_1 - \boldsymbol{\eta}_2) = \boldsymbol{A\eta}_1 - \boldsymbol{A\eta}_2 = \boldsymbol{b} - \boldsymbol{b} = \boldsymbol{0}$，即 $\boldsymbol{x} = \boldsymbol{\eta}_1 - \boldsymbol{\eta}_2$ 是对应的齐次方程组 $\boldsymbol{Ax} = \boldsymbol{0}$ 的解.

性质5 若 $\boldsymbol{x} = \boldsymbol{\eta}$ 是方程组 $\boldsymbol{Ax} = \boldsymbol{b}$ 的解，$\boldsymbol{x} = \boldsymbol{\xi}$ 是对应的齐次方程组 $\boldsymbol{Ax} = \boldsymbol{0}$ 的解，则 $\boldsymbol{x} = \boldsymbol{\eta} + \boldsymbol{\xi}$ 是方程组 $\boldsymbol{Ax} = \boldsymbol{b}$ 的解.

证 $\boldsymbol{A\eta} = \boldsymbol{b}$，$\boldsymbol{A\xi} = \boldsymbol{0}$ 所以 $\boldsymbol{A}(\boldsymbol{\eta} + \boldsymbol{\xi}) = \boldsymbol{A\eta} + \boldsymbol{A\xi} = \boldsymbol{b} + \boldsymbol{0} = \boldsymbol{b}$，即 $\boldsymbol{x} = \boldsymbol{\eta} + \boldsymbol{\xi}$ 是方程组 $\boldsymbol{Ax} = \boldsymbol{b}$ 的解.

定理 11 设 $R(\boldsymbol{A})=r$，$\boldsymbol{\eta}$ 为非齐次方程组 $\boldsymbol{Ax}=\boldsymbol{b}$ 的一个特解，$\boldsymbol{\xi}_1$，$\boldsymbol{\xi}_2$，…，$\boldsymbol{\xi}_{n-r}$ 为齐次线性方程组 $\boldsymbol{Ax}=\boldsymbol{0}$ 的一个基础解系，则非齐次线性方程组 $\boldsymbol{Ax}=\boldsymbol{b}$ 的任一解可表示为

$$c_1\boldsymbol{\xi}_1+c_2\boldsymbol{\xi}_2+\cdots+c_{n-r}\boldsymbol{\xi}_{n-r}+\boldsymbol{\eta}(c_1,c_2,\cdots,c_{n-r}\in\mathbb{R}).$$

证 设 $\boldsymbol{x}$ 为非齐次线性方程组 $\boldsymbol{Ax}=\boldsymbol{b}$ 的任意一解，由性质 4，$\boldsymbol{x}-\boldsymbol{\eta}$ 为齐次线性方程组 $\boldsymbol{Ax}=\boldsymbol{0}$ 的解，所以 $\boldsymbol{x}-\boldsymbol{\eta}=c_1\boldsymbol{\xi}_1+c_2\boldsymbol{\xi}_2+\cdots+c_{n-r}\boldsymbol{\xi}_{n-r}(c_1,c_2,\cdots,c_{n-r}\in\mathbb{R})$，

即有 $$\boldsymbol{x}=c_1\boldsymbol{\xi}_1+c_2\boldsymbol{\xi}_2+\cdots+c_{n-r}\boldsymbol{\xi}_{n-r}+\boldsymbol{\eta}(c_1,c_2,\cdots,c_{n-r}\in\mathbb{R}).$$

以后，$\boldsymbol{x}=c_1\boldsymbol{\xi}_1+c_2\boldsymbol{\xi}_2+\cdots+c_{n-r}\boldsymbol{\xi}_{n-r}+\boldsymbol{\eta}(c_1,c_2,\cdots,c_{n-r}\in\mathbb{R})$ 称为非齐次线性方程组的通解，这就是非齐次线性方程组解的结构.

例 24 求解非齐次线性方程组

$$\begin{cases}x_1-x_2+2x_3+x_4=1\\2x_1-x_2+x_3+2x_4=3\\x_1-x_3+x_4=2\\3x_1-x_2+3x_4=5\end{cases}.$$

解 对方程组的增广矩阵 $\boldsymbol{B}=(\boldsymbol{A},\boldsymbol{b})$ 施行初等行变换：

$$B=\begin{pmatrix}1&-1&2&1&1\\2&-1&1&2&3\\1&0&-1&1&2\\3&-1&0&3&5\end{pmatrix}\overset{\substack{r_2-2r_1\\r_3-r_1\\r_3-3r_1}}{\sim}\begin{pmatrix}1&-1&2&1&1\\0&1&-3&0&1\\0&1&-3&0&1\\0&2&-6&0&2\end{pmatrix}$$

$$\overset{\substack{r_3-r_2\\r_4-2r_2}}{\sim}\begin{pmatrix}1&-1&2&1&1\\0&1&-3&0&1\\0&0&0&0&0\\0&0&0&0&0\end{pmatrix}\overset{r_1+r_2}{\sim}\begin{pmatrix}1&\_\_&\_\_&\_\_&2\\0&1&-3&0&1\\0&0&0&0&0\\0&0&0&0&0\end{pmatrix}$$

可见 $R(\boldsymbol{A})=R(\boldsymbol{B})=$ __，故方程组有解，且有对应方程组

$$\begin{cases}x_1=x_3-x_4+2\\x_2=3x_3+1\end{cases},$$

取 $x_3=x_4=0$，则有 $x_1=2$，$x_2=1$，即得方程组的一个特解为

$$\boldsymbol{\eta} = \begin{pmatrix} 2 \\ 1 \\ 0 \\ 0 \end{pmatrix};$$

在对应的齐次线性方程组 $\begin{cases} x_1 = x_3 - \\ x_2 = 3x_3 \end{cases}$ — 中，取 $\begin{pmatrix} x_3 \\ x_4 \end{pmatrix} = \begin{pmatrix} 1 \\ 0 \end{pmatrix}, \begin{pmatrix} 0 \\ 1 \end{pmatrix}$,

得齐次方程组的基础解系为

$$\boldsymbol{\xi}_1 = \begin{pmatrix} 1 \\ 3 \\ 1 \\ 0 \end{pmatrix}, \boldsymbol{\xi}_2 = \begin{pmatrix} -1 \\ 0 \\ 0 \\ 1 \end{pmatrix},$$

于是所求方程组的通解为

$$\begin{pmatrix} x_1 \\ x_2 \\ x_3 \\ x_4 \end{pmatrix} = c_1 \begin{pmatrix} 1 \\ 3 \\ 1 \\ 0 \end{pmatrix} + c_2 \begin{pmatrix} -1 \\ 0 \\ 0 \\ 1 \end{pmatrix} + \begin{pmatrix} 2 \\ 1 \\ 0 \\ 0 \end{pmatrix} (\_\_\_\_ \in \mathbb{R}).$$

例 25 设 $R(\boldsymbol{A}_{3\times3}) = 2$，$\boldsymbol{Ax} = \boldsymbol{b}(\boldsymbol{b} \neq \boldsymbol{0})$ 的 3 个解 $\boldsymbol{\eta}_1$，$\boldsymbol{\eta}_2$，$\boldsymbol{\eta}_3$ 满足：

$$\boldsymbol{\eta}_1 + \boldsymbol{\eta}_2 = \begin{pmatrix} 2 \\ 0 \\ -2 \end{pmatrix}, \boldsymbol{\eta}_1 + \boldsymbol{\eta}_3 = \begin{pmatrix} 3 \\ 1 \\ -1 \end{pmatrix},$$

求 $\boldsymbol{Ax} = \boldsymbol{b}$ 的通解.

解 $R(\boldsymbol{A}) = 2 \Rightarrow \boldsymbol{Ax} = \boldsymbol{0}$ 的基础解系中含有 $3 - 2 = 1$ 个解向量.

因为 $\boldsymbol{A}[(\boldsymbol{\eta}_1 + \boldsymbol{\eta}_2) - (\boldsymbol{\eta}_1 + \boldsymbol{\eta}_3)] = \boldsymbol{0}$，所以 $\boldsymbol{\xi} = (\boldsymbol{\eta}_1 + \boldsymbol{\eta}_2) - (\boldsymbol{\eta}_1 + \boldsymbol{\eta}_3) = \begin{pmatrix} -1 \\ -1 \\ -1 \end{pmatrix}$ 是 $\boldsymbol{Ax} = \boldsymbol{0}$ 的基础解系，而 $\boldsymbol{A\eta}_1 = \boldsymbol{b}$，$\boldsymbol{A\eta}_2 = \boldsymbol{b}$，

所以 $\boldsymbol{A}(\boldsymbol{\eta}_1 + \boldsymbol{\eta}_2) = \_\_\boldsymbol{b}$，

即 $\boldsymbol{A}[\_\_\_(\boldsymbol{\eta}_1 + \boldsymbol{\eta}_2)] = \boldsymbol{b} \Rightarrow \boldsymbol{\eta}^* = \frac{1}{2}(\boldsymbol{\eta}_1 + \boldsymbol{\eta}_2) = \begin{pmatrix} 1 \\ 0 \\ -1 \end{pmatrix}$ 是 $\boldsymbol{Ax} = \boldsymbol{b}$ 的特解，

故 $\boldsymbol{Ax} = \boldsymbol{b}$ 的通解为 $\boldsymbol{x} = \boldsymbol{\eta}^* + k\boldsymbol{\xi}(k \in \mathbb{R})$.

练　　习

- **选择题**

1. 设线性方程组 $\boldsymbol{Ax}=\boldsymbol{b}$ 有 m 个方程，n 个未知量（$m\neq n$），则下面结论正确的是（　　）.

（A）若 $\boldsymbol{Ax}=\boldsymbol{0}$ 仅有零解，则 $\boldsymbol{Ax}=\boldsymbol{b}$ 有唯一解

（B）若 $\boldsymbol{Ax}=\boldsymbol{0}$ 有非零解，则 $\boldsymbol{Ax}=\boldsymbol{b}$ 有无穷多解

（C）若 $\boldsymbol{Ax}=\boldsymbol{b}$ 有无穷多解，则 $\boldsymbol{Ax}=\boldsymbol{0}$ 仅有零解

（D）若 $\boldsymbol{Ax}=\boldsymbol{b}$ 有无穷多解，则 $\boldsymbol{Ax}=\boldsymbol{0}$ 有非零解

2. 要使 $\boldsymbol{\xi}_1=\begin{pmatrix}1\\0\\2\end{pmatrix},\boldsymbol{\xi}_2=\begin{pmatrix}0\\1\\-1\end{pmatrix}$ 都是线性方程组 $\boldsymbol{Ax}=\boldsymbol{0}$ 的解，只要系数矩阵 $\boldsymbol{A}$ 为（　　）.

（A）$(-2,\ 1,\ 1)$　　（B）$\begin{pmatrix}2&0&-1\\0&1&1\end{pmatrix}$

（C）$\begin{pmatrix}-1&0&2\\0&1&2\end{pmatrix}$　　（D）$\begin{pmatrix}0&1&-1\\4&-2&-2\\0&1&1\end{pmatrix}$

3. 设 n 元齐次线性方程组的系数矩阵的秩 $R(\boldsymbol{A})=n-3$，且 $\boldsymbol{\eta}_1$，$\boldsymbol{\eta}_2$，$\boldsymbol{\eta}_3$ 为此方程组的三个线性无关的解，则此方程组的一个基础解系是（　　）.

（A）$\boldsymbol{\eta}_1$，$\boldsymbol{\eta}_2+\boldsymbol{\eta}_3$

（B）$\boldsymbol{\eta}_1-\boldsymbol{\eta}_2$，$\boldsymbol{\eta}_2-\boldsymbol{\eta}_3$，$\boldsymbol{\eta}_3-\boldsymbol{\eta}_1$

（C）$\boldsymbol{\eta}_1$，$\boldsymbol{\eta}_1+\boldsymbol{\eta}_2$，$\boldsymbol{\eta}_1+\boldsymbol{\eta}_2+\boldsymbol{\eta}_3$

（D）$\boldsymbol{\eta}_1-\boldsymbol{\eta}_2$，$\boldsymbol{\eta}_1-\boldsymbol{\eta}_3$，$-\boldsymbol{\eta}_2+\boldsymbol{\eta}_3$

4. 设 n 元齐次线性方程组 $\boldsymbol{Ax}=\boldsymbol{0}$ 的系数矩阵 $\boldsymbol{A}$ 的秩为 r，则 $\boldsymbol{Ax}=\boldsymbol{0}$ 有非零解的充分必要条件是（　　）.

（A）$r=n$　　（B）$r<n$

（C）$r\geqslant n$　　（D）$r>n$

- **填空题**

5. 设 $\boldsymbol{\eta}_1$，$\boldsymbol{\eta}_2$，$\cdots$，$\boldsymbol{\eta}_t$ 及 $\lambda_1\boldsymbol{\eta}_1+\lambda_2\boldsymbol{\eta}_2+\cdots+\lambda_t\boldsymbol{\eta}_t$ 都是非齐次线性方程组 $\boldsymbol{Ax}=\boldsymbol{b}$ 的解向量，则 $\lambda_1+\lambda_2+\cdots+\lambda_t=$ ________.

6. 设齐次线性方程组为 $x_1+2x_2+\cdots+nx_n=0$，则它的基础解系中所含向量的个数为________.

7. 设 n 阶矩阵 $\boldsymbol{A}$ 的各行元素之和均为零，且 $\boldsymbol{A}$ 的秩为 $n-1$，则线性方程组 $\boldsymbol{Ax}=\boldsymbol{0}$ 的通解为________.

8. 已知四元方程组 $\boldsymbol{Ax}=\boldsymbol{b}$ 的三个解为 $\boldsymbol{\xi}_1$，$\boldsymbol{\xi}_2$，$\boldsymbol{\xi}_3$，且 $\boldsymbol{\xi}_1=(1,2,3,4)^{\mathrm{T}}$，$\boldsymbol{\xi}_2+\boldsymbol{\xi}_3=(3,5,7,9)^{\mathrm{T}}$，$R(\boldsymbol{A})=3$，则方程组的通解是________.

- **计算题**

9. 设 $\boldsymbol{\alpha}_1$，$\boldsymbol{\alpha}_2$ 是 $\boldsymbol{Ax}=\boldsymbol{0}$ 的基础解系，问 $\boldsymbol{\alpha}_1+\boldsymbol{\alpha}_2$，$2\boldsymbol{\alpha}_1-\boldsymbol{\alpha}_2$ 是不是 $\boldsymbol{Ax}=\boldsymbol{0}$ 的基础解系？

10. 求齐次线性方程组

$$\begin{cases}2x_1+x_2-2x_3+3x_4=0\\3x_1+2x_2-x_3+2x_4=0\\x_1+x_2+x_3-x_4=0\end{cases}$$

的一个基础解系和通解.

11. 求非齐次线性方程组

$$\begin{cases}x_1+5x_2+4x_3-13x_4=3\\3x_1-x_2+2x_3+5x_4=1\\2x_1+2x_2+3x_3-4x_4=2\end{cases}$$

的一个解及对应的齐次方程组的基础解系.

12. 设四元非齐次线性方程组的系数矩阵的秩为3，已知 $\boldsymbol{\eta}_1$，$\boldsymbol{\eta}_2$，$\boldsymbol{\eta}_3$ 是它的三个解向量且

$$\boldsymbol{\eta}_1=(1,1,1,1)^{\mathrm{T}},\boldsymbol{\eta}_2+\boldsymbol{\eta}_3=(3,4,5,6)^{\mathrm{T}},$$

求该方程组的通解.

13. 设 $\boldsymbol{\eta}^*$ 是非齐次线性方程组 $\boldsymbol{Ax}=\boldsymbol{b}$ 的一个解，$\boldsymbol{\xi}_1$，$\boldsymbol{\xi}_2$，$\cdots$，$\boldsymbol{\xi}_{n-r}$ 是对应的齐次线性方程组的一个基础解系，证明：

（1）$\boldsymbol{\eta}^*$，$\boldsymbol{\xi}_1$，$\boldsymbol{\xi}_2$，$\cdots$，$\boldsymbol{\xi}_{n-r}$ 线性无关；

（2）$\boldsymbol{\eta}^*$，$\boldsymbol{\xi}_1+\boldsymbol{\eta}^*$，$\boldsymbol{\xi}_2+\boldsymbol{\eta}^*$，$\cdots$，$\boldsymbol{\xi}_{n-r}+\boldsymbol{\eta}^*$ 线性无关.

3.7 向量组与线性方程组实验

本节介绍了判别向量组的线性相关性，利用矩阵除法、初等行变换解线性方程组的有关实验.

3.7.1 向量组的线性相关性判别

例 26 给定向量组

$$\boldsymbol{\alpha}_1=\begin{pmatrix}2\\1\\4\\3\end{pmatrix},\boldsymbol{\alpha}_2=\begin{pmatrix}-1\\1\\-6\\6\end{pmatrix},\boldsymbol{\alpha}_3=\begin{pmatrix}-1\\-2\\2\\-9\end{pmatrix},\boldsymbol{\alpha}_4=\begin{pmatrix}1\\1\\-2\\7\end{pmatrix},\boldsymbol{\alpha}_5=\begin{pmatrix}2\\4\\4\\9\end{pmatrix}.$$

试讨论它的线性相关性. 若线性相关，试找出向量组中的一个最大线性无关组.

建立矩阵 $\boldsymbol{A}$，将 $\boldsymbol{A}$ 作初等行变换，得

$$\boldsymbol{A}=(\boldsymbol{\alpha}_1,\boldsymbol{\alpha}_2,\boldsymbol{\alpha}_3,\boldsymbol{\alpha}_4,\boldsymbol{\alpha}_5)=\begin{pmatrix}2&-1&-1&1&2\\1&1&-2&1&4\\4&-6&2&-2&4\\3&6&-9&7&9\end{pmatrix},$$

程序如下：

```
>> A=[2 -1 -1 1 2;1 1 -2 1 4;4 -6 2 -2 4;3 6 -9 7 9];
rref(A)
```

运行结果如下：

```
ans =
     1     0    -1     0     4
     0     1    -1     0     3
     0     0     0     1    -3
     0     0     0     0     0
```

可见向量组的秩为3，所以向量组线性相关，$\boldsymbol{\alpha}_1$，$\boldsymbol{\alpha}_2$，$\boldsymbol{\alpha}_4$ 是其一个极大无关组.

3.7.2 解线性方程组的运算

解线性方程组的运算函数见表 3.7.1.

表 3.7.1 解线性方程组的运算函数表

运算符	含义
/或\	利用矩阵除法求解

注：求解前提是线性方程组的系数矩阵 **A** 必须可逆.

例 27 求下列线性方程组的解：

$$\begin{cases} x_1+2x_2+4x_3=31 \\ 5x_1+x_2+2x_3=29 \\ 3x_1-x_2+x_3=10 \end{cases}.$$

由线性方程组可知系数矩阵 $\boldsymbol{A}$ 、常数矩阵 $\boldsymbol{b}$ 分别为

$$\boldsymbol{A}=\begin{pmatrix} 1 & 2 & 4 \\ 5 & 1 & 2 \\ 3 & -1 & 1 \end{pmatrix},\boldsymbol{b}=\begin{pmatrix} 31 \\ 29 \\ 10 \end{pmatrix}.$$

程序如下：

```
>>  A=[1 2 4;5 1 2;3 -1 1], b=[31;29;10], X=A\b
```

运行结果如下：

```
A =
     1     2     4
     5     1     2
     3    -1     1
b =
    31
    29
    10
X =
    3.0000
    4.0000
    5.0000
```

例 28 判断下列线性方程组解的情况，若有多个解，写出通解.

$$\begin{cases} x_1 - x_2 + 4x_3 - 2x_4 = 0 \\ x_1 - x_2 - x_3 + 2x_4 = 0 \\ 3x_1 + x_2 + 7x_3 - 2x_4 = 0 \\ x_1 - 3x_2 - 12x_3 + 6x_4 = 0 \end{cases}.$$

对于这种类型的问题，可以先求系数矩阵的秩，通过系数矩阵的秩判定方程组解的情况.

程序如下：

```
>> A=[1 -1 4 -2;1 -1 -1 2;3 1 7 -2;1 -3 -12 6],rank(A)
```

运行结果如下：

```
A =

     1    -1     4    -2
     1    -1    -1     2
     3     1     7    -2
     1    -3   -12     6

ans =

     4
```

因为系数矩阵的秩等于未知数个数，即为4，所以方程组只有零解.

例29 判断下列线性方程组解的情况，若有多个解，写出通解.

$$\begin{cases} 2x_1 + x_2 - x_3 + x_4 = 1 \\ 4x_1 + 2x_2 - 2x_3 + x_4 = 2 \\ 2x_1 + x_2 - x_3 - x_4 = 1 \end{cases}.$$

其增广矩阵为（Ab），将增广矩阵作初等行变换，

程序如下：

```
>> [Ab]=[2 1 -1 1 1;4 2 -2 1 2;2 1 -1 -1 1],rref(Ab)
```

运行结果如下：

```
Ab =

     2     1    -1     1     1
     4     2    -2     1     2
     2     1    -1    -1     1
```

```
ans =

    1.0000    0.5000   -0.5000         0    0.5000
         0         0         0    1.0000         0
         0         0         0         0         0
```

由输出矩阵，$R(\boldsymbol{A}) = R(\boldsymbol{A},\boldsymbol{b}) = 2 < 4$，可知线性方程组有无穷多解.

线性方程组的一般解为

$$\begin{cases} x_1 = \dfrac{1}{2} - \dfrac{1}{2}x_2 + \dfrac{1}{2}x_3 \\ x_4 = 0 \end{cases}.$$

令 $x_2 = c_1$，$x_3 = c_2$，得原线性方程组的通解

$$\begin{pmatrix} x_1 \\ x_2 \\ x_3 \\ x_4 \end{pmatrix} = c_1 \begin{pmatrix} -\dfrac{1}{2} \\ 1 \\ 0 \\ 0 \end{pmatrix} + c_2 \begin{pmatrix} \dfrac{1}{2} \\ 0 \\ 1 \\ 0 \end{pmatrix} + \begin{pmatrix} \dfrac{1}{2} \\ 0 \\ 0 \\ 0 \end{pmatrix}.$$

注：通过将增广矩阵作初等行变换，求解线性方程组时无须要求系数矩阵可逆.

3.7.3 课后实验

1. 实验目的：熟练掌握向量组线性相关性的判别方法，会用矩阵除法、初等行变换解线性方程组.

2. 实验内容：

（1）讨论向量组 $\boldsymbol{\alpha}_1 = (1,1,1,1)^{\mathrm{T}}$，$\boldsymbol{\alpha}_2 = (-1,-1,0,0)^{\mathrm{T}}$，$\boldsymbol{\alpha}_3 = (-2,-2,1,1)^{\mathrm{T}}$，

$\boldsymbol{\alpha}_4 = (5,-3,0,6)^{\mathrm{T}}$ 的线性相关性，若线性相关，试找出向量组中的一个最大线性无关组.

（2）求线性方程组 $\begin{cases} 2x_1 + 4x_2 + 6x_3 = 7 \\ 9x_1 + 6x_2 + 3x_3 = 9 \\ 4x_1 + 3x_2 + 7x_3 = 6 \end{cases}$ 的解.

（3）判断下列线性方程组解的情况，若有多个解，写出通解.

$$\begin{cases} x_1 + 5x_2 + 4x_3 - 13x_4 = 3 \\ 3x_1 - x_2 + 2x_3 + 5x_4 = -1 \\ 2x_1 + 2x_2 + 3x_3 - 4x_4 = 1 \end{cases}.$$

3.8 应用实例

本节首先将本章开始的引例应用线性方程组知识，结合 MATLAB 软件求出问题的解，然后介绍两个实际的应用问题.

3.8.1 引例的解

在本章开头的引例中，不妨设 S、M、L、XL 号衬衫的销量分别为 x_1 件、x_2 件、x_3 件、x_4 件，由题意可列出如下的线性方程组：

$$\begin{cases} x_1 + x_2 + x_3 + x_4 = 26 \\ 110x_1 + 120x_2 + 130x_3 + 150x_4 = 3200 \\ x_1 - x_3 + x_4 = 0 \\ 110x_1 - 130x_3 + 150x_4 = 0 \end{cases}.$$

解 增广矩阵为

$$\overline{A} = \begin{pmatrix} 1 & 1 & 1 & 1 & 26 \\ 110 & 120 & 130 & 150 & 3200 \\ 1 & 0 & -1 & 1 & 0 \\ 110 & 0 & -130 & 150 & 0 \end{pmatrix}$$

对增广矩阵施行初等行变换将其化为行最简形矩阵：

$$\overline{A} = \begin{pmatrix} 1 & 1 & 1 & 1 & 26 \\ 110 & 120 & 130 & 150 & 3200 \\ 1 & 0 & -1 & 1 & 0 \\ 110 & 0 & -130 & 150 & 0 \end{pmatrix} \overset{\substack{r_1 \leftrightarrow r_2 \\ r_1 \leftrightarrow r_3 \\ r_3 \leftrightarrow r_4}}{\sim} \begin{pmatrix} 1 & 0 & -1 & 1 & 0 \\ 1 & 1 & 1 & 1 & 26 \\ 110 & 0 & -130 & 150 & 0 \\ 110 & 120 & -130 & 150 & 3200 \end{pmatrix}$$

$$\overset{\substack{r_2 - r_1 \\ r_3 - 110r_1 \\ r_4 - 110r_1}}{\sim} \begin{pmatrix} 1 & 0 & -1 & 1 & 0 \\ 0 & 1 & 2 & 0 & 26 \\ 0 & 0 & -20 & 40 & 0 \\ 0 & 120 & 240 & 40 & 3200 \end{pmatrix} \overset{r_4 - 120r_2}{\sim} \begin{pmatrix} 1 & 0 & -1 & 1 & 0 \\ 0 & 1 & 2 & 0 & 26 \\ 0 & 0 & -20 & 40 & 0 \\ 0 & 0 & 0 & 40 & 80 \end{pmatrix}$$

$$\xrightarrow[r_4\div 40]{r_3\div(-20)}\begin{pmatrix}1&0&-1&1&0\\0&1&2&0&26\\0&0&1&-2&0\\0&0&0&1&2\end{pmatrix}\xrightarrow[r_1+r_3-r_4]{\substack{r_3+2r_4\\r_2-2r_3}}\begin{pmatrix}1&0&0&0&2\\0&1&0&0&18\\0&0&1&0&4\\0&0&0&1&2\end{pmatrix}$$

求得方程组的唯一解为 $x_1=2$，$x_2=18$，$x_3=4$，$x_4=2$.

用 MATLAB 软件运算，就简单多了，将增广矩阵作初等行变换：

```
[Ab]=[1 1 1 1 26;110 120 130 150 3200;1 0 -1 1 0;110 0 -130 150 0],rref(Ab)
Ab =
      1     1     1     1    26
    110   120   130   150  3200
      1     0    -1     1     0
    110     0  -130   150     0

ans =
    1  0  0  0   2
    0  1  0  0  18
    0  0  1  0   4
    0  0  0  1   2
```

所以，S、M、L、XL 四种型号的衬衫分别售出了 2 件、18 件、4 件、2 件.

3.8.2 实例 1：糖果配制问题

某糖果厂用 A～I 共 9 种原料，根据不同的比例配制成了 7 种不同风味的典型糖稀，各用量成分见表 3.8.1（单位：g）.

表 3.8.1

原料	1 号糖稀	2 号糖稀	3 号糖稀	4 号糖稀	5 号糖稀	6 号糖稀	7 号糖稀
A	10	20	30	30	40	50	40
B	30	30	40	50	30	40	40
C	80	70	60	50	60	70	50
D	30	20	40	40	30	20	30
E	80	60	50	60	50	50	60
F	50	40	30	40	60	30	40
G	70	60	60	50	60	40	50
H	20	20	40	20	20	30	30
I	30	80	50	60	50	70	60

如果现在4号糖稀缺货，那么能否用其他6种糖稀配制出4号糖稀呢？现在需要9种原料成分分别为31g、38g、61g、30g、59g、41g、55g、25g、60g的一种新糖稀，问能否用7种糖稀配制出这种新的糖稀？若能，这7种糖稀各需要多少？

解 这个问题如果把每一种糖稀看成是一个9维向量：$\boldsymbol{\alpha}_1$，$\boldsymbol{\alpha}_2$，$\boldsymbol{\alpha}_3$，$\boldsymbol{\alpha}_4$，$\boldsymbol{\alpha}_5$，$\boldsymbol{\alpha}_6$，$\boldsymbol{\alpha}_7$，考察这7个向量的线性相关性.

如果向量组线性无关，则无法配制4号糖稀；如果向量组线性相关，且$\boldsymbol{\alpha}_4$能由$\boldsymbol{\alpha}_1$，$\boldsymbol{\alpha}_2$，$\boldsymbol{\alpha}_3$，$\boldsymbol{\alpha}_5$，$\boldsymbol{\alpha}_6$，$\boldsymbol{\alpha}_7$线性表示，则可以配制4号糖稀.

下面用MATLAB软件运算，对矩阵作初等行变换：

```
>> [T]=[10 20 30 30 40 50 40;30 30 40 50 30 40 40;80 70 60
   50 60 70 50;30 20 40 40 30 20 30;80 60 50 60 50 50 60;50 40
   30 40 60 30 40;70 60 60 50 60 40 50;20 20 40 20 20 30 30;30
   80 50 60 50 70 60]
T =
    10   20   30   30   40   50   40
    30   30   40   50   30   40   40
    80   70   60   50   60   70   50
    30   20   40   40   30   20   30
    80   60   50   60   50   50   60
    50   40   30   40   60   30   40
    70   60   60   50   60   40   50
    20   20   40   20   20   30   30
    30   80   50   60   50   70   60
>> rref (T)
ans =
    1  0  0  0  0  0  0
    0  1  0  0  0  0  0
    0  0  1  0  0  0  0
    0  0  0  1  0  0  0
    0  0  0  0  1  0  0
    0  0  0  0  0  1  0
    0  0  0  0  0  0  1
    0  0  0  0  0  0  0
    0  0  0  0  0  0  0
```

因为 $$R(\boldsymbol{T})=7,$$

所以 $\boldsymbol{\alpha}_1$，$\boldsymbol{\alpha}_2$，$\boldsymbol{\alpha}_3$，$\boldsymbol{\alpha}_4$，$\boldsymbol{\alpha}_5$，$\boldsymbol{\alpha}_6$，$\boldsymbol{\alpha}_7$ 线性无关，因此无法配制出4号糖稀.

由于

```
[T]=[10 20 30 30 40 50 40 31;30 30 40 50 30 40 40 38;80 70 60
50 60 70 50 61;30 20 40 40 30 20 30 30;80 60 50 60 50 50 60 59;
50 40 30 40 60 30 40 41;70 60 60 50 60 40 50 55;20 20 40 20 20
30 30 25;30 80 50 60 50 70 60 60]
T =
    10    20    30    30    40    50    40    31
    30    30    40    50    30    40    40    38
    80    70    60    50    60    70    50    61
    30    20    40    40    30    20    30    30
    80    60    50    60    50    50    60    59
    50    40    30    40    60    30    40    41
    70    60    60    50    60    40    50    55
    20    20    40    20    20    30    30    25
    30    80    50    60    50    70    60    60
>> rref (T)
ans =

1.0000         0         0         0         0         0         0    0.1000
     0    1.0000         0         0         0         0         0    0.2000
     0         0    1.0000         0         0         0         0    0.1000
     0         0         0    1.0000         0         0         0    0.2000
     0         0         0         0    1.0000         0         0    0.1000
     0         0         0         0         0    1.0000         0    0.1000
     0         0         0         0         0         0    1.0000    0.2000
     0         0         0         0         0         0         0         0
     0         0         0         0         0         0         0         0
```

所以可以用这7种糖稀配制出新的糖稀，并且这种新糖稀配制时需要1、2、3、4、5、6、7各个比例为10%，20%，10%，20%，10%，10%，20%.

3.8.3 实例2：商品交换问题

假设一个原始社会的部落中存在三种职业：农业、工具的手工制作、缝制衣服. 假设部落没有货币制度，所有商品都只能实物交换. 我们记三类人分别为 F、M、C. 如果农民留一半产品给自己，四分之一给手工业者，四分之一给缝制衣服者. 手工业者把自己的产品平均分配给部落中的三种职业人员. 制衣者留一半产品给自己，余下的平均分配给农民和手工业者. 当部落规模变大以后，实物交易比较麻烦，部落需要使用货币系统. 如何定价，才能在使用货币系统后能够保持原有交易的平衡?

设所有农产品价格为 x_1，所有手工业产品价格为 x_2，所有衣服价格为 x_3. 根据题意，农民生产的价值应该等于农民得到的价值(假设价格等于价值)，即有方程

$$\frac{1}{2}x_1+\frac{1}{3}x_2+\frac{1}{2}x_3=x_1, \tag{1}$$

同理可得方程

$$\frac{1}{4}x_1+\frac{1}{3}x_2+\frac{1}{4}x_3=x_2 \tag{2}$$

$$\frac{1}{4}x_1+\frac{1}{3}x_2+\frac{1}{4}x_3=x_3 \tag{3}$$

得方程组

$$\begin{cases}-\frac{1}{2}x_1+\frac{1}{3}x_2+\frac{1}{2}x_3=0\\ \frac{1}{4}x_1-\frac{2}{3}x_2+\frac{1}{4}x_3=0,\\ \frac{1}{4}x_2+\frac{1}{3}x_2-\frac{3}{4}x_3=0\end{cases}$$

得其系数矩阵

$$\boldsymbol{A}=\begin{pmatrix}-\frac{1}{2} & \frac{1}{3} & \frac{1}{2}\\ \frac{1}{4} & -\frac{2}{3} & \frac{1}{4}\\ \frac{1}{4} & \frac{1}{3} & -\frac{3}{4}\end{pmatrix}.$$

用 MATLAB 软件运算，将系数矩阵作初等行变换：

［A］ = ［ -1/2　1/3　1/2；1/4　-2/3　1/4；1/4　1/3　-3/4］；rref（A）

```
ans =
    1.0000         0    -1.6667
         0    1.0000    -1.0000
         0         0          0
```

由于 $R(\boldsymbol{A}) = 2 < n = 3$ 因此，这个方程组有无穷多个解，解这个方程组得通解为

$$\begin{pmatrix} x_1 \\ x_2 \\ x_3 \end{pmatrix} = c\begin{pmatrix} 5 \\ 3 \\ 3 \end{pmatrix}.$$

由此可见，三种商品的价格应该按照 5:3:3 的比例定价.

综合练习 3

- **基本题**

1. 设矩阵 $\boldsymbol{A}_{m\times n}$ 的秩 $R(\boldsymbol{A}) < n$，则非齐次方程组 $\boldsymbol{Ax} = \boldsymbol{b}$（　　）.

（A）一定有解　　（B）可能有解

（C）一定有唯一解　　（D）一定有无穷多解

2. 设向量组 A 是向量组 B 的线性无关的部分向量组，则（　　）.

（A）向量组 A 是 B 的最大线性无关组

（B）向量组 A 与 B 的秩相等

（C）当 A 中向量均可由 B 线性表示时，向量组 A，B 等价

（D）当 B 中向量均可由 A 线性表示时，向量组 A，B 等价

3. 向量组 $\boldsymbol{\alpha}_1, \boldsymbol{\alpha}_2, \boldsymbol{\alpha}_3$ 线性无关的充要条件为（　　）.

（A）$\boldsymbol{\alpha}_1$，$\boldsymbol{\alpha}_2$，$\boldsymbol{\alpha}_3$ 均不是零向量

（B）$\boldsymbol{\alpha}_1$，$\boldsymbol{\alpha}_2$，$\boldsymbol{\alpha}_3$ 中任意两个向量的分量不成比例

（C）$\boldsymbol{\alpha}_1$，$\boldsymbol{\alpha}_2$，$\boldsymbol{\alpha}_3$ 中任意一个向量均不能由其余两个向量线性表出

（D）$\boldsymbol{\alpha}_1$，$\boldsymbol{\alpha}_2$，$\boldsymbol{\alpha}_3$ 中一部分向量线性无关

4. 若有一组 n 维向量 $\boldsymbol{\alpha}_1$，$\boldsymbol{\alpha}_2$，…，$\boldsymbol{\alpha}_s$，使得任一 n 维向量 $\boldsymbol{\beta}$ 都可由这个向量组线性表示则（　　）.

（A）$s = n$　　（B）$s < n$

（C）$s > n$　　（D）$s \geqslant n$

5. 设 $\boldsymbol{\alpha}_1$，$\boldsymbol{\alpha}_2$，…，$\boldsymbol{\alpha}_s$ 均为 n 维向量，下列结论不正确的是（　　）.

（A）若对于任意一组不全为 0 的数 k_1，k_2，…，k_s，都有 $k_1\boldsymbol{\alpha}_1 + k_2\boldsymbol{\alpha}_2 + \cdots + k_s\boldsymbol{\alpha}_s \neq \boldsymbol{0}$，则 $\boldsymbol{\alpha}_1$，$\boldsymbol{\alpha}_2$，…，$\boldsymbol{\alpha}_s$ 线性无关

（B）若 $\boldsymbol{\alpha}_1$，$\boldsymbol{\alpha}_2$，…，$\boldsymbol{\alpha}_s$ 线性相关，则对于任意一组不全为 0 的数 k_1，k_2，…，k_s，有 $k_1\boldsymbol{\alpha}_1 + k_2\boldsymbol{\alpha}_2 + \cdots + k_s\boldsymbol{\alpha}_s = \boldsymbol{0}$

（C）$\boldsymbol{\alpha}_1$，$\boldsymbol{\alpha}_2$，…，$\boldsymbol{\alpha}_s$ 线性无关的充分必要条件是此向量组的秩为 s

（D）$\boldsymbol{\alpha}_1$，$\boldsymbol{\alpha}_2$，…，$\boldsymbol{\alpha}_s$ 线性无关的必要条件是其

中任意两个向量线性无关

6. 若 $\boldsymbol{\xi}_1$，$\boldsymbol{\xi}_2$ 是齐次方程组 $\boldsymbol{Ax}=\boldsymbol{0}$ 的一个基础解系，则（　　）.

(A) $\boldsymbol{\xi}_1$，$\boldsymbol{\xi}_2$ 线性相关

(B) $k_1\boldsymbol{\xi}_1+k_2\boldsymbol{\xi}_2$ 不是 $\boldsymbol{Ax}=\boldsymbol{0}$ 的解

(C) $\boldsymbol{\xi}_1+\boldsymbol{\xi}_2$，$\boldsymbol{\xi}_1-\boldsymbol{\xi}_2$ 是 $\boldsymbol{Ax}=\boldsymbol{0}$ 的一个基础解系

(D) $\boldsymbol{\xi}_1+\boldsymbol{\xi}_2$，$\boldsymbol{\xi}_1-\boldsymbol{\xi}_2$ 不是 $\boldsymbol{Ax}=\boldsymbol{0}$ 的一个基础解系

7. 设 $\boldsymbol{\alpha}_1,\boldsymbol{\alpha}_2,\boldsymbol{\alpha}_3,\boldsymbol{\alpha}_4$ 是齐次线性方程组 $\boldsymbol{Ax}=\boldsymbol{0}$ 的一个基础解系，则下列向量组中不再是 $\boldsymbol{Ax}=\boldsymbol{0}$ 的基础解系的是（　　）.

(A) $\boldsymbol{\alpha}_1$，$\boldsymbol{\alpha}_1+\boldsymbol{\alpha}_2$，$\boldsymbol{\alpha}_1+\boldsymbol{\alpha}_2+\boldsymbol{\alpha}_3$，$\boldsymbol{\alpha}_1+\boldsymbol{\alpha}_2+\boldsymbol{\alpha}_3+\boldsymbol{\alpha}_4$

(B) $\boldsymbol{\alpha}_1+\boldsymbol{\alpha}_2$，$\boldsymbol{\alpha}_2+\boldsymbol{\alpha}_3$，$\boldsymbol{\alpha}_3+\boldsymbol{\alpha}_4$，$\boldsymbol{\alpha}_4-\boldsymbol{\alpha}_1$

(C) $\boldsymbol{\alpha}_1+\boldsymbol{\alpha}_2$，$\boldsymbol{\alpha}_2-\boldsymbol{\alpha}_3$，$\boldsymbol{\alpha}_3+\boldsymbol{\alpha}_4$，$\boldsymbol{\alpha}_4+\boldsymbol{\alpha}_1$

(D) $\boldsymbol{\alpha}_1+\boldsymbol{\alpha}_2$，$\boldsymbol{\alpha}_2+\boldsymbol{\alpha}_3$，$\boldsymbol{\alpha}_3+\boldsymbol{\alpha}_4$，$\boldsymbol{\alpha}_4+\boldsymbol{\alpha}_1$

8. 设 n 阶方阵 $\boldsymbol{A}$ 的伴随矩阵 $\boldsymbol{A}^*\neq\boldsymbol{O}$，若非齐次线性方程组 $\boldsymbol{Ax}=\boldsymbol{b}$ 存在互不相等的解，则对应的齐次线性方程组 $\boldsymbol{Ax}=\boldsymbol{0}$ 的基础解系（　　）.

(A) 不存在

(B) 仅含一个非零解向量

(C) 含有两个线性无关的解向量

(D) 含有三个线性无关的解向量

9. 已知非齐次线性方程组 $\boldsymbol{Ax}=\boldsymbol{b}$ 无解，$R(\boldsymbol{A})=2$，则 $R(\overline{\boldsymbol{A}})=$________.

10. 已知 $\boldsymbol{\alpha}_1$，$\boldsymbol{\alpha}_2$，$\boldsymbol{\alpha}_3$ 线性相关，$\boldsymbol{\alpha}_3$ 不能由 $\boldsymbol{\alpha}_1,\boldsymbol{\alpha}_2$ 线性表示，则 $\boldsymbol{\alpha}_1,\boldsymbol{\alpha}_2$ 线性________.

11. 设 $\boldsymbol{\alpha}=\begin{pmatrix}1\\0\\-1\\2\end{pmatrix}$，$\boldsymbol{\beta}=(0,1,0,2)$ 矩阵 $\boldsymbol{A}=\boldsymbol{\alpha\beta}$，则 $R(\boldsymbol{A})$ 为________.

12. 在 R^n 中，向量 $\boldsymbol{\alpha}$ 可由 $\boldsymbol{\alpha}_1$，$\boldsymbol{\alpha}_2$，…，$\boldsymbol{\alpha}_n$ 线性表示，满足条件________其表示法是唯一的.

13. 设 $\boldsymbol{A}$ 为 2×3 矩阵. 已知 $\boldsymbol{\xi}_1=\begin{pmatrix}-1\\2\\0\end{pmatrix}$，$\boldsymbol{\xi}_2=\begin{pmatrix}3\\0\\1\end{pmatrix}$ 是齐次线性方程组 $\boldsymbol{Ax}=\boldsymbol{0}$ 的基础解系，则矩阵 $\boldsymbol{A}=$________.

14. 如果 $\boldsymbol{\xi}_1$，$\boldsymbol{\xi}_2$ 都是方程组 $\boldsymbol{Ax}=\boldsymbol{b}$ 的解，则 $\boldsymbol{\xi}_1-\boldsymbol{\xi}_2$ 定是方程组________的解.

15. 设任意一个 n 维向量都是方程组 $\boldsymbol{Ax}=\boldsymbol{0}$ 的解，则 $R(\boldsymbol{A})=$________.

16. 设4阶方阵 $\boldsymbol{A}$ 和 $\boldsymbol{B}$ 的伴随矩阵为 $\boldsymbol{A}^*$ 和 $\boldsymbol{B}^*$，且它们的秩为 $R(\boldsymbol{A})=3$，$R(\boldsymbol{B})=4$，则秩 $R(\boldsymbol{A}^*\boldsymbol{B}^*)=$________.

17. 设矩阵 $\boldsymbol{A}_{4\times3}$，$R(\boldsymbol{A})=2$，已知 $\boldsymbol{\alpha}_1=(1,2,3)^{\mathrm{T}}$，$\boldsymbol{\alpha}_2=(2,1,7)^{\mathrm{T}}$ 为线性方程组 $\boldsymbol{Ax}=\boldsymbol{b}$ 的两个解，则 $\boldsymbol{Ax}=\boldsymbol{b}$ 的通解为________.

18. 设 $\boldsymbol{A}$ 是 $m\times n$ 矩阵，$\boldsymbol{B}$ 是 $n\times s$ 矩阵，$R(\boldsymbol{A})=r$，且 $\boldsymbol{AB}=\boldsymbol{0}$，则 $R(\boldsymbol{B})$ 的取值范围是________.

19. 已知四元非齐次线性方程组 $\boldsymbol{Ax}=\boldsymbol{b}$，$R(\boldsymbol{A})=3$，$\boldsymbol{\alpha}_1$，$\boldsymbol{\alpha}_2$，$\boldsymbol{\alpha}_3$ 是它的三个解向量，其中 $\boldsymbol{\alpha}_1+\boldsymbol{\alpha}_2=(1,1,0,2)^{\mathrm{T}}$，$\boldsymbol{\alpha}_2+\boldsymbol{\alpha}_3=(1,0,1,3)^{\mathrm{T}}$，则该非齐次线性方程组的通解为________.

20. 用克拉默法则解下列方程组

(1) $\begin{cases}x_1+x_2+x_3+x_4=5\\x_1+2x_2-x_3+4x_4=-2\\2x_1-3x_2-x_3-5x_4=-2\\3x_1+x_2+2x_3+11x_4=0\end{cases}$；

(2) $\begin{cases}5x_1+6x_2=1\\x_1+5x_2+6x_3=0\\x_2+5x_3+6x_4=0\\x_3+5x_4+6x_5=0\\x_4+5x_5=1\end{cases}$.

- **综合题**

21. 问 λ 取何值时，齐次线性方程组 $\begin{cases}(1-\lambda)x_1-2x_2+4x_3=0\\2x_1+(3-\lambda)x_2+x_3=0\\x_1+x_2+(1-\lambda)x_3=0\end{cases}$ 有非零解？

22. 求解下列齐次线性方程组：

(1) $\begin{cases} x_1+x_2+x_3-x_4=0 \\ 2x_1+2x_2+2x_3-x_4=0 \\ 2x_1-x_2+x_3+2x_4=0 \end{cases}$；

(2) $\begin{cases} x_1+2x_2+x_3-x_4=0 \\ 3x_1+6x_2-x_3-3x_4=0 \\ 5x_1+10x_2+x_3-5x_4=0 \end{cases}$；

(3) $\begin{cases} 2x_1+3x_2-x_3+5x_4=0 \\ 3x_1+x_2+2x_3-7x_4=0 \\ 4x_1+x_2-3x_3+6x_4=0 \\ x_1-2x_2+4x_3-7x_4=0 \end{cases}$.

23. 求解下列非齐次线性方程组：

(1) $\begin{cases} 4x_1+2x_2-x_3=2 \\ 3x_1-x_2+2x_3=10 \\ 11x_1+3x_2=8 \end{cases}$；

(2) $\begin{cases} 2x_1+3x_2+x_3=4 \\ x_1-2x_2+4x_3=-5 \\ 3x_1+8x_2-2x_3=13 \\ 4x_1-x_2+9x_3=-6 \end{cases}$；

(3) $\begin{cases} 2x_1-x_2+x_3-x_4=1 \\ 2x_1+2x_2-2x_3+2x_4=4 \\ 4x_1+x_2+2x_3+x_4=2 \end{cases}$.

24. 已知线性方程组 $\begin{cases} x_1+2x_2-3x_3=a \\ 2x_1+6x_2-11x_3=b \\ x_1-2x_2+7x_3=c \end{cases}$，问 a，b，c 为何值时，该线性方程组有解？

25. 问 λ 为何值时，非齐次线性方程组

$$\begin{cases} \lambda x_1+x_2+x_3=1 \\ x_1+\lambda x_2+x_3=\lambda \\ x_1+x_2+\lambda x_3=\lambda^2 \end{cases},$$

(1) 有唯一解？ (2) 无解？ (3) 有无穷多解？

26. 设 $\boldsymbol{A}=\begin{pmatrix} 1 & \lambda & 1 \\ 1 & 2\lambda & 1 \\ \mu & 1 & 1 \end{pmatrix}$，$\boldsymbol{b}=\begin{pmatrix} 3 \\ 4 \\ 4 \end{pmatrix}$，讨论线性方程组 $\boldsymbol{Ax}=\boldsymbol{b}$ 何时有唯一解，无穷多解，无解.

27. 利用初等行变换求下列矩阵列向量组的一个最大无关组，并用最大无关组表示其余向量

(1) $\begin{pmatrix} 25 & 31 & 17 & 43 \\ 75 & 94 & 53 & 132 \\ 75 & 94 & 54 & 134 \\ 25 & 32 & 20 & 48 \end{pmatrix}$；

(2) $\begin{pmatrix} 1 & 1 & 2 & 2 & 1 \\ 0 & 2 & 1 & 5 & -1 \\ 2 & 0 & 3 & -1 & 3 \\ 1 & 1 & 0 & 4 & -1 \end{pmatrix}$.

● **提高题**

28. 设有向量组 A：$\boldsymbol{a}_1=(\alpha,2,10)^{\mathrm{T}}$，$\boldsymbol{a}_2=(-2,1,5)^{\mathrm{T}}$，$\boldsymbol{a}_3=(-1,1,4)^{\mathrm{T}}$ 及 $\boldsymbol{b}=(1,\beta,-1)^{\mathrm{T}}$，问 α，β 为何值时，(1) 向量 $\boldsymbol{b}$ 不能由向量组 A 线性表示？

(2) 向量 $\boldsymbol{b}$ 能由向量组 A 线性表示，且表示式唯一？

(3) 向量 $\boldsymbol{b}$ 能由向量组 A 线性表示，且表示式不唯一？并求一般表示式.

29. 设 $\boldsymbol{a}=(a_1,a_2,a_3)^{\mathrm{T}}$，$\boldsymbol{b}=(b_1,b_2,b_3)^{\mathrm{T}}$，$\boldsymbol{c}=(c_1,c_2,c_3)^{\mathrm{T}}$，证明三条直线

l_1: $a_1x+b_1y+c_1=0$

l_2: $a_2x+b_2y+c_2=0$, $(a_i^2+b_i^2\neq 0, i=1,2,3)$,

l_3: $a_3x+b_3y+c_3=0$

相交于一点的充分必要条件为：向量组 $\boldsymbol{a}$，$\boldsymbol{b}$ 线性无关，且向量组 $\boldsymbol{a}$，$\boldsymbol{b}$，$\boldsymbol{c}$ 线性相关.

30. 设 $\boldsymbol{A}=\begin{pmatrix} 2 & -2 & 1 & 3 \\ 9 & -5 & 2 & 8 \end{pmatrix}$，求一个 4×2 矩阵 $\boldsymbol{B}$，使 $\boldsymbol{AB}=\boldsymbol{0}$，且 $R(\boldsymbol{B})=2$.

31. 求一个齐次线性方程组，使它的基础解系为

$$\boldsymbol{\xi}_1=(0,1,2,3)^{\mathrm{T}}, \boldsymbol{\xi}_2=(3,2,1,0)^{\mathrm{T}}.$$

32. 设 n 阶矩阵 $\boldsymbol{A}$ 满足 $\boldsymbol{A}^2=\boldsymbol{A}$，$\boldsymbol{E}$ 为 n 阶单位矩阵，证明

$$R(\boldsymbol{A})+R(\boldsymbol{A}-\boldsymbol{E})=n.$$

33. 设 $\boldsymbol{A}$ 为 n 阶矩阵（$n \geqslant 2$），$\boldsymbol{A}^*$ 为 $\boldsymbol{A}$ 的伴随阵，证明

$$R(\boldsymbol{A}^*) = \begin{cases} n & \text{当 } R(A) = n \\ 1 & \text{当 } R(A) = n-1 \\ 0 & \text{当 } R(A) \leqslant n-2 \end{cases}.$$

34. 设矩阵 $\boldsymbol{A} = (\boldsymbol{a}_1, \boldsymbol{a}_2, \boldsymbol{a}_3, \boldsymbol{a}_4)$，其中 $\boldsymbol{a}_2$，$\boldsymbol{a}_3$，$\boldsymbol{a}_4$ 线性无关，$\boldsymbol{a}_1 = 2\boldsymbol{a}_2 - \boldsymbol{a}_3$. 向量 $\boldsymbol{b} = \boldsymbol{a}_1 + \boldsymbol{a}_2 + \boldsymbol{a}_3 + \boldsymbol{a}_4$，求方程 $\boldsymbol{Ax} = \boldsymbol{b}$ 的通解.

35. 设 $\boldsymbol{\eta}_1$，$\boldsymbol{\eta}_2$，…，$\boldsymbol{\eta}_s$ 是非齐次线性方程组 $\boldsymbol{Ax} = \boldsymbol{b}$ 的 s 个解，k_1，k_2，…，k_s 为实数，满足 $k_1 + k_2 + \cdots + k_s = 1$. 证明

$$\boldsymbol{x} = k_1\boldsymbol{\eta}_1 + k_2\boldsymbol{\eta}_2 + \cdots + k_s\boldsymbol{\eta}_s$$

也是它的解.

36. 设 $R(\boldsymbol{A}_{n\times n}) = r(r < n)$，$\boldsymbol{\eta}_0$，$\boldsymbol{\eta}_1$，…，$\boldsymbol{\eta}_{n-r}$ 是 $\boldsymbol{Ax} = \boldsymbol{b}(\boldsymbol{b} \neq \boldsymbol{0})$ 的解，证明：

$\boldsymbol{\eta}_1 - \boldsymbol{\eta}_0$，…，$\boldsymbol{\eta}_{n-r} - \boldsymbol{\eta}_0$ 是 $\boldsymbol{Ax} = \boldsymbol{0}$ 的基础解系 $\Leftrightarrow \eta_0$，η_1，…，η_{n-r} 线性无关.

- **考研真题**

37.（1998 年）设 $\boldsymbol{A}$ 是 n 阶矩阵，若存在正整数 k，使线性方程组 $\boldsymbol{A}^k\boldsymbol{x} = \boldsymbol{0}$ 有解向量 $\boldsymbol{\alpha}$，且 $\boldsymbol{A}^{k-1}\boldsymbol{x} \neq \boldsymbol{0}$，证明：向量组 $\boldsymbol{\alpha}$，$\boldsymbol{A\alpha}$，…，$\boldsymbol{A}^{k-1}\boldsymbol{\alpha}$ 线性________.

38.（1998 年）已知线性方程组

$$(\text{I})\begin{cases} a_{11}x_1 + a_{12}x_2 + \cdots + a_{1,\,2n}x_{2n} = 0 \\ a_{21}x_1 + a_{22}x_2 + \cdots + a_{2,2n}x_{2n} = 0 \\ \qquad\vdots \\ a_{n1}x_1 + a_{n2}x_2 + \cdots + a_{n,2n}x_{2n} = 0 \end{cases}$$

的一个基础解系为 $(b_{11}, b_{12}, \cdots, b_{1,2n})^{\mathrm{T}}$，$(b_{21}, b_{22}, \cdots, b_{2,2n})^{\mathrm{T}}$，…，$(b_{n1}, b_{n2}, \cdots, b_{n,2n})^{\mathrm{T}}$，试写出线性方程组

$$(\text{II})\begin{cases} b_{11}y_1 + b_{12}y_2 + \cdots + b_{1,2n}y_{2n} = 0 \\ b_{21}y_1 + b_{22}y_2 + \cdots + b_{2,2n}y_{2n} = 0 \\ \qquad\vdots \\ b_{n1}y_1 + b_{n2}y_2 + \cdots + b_{n,2n}y_{2n} = 0 \end{cases}$$

的通解，并说明理由.

39.（2000 年）设 n 维列向量组 $\boldsymbol{\alpha}_1$，…，$\boldsymbol{\alpha}_m$（$m < n$）线性无关，则 n 维列向量组 β_1，…，β_m 线性无关的充分必要条件为（　　）.

（A）向量组 $\boldsymbol{\alpha}_1$，…，$\boldsymbol{\alpha}_m$ 可由向量组 $\boldsymbol{\beta}_1$，…，$\boldsymbol{\beta}_m$ 线性表示

（B）向量组 $\boldsymbol{\beta}_1$，…，$\boldsymbol{\beta}_m$ 可由向量组 $\boldsymbol{\alpha}_1$，…，$\boldsymbol{\alpha}_m$ 线性表示

（C）向量组 $\boldsymbol{\alpha}_1$，…，$\boldsymbol{\alpha}_m$ 与向量组 $\boldsymbol{\beta}_1$，…，$\boldsymbol{\beta}_m$ 等价

（D）矩阵 $\boldsymbol{A} = (\boldsymbol{\alpha}_1, \cdots, \boldsymbol{\alpha}_m)$ 与矩阵 $\boldsymbol{B} = (\boldsymbol{\beta}_1, \cdots, \boldsymbol{\beta}_m)$ 等价

40.（2000 年）已知线性方程组 $\begin{pmatrix} 1 & 2 & 1 \\ 2 & 3 & a+2 \\ 1 & a & -2 \end{pmatrix}\begin{pmatrix} x_1 \\ x_2 \\ x \end{pmatrix} = \begin{pmatrix} 1 \\ 3 \\ 0 \end{pmatrix}$ 无解，则 $a =$ ________.

41.（2001 年）设 $\boldsymbol{\alpha}_1$，$\boldsymbol{\alpha}_2$，…，$\boldsymbol{\alpha}_s$ 为线性方程组 $\boldsymbol{Ax} = \boldsymbol{0}$ 的一个基础解系，$\boldsymbol{\beta}_1 = t_1\boldsymbol{\alpha}_1 + t_2\boldsymbol{\alpha}_2$，$\boldsymbol{\beta}_2 = t_1\boldsymbol{\alpha}_2 + t_2\boldsymbol{\alpha}_3$，…，$\boldsymbol{\beta}_s = t_1\boldsymbol{\alpha}_s + t_2\boldsymbol{\alpha}_1$，其中 s 为奇数，t_1, t_2 为实常数. 试问 t_1, t_2 满足________时，$\boldsymbol{\beta}_1$，$\boldsymbol{\beta}_2$，…，$\boldsymbol{\beta}_s$ 也为 $\boldsymbol{Ax} = \boldsymbol{0}$ 的一个基础解系？

42.（2002 年）设有三张不同平面的方程 $a_{i1}x + a_{i2}y + a_{i3}z = b_i$，$i = 1, 2, 3$，它们所组成的线性方程组的系数矩阵与增广矩阵都为 2，则这三张平面可能的位置关系为（　　）.

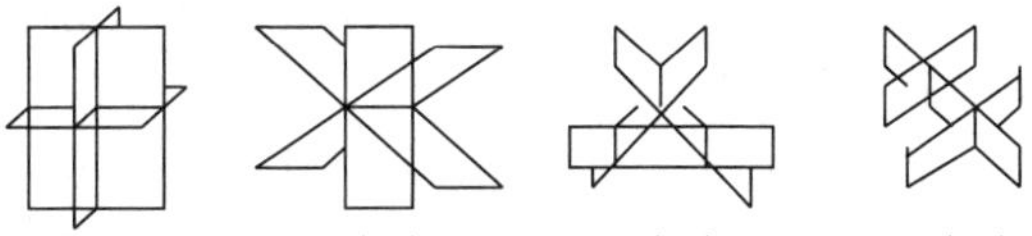

（A）　（B）　（C）　（D）

43.（2003 年）设向量组 Ⅰ：$\boldsymbol{\alpha}_1$，$\boldsymbol{\alpha}_2$，…，$\boldsymbol{\alpha}_r$ 可由向量组 Ⅱ：$\boldsymbol{\beta}_1$，$\boldsymbol{\beta}_2$，…，$\boldsymbol{\beta}_s$ 线性表示，则（　　）.

（A）当 $r < s$ 时，向量组 Ⅱ 必线性相关

（B）当 $r > s$ 时，向量组 Ⅱ 必线性相关

（C）当 $r < s$ 时，向量组 Ⅰ 必线性相关

（D）当 $r > s$ 时，向量组 Ⅰ 必线性相关

44.（2003 年）已知平面上三条不同直线的方程分别为

$$l_1: ax + 2by + 3c = 0$$
$$l_2: bx + 2cy + 3a = 0,$$
$$l_3: cx + 2ay + 3b = 0$$

试证这三条直线交于一点的充分必要条件为______.

45. (2004 年) 设 $\boldsymbol{A}$, $\boldsymbol{B}$ 为满足 $\boldsymbol{AB} = \boldsymbol{O}$ 的任意两个非零矩阵，则必有（　　）.

(A) $\boldsymbol{A}$ 的列向量组线性相关, $\boldsymbol{B}$ 的行向量组线性相关

(B) $\boldsymbol{A}$ 的列向量组线性相关, $\boldsymbol{B}$ 的列向量组线性相关

(C) $\boldsymbol{A}$ 的行向量组线性相关, $\boldsymbol{B}$ 的行向量组线性相关

(D) $\boldsymbol{A}$ 的列向量组线性相关, $\boldsymbol{B}$ 的列向量组线性相关

46. (2004 年) 设有齐次线性方程组

$$\begin{cases}(1+a)x_1 + x_2 + \cdots + x_n = 0\\ 2x_1 + (2+a)x_2 + \cdots + 2x_n = 0\\ \quad\vdots\\ nx_1 + nx_2 + \cdots + (n+a)x_n = 0\end{cases}\quad (n \geqslant 2),$$

试问 α 取何值时，该方程组有非零解？并求出其通解.

47. (2005 年) 已知 3 阶矩阵 $\boldsymbol{A}$ 的第一行是 (a, b, c), a, b, c 不全为零，矩阵 $\boldsymbol{B} = \begin{pmatrix}1 & 2 & 3\\ 2 & 4 & 6\\ 3 & 6 & k\end{pmatrix}$ $(k \in \mathbb{R})$，且 $\boldsymbol{AB} = \boldsymbol{O}$，求线性方程组 $\boldsymbol{Ax} = \boldsymbol{0}$ 的通解.

48. (2006 年) 设 $\boldsymbol{\alpha}_1, \boldsymbol{\alpha}_2, \cdots, \boldsymbol{\alpha}_s$ 均为 n 维列向量, $\boldsymbol{A}$ 是 $m \times n$ 矩阵，则下列选项正确的是（　　）.

(A) 若 $\boldsymbol{\alpha}_1, \boldsymbol{\alpha}_2, \cdots, \boldsymbol{\alpha}_s$ 线性相关，则 $\boldsymbol{A\alpha}_1, \boldsymbol{A\alpha}_2, \cdots, \boldsymbol{A\alpha}_s$ 线性相关

(B) 若 $\boldsymbol{\alpha}_1, \boldsymbol{\alpha}_2, \cdots, \boldsymbol{\alpha}_s$ 线性相关，则 $\boldsymbol{A\alpha}_1, \boldsymbol{A\alpha}_2, \cdots, \boldsymbol{A\alpha}_s$ 线性无关

(C) 若 $\boldsymbol{\alpha}_1, \boldsymbol{\alpha}_2, \cdots, \boldsymbol{\alpha}_s$ 线性无关，则 $\boldsymbol{A\alpha}_1, \boldsymbol{A\alpha}_2, \cdots, \boldsymbol{A\alpha}_s$ 线性相关

(D) 若 $\boldsymbol{\alpha}_1, \boldsymbol{\alpha}_2, \cdots, \boldsymbol{\alpha}_s$ 线性无关，则 $\boldsymbol{A\alpha}_1, \boldsymbol{A\alpha}_2, \cdots, \boldsymbol{A\alpha}_s$ 线性无关

49. (2006 年) 已知非齐次线性方程组

$$\begin{cases}x_1 + x_2 + x_3 + x_4 = -1\\ 4x_1 + 3x_2 + 5x_3 - x_4 = -1\\ ax_1 + x_2 + 3x_3 + bx_4 = 1\end{cases}$$

有 3 个线性无关的解，

(1) 证明方程组系数矩阵 $\boldsymbol{A}$ 的秩 $R(\boldsymbol{A}) = 2$；

(2) 求 a, b 的值及方程组的通解.

50. (2009 年) 设

$$\boldsymbol{A} = \begin{pmatrix}1 & -1 & -1\\ -1 & 1 & 1\\ 0 & -4 & -2\end{pmatrix},$$
$$\boldsymbol{\xi} = \begin{pmatrix}-1\\ 1\\ -2\end{pmatrix},$$

(1) 求满足 $\boldsymbol{A\xi}_2 = \boldsymbol{\xi}_1$, $\boldsymbol{A}^2\boldsymbol{\xi}_3 = \boldsymbol{\xi}_1$ 的所有向量 $\boldsymbol{\xi}_2$, $\boldsymbol{\xi}_3$；

(2) 对 (1) 中的 $\boldsymbol{\xi}_2$, $\boldsymbol{\xi}_3$，证明 $\boldsymbol{\xi}_1$, $\boldsymbol{\xi}_2$, $\boldsymbol{\xi}_3$ 线性无关.

51. (2010 年) 设 $\boldsymbol{A} = \begin{pmatrix}\lambda & 1 & 1\\ 0 & \lambda-1 & 0\\ 1 & 1 & \lambda\end{pmatrix}$, $\boldsymbol{b} = \begin{pmatrix}a\\ 1\\ 1\end{pmatrix}$. 已知线性方程组 $\boldsymbol{Ax} = \boldsymbol{b}$ 存在两个不同的解，

(1) 求 λ, a；

(2) 求线性方程组 $\boldsymbol{Ax} = \boldsymbol{b}$ 的通解.

52. (2011 年) 设向量组 $\boldsymbol{\alpha}_1 = (1, 0, 1)^{\mathrm{T}}$, $\boldsymbol{\alpha}_2 = (0, 1, 1)^{\mathrm{T}}$, $\boldsymbol{\alpha}_3 = (1, 3, 5)^{\mathrm{T}}$ 不能由向量组 $\boldsymbol{\beta}_1 = (1, 1, 1)^{\mathrm{T}}$, $\boldsymbol{\beta}_2 = (1, 2, 3)^{\mathrm{T}}$, $\boldsymbol{\beta}_3 = (3, 4, a)^{\mathrm{T}}$ 线性表示.

(1) 求 a 的值；

(2) 将 $\boldsymbol{\beta}_1$, $\boldsymbol{\beta}_2$, $\boldsymbol{\beta}_3$ 用 $\boldsymbol{\alpha}_1$, $\boldsymbol{\alpha}_2$, $\boldsymbol{\alpha}_3$ 线性表示.

53. (2012 年) 设 $\boldsymbol{A} = \begin{pmatrix}1 & a & 0 & 0\\ 0 & 1 & a & 0\\ 0 & 0 & 1 & a\\ 0 & 0 & 0 & 1\end{pmatrix}$, $\boldsymbol{\beta} = \begin{pmatrix}1\\ -1\\ 0\\ 0\end{pmatrix}$.

(1) 计算行列式 $|\boldsymbol{A}|$；

(2) 当实数 a 为何值时，方程组 $\boldsymbol{Ax} = \boldsymbol{\beta}$ 有无穷多解，并求其通解.

第4章 矩阵的特征值与二次型

内容导引

矩阵的特征值、特征向量及二次型的理论和方法，在数学的各分支起着重要的作用，在实际应用方面极广.

矩阵特征值在科学研究与工程实践中应用非常广泛，在马尔可夫链、多元函数的驻点、二次超曲面分类问题、二阶微分方程分型等问题的研究中有着很好的应用，利用特征值可以对渐近线性映射的渐近歧点进行讨论，还可以运用矩阵特征值与特征向量来求斐波那契（Fibonacci）数列的通项. 许多实际问题例如振动问题，动力系统的稳定性问题，图像压缩问题，物理上的惯性椭球、微振动、电网络问题，长期摄动法解决的天体力学问题，化学中的 Huchel 分子轨道参数，在 Bohr 原子轨道上的电子转移问题等求解都可以最终归结为求矩阵的特征值与特征向量. 特征值与特征向量在生产系统的设计、动态投入产出模型、多目标决策的有关算法、人际关系网络问题和经济系统的最大均衡发展速度与危机问题的研究中都有应用. 在因子分析、主成分分析、多维标度法、多维标度判别分析、多维标度方程法、典型相关等统计方法应用时，都可以根据与特征值相应的累计贡献率大小进行统计方法的筛选.

大国工匠：大术无极

二次型的理论起源于解析几何中对二次曲线和二次曲面的研究，它在线性系统理论等许多领域中都有应用. 二次型用于可以求多元函数极值；n 元二次不定方程可以使用二次型变换方程来简化方程形式，然后再解方程；二次型判别函数可以应用于中期晴雨的判别；还可以用于线性回归模型中参数估计的最小二乘法；随机向量及其线性函数的数字特征；线性组合预测模型的误差平方和线性组合投资收益率的方差（风险）等方面的研究.

本章主要介绍向量的内积与线性变换，为后续内容的研究做准备；通过矩阵的特征值、特征向量的讨论，进而导出矩阵可对角化的条件、方法. 在明确了实对称矩阵和二次型的对应关系后，应用上述理论，给出了化二次型为标准形的正交变换法，并介绍了惯性定律及正定矩阵的概念和判别法，最后运用本章内容解决了引例和实例. 本章主要内容可以用以下框图表示.

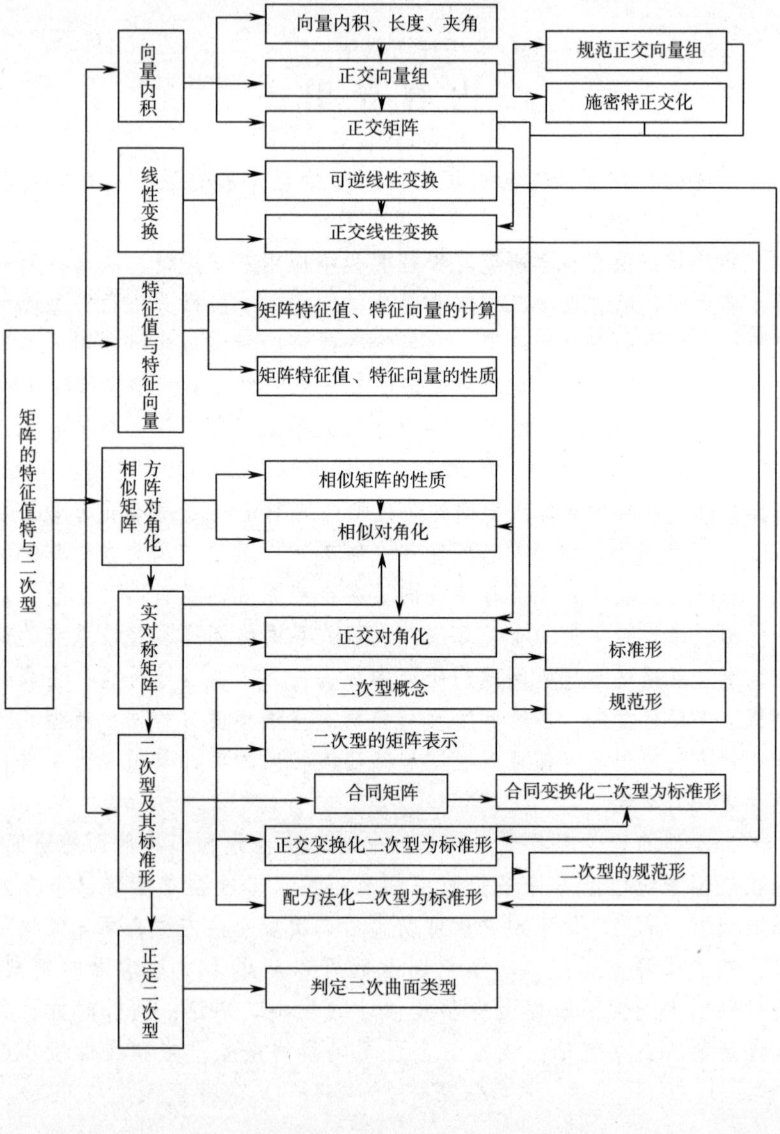

引例

已知函数 $f(x,y,z) = 5x^2 + 5y^2 + 3z^2 - 2xy + 6xz - 6yz$，指出方程 $f(x,y,z) = 1$ 在空间表示何种几何图形.

二次齐次方程 $f(x,y,z) = 1$ 表示空间的一张曲面. 要判断该曲面是属于哪一种类型的曲面，就需要对此方程进行简化，即通过某种变换，使函数 $f(x,y,z)$ 变成标准形式，使得我们容易看出其几何形状.

对于这个的问题解决，需要涉及这样三个问题：①如何将这个函数与前面讨论的矩阵相联系？②如何进行简化，使得在不产生形变的基础上，有利于我们方便认识这个函数在空间的几何形状？③将这个函数最终简化到什么形式，才算终结. 而这正是本章需要解决的问题之一.

4.1 向量的内积与线性变换

本节主要介绍向量的内积、长度、正交性以及正交向量组的求法，其次简单介绍正交矩阵和线性变换，为矩阵对角化及矩阵二次型内容的讨论做准备.

4.1.1 向量的内积、长度及正交性

定义 1 设 n 维向量

$$\boldsymbol{\alpha} = \begin{pmatrix} a_1 \\ a_2 \\ \vdots \\ a_n \end{pmatrix}, \quad \boldsymbol{\beta} = \begin{pmatrix} b_1 \\ b_2 \\ \vdots \\ b_n \end{pmatrix},$$

令实数 $[\boldsymbol{\alpha}, \boldsymbol{\beta}] = \boldsymbol{\alpha}^{\mathrm{T}}\boldsymbol{\beta} = a_1b_1 + a_2b_2 + \cdots + a_nb_n$，$[\boldsymbol{\alpha}, \boldsymbol{\beta}]$ 称为**向量 $\boldsymbol{\alpha}$ 与 $\boldsymbol{\beta}$ 的内积.**

例如，设 $\boldsymbol{\alpha}_1 = (1, -1, 0, 2)^{\mathrm{T}}$，$\boldsymbol{\alpha}_2 = (1, 2, -2, 0)^{\mathrm{T}}$，则 $[\boldsymbol{\alpha}_1, \boldsymbol{\alpha}_2] = \boldsymbol{\alpha}_1^{\mathrm{T}}\boldsymbol{\alpha}_2 = 1 \times 1 + (-1) \times 2 + 0 \times (-2) + 2 \times 0 = -1$.

内积是两个向量之间的一种运算，从定义出发，易证内积有以下基本性质（其中 $\boldsymbol{\alpha}, \boldsymbol{\beta}, \boldsymbol{\gamma}$ 为 n 维向量，$\lambda \in \mathbb{R}$）.

(1) $[\boldsymbol{\alpha},\boldsymbol{\beta}] = [\boldsymbol{\beta},\boldsymbol{\alpha}]$；

(2) $[\lambda\boldsymbol{\alpha},\boldsymbol{\beta}] = \lambda[\boldsymbol{\beta},\boldsymbol{\alpha}]$；

(3) $[\boldsymbol{\alpha}+\boldsymbol{\beta},\boldsymbol{\gamma}] = [\boldsymbol{\alpha},\boldsymbol{\gamma}] + [\boldsymbol{\beta},\boldsymbol{\gamma}]$；

(4) 当 $\boldsymbol{\alpha} = \mathbf{0}$ 时，$[\boldsymbol{\alpha},\boldsymbol{\alpha}] = 0$； 当 $\boldsymbol{\alpha} \neq \mathbf{0}$ 时，$[\boldsymbol{\alpha},\boldsymbol{\alpha}] > 0$；

(5)（施瓦茨（Schwarz）不等式）$[\boldsymbol{\alpha},\boldsymbol{\beta}]^2 \leqslant [\boldsymbol{\alpha},\boldsymbol{\alpha}][\boldsymbol{\beta},\boldsymbol{\beta}]$，且等式成立的充要条件是 $\boldsymbol{\alpha}$，$\boldsymbol{\beta}$ 线性相关.

注意到，$n(n>3)$ 维向量的内积是 3 维向量的数量积一种形式上的推广，但 n 维向量没有 3 维向量那样直观的长度和夹角的概念. 下面利用内积来定义 n 维向量的长度和夹角：

定义 2 令 $\|\boldsymbol{\alpha}\| = \sqrt{[\boldsymbol{\alpha},\boldsymbol{\alpha}]} = \sqrt{a_1^2 + a_2^2 + \cdots + a_n^2}$，$\|\boldsymbol{\alpha}\|$ 称为 n 维向量 $\boldsymbol{\alpha}$ 的长度. 长度为 1 的向量称为**单位向量**.

若向量 $\boldsymbol{\alpha} \neq \mathbf{0}$，则 $\frac{1}{\|\boldsymbol{\alpha}\|}\boldsymbol{\alpha}$ 为单位向量，因为 $\left\|\frac{1}{\|\boldsymbol{\alpha}\|}\boldsymbol{\alpha}\right\| = \frac{1}{\|\boldsymbol{\alpha}\|}\|\boldsymbol{\alpha}\| = 1$.

由 $\boldsymbol{\alpha}$ 得到的单位向量 $\frac{1}{\|\boldsymbol{\alpha}\|}\boldsymbol{\alpha}$ 称为**向量 $\boldsymbol{\alpha}$ 的单位化向量**.

向量的长度具有以下的性质：

(1) 非负性　当 $\boldsymbol{\alpha} \neq \mathbf{0}$ 时，$\|\boldsymbol{\alpha}\| > 0$； 当 $\boldsymbol{\alpha} = \mathbf{0}$ 时，$\|\boldsymbol{\alpha}\| = 0$；

(2) 齐次性　$\|\lambda\boldsymbol{\alpha}\| = |\lambda|\cdot\|\boldsymbol{\alpha}\|$；

(3) 三角不等式　$\|\boldsymbol{\alpha}+\boldsymbol{\beta}\| \leqslant \|\boldsymbol{\alpha}\| + \|\boldsymbol{\beta}\|$.

证 由定义，(1) 与 (2) 是显然的，以下证明 (3).

$\|\boldsymbol{\alpha}+\boldsymbol{\beta}\|^2 = [\boldsymbol{\alpha}+\boldsymbol{\beta},\boldsymbol{\alpha}+\boldsymbol{\beta}] = [\boldsymbol{\alpha},\boldsymbol{\alpha}] + 2[\boldsymbol{\alpha},\boldsymbol{\beta}] + [\boldsymbol{\beta},\boldsymbol{\beta}]$，

由施瓦茨不等式，有 $[\boldsymbol{\alpha},\boldsymbol{\beta}] \leqslant \sqrt{[\boldsymbol{\alpha},\boldsymbol{\alpha}]\cdot[\boldsymbol{\beta},\boldsymbol{\beta}]}$，从而

$$\begin{aligned}\|\boldsymbol{\alpha}+\boldsymbol{\beta}\|^2 &\leqslant [\boldsymbol{\alpha},\boldsymbol{\alpha}] + 2\sqrt{[\boldsymbol{\alpha},\boldsymbol{\alpha}][\boldsymbol{\beta},\boldsymbol{\beta}]} + [\boldsymbol{\beta},\boldsymbol{\beta}] \\ &= \|\boldsymbol{\alpha}\|^2 + 2\|\boldsymbol{\alpha}\|\cdot\|\boldsymbol{\beta}\| + \|\boldsymbol{\beta}\|^2 = (\|\boldsymbol{\alpha}\| + \|\boldsymbol{\beta}\|)^2,\end{aligned}$$

即 $\|\boldsymbol{\alpha}+\boldsymbol{\beta}\| \leqslant \|\boldsymbol{\alpha}\| + \|\boldsymbol{\beta}\|$.

由施瓦茨不等式，有 $|[\boldsymbol{\alpha},\boldsymbol{\beta}]| \leqslant \|\boldsymbol{\alpha}\|\cdot\|\boldsymbol{\beta}\|$，故

$$\left|\frac{[\boldsymbol{\alpha},\boldsymbol{\beta}]}{\|\boldsymbol{\alpha}\|\cdot\|\boldsymbol{\beta}\|}\right| \leqslant 1(\|\boldsymbol{\alpha}\|\cdot\|\boldsymbol{\beta}\| \neq 0),$$

因此，可引进向量夹角的定义.

定义 3 当 $\boldsymbol{\alpha} \neq \mathbf{0}$，$\boldsymbol{\beta} \neq \mathbf{0}$ 时，$\theta = \arccos\frac{[\boldsymbol{\alpha},\boldsymbol{\beta}]}{\|\boldsymbol{\alpha}\|\cdot\|\boldsymbol{\beta}\|}$ 称为 n 维向量 $\boldsymbol{\alpha}$ 与 $\boldsymbol{\beta}$ 的**夹角**.

例 1 已知 $\boldsymbol{\alpha}=(2,1,3,2)^{\mathrm{T}}$，$\boldsymbol{\beta}=(1,2,-2,1)^{\mathrm{T}}$，求 $\|\boldsymbol{\alpha}\|$，$\|\boldsymbol{\beta}\|$，$\|\boldsymbol{\alpha}+\boldsymbol{\beta}\|$，并求 $\boldsymbol{\alpha}$，$\boldsymbol{\beta}$ 的夹角 θ.

解 根据定义，可求得

$$\|\boldsymbol{\alpha}\|=\sqrt{2^2+\_\_+3^2+2^2}=3\sqrt{2},$$

$$\|\boldsymbol{\beta}\|=\sqrt{1^2+2^2+(\_\_)^2+1^2}=\sqrt{10},$$

$$\|\boldsymbol{\alpha}+\boldsymbol{\beta}\|=\sqrt{(2+1)^2+(1+2)^2+\_\_\_\_+(2+1)^2}=2\sqrt{7},$$

$$[\boldsymbol{\alpha},\boldsymbol{\beta}]=2\times1+1\times2+3\times(-2)+2\times1=0,$$

$$\theta=\arccos\frac{[\boldsymbol{\alpha},\boldsymbol{\beta}]}{\|\boldsymbol{\alpha}\|\|\boldsymbol{\beta}\|}=\arccos 0=\frac{\pi}{2}.$$

4.1.2 正交向量组

定义 4 若 $[\boldsymbol{\alpha},\boldsymbol{\beta}]=0$，则称**向量 $\boldsymbol{\alpha}$ 与 $\boldsymbol{\beta}$ 正交**. 一组两两正交的非零向量所组成的向量组称为**正交向量组**，且若每个向量都是单位向量，则称为**规范正交向量组**.

注：这里的正交定义与解析几何中关于向量正交的说法一致. 显然，若 $\boldsymbol{\alpha}=\boldsymbol{0}$，则 $\boldsymbol{\alpha}$ 与任何向量都正交.

下面讨论正交向量组的性质.

定理 1 正交向量组必线性无关.

证 设 $\boldsymbol{\alpha}_1,\boldsymbol{\alpha}_2,\cdots,\boldsymbol{\alpha}_r$ 是一组两两正交的非零向量组，即要证 $\boldsymbol{\alpha}_1,\boldsymbol{\alpha}_2,\cdots,\boldsymbol{\alpha}_r$ 线性无关.

设有常数 $\lambda_1,\lambda_2,\cdots,\lambda_r$，使

$$\lambda_1\boldsymbol{\alpha}_1+\lambda_2\boldsymbol{\alpha}_2+\cdots+\lambda_r\boldsymbol{\alpha}_r=\boldsymbol{0},$$

以 $\boldsymbol{\alpha}_1^{\mathrm{T}}$ 左乘上式两端，由于 $\boldsymbol{\alpha}_i,\boldsymbol{\alpha}_j(i\neq j)$ 两两正交，故 $\boldsymbol{\alpha}_1{}^{\mathrm{T}}\boldsymbol{\alpha}_i=0$ $(i\geqslant 2)$，得

$$\lambda_1\boldsymbol{\alpha}_1^{\mathrm{T}}\boldsymbol{\alpha}_1+\lambda_2\boldsymbol{\alpha}_1^{\mathrm{T}}\boldsymbol{\alpha}_2+\cdots+\lambda_r\boldsymbol{\alpha}_1^{\mathrm{T}}\boldsymbol{\alpha}_r=\boldsymbol{0},$$

$$\lambda_1\boldsymbol{\alpha}_1^{\mathrm{T}}\boldsymbol{\alpha}_1=0,$$

因 $\boldsymbol{\alpha}_1\neq\boldsymbol{0}$，故 $\boldsymbol{\alpha}_1^{\mathrm{T}}\boldsymbol{\alpha}_1=\|\boldsymbol{\alpha}_1\|^2\neq0$，从而 $\lambda_1=0$.

类似可得出 $\lambda_2=\cdots=\lambda_r=0$，于是，向量组 $\boldsymbol{\alpha}_1,\boldsymbol{\alpha}_2,\cdots,\boldsymbol{\alpha}_r$ 线性无关.

例 2 已知两个 3 维向量

$$\boldsymbol{\alpha}_1=\begin{pmatrix}1\\-1\\1\end{pmatrix},\boldsymbol{\alpha}_2=\begin{pmatrix}1\\2\\1\end{pmatrix}$$

正交，试求一个非零向量 $\boldsymbol{\alpha}_3$，使 $\boldsymbol{\alpha}_1,\boldsymbol{\alpha}_2,\boldsymbol{\alpha}_3$ 两两正交.

解 设 $\boldsymbol{\alpha}_3=\begin{pmatrix}a_1\\a_2\\a_3\end{pmatrix}$，由题意 $\boldsymbol{\alpha}_3$ 与 $\boldsymbol{\alpha}_1,\boldsymbol{\alpha}_2$ 正交，则 $[\boldsymbol{\alpha}_1,\boldsymbol{\alpha}_3]=0$ 且 $[\boldsymbol{\alpha}_2,\boldsymbol{\alpha}_3]=0$，即应满足齐次线性方程组

$$\begin{pmatrix}1 & -1 & 1\\ \underline{\quad} & \underline{\quad} & \underline{\quad}\end{pmatrix}\begin{pmatrix}a_1\\a_2\\a_3\end{pmatrix}=\begin{pmatrix}0\\0\end{pmatrix},$$

将系数矩阵化成行阶梯形

$$\boldsymbol{A}=\begin{pmatrix}1 & -1 & 1\\1 & 2 & 1\end{pmatrix}\overset{r_2-r_1}{\sim}\begin{pmatrix}1 & \underline{\quad} & 1\\0 & 3 & 0\end{pmatrix}\underset{r_1+r_2}{\overset{r_2\times(\frac{1}{3})}{\sim}}\begin{pmatrix}1 & 0 & 1\\0 & \underline{\quad} & 0\end{pmatrix},$$

从而有基础解系 $\begin{pmatrix}-1\\0\\1\end{pmatrix}$. 取 $\boldsymbol{\alpha}_3=\begin{pmatrix}-1\\0\\1\end{pmatrix}$，即有 $\boldsymbol{\alpha}_1,\boldsymbol{\alpha}_2,\boldsymbol{\alpha}_3$ 两两正交.

以下给出从线性无关组通过施密特（Schmidt）正交化过程导出正交向量组的方法.

设 $\boldsymbol{\alpha}_1,\boldsymbol{\alpha}_2,\cdots,\boldsymbol{\alpha}_r$ 是线性无关向量组，采用下面方法可以得到一组新向量组 $\boldsymbol{\beta}_1,\boldsymbol{\beta}_2,\cdots,\boldsymbol{\beta}_r$. 取

$$\boldsymbol{\beta}_1=\boldsymbol{\alpha}_1;$$

$$\boldsymbol{\beta}_2=\boldsymbol{\alpha}_2-\frac{[\boldsymbol{\beta}_1,\boldsymbol{\alpha}_2]}{[\boldsymbol{\beta}_1,\boldsymbol{\beta}_1]}\boldsymbol{\beta}_1;$$

$$\vdots$$

$$\boldsymbol{\beta}_r=\boldsymbol{\alpha}_r-\frac{[\boldsymbol{\beta}_1,\boldsymbol{\alpha}_r]}{[\boldsymbol{\beta}_1,\boldsymbol{\beta}_1]}\boldsymbol{\beta}_1-\frac{[\boldsymbol{\beta}_2,\boldsymbol{\alpha}_r]}{[\boldsymbol{\beta}_2,\boldsymbol{\beta}_2]}\boldsymbol{\beta}_2-\cdots-\frac{[\boldsymbol{\beta}_{r-1},\boldsymbol{\alpha}_r]}{[\boldsymbol{\beta}_{r-1},\boldsymbol{\beta}_{r-1}]}\boldsymbol{\beta}_{r-1},$$

所以

$$(\boldsymbol{\beta}_1,\boldsymbol{\beta}_2,\cdots,\boldsymbol{\beta}_r)=(\boldsymbol{\alpha}_1,\boldsymbol{\alpha}_2,\cdots,\boldsymbol{\alpha}_r)\begin{pmatrix}1 & a_{12} & \cdots & a_{1r}\\ 0 & 1 & \cdots & a_{2r}\\ \vdots & \vdots & & \vdots\\ 0 & 0 & \cdots & 1\end{pmatrix}$$

$$=(\boldsymbol{\alpha}_1,\boldsymbol{\alpha}_2,\cdots,\boldsymbol{\alpha}_r)\boldsymbol{A},$$

其中

$$\boldsymbol{A}=\begin{pmatrix}1 & a_{12} & \cdots & a_{1r}\\ 0 & 1 & \cdots & a_{2r}\\ \vdots & \vdots & & \vdots\\ 0 & 0 & \cdots & 1\end{pmatrix},\quad a_{ij}=-\frac{[\boldsymbol{\beta}_i,\boldsymbol{\alpha}_j]}{[\boldsymbol{\beta}_i,\boldsymbol{\beta}_j]},$$

$\boldsymbol{A}$ 为上三角矩阵，并且主对角线元素都为 1，

因此 $|\boldsymbol{A}|=1\neq 0$，即 $\boldsymbol{A}$ 可逆，故 $(\boldsymbol{\alpha}_1,\boldsymbol{\alpha}_2,\cdots,\boldsymbol{\alpha}_r)=(\boldsymbol{\beta}_1,\boldsymbol{\beta}_2,\cdots,\boldsymbol{\beta}_r)\boldsymbol{A}^{-1}$.

由 $(\boldsymbol{\beta}_1,\boldsymbol{\beta}_2,\cdots,\boldsymbol{\beta}_r)=(\boldsymbol{\alpha}_1,\boldsymbol{\alpha}_2,\cdots,\boldsymbol{\alpha}_r)\boldsymbol{A}$ 和 $(\boldsymbol{\alpha}_1,\boldsymbol{\alpha}_2,\cdots,\boldsymbol{\alpha}_r)=(\boldsymbol{\beta}_1,\boldsymbol{\beta}_2,\cdots,\boldsymbol{\beta}_r)\boldsymbol{A}^{-1}$，知向量组 $\boldsymbol{\beta}_1,\boldsymbol{\beta}_2,\cdots,\boldsymbol{\beta}_r$ 与 $\boldsymbol{\alpha}_1,\boldsymbol{\alpha}_2,\cdots,\boldsymbol{\alpha}_r$ 可以相互线性表示，故 $\boldsymbol{\beta}_1,\boldsymbol{\beta}_2,\cdots,\boldsymbol{\beta}_r$ 与 $\boldsymbol{\alpha}_1,\boldsymbol{\alpha}_2,\cdots,\boldsymbol{\alpha}_r$ 等价. 而

$$[\boldsymbol{\beta}_1,\boldsymbol{\beta}_2]=\left[\boldsymbol{\alpha}_1,\boldsymbol{\alpha}_2-\frac{[\boldsymbol{\beta}_1,\boldsymbol{\alpha}_2]}{[\boldsymbol{\beta}_1,\boldsymbol{\beta}_1]}\boldsymbol{\beta}_1\right]=[\boldsymbol{\alpha}_1,\boldsymbol{\alpha}_2]-\frac{[\boldsymbol{\alpha}_1,\boldsymbol{\alpha}_2]}{[\boldsymbol{\alpha}_1,\boldsymbol{\alpha}_1]}[\boldsymbol{\alpha}_1,\boldsymbol{\alpha}_1]$$

$$=[\boldsymbol{\alpha}_1,\boldsymbol{\alpha}_2]-[\boldsymbol{\alpha}_1,\boldsymbol{\alpha}_2]=0.$$

因此 $\boldsymbol{\beta}_1,\boldsymbol{\beta}_2$ 为正交向量组；

对向量组 $\boldsymbol{\beta}_1,\boldsymbol{\beta}_2,\boldsymbol{\beta}_3$，

$$[\boldsymbol{\beta}_3,\boldsymbol{\beta}_1]=\left[\boldsymbol{\alpha}_3-\frac{[\boldsymbol{\beta}_1,\boldsymbol{\alpha}_3]}{[\boldsymbol{\beta}_1,\boldsymbol{\beta}_1]}\boldsymbol{\beta}_1-\frac{[\boldsymbol{\beta}_2,\boldsymbol{\alpha}_3]}{[\boldsymbol{\beta}_2,\boldsymbol{\beta}_2]}\boldsymbol{\beta}_2,\boldsymbol{\beta}_1\right]$$

$$=[\boldsymbol{\alpha}_3,\boldsymbol{\beta}_1]-\frac{[\boldsymbol{\beta}_1,\boldsymbol{\alpha}_3]}{[\boldsymbol{\beta}_1,\boldsymbol{\beta}_1]}[\boldsymbol{\beta}_1,\boldsymbol{\beta}_1]-\frac{[\boldsymbol{\beta}_2,\boldsymbol{\alpha}_3]}{[\boldsymbol{\beta}_2,\boldsymbol{\beta}_2]}[\boldsymbol{\beta}_2,\boldsymbol{\beta}_1]$$

$$=[\boldsymbol{\alpha}_3,\boldsymbol{\beta}_1]-[\boldsymbol{\alpha}_3,\boldsymbol{\beta}_1]-\frac{[\boldsymbol{\beta}_2,\boldsymbol{\alpha}_3]}{[\boldsymbol{\beta}_2,\boldsymbol{\beta}_2]}\times 0=0-0-0=0,$$

$$[\boldsymbol{\beta}_3,\boldsymbol{\beta}_2]=\left[\boldsymbol{\alpha}_3-\frac{[\boldsymbol{\beta}_1,\boldsymbol{\alpha}_3]}{[\boldsymbol{\beta}_1,\boldsymbol{\beta}_1]}\boldsymbol{\beta}_1-\frac{[\boldsymbol{\beta}_2,\boldsymbol{\alpha}_3]}{[\boldsymbol{\beta}_2,\boldsymbol{\beta}_2]}\boldsymbol{\beta}_2,\boldsymbol{\beta}_2\right]$$

$$=[\boldsymbol{\alpha}_3,\boldsymbol{\beta}_2]-\frac{[\boldsymbol{\beta}_1,\boldsymbol{\alpha}_3]}{[\boldsymbol{\beta}_1,\boldsymbol{\beta}_1]}[\boldsymbol{\beta}_1,\boldsymbol{\beta}_2]-\frac{[\boldsymbol{\beta}_2,\boldsymbol{\alpha}_3]}{[\boldsymbol{\beta}_2,\boldsymbol{\beta}_2]}[\boldsymbol{\beta}_2,\boldsymbol{\beta}_2]$$

$$= [\boldsymbol{\alpha}_3,\boldsymbol{\beta}_2] - \frac{[\boldsymbol{\beta}_1,\boldsymbol{\alpha}_3]}{[\boldsymbol{\beta}_1,\boldsymbol{\beta}_1]}\times 0 - [\boldsymbol{\beta}_2,\boldsymbol{\alpha}_3]$$

$$= [\boldsymbol{\beta}_2,\boldsymbol{\alpha}_3] - [\boldsymbol{\beta}_2,\boldsymbol{\alpha}_3] = 0,$$

因此向量组$\boldsymbol{\beta}_1,\boldsymbol{\beta}_2,\boldsymbol{\beta}_3$为正交向量组；

这样用数学归纳法可以证出$\boldsymbol{\beta}_1,\boldsymbol{\beta}_2,\cdots,\boldsymbol{\beta}_r$两两正交.

若进一步把它们单位化，即得

$$\boldsymbol{e}_1 = \frac{1}{\|\boldsymbol{\beta}_1\|}\boldsymbol{\beta}_1,\ \boldsymbol{e}_2 = \frac{1}{\|\boldsymbol{\beta}_2\|}\boldsymbol{\beta}_2,\ \cdots,\ \boldsymbol{e}_r = \frac{1}{\|\boldsymbol{\beta}_r\|}\boldsymbol{\beta}_r,$$

就是一个规范正交向量组.

上述从线性无关向量组$\boldsymbol{\alpha}_1$，$\boldsymbol{\alpha}_2$，$\cdots$，$\boldsymbol{\alpha}_r$导出等价的正交向量组$\boldsymbol{\beta}_1$，$\boldsymbol{\beta}_2$，$\cdots$，$\boldsymbol{\beta}_r$的过程称为**施密特正交化过程**.

上述过程说明：

（1）不仅$\boldsymbol{\beta}_1$，$\boldsymbol{\beta}_2$，$\cdots$，$\boldsymbol{\beta}_r$与$\boldsymbol{\alpha}_1$，$\boldsymbol{\alpha}_2$，$\cdots$，$\boldsymbol{\alpha}_r$等价，$\boldsymbol{\beta}_1$，$\boldsymbol{\beta}_2$，$\cdots$，$\boldsymbol{\beta}_r$是正交向量组，线性无关；同时，对任何$k(1\leqslant k\leqslant r)$，向量组$\boldsymbol{\beta}_1$，$\boldsymbol{\beta}_2$，$\cdots$，$\boldsymbol{\beta}_k$与$\boldsymbol{\alpha}_1$，$\boldsymbol{\alpha}_2$，$\cdots$，$\boldsymbol{\alpha}_k$等价，$\boldsymbol{\beta}_1$，$\boldsymbol{\beta}_2$，$\cdots$，$\boldsymbol{\beta}_k$是正交向量组，线性无关.

（2）如果向量$\boldsymbol{\alpha}_1$，$\boldsymbol{\alpha}_2$，$\cdots$，$\boldsymbol{\alpha}_r$是齐次线性方程组$\boldsymbol{Ax}=\boldsymbol{0}$的基础解系，则$\boldsymbol{\beta}_1$，$\boldsymbol{\beta}_2$，$\cdots$，$\boldsymbol{\beta}_r$也是$\boldsymbol{Ax}=\boldsymbol{0}$的基础解系.

因为，$\boldsymbol{A\beta}_1=\boldsymbol{A\alpha}_1=\boldsymbol{0}$，即$\boldsymbol{\beta}_1$是$\boldsymbol{Ax}=\boldsymbol{0}$的解；

$$\boldsymbol{A\beta}_2 = \boldsymbol{A}\left(\boldsymbol{\alpha}_2 - \frac{[\boldsymbol{\beta}_1,\boldsymbol{\alpha}_2]}{[\boldsymbol{\beta}_1,\boldsymbol{\beta}_1]}\boldsymbol{\beta}_1\right) = \boldsymbol{A\alpha}_2 - \frac{[\boldsymbol{\beta}_1,\boldsymbol{\alpha}_2]}{[\boldsymbol{\beta}_1,\boldsymbol{\beta}_1]}\boldsymbol{A\beta}_1$$

$$= \boldsymbol{0} - \frac{[\boldsymbol{\beta}_1,\boldsymbol{\alpha}_2]}{[\boldsymbol{\beta}_1,\boldsymbol{\beta}_1]}\times\boldsymbol{0} = \boldsymbol{0},$$

即$\boldsymbol{\beta}_2$是$\boldsymbol{Ax}=\boldsymbol{0}$的解.

用数学归纳法可证$\boldsymbol{\beta}_1$，$\boldsymbol{\beta}_2$，$\cdots$，$\boldsymbol{\beta}_r$都是$\boldsymbol{Ax}=\boldsymbol{0}$的解，又由前面的讨论，$\boldsymbol{\beta}_1$，$\boldsymbol{\beta}_2$，$\cdots$，$\boldsymbol{\beta}_r$线性无关，所以$\boldsymbol{\beta}_1$，$\boldsymbol{\beta}_2$，$\cdots$，$\boldsymbol{\beta}_r$是$\boldsymbol{Ax}=\boldsymbol{0}$的基础解系，并且$\boldsymbol{\beta}_1$，$\boldsymbol{\beta}_2$，$\cdots$，$\boldsymbol{\beta}_r$单位化后得到的规范向量组$\boldsymbol{e}_1=\dfrac{1}{\|\boldsymbol{\beta}_1\|}\boldsymbol{\beta}_1$，$\boldsymbol{e}_2=\dfrac{1}{\|\boldsymbol{\beta}_2\|}\boldsymbol{\beta}_2$，$\cdots$，$\boldsymbol{e}_r=\dfrac{1}{\|\boldsymbol{\beta}_r\|}\boldsymbol{\beta}_r$也是$\boldsymbol{Ax}=\boldsymbol{0}$的基础解系.

例 3 试用施密特正交化过程把下面的向量组规范正交化：

$$\boldsymbol{\alpha}_1 = \begin{pmatrix}1\\1\\1\end{pmatrix},\boldsymbol{\alpha}_2 = \begin{pmatrix}1\\2\\3\end{pmatrix},\boldsymbol{\alpha}_3 = \begin{pmatrix}1\\4\\9\end{pmatrix}.$$

解 取 $\boldsymbol{\beta}_1=\boldsymbol{\alpha}_1$,

$$\boldsymbol{\beta}_2=\boldsymbol{\alpha}_2-\frac{[\boldsymbol{\beta}_1,\underline{\quad}]}{[\boldsymbol{\beta}_1,\boldsymbol{\beta}_1]}\boldsymbol{\beta}_1=\begin{pmatrix}1\\2\\3\end{pmatrix}-\frac{6}{3}\begin{pmatrix}1\\1\\1\end{pmatrix}=\begin{pmatrix}-1\\0\\1\end{pmatrix},$$

$$\boldsymbol{\beta}_3=\boldsymbol{\alpha}_3-\frac{[\boldsymbol{\beta}_1,\boldsymbol{\alpha}_3]}{[\boldsymbol{\beta}_1,\boldsymbol{\beta}_1]}\boldsymbol{\beta}_1-\frac{[\boldsymbol{\beta}_2,\boldsymbol{\alpha}_3]}{[\boldsymbol{\beta}_2,\boldsymbol{\beta}_2]}\underline{\quad}$$

$$=\begin{pmatrix}1\\4\\9\end{pmatrix}-\underline{\quad}\begin{pmatrix}1\\1\\1\end{pmatrix}-\frac{8}{2}\begin{pmatrix}-1\\0\\1\end{pmatrix}=\frac{1}{3}\begin{pmatrix}1\\-2\\1\end{pmatrix},$$

再将 $\boldsymbol{\beta}_1,\boldsymbol{\beta}_2,\boldsymbol{\beta}_3$ 单位化，即取

$$\boldsymbol{e}_1=\frac{1}{\|\boldsymbol{\beta}_1\|}\boldsymbol{\beta}_1=\frac{1}{\sqrt{3}}\begin{pmatrix}1\\1\\1\end{pmatrix},\boldsymbol{e}_2=\frac{1}{\|\boldsymbol{\beta}_2\|}\boldsymbol{\beta}_2=\underline{\quad}\begin{pmatrix}-1\\0\\1\end{pmatrix},$$

$$\boldsymbol{e}_3=\frac{1}{\|\boldsymbol{\beta}_3\|}\boldsymbol{\beta}_3=\frac{\sqrt{6}}{6}\begin{pmatrix}1\\-2\\1\end{pmatrix},$$

则 $\boldsymbol{e}_1,\boldsymbol{e}_2,\boldsymbol{e}_3$ 即为所求.

例 4 已知 $\boldsymbol{\alpha}_1=\begin{pmatrix}1\\1\\1\end{pmatrix}$，求一组非零向量 $\boldsymbol{\alpha}_2,\boldsymbol{\alpha}_3$，使 $\boldsymbol{\alpha}_1,\boldsymbol{\alpha}_2,\boldsymbol{\alpha}_3$ 两两正交.

解 由题意 $\boldsymbol{\alpha}_1^{\mathrm{T}}\boldsymbol{\alpha}_2=0,\boldsymbol{\alpha}_1^{\mathrm{T}}\boldsymbol{\alpha}_3=0$，故 $\boldsymbol{\alpha}_2,\boldsymbol{\alpha}_3$ 满足齐次方程 $\boldsymbol{\alpha}_1^{\mathrm{T}}\boldsymbol{x}=\boldsymbol{0}$，即 $x_1+x_2+x_3=0$，它的基础解系为

$$\boldsymbol{\xi}_1=\begin{pmatrix}\underline{\quad}\\\underline{\quad}\\\underline{\quad}\end{pmatrix},\boldsymbol{\xi}_2=\begin{pmatrix}0\\1\\-1\end{pmatrix}.$$

把基础解系正交化，即取

$$\boldsymbol{\alpha}_2=\boldsymbol{\xi}_1=\begin{pmatrix}1\\0\\-1\end{pmatrix},\boldsymbol{\alpha}_3=\boldsymbol{\xi}_2-\frac{[\boldsymbol{\xi}_1,\boldsymbol{\xi}_2]}{[\boldsymbol{\xi}_1,\boldsymbol{\xi}_1]}\boldsymbol{\xi}_1=\begin{pmatrix}0\\1\\-1\end{pmatrix}-\frac{1}{2}\begin{pmatrix}1\\0\\-1\end{pmatrix}=\frac{1}{2}\begin{pmatrix}-1\\2\\-1\end{pmatrix},$$

则 $\boldsymbol{\alpha}_2,\boldsymbol{\alpha}_3$ 即为所求.

4.1.3 正交矩阵

定义 5 若 n 阶方阵 $\boldsymbol{A}$ 满足 $\boldsymbol{A}^{\mathrm{T}}\boldsymbol{A}=\boldsymbol{E}$（即 $\boldsymbol{A}^{-1}=\boldsymbol{A}^{\mathrm{T}}$），则 $\boldsymbol{A}$ 称为**正交矩阵**，简称为**正交阵**.

在 $\boldsymbol{A}^{\mathrm{T}}\boldsymbol{A}=\boldsymbol{E}$ 中，$\boldsymbol{A}$ 用列向量表示，有

$$\begin{pmatrix}\boldsymbol{\alpha}_1^{\mathrm{T}}\\ \boldsymbol{\alpha}_2^{\mathrm{T}}\\ \vdots\\ \boldsymbol{\alpha}_n^{\mathrm{T}}\end{pmatrix}(\boldsymbol{\alpha}_1,\boldsymbol{\alpha}_2,\cdots,\boldsymbol{\alpha}_n)=\boldsymbol{E},$$

得到 n^2 个关系式

$$(\boldsymbol{\alpha}_i^{\mathrm{T}}\boldsymbol{\alpha}_j)=(\delta_{ij})=\begin{cases}1, & \text{当 } i=j\\ 0, & \text{当 } i\neq j\end{cases}\quad (i,j=1,2,\cdots,n).$$

由上可知，方阵 $\boldsymbol{A}$ 为正交阵的充要条件是 $\boldsymbol{A}$ 的列向量都是单位向量，且两两正交. 同理，$\boldsymbol{A}$ 的行向量也具有类似的特性.

例 5 矩阵

$$\boldsymbol{A}=\begin{pmatrix}\frac{1}{\sqrt{3}} & \frac{1}{\sqrt{2}} & \frac{1}{\sqrt{6}}\\ \frac{1}{\sqrt{3}} & -\frac{1}{\sqrt{2}} & \frac{1}{\sqrt{6}}\\ -\frac{1}{\sqrt{3}} & 0 & \frac{2}{\sqrt{6}}\end{pmatrix}$$

是否为正交阵？说明理由.

解 易见矩阵 $\boldsymbol{A}$ 的每个列向量都是________，且两两____，所以 $\boldsymbol{A}$ 为正交阵.

又如，单位矩阵 $\boldsymbol{E}$ 为正交矩阵，这是因为 $\boldsymbol{E}^{\mathrm{T}}\boldsymbol{E}=\boldsymbol{E}$，或由上面的充要条件也易见.

根据正交阵的定义，结合以上特性，不难证明，正交阵具有以下性质：

（1）正交阵的行列式为 ±1；

（2）正交阵的转置仍是正交阵；

（3）正交阵的逆阵仍是正交阵；

（4）两个正交阵的乘积仍是正交阵.

4.1.4 线性变换

定义6 设 $\boldsymbol{A}$ 为 n 阶方阵，则称 $\boldsymbol{y}=\boldsymbol{A}\boldsymbol{x}$ 为从 $\boldsymbol{x}$ 到 $\boldsymbol{y}$ 的**线性变换**，其中 $\boldsymbol{x}=(x_1,x_2,\cdots,x_n)^{\mathrm{T}}$，$\boldsymbol{y}=(y_1,y_2,\cdots,y_n)^{\mathrm{T}}$. $\boldsymbol{y}=\boldsymbol{A}\boldsymbol{x}$ 的方程组形式为

$$\begin{cases} y_1 = a_{11}x_1 + a_{12}x_2 + \cdots + a_{1n}x_n \\ y_2 = a_{21}x_1 + a_{21}x_2 + \cdots + a_{2n}x_n \\ \qquad\vdots \\ y_n = a_{n1}x_1 + a_{n2}x_2 + \cdots + a_{nn}x_n \end{cases}$$

若 $\boldsymbol{A}$ 为可逆矩阵，则称 $\boldsymbol{y}=\boldsymbol{A}\boldsymbol{x}$ 为**可逆线性变换**，简称**可逆变换**.

注：若 $\boldsymbol{y}=\boldsymbol{A}\boldsymbol{x}$ 为可逆变换，则任意确定的向量 $\boldsymbol{x}$，由 $\boldsymbol{y}=\boldsymbol{A}\boldsymbol{x}$ 能唯一确定向量 $\boldsymbol{y}$；反之，对于任意确定的向量 $\boldsymbol{y}$，由于 $\boldsymbol{A}$ 为可逆矩阵，所以方程组 $\boldsymbol{y}=\boldsymbol{A}\boldsymbol{x}$ 有唯一解，即有唯一的向量 $\boldsymbol{x}$ 通过线性变换 $\boldsymbol{y}=\boldsymbol{A}\boldsymbol{x}$ 与之对应. 因此以后可以称线性变换 $\boldsymbol{x}=\boldsymbol{A}^{-1}\boldsymbol{y}$ 为线性变换 $\boldsymbol{y}=\boldsymbol{A}\boldsymbol{x}$ 的逆变换.

定义7 若 $\boldsymbol{A}$ 为正交阵，则称 $\boldsymbol{y}=\boldsymbol{A}\boldsymbol{x}$ 为**正交线性变换**，简称**正交变换**.

例如：在平面解析几何中，两个直角坐标系间的坐标变换公式为

$$\begin{cases} x' = x\cos\theta - y\sin\theta \\ y' = x\sin\theta + y\cos\theta \end{cases} \quad (\theta\text{ 为参数}),$$

写成矩阵形式为

$$\begin{pmatrix} x' \\ y' \end{pmatrix} = \begin{pmatrix} \cos\theta & -\sin\theta \\ \sin\theta & \cos\theta \end{pmatrix}\begin{pmatrix} x \\ y \end{pmatrix},$$

设 $\boldsymbol{Q}=\begin{pmatrix} \cos\theta & -\sin\theta \\ \sin\theta & \cos\theta \end{pmatrix}$，由于 $\boldsymbol{Q}^{\mathrm{T}}\boldsymbol{Q}=\boldsymbol{E}$，则 $\boldsymbol{Q}$ 为正交阵.

因而此变换为正交变换.

由于 $|\boldsymbol{Q}|=\cos^2\theta+\sin^2\theta=1\neq 0$，即 $\boldsymbol{Q}^{-1}$ 存在，则此变换又是一个可逆变换.

注：显然正交变换是可逆变换，同时若 $\boldsymbol{y}=\boldsymbol{A}\boldsymbol{x}$ 为正交变换，则有 $\|\boldsymbol{y}\|=\sqrt{\boldsymbol{y}^{\mathrm{T}}\boldsymbol{y}}=\sqrt{\boldsymbol{x}^{\mathrm{T}}\boldsymbol{A}^{\mathrm{T}}\boldsymbol{A}\boldsymbol{x}}=\sqrt{\boldsymbol{x}^{\mathrm{T}}\boldsymbol{x}}=\|\boldsymbol{x}\|$，由于 $\|\boldsymbol{x}\|$ 表示向量的长度，相当于线段的长度，由 $\|\boldsymbol{y}\|=\|\boldsymbol{x}\|$，说明经过正交变换，线段的长度保持不变，这是正交变换的优良特性.

练　习

- **选择题**

1. 下列向量是单位向量的是（　　）.

(A) (1, -1, 2)　(B) (1, 0, -2)

(C) $(\frac{\sqrt{2}}{2}, -\frac{\sqrt{2}}{2}, 0)$　(D) $(0, -1, \frac{\sqrt{2}}{2})$

2. 与向量 $\boldsymbol{\alpha}=(1, 0, 1)$ 的夹角为 60° 的向量是（　　）.

(A) (1, -2, -1)　(B) (-2, 2, -3)

(C) (1, 1, -1)　(D) (1, 1, 0)

3. 下列矩阵是正交矩阵的是（　　）.

(A) $\begin{pmatrix} -\frac{1}{\sqrt{3}} & -\frac{1}{\sqrt{2}} & \frac{1}{\sqrt{6}} \\ -\frac{1}{\sqrt{3}} & \frac{1}{\sqrt{2}} & \frac{1}{\sqrt{6}} \\ \frac{1}{\sqrt{3}} & 0 & \frac{2}{\sqrt{6}} \end{pmatrix}$

(B) $\begin{pmatrix} -\frac{1}{\sqrt{3}} & -\frac{1}{\sqrt{2}} & -\frac{1}{\sqrt{6}} \\ -\frac{1}{\sqrt{3}} & \frac{1}{\sqrt{2}} & \frac{1}{\sqrt{6}} \\ \frac{1}{\sqrt{3}} & 0 & \frac{2}{\sqrt{6}} \end{pmatrix}$

(C) $\begin{pmatrix} -\frac{1}{\sqrt{3}} & -\frac{1}{\sqrt{3}} & \frac{1}{\sqrt{6}} \\ -\frac{1}{\sqrt{3}} & \frac{1}{\sqrt{3}} & \frac{1}{\sqrt{6}} \\ \frac{1}{\sqrt{3}} & 0 & \frac{2}{\sqrt{6}} \end{pmatrix}$

(D) $\begin{pmatrix} -\frac{1}{\sqrt{3}} & -\frac{1}{\sqrt{2}} & \frac{1}{\sqrt{3}} \\ -\frac{1}{\sqrt{3}} & \frac{1}{\sqrt{2}} & \frac{1}{\sqrt{3}} \\ \frac{1}{\sqrt{3}} & 0 & \frac{2}{\sqrt{3}} \end{pmatrix}$

4. 设 $\boldsymbol{A}$ 为正交矩阵，则（　　）.

(A) $|\boldsymbol{A}|=1$　(B) $|\boldsymbol{A}|=-1$

(C) $|\boldsymbol{A}|=\pm 1$　(D) $|\boldsymbol{A}|$ 的值不能确定

5. 设 $\boldsymbol{A}=(\boldsymbol{\alpha}_1, \boldsymbol{\alpha}_2, \cdots, \boldsymbol{\alpha}_n)$ 为正交矩阵，则下列结论不正确的是（　　）.

(A) 向量组 $\boldsymbol{\alpha}_1, \boldsymbol{\alpha}_2, \cdots, \boldsymbol{\alpha}_n$ 是正交向量组

(B) 向量组 $\boldsymbol{\alpha}_1, \boldsymbol{\alpha}_2, \cdots, \boldsymbol{\alpha}_n$ 是规范正交向量组

(C) 向量组 $\boldsymbol{\alpha}_1, \boldsymbol{\alpha}_2, \cdots, \boldsymbol{\alpha}_n$ 线性相关

(D) 向量组 $\boldsymbol{\alpha}_1, \boldsymbol{\alpha}_2, \cdots, \boldsymbol{\alpha}_n$ 的秩等于 n

- **填空题**

6. 设向量 $\boldsymbol{\alpha}=(1,2,3)$ 与 $\boldsymbol{\beta}=(0,-2,2)$，则 $[\boldsymbol{\alpha},\boldsymbol{\beta}]=$ ________.

7. 若向量组 $\boldsymbol{\alpha}_1, \boldsymbol{\alpha}_2, \cdots, \boldsymbol{\alpha}_r$ 是正交向量组，则 $\boldsymbol{\alpha}_1, \boldsymbol{\alpha}_2, \cdots, \boldsymbol{\alpha}_r$ 的秩为________.

8. 设向量 $\boldsymbol{\alpha}\neq \boldsymbol{0}$，则与 $\boldsymbol{\alpha}$ 同向的单位向量是________.

9. 设 $\boldsymbol{\alpha}=(3, -2, -2)$，则 $\|\boldsymbol{\alpha}\|=$ ________.

10. 写出一个与向量 $\boldsymbol{\alpha}=\begin{pmatrix}1\\1\\1\end{pmatrix}$，$\boldsymbol{\beta}=\begin{pmatrix}1\\-2\\1\end{pmatrix}$ 都正交的非零向量________.

11. $\boldsymbol{A}$ 是正交矩阵，且 $|\boldsymbol{A}|<0$，则 $|\boldsymbol{A}|=$ ________.

- **计算题**

12. 设向量组 $\boldsymbol{\alpha}_1=(1,2,-1)^{\mathrm{T}}$，$\boldsymbol{\alpha}_2=(-1,3,1)^{\mathrm{T}}$，$\boldsymbol{\alpha}_3=(4,-1,0)^{\mathrm{T}}$，用施密特正交化方法，将向量组转化为规范正交组.

13. 试用施密特正交化方法把线性无关的向量组：$\boldsymbol{\alpha}_1=\begin{pmatrix}1\\1\\1\end{pmatrix}$，$\boldsymbol{\alpha}_2=\begin{pmatrix}1\\2\\3\end{pmatrix}$，$\boldsymbol{\alpha}_3=\begin{pmatrix}1\\4\\9\end{pmatrix}$ 规范正交化.

14. 判断下列矩阵是不是正交阵：

(1) $\frac{1}{3}\begin{pmatrix} 2 & -1 & 2 \\ -1 & 2 & 2 \\ 2 & 2 & -1 \end{pmatrix}$；

(2) $\frac{1}{\sqrt{2}}\begin{pmatrix} 1 & 0 & 1 \\ -1 & 0 & 1 \\ 0 & \sqrt{2} & 0 \end{pmatrix}$；

(3) $\frac{1}{9}\begin{pmatrix} 1 & -8 & -4 \\ -8 & 1 & -4 \\ -4 & -4 & 7 \end{pmatrix}$；

(4) $\begin{pmatrix} 1 & -\frac{1}{2} & \frac{1}{3} \\ -\frac{1}{2} & 1 & \frac{1}{2} \\ \frac{1}{3} & \frac{1}{2} & -1 \end{pmatrix}$.

15. 设 $\boldsymbol{A}$ 为正交阵，证明：$\det\boldsymbol{A} = 1$ 或 -1.

16. 设 $\boldsymbol{x}$ 为 n 维列向量，$\boldsymbol{x}^{\mathrm{T}}\boldsymbol{x} = 1$，则 $\boldsymbol{H} = \boldsymbol{E} - 2\boldsymbol{x}\boldsymbol{x}^{\mathrm{T}}$ 是对称的正交矩阵.

17. 证明：如果 $\boldsymbol{A}$ 为 n 阶正交阵，则其逆矩阵 $\boldsymbol{A}^{-1}$ 与其伴随矩阵 $\boldsymbol{A}^*$ 也都是正交阵.

4.2 特征值与特征向量

矩阵的特征值和特征向量在微分方程、差分方程等数学分支中有一定的应用. 在工程技术的许多动态模型及控制问题中，它们也是重要的分析工具.

本节主要介绍矩阵的特征值、特征向量的概念，特征值、特征向量的求法以及它们的性质.

4.2.1 特征值与特征向量的概念

定义 8 设 $\boldsymbol{A}$ 是 n 阶方阵，若存在数 λ 和 n 维非零列向量 $\boldsymbol{x}$，使

$$\boldsymbol{A}\boldsymbol{x} = \lambda\boldsymbol{x} \tag{4.1}$$

成立，则数 λ 称为方阵 $\boldsymbol{A}$ 的**特征值**，非零列向量 $\boldsymbol{x}$ 称为方阵 $\boldsymbol{A}$ 的对应于特征值 λ 的**特征向量**.

例如，设矩阵 $\boldsymbol{A} = \begin{pmatrix} 1 & 2 \\ -1 & 4 \end{pmatrix}$，$\boldsymbol{\alpha} = \begin{pmatrix} 1 \\ 1 \end{pmatrix}$，$\lambda = 3$，由于 $\boldsymbol{A}\boldsymbol{\alpha} = \begin{pmatrix} 1 & 2 \\ -1 & 4 \end{pmatrix}\begin{pmatrix} 1 \\ 1 \end{pmatrix} = \begin{pmatrix} 3 \\ 3 \end{pmatrix} = 3\begin{pmatrix} 1 \\ 1 \end{pmatrix} = 3\boldsymbol{\alpha}$，则 $\lambda = 3$ 是 $\boldsymbol{A}$ 的一个特征值，$\boldsymbol{\alpha} = \begin{pmatrix} 1 \\ 1 \end{pmatrix}$ 是 $\boldsymbol{A}$ 的对应于特征值 $\lambda = 3$ 的一个特征向量.

4.2.2 特征值与特征向量的求法

上面定义中的式 (4.1) 可写成

$$(\boldsymbol{A}-\lambda \boldsymbol{E})\boldsymbol{x}=\boldsymbol{0}\ . \tag{4.2}$$

式 (4.2) 是含 n 个未知数 n 个方程的齐次线性方程组，称为**矩阵 $\boldsymbol{A}$ 的特征向量方程**，其有非零解的充要条件是系数行列式

$$|\boldsymbol{A}-\lambda \boldsymbol{E}|=0, \tag{4.3}$$

即

$$\begin{vmatrix} a_{11}-\lambda & a_{12} & \cdots & a_{1n} \\ a_{21} & a_{22}-\lambda & \cdots & a_{2n} \\ \vdots & \vdots & & \vdots \\ a_{n1} & a_{n2} & \cdots & a_{nn}-\lambda \end{vmatrix}=0\ . \tag{4.4}$$

式 (4.4) 是以 λ 为未知数的一元 n 次代数方程，称为方阵 $\boldsymbol{A}$ **的特征值方程**，其左端 $|\boldsymbol{A}-\lambda \boldsymbol{E}|$ 是 λ 的 n 次多项式，记作 $f(\lambda)$，称为方阵 $\boldsymbol{A}$ **的特征值多项式**.

显然，$\boldsymbol{A}$ 的特征值就是特征值方程的解. 由代数基本定理，在复数范围内，一元 n 次代数方程必有 n 个解（其中可能有重解和复数解），因此 $\boldsymbol{A}$ 的特征值有 n 个.

设 $\lambda=\lambda_i\ (i=1,2,\cdots,n)$ 为方阵 $\boldsymbol{A}$ 的一个特征值，若由特征向量方程 $(\boldsymbol{A}-\lambda_i \boldsymbol{E})\boldsymbol{x}=\boldsymbol{0}$ 求得非零解 $\boldsymbol{x}=\boldsymbol{p}_i$，则 $\boldsymbol{p}_i$ 即为 $\boldsymbol{A}$ 的对应于特征值 λ_i 的特征向量.

由定义及分析，可以得出求 n 阶方阵 $\boldsymbol{A}$ 的特征值及对应特征向量的步骤如下：

（1）计算特征值多项式 $|\boldsymbol{A}-\lambda \boldsymbol{E}|$；

（2）求出特征方程的全部解，即为 $\boldsymbol{A}$ 的全部特征值；

（3）对每一个特征值 λ_i，求出对应的特征向量，即先求出特征向量方程 $(\boldsymbol{A}-\lambda_i \boldsymbol{E})\boldsymbol{x}=\boldsymbol{0}$ 的一个基础解系 $\boldsymbol{\xi}_1$，$\boldsymbol{\xi}_2$，$\cdots$，$\boldsymbol{\xi}_t$，则对应 λ_i 的全部特征向量为 $\boldsymbol{x}=c_1\boldsymbol{\xi}_1+c_2\boldsymbol{\xi}_2+\cdots+c_t\boldsymbol{\xi}_t$，其中 c_1，c_2，$\cdots$，c_t 是不全为零的常数.

例 6 求矩阵 $\boldsymbol{A}=\begin{pmatrix} 3 & 1 \\ 5 & -1 \end{pmatrix}$ 的特征值和特征向量.

解 $\boldsymbol{A}$ 的特征值多项式为

$$|\boldsymbol{A}-\underline{\quad}|=\begin{vmatrix} 3-\lambda & 1 \\ 5 & -1-\lambda \end{vmatrix}=(\lambda-4)(\lambda+2),$$

所以 $\boldsymbol{A}$ 的特征值为 $\lambda_1=4, \lambda_2=-2$.

当 $\lambda_1 = 4$ 时，解特征向量方程 $(\boldsymbol{A} - \underline{\qquad})\boldsymbol{x} = \boldsymbol{0}$，即

$$\begin{pmatrix} -1 & 1 \\ 5 & -5 \end{pmatrix}\begin{pmatrix} x_1 \\ x_2 \end{pmatrix} = 0,$$

解得 $x_1 = x_2$，所以对应的特征向量可取为 $\boldsymbol{p}_1 = \begin{pmatrix} 1 \\ \underline{\quad} \end{pmatrix}$. 对应于 $\lambda_1 = 4$ 的全部特征向量为 $k\boldsymbol{p}_1(k \neq 0, k \in \mathbb{R})$.

当 $\lambda_2 = -2$ 时，解特征向量方程 $(\boldsymbol{A} + 2\boldsymbol{E})\boldsymbol{x} = \boldsymbol{0}$，即

$$\begin{pmatrix} 5 & 1 \\ 5 & 1 \end{pmatrix}\begin{pmatrix} x_1 \\ x_2 \end{pmatrix} = 0,$$

解得 $x_2 = -5x_1$，所以对应的特征向量可取为 $\boldsymbol{p}_2 = \begin{pmatrix} 1 \\ -5 \end{pmatrix}$. 对应于 $\lambda_2 = -2$ 的全部特征向量为 $k\boldsymbol{p}_2(k \neq \underline{\quad}, k \in \mathbb{R})$.

例 7 求矩阵 $\boldsymbol{A} = \begin{pmatrix} -1 & 1 & 0 \\ -4 & 3 & 0 \\ 1 & 0 & 2 \end{pmatrix}$ 的特征值和特征向量.

解 $\boldsymbol{A}$ 的特征值多项式为

$$|\boldsymbol{A} - \lambda\boldsymbol{E}| = \begin{vmatrix} -1-\lambda & 1 & 0 \\ -4 & 3 - \underline{\quad} & 0 \\ 1 & 0 & 2-\lambda \end{vmatrix} = (2-\lambda)(1-\lambda)^2,$$

所以 $\boldsymbol{A}$ 的特征值为 $\lambda_1 = 2$，$\lambda_2 = \lambda_3 = \underline{\quad}$.

当 $\lambda_1 = 2$ 时，解特征向量方程 $(\boldsymbol{A} - \underline{\quad}\boldsymbol{E})\boldsymbol{x} = \boldsymbol{0}$，由 $\boldsymbol{A} - 2\boldsymbol{E} = \begin{pmatrix} -3 & 1 & 0 \\ -4 & 1 & 0 \\ 1 & 0 & 0 \end{pmatrix} \overset{r}{\sim} \begin{pmatrix} 1 & 0 & 0 \\ 0 & 1 & 0 \\ 0 & 0 & 0 \end{pmatrix}$，得基础解系

$$\boldsymbol{p}_1 = \begin{pmatrix} 0 \\ \underline{\quad} \\ 1 \end{pmatrix},$$

所以 $k_1\boldsymbol{p}_1(k_1 \neq 0)$ 为对应于 $\lambda_1 = 2$ 的全部特征向量.

当 $\lambda_2 = \lambda_3 = 1$ 时，解特征向量方程 $(\boldsymbol{A} - \boldsymbol{E})\boldsymbol{x} = \boldsymbol{0}$. 由

$$\boldsymbol{A} - \boldsymbol{E} = \begin{pmatrix} -2 & 1 & 0 \\ -4 & 2 & 0 \\ 1 & 0 & 1 \end{pmatrix} \overset{r}{\sim} \begin{pmatrix} 1 & 0 & 1 \\ 0 & 1 & 2 \\ 0 & 0 & 0 \end{pmatrix}，得基础解系$$

$$p_2 = \begin{pmatrix} -1 \\ -2 \\ 1 \end{pmatrix},$$

所以 $k_2 p_2 (k_2 \neq 0)$ 是对应于 $\lambda_2 = \lambda_3 = 1$ 的全部特征向量.

例 8 求矩阵 $A = \begin{pmatrix} 4 & 6 & 0 \\ -3 & -5 & 0 \\ -3 & -6 & 1 \end{pmatrix}$ 的特征值和特征向量.

解 A 的特征值多项式为

$$|A - \lambda E| = \begin{vmatrix} 4-\lambda & 6 & 0 \\ -3 & -5-\lambda & 0 \\ -3 & \underline{\quad} & 1\underline{\quad} \end{vmatrix} = -(\lambda+2)(\lambda-1)^2,$$

所以 A 的特征值为 $\lambda_1 = -2, \lambda_2 = \lambda_3 = 1$.

当 $\lambda_1 = -2$ 时，解特征向量方程 $(A+2E)x = 0$. 由

$$A + 2E = \begin{pmatrix} 6 & 6 & 0 \\ -3 & -3 & 0 \\ -3 & -6 & 3 \end{pmatrix} \overset{r}{\sim} \begin{pmatrix} 1 & 0 & 1 \\ 0 & 1 & \underline{\quad} \\ 0 & 0 & 0 \end{pmatrix},$$ 得基础解系为

$$p_1 = \begin{pmatrix} -1 \\ 1 \\ 1 \end{pmatrix},$$

所以 $k_1 p_1 (k_1 \neq 0)$ 是对应于 $\lambda_1 = -2$ 的全部特征向量.

当 $\lambda_2 = \lambda_3 = 1$ 时，解特征向量方程 $(A-E)x = 0$. 由

$$A - E = \begin{pmatrix} 3 & 6 & 0 \\ -3 & -6 & 0 \\ -3 & -6 & 0 \end{pmatrix} \overset{r}{\sim} \begin{pmatrix} 1 & 2 & 0 \\ 0 & 0 & 0 \\ 0 & 0 & 0 \end{pmatrix},$$ 得基础解系为

$$p_2 = \begin{pmatrix} \underline{\quad} \\ 1 \\ 0 \end{pmatrix}, \quad p_3 = \begin{pmatrix} 0 \\ \underline{\quad} \\ 1 \end{pmatrix},$$

所以 $k_2 p_2 + k_3 p_3$ (k_2, k_3 不全为0) 是对应于特征值 $\lambda_2 = \lambda_3 = 1$ 的全部特征向量.

4.2.3 特征值与特征向量的性质

性质 1 设 n 阶方阵 $A = (a_{ij})$，$\lambda_1, \lambda_2, \cdots, \lambda_n$ 为 A 的特

征值，则

(1) $\lambda_1\lambda_2\cdots\lambda_n = |\boldsymbol{A}|$;

(2) $\lambda_1 + \lambda_2 + \cdots + \lambda_n = a_{11} + a_{22} + \cdots + a_{nn}$.

证 (1) 根据多项式因式分解与方程根的关系，有如下恒等式：

$$|\boldsymbol{A} - \lambda\boldsymbol{E}| = f(\lambda) = (\lambda_1 - \lambda)(\lambda_2 - \lambda)\cdots(\lambda_n - \lambda), \quad (4.5)$$

以 $\lambda = 0$ 代入式(4.5)，得 $\lambda_1\lambda_2\cdots\lambda_n = |\boldsymbol{A}|$.

(2) 比较式(4.5)两端 $(-\lambda)^{n-1}$ 项的系数. 将右端展开，则 $(-\lambda)^{n-1}$ 的系数为 $\lambda_1 + \lambda_2 + \cdots + \lambda_n$；由行列式定义，左端含 $(-\lambda)^{n-1}$ 的项必来自于 $|\boldsymbol{A} - \lambda\boldsymbol{E}|$ 对角元素的乘积项

$$(a_{11} - \lambda)(a_{22} - \lambda)\cdots(a_{nn} - \lambda),$$

故 $(-\lambda)^{n-1}$ 的系数是 $a_{11} + a_{22} + \cdots + a_{nn}$，因恒等式两边同次幂的系数必相等，从而得

$$\lambda_1 + \lambda_2 + \cdots + \lambda_n = a_{11} + a_{22} + \cdots + a_{nn}.$$

性质2 设 $\boldsymbol{A}$ 方阵为可逆的，λ 为 $\boldsymbol{A}$ 的特征值，则

(1) $\lambda \neq 0$;

(2) $\dfrac{1}{\lambda}$ 是 $\boldsymbol{A}^{-1}$ 的特征值.

证 (1) 因为 $\boldsymbol{A}$ 为可逆的方阵，所以 $|\boldsymbol{A}| \neq 0$，由性质1，$\lambda_1\lambda_2\cdots\lambda_n = |\boldsymbol{A}|$，即方阵的行列式为其全部特征值的乘积，$\lambda_i(i = 1,2,\cdots,n)$ 为 $\boldsymbol{A}$ 的特征值，故 $\lambda \neq 0$.

(2) 因 λ 是 $\boldsymbol{A}$ 的特征值，故有非零向量 $\boldsymbol{p}$，使 $\boldsymbol{A}\boldsymbol{p} = \lambda\boldsymbol{p}$，而方阵 $\boldsymbol{A}$ 为可逆的，且 $\lambda \neq 0$，所以 $\boldsymbol{A}^{-1}\boldsymbol{p} = \dfrac{1}{\lambda}\boldsymbol{p}$，所以 $\dfrac{1}{\lambda}$ 是 $\boldsymbol{A}^{-1}$ 的特征值.

性质3 设 λ 为方阵 $\boldsymbol{A}$ 的特征值，则

(1) λ^k 是 $\boldsymbol{A}^k$ 的特征值 $(k \in \mathbb{Z}_+)$;

(2) 若 $\varphi(\boldsymbol{A}) = a_0\boldsymbol{E} + a_1\boldsymbol{A} + \cdots + a_m\boldsymbol{A}^m (m \in \mathbb{Z}_+)$，则 $\varphi(\lambda) = a_0 + a_1\lambda + \cdots + a_m\lambda^m$ 是 $\varphi(\boldsymbol{A})$ 的特征值.

证 因 λ 是 $\boldsymbol{A}$ 的特征值，故有非零向量 $\boldsymbol{p}$，使 $\boldsymbol{A}\boldsymbol{p} = \lambda\boldsymbol{p}$，于是，

(1) $\boldsymbol{A}^2\boldsymbol{p} = \boldsymbol{A}(\boldsymbol{A}\boldsymbol{p}) = \boldsymbol{A}(\lambda\boldsymbol{p}) = \lambda(\boldsymbol{A}\boldsymbol{p}) = \lambda^2\boldsymbol{p}$,

所以 λ^2 是 $\boldsymbol{A}^2$ 的特征值；

假设，当 $k = i$ 时，λ^i 是 $\boldsymbol{A}^i$ 的特征值，即有 $\boldsymbol{A}^i\boldsymbol{p} = \lambda^i\boldsymbol{p}$，而 $k = i + 1$ 时，$\boldsymbol{A}^{i+1}\boldsymbol{p} = \boldsymbol{A}^i(\boldsymbol{A}\boldsymbol{p}) = \boldsymbol{A}^i(\lambda\boldsymbol{p}) = \lambda(\boldsymbol{A}^i\boldsymbol{p}) = \lambda^{i+1}\boldsymbol{p}$，故 λ^{i+1} 是

$\boldsymbol{A}^{i+1}$ 的特征值.

由数学归纳法可知，当 $k \in \mathbb{Z}_+$ 时，λ^k 是 $\boldsymbol{A}^k$ 的特征值.

$$
\begin{aligned}
(2)\ \varphi(\boldsymbol{A})\boldsymbol{p} &= (a_0\boldsymbol{E} + a_1\boldsymbol{A} + \cdots + a_m\boldsymbol{A}^m)\boldsymbol{p} \\
&= a_0\boldsymbol{E}\boldsymbol{p} + a_1\boldsymbol{A}\boldsymbol{p} + \cdots + a_m\boldsymbol{A}^m\boldsymbol{p} \\
&= a_0\boldsymbol{p} + a_1\lambda\boldsymbol{p} + \cdots + a_m\lambda^m\boldsymbol{p} \\
&= (a_0 + a_1\lambda + \cdots + a_m\lambda^m)\boldsymbol{p} = \varphi(\lambda)\boldsymbol{p},
\end{aligned}
$$

因此 $\varphi(\lambda)$ 是 $\varphi(\boldsymbol{A})$ 的特征值.

性质 4 设 λ 为方阵 $\boldsymbol{A}$ 的特征值且 $\boldsymbol{A}$ 可逆，则：

（1）λ^{-k} 是 $\boldsymbol{A}^{-k}$ 的特征值（$k \in \mathbb{Z}_+$）；

（2）若 $\varphi(\boldsymbol{A}) = a_{-n}\boldsymbol{A}^{-n} + a_{-n+1}\boldsymbol{A}^{-n+1} + \cdots + a_{-1}\boldsymbol{A}^{-1} + a_0\boldsymbol{E} + a_1\boldsymbol{A} + \cdots + a_m\boldsymbol{A}^m$（$n,m \in \mathbb{Z}_+$），则 $\varphi(\lambda) = a_{-n}\lambda^{-n} + a_{-n+1}\lambda^{-n+1} + \cdots + a_{-1}\lambda^{-1} + a_0 + a_1\lambda + \cdots + a_m\lambda^m$ 是 $\varphi(\boldsymbol{A})$ 的特征值.

证 λ 是 $\boldsymbol{A}$ 的特征值，故有非零向量 $\boldsymbol{p}$，使 $\boldsymbol{A}\boldsymbol{p} = \lambda\boldsymbol{p}$. 由性质 3 证明知，$\boldsymbol{A}^k\boldsymbol{p} = \lambda^k\boldsymbol{p}$.

（1）由性质 2 可知，$\dfrac{1}{\lambda}$ 是 $\boldsymbol{A}^{-1}$ 的特征值，并且 $\boldsymbol{A}^{-1}\boldsymbol{p} = \dfrac{1}{\lambda}\boldsymbol{p}$，再由性质 3，$\left(\dfrac{1}{\lambda}\right)^k$ 是 $(\boldsymbol{A}^{-1})^k$ 的特征值，即 λ^{-k} 是 $\boldsymbol{A}^{-k}$ 的特征值，并且 $\boldsymbol{A}^{-k}\boldsymbol{p} = \lambda^{-k}\boldsymbol{p}$.

（2）因为 $\boldsymbol{A}^k\boldsymbol{p} = \lambda^k\boldsymbol{p}$，$\boldsymbol{A}^{-k}\boldsymbol{p} = \lambda^{-k}\boldsymbol{p}$，而

$$
\begin{aligned}
\varphi(\boldsymbol{A})\boldsymbol{p} &= (a_{-n}\boldsymbol{A}^{-n} + a_{-n+1}\boldsymbol{A}^{-n+1} + \cdots + a_{-1}\boldsymbol{A}^{-1} + a_0\boldsymbol{E} + a_1\boldsymbol{A} + \cdots + a_m\boldsymbol{A}^m)\boldsymbol{p} \\
&= a_{-n}\boldsymbol{A}^{-n}\boldsymbol{p} + a_{-n+1}\boldsymbol{A}^{-n+1}\boldsymbol{p} + \cdots + a_{-1}\boldsymbol{A}^{-1}\boldsymbol{p} + a_0\boldsymbol{E}\boldsymbol{p} + a_1\boldsymbol{A}\boldsymbol{p} + \cdots + a_m\boldsymbol{A}^m\boldsymbol{p} \\
&= a_{-n}\lambda^{-n}\boldsymbol{p} + a_{-n+1}\lambda^{-n+1}\boldsymbol{p} + \cdots + a_{-1}\lambda^{-1}\boldsymbol{p} + a_0\boldsymbol{p} + a_1\lambda\boldsymbol{p} + \cdots + a_m\lambda^m\boldsymbol{p} \\
&= (a_{-n}\lambda^{-n} + a_{-n+1}\lambda^{-n+1} + \cdots + a_{-1}\lambda^{-1} + a_0 + a_1\lambda + \cdots + a_m\lambda^m)\boldsymbol{p} \\
&= \varphi(\lambda)\boldsymbol{p},
\end{aligned}
$$

所以 $\varphi(\lambda)$ 是 $\varphi(\boldsymbol{A})$ 的特征值.

例 9 已知 3 阶方阵 A 的特征值为 1,2, −3，求 $|\boldsymbol{A}^* + 3\boldsymbol{A} + 2\boldsymbol{E}|$.

解 令 $\varphi(\boldsymbol{A}) = \boldsymbol{A}^* + 3\boldsymbol{A} + 2\boldsymbol{E}$. 由性质 1，$|\boldsymbol{A}| = 1 \times 2 \times (\underline{\quad}) = -6 \neq 0$，知 $\boldsymbol{A}$ 可逆.

由 2.5 节定理 4，$\boldsymbol{A}\boldsymbol{A}^* = \underline{\quad}\boldsymbol{E} = -6\boldsymbol{E}$，即有 $\boldsymbol{A}^* = -6\boldsymbol{A}^{-1}$，则

$$\varphi(\boldsymbol{A}) = \boldsymbol{A}^* + 3\boldsymbol{A} + 2\boldsymbol{E} = -6\boldsymbol{A}^{-1} + 3\boldsymbol{A} + 2\boldsymbol{E}.$$

又 1，2，-3 是可逆方阵 $\boldsymbol{A}$ 的特征值，由性质 4 得 $\varphi(1) = -6 \times 1^{-1} +$ __ $\times 1 + 2 = -1$，$\varphi(2) = 5$，$\varphi(-3) = -5$ 是 $\varphi(\boldsymbol{A})$ 的全部特征值. 再由性质 1，

$$|\varphi(\boldsymbol{A})| = |\boldsymbol{A}^* + 3\boldsymbol{A} + 2\boldsymbol{E}| = |-6\boldsymbol{A}^{-1} + 3\boldsymbol{A} + 2\boldsymbol{E}|$$
$$= -1 \times 5 \times (\_\_) = 25.$$

定理 2 设 $\lambda_1,\lambda_2,\cdots,\lambda_m$ 是 $\boldsymbol{A}$ 的 m 个特征值，$\boldsymbol{p}_1,\boldsymbol{p}_2,\cdots,\boldsymbol{p}_m$ 依次是与之对应的特征向量，如果 $\lambda_1,\lambda_2,\cdots,\lambda_m$ 各不相等，则 $\boldsymbol{p}_1,\boldsymbol{p}_2,\cdots,\boldsymbol{p}_m$ 线性无关.

证 设有常数 $x_1,x_2,\cdots,x_m$，使得 $x_1\boldsymbol{p}_1 + x_2\boldsymbol{p}_2 + \cdots + x_m\boldsymbol{p}_m = \boldsymbol{0}$，则

$$\boldsymbol{A}(x_1\boldsymbol{p}_1 + x_2\boldsymbol{p}_2 + \cdots + x_m\boldsymbol{p}_m) = \boldsymbol{0},$$

即 $$x_1\boldsymbol{A}\boldsymbol{p}_1 + x_2\boldsymbol{A}\boldsymbol{p}_2 + \cdots + x_m\boldsymbol{A}\boldsymbol{p}_m = \boldsymbol{0},$$

故有 $$x_1\lambda_1\boldsymbol{p}_1 + x_2\lambda_2\boldsymbol{p}_2 + \cdots + x_m\lambda_m\boldsymbol{p}_m = \boldsymbol{0},$$

即 $$\lambda_1x_1\boldsymbol{p}_1 + \lambda_2x_2\boldsymbol{p}_2 + \cdots + \lambda_mx_m\boldsymbol{p}_m = \boldsymbol{0}. \tag{4.6}$$

再以 $\boldsymbol{A}$ 左乘式（4.6），依次类推，有

$$\lambda_1^{k-1}x_1\boldsymbol{p}_1 + \lambda_2^{k-1}x_2\boldsymbol{p}_2 + \cdots + \lambda_m^{k-1}x_m\boldsymbol{p}_m = \boldsymbol{0} \quad (k = 2,3,\cdots,m-1).$$

把上列各式合写成矩阵的形式，就是

$$\underbrace{(x_1\boldsymbol{p}_1,x_2\boldsymbol{p}_2,\cdots,x_m\boldsymbol{p}_m)}_{(4.7)}\underbrace{\begin{pmatrix} 1 & \lambda_1 & \cdots & \lambda_1^{m-1} \\ 1 & \lambda_2 & \cdots & \lambda_2^{m-1} \\ \vdots & \vdots & & \vdots \\ 1 & \lambda_m & \cdots & \lambda_m^{m-1} \end{pmatrix}}_{(4.8)} = \boldsymbol{0},$$

即上式为式（4.7）×式（4.8）$=\boldsymbol{0}$，式（4.8）为 m 阶范德蒙德行列式构成的矩阵的转置矩阵，由于 $|[\text{式}(4.8)]^{\mathrm{T}}| = |\text{式}(4.8)| = \prod\limits_{1\leqslant j<i\leqslant n}(\lambda_i - \lambda_j)$，而 $\lambda_i \neq \lambda_j$，因此 $|\text{式}(4.8)| \neq 0$，则矩阵（4.8）可逆，于是

$$(x_1\boldsymbol{p}_1,x_2\boldsymbol{p}_2,\cdots,x_m\boldsymbol{p}_m) = \boldsymbol{0},$$

即 $x_i\boldsymbol{p}_i = \boldsymbol{0}$，由于特征向量 $\boldsymbol{p}_i \neq \boldsymbol{0}$，所以 $x_i = 0$，即 $\boldsymbol{p}_1,\boldsymbol{p}_2,\cdots,\boldsymbol{p}_m$ 线性无关.

例 10 设矩阵 $\boldsymbol{A}$ 的两个不同的特征值是 λ_1,λ_2，其对应的特征

向量分别为 $\boldsymbol{p}_1,\boldsymbol{p}_2$，证明：$\boldsymbol{p}_1+\boldsymbol{p}_2$ 不是 $\boldsymbol{A}$ 的特征向量.

证 因为 $\boldsymbol{A}\boldsymbol{p}_1=\lambda_1\boldsymbol{p}_1,\boldsymbol{A}\boldsymbol{p}_2=\lambda_2\boldsymbol{p}_2$，则

$$\boldsymbol{A}(\boldsymbol{p}_1+\boldsymbol{p}_2)=\lambda_1\boldsymbol{p}_1+\lambda_2\boldsymbol{p}_2.$$

现在反设 $\boldsymbol{p}_1+\boldsymbol{p}_2$ 是 $\boldsymbol{A}$ 的特征向量，则存在数 λ，使 $\boldsymbol{A}(\boldsymbol{p}_1+\boldsymbol{p}_2)=\lambda(\boldsymbol{p}_1+\boldsymbol{p}_2)$，于是

$$\lambda(\boldsymbol{p}_1+\boldsymbol{p}_2)=\lambda_1\boldsymbol{p}_1+\lambda_2\boldsymbol{p}_2,$$

$$(\lambda_1-\lambda)\boldsymbol{p}_1+(\lambda_2-\lambda)\boldsymbol{p}_2=\boldsymbol{0},$$

由定理2，$\boldsymbol{p}_1$ 和 $\boldsymbol{p}_2$ 线性无关，所以 $\lambda-\lambda_1=\lambda-\lambda_2=0$，即 $\lambda_1=\lambda_2$，这与题设矛盾. 因此 $\boldsymbol{p}_1+\boldsymbol{p}_2$ 不是 $\boldsymbol{A}$ 的特征向量.

例 11 （1）设 n 阶方阵 $\boldsymbol{A}$ 满足 $\boldsymbol{A}^2=\boldsymbol{A}$，则 $\boldsymbol{A}$ 的特征值为 1 或 0；

（2）设 n 阶方阵 $\boldsymbol{A}$ 满足 $\boldsymbol{A}^2=\boldsymbol{E}$，则 $\boldsymbol{A}$ 的特征值为 ±1.

证 设 λ 为 $\boldsymbol{A}$ 的特征值，则存在非零向量 $\boldsymbol{x}$，使 $\boldsymbol{A}\boldsymbol{x}=\lambda\boldsymbol{x}$，又 $\boldsymbol{A}^2=\boldsymbol{A}$，则 $\boldsymbol{A}^2\boldsymbol{x}=$ __ $\boldsymbol{x}$.

（1）因为 $\boldsymbol{A}\boldsymbol{x}=\lambda\boldsymbol{x}$，$\boldsymbol{A}^2\boldsymbol{x}=\lambda^2\boldsymbol{x}$，$\boldsymbol{A}^2=\boldsymbol{A}$，所以 $\lambda\boldsymbol{x}=\boldsymbol{A}\boldsymbol{x}=\boldsymbol{A}^2\boldsymbol{x}=\lambda^2\boldsymbol{x}$，故 $\lambda^2\boldsymbol{x}=\lambda\boldsymbol{x}$，即 ____ $\boldsymbol{x}=\boldsymbol{0}$；又 $\boldsymbol{x}\neq$ __，所以 $\lambda=1$ 或 0.

（2）因为 $\boldsymbol{A}^2\boldsymbol{x}=\lambda^2\boldsymbol{x}$，且 $\boldsymbol{A}^2=\boldsymbol{E}$，所以 $\lambda^2\boldsymbol{x}=\boldsymbol{A}^2\boldsymbol{x}=\boldsymbol{E}\boldsymbol{x}=$ __，故 $\lambda^2\boldsymbol{x}=\boldsymbol{x}$，即 $(\lambda^2-1)\boldsymbol{x}=\boldsymbol{0}$. 又 $\boldsymbol{x}\neq\boldsymbol{0}$，所以 $\lambda=\pm1$.

例 12 设 n 阶方阵 $\boldsymbol{A}$，$\boldsymbol{B}$ 满足 $R(\boldsymbol{A})+R(\boldsymbol{B})<n$，证明 $\boldsymbol{A}$，$\boldsymbol{B}$ 有共有的特征值 有共有的特征向量.

证 显然 $R(\boldsymbol{A})<n$. 因此，$|\boldsymbol{A}|=$ __，由性质1 可知0 是 $\boldsymbol{A}$ 的特征值；

同理，0 也是 $\boldsymbol{B}$ 的特征值，于是 $\boldsymbol{A}$，$\boldsymbol{B}$ 有共有的特征值__.

$\boldsymbol{A}$，$\boldsymbol{B}$ 对应 $\lambda=0$ 的特征向量依次是方程 $\boldsymbol{A}\boldsymbol{x}=\boldsymbol{0}$ 和 $\boldsymbol{B}\boldsymbol{x}=\boldsymbol{0}$ 的非零解. 于是，

$\boldsymbol{A}$，$\boldsymbol{B}$ 有对应于 $\lambda=0$ 的共有特征向量

$$\Leftrightarrow\begin{cases}\boldsymbol{A}\boldsymbol{x}=\boldsymbol{0}\\ \boldsymbol{B}\boldsymbol{x}=\boldsymbol{0}\end{cases}\text{有非零解}\Leftrightarrow\begin{pmatrix}\boldsymbol{A}\\ \boldsymbol{B}\end{pmatrix}\boldsymbol{x}=\boldsymbol{0}\text{ 有非零解}\Leftrightarrow R\begin{pmatrix}\boldsymbol{A}\\ \boldsymbol{B}\end{pmatrix}<\underline{\quad}.$$

另一方面，由矩阵秩的性质

$$R\begin{pmatrix}\boldsymbol{A}\\ \boldsymbol{B}\end{pmatrix}=R(\boldsymbol{A}^{\mathrm{T}},\boldsymbol{B}^{\mathrm{T}})\leqslant R(\boldsymbol{A}^{\mathrm{T}})+R(\boldsymbol{B}^{\mathrm{T}})=R(\underline{\quad})+R(\underline{\quad})<n,$$

综上，$\boldsymbol{A}$，$\boldsymbol{B}$ 有共有的特征向量.

例 13 设3阶方阵 $\boldsymbol{A}$ 的特征值为 $\lambda_1=1$，$\lambda_2=2$，$\lambda_3=3$，对应的特征向量依次为 $\boldsymbol{\alpha}_1=(1,1,1)^{\mathrm{T}}$，$\boldsymbol{\alpha}_2=(1,2,4)^{\mathrm{T}}$，$\boldsymbol{\alpha}_3=(1,3,9)^{\mathrm{T}}$.

（1）将向量 $\boldsymbol{\beta}=(1,1,3)^{\mathrm{T}}$ 用 $\boldsymbol{\alpha}_1$，$\boldsymbol{\alpha}_2$，$\boldsymbol{\alpha}_3$ 线性表示；

（2）求 $\boldsymbol{A}^n\boldsymbol{\beta}$（$n$ 为自然数）.

解 （1）由

$$(\boldsymbol{\alpha}_1,\boldsymbol{\alpha}_2,\boldsymbol{\alpha}_3,\boldsymbol{\beta})=\begin{pmatrix}1&1&1&1\\1&2&3&1\\1&4&9&3\end{pmatrix}\sim\begin{pmatrix}1&1&1&1\\0&1&2&0\\0&3&\underline{\qquad}&2\end{pmatrix}\sim\begin{pmatrix}1&0&-1&1\\0&1&2&0\\0&0&2&2\end{pmatrix}$$

$$\sim\begin{pmatrix}1&0&0&2\\0&1&0&-2\\0&0&\underline{\qquad}&\underline{\qquad}\end{pmatrix},$$

由于 $\boldsymbol{\alpha}_1$，$\boldsymbol{\alpha}_2$，$\boldsymbol{\alpha}_3$ 线性无关，$\boldsymbol{\beta}$ 可唯一地表示为 $\boldsymbol{\alpha}_1$，$\boldsymbol{\alpha}_2$，$\boldsymbol{\alpha}_3$ 的线性组合，即

$$\boldsymbol{\beta}=\underline{\qquad}\boldsymbol{\alpha}_1-\underline{\qquad}\boldsymbol{\alpha}_2+\boldsymbol{\alpha}_3.$$

（2）因为 $\boldsymbol{A}\boldsymbol{x}=\lambda\boldsymbol{x}$，则 $\boldsymbol{A}^n\boldsymbol{x}=\underline{\qquad}\boldsymbol{x}$，所以 $\boldsymbol{A}^n\boldsymbol{\alpha}_1=\lambda_1^n\boldsymbol{\alpha}_1$，$\boldsymbol{A}^n\boldsymbol{\alpha}_2=\lambda_2^n\boldsymbol{\alpha}_2$，$\boldsymbol{A}^n\boldsymbol{\alpha}_3=\lambda_3^n\boldsymbol{\alpha}_3$，因此有

$$\begin{aligned}\boldsymbol{A}^n\boldsymbol{\beta}&=\boldsymbol{A}^n(2\boldsymbol{\alpha}_1-2\boldsymbol{\alpha}_2+\boldsymbol{\alpha}_3)=2\boldsymbol{A}^n\boldsymbol{\alpha}_1-2\boldsymbol{A}^n\boldsymbol{\alpha}_2+\boldsymbol{A}^n\boldsymbol{\alpha}_3\\&=\underline{\qquad}\boldsymbol{\alpha}_1-2\lambda_2^n\boldsymbol{\alpha}_2+\lambda_3^n\boldsymbol{\alpha}_3.\end{aligned}$$

由题设

$$\lambda_1^n\boldsymbol{\alpha}_1=1^n\times(1,1,1)^{\mathrm{T}}=(1,1,1)^{\mathrm{T}},$$

$$\lambda_2^n\boldsymbol{\alpha}_2=2^n\times(1,2,4)^{\mathrm{T}}=(2^n,2^{n+1},2^{n+2})^{\mathrm{T}},$$

$$\lambda_3^n\boldsymbol{\alpha}_3=3^n\times(1,3,9)^{\mathrm{T}}=(3^n,3^{n+1},3^{n+2})^{\mathrm{T}}.$$

将它们代入 $\boldsymbol{A}^n\boldsymbol{\beta}$ 的表示式中，得

$$\begin{aligned}\boldsymbol{A}^n\boldsymbol{\beta}&=2(1,1,1)^{\mathrm{T}}-2(2^n,2^{n+1},2^{n+2})^{\mathrm{T}}+(3^n,3^{n+1},3^{n+2})^{\mathrm{T}}\\&=\begin{pmatrix}2-2^{n+1}+3^n\\2-2^{n+2}+3^{n+1}\\2-2^{n+3}+3^{n+2}\end{pmatrix}.\end{aligned}$$

练　习

- **选择题**

1. 已知矩阵 $\begin{pmatrix} 22 & 30 \\ -12 & x \end{pmatrix}$，有一个特征向量 $\begin{pmatrix} -5 \\ 3 \end{pmatrix}$，则 $x=$（　　）.

（A）-18　　（B）-16

（C）-14　　（D）-12

2. 设 $\boldsymbol{A}$ 为 n 阶方阵，以下结论中，（　　）成立.

（A）若 $\boldsymbol{A}$ 可逆，则矩阵 $\boldsymbol{A}$ 的属于特征值 λ 的特征向量也是矩阵 $\boldsymbol{A}^{-1}$ 的属于特征值 λ^{-1} 的特征向量

（B）$\boldsymbol{A}$ 的特征向量是齐次线性方程组 $(\lambda\boldsymbol{E}-\boldsymbol{A})\boldsymbol{x}=\boldsymbol{0}$ 的全部解

（C）$\boldsymbol{A}$ 的特征向量的线性组合仍为 $\boldsymbol{A}$ 的特征向量

（D）$\boldsymbol{A}$ 与 $\boldsymbol{A}^{\mathrm{T}}$ 有相同的特征向量

3. 设 $\boldsymbol{A}=\begin{pmatrix} -1 & 1 & 0 \\ -4 & x & 0 \\ 1 & 0 & 2 \end{pmatrix}$，已知 $\boldsymbol{A}$ 的特征值为 2，1，1，则 $x=$（　　）.

（A）-2　　（B）3　　（C）4　　（D）-1

4. 设 $\boldsymbol{A}$ 为 n 阶方阵，以下结论中，正确的是（　　）.

（A）若 λ 是 $\boldsymbol{A}$ 的特征值，则 $\lambda\boldsymbol{E}-\boldsymbol{A}$ 可逆

（B）不同特征值的特征向量，一定线性无关

（C）若 λ_1，λ_2 是 $\boldsymbol{A}$ 的两个不同的特征值，对应的特征向量依次为 $\boldsymbol{p}_1$，$\boldsymbol{p}_2$，则 $\boldsymbol{p}_1+\boldsymbol{p}_2$ 也是 $\boldsymbol{A}$ 的特征向量

（D）若 $\boldsymbol{A}^2-\boldsymbol{E}=\boldsymbol{O}$，则 $\boldsymbol{A}$ 必有特征值 1

5. 已知三阶方阵 $\boldsymbol{A}$ 的三个特征值为 1，-2，-3，则 $|\boldsymbol{A}|=$（　　）.

（A）6　　（B）-6　　（C）-4　　（D）4

- **填空题**

6. 已知三阶方阵 $\boldsymbol{A}$ 的三个特征值为 3，2，-3，则 $|\boldsymbol{A}|=$ ________.

7. $\boldsymbol{A}^2=\boldsymbol{A}$，则 $\boldsymbol{A}$ 的特征值为________.

8. 若矩阵 $\boldsymbol{A}$ 有一个特征值为 -1，则 $|\boldsymbol{A}+\boldsymbol{E}|=$ ________.

9. 已知三阶方阵 $\boldsymbol{A}$ 的行列式 $|\boldsymbol{A}|=6$，$\boldsymbol{A}$ 有一个特征值为 -2，则 $\boldsymbol{A}^*$ 必有一个特征值为________.

10. 已知三阶方阵 $\boldsymbol{A}$ 的特征值为 -1，1，2，则 $|\boldsymbol{A}^2+\boldsymbol{A}-\boldsymbol{E}|=$ ________.

- **计算题**

11. 求下列矩阵的特征值和特征向量：

（1）$\begin{pmatrix} 2 & -1 \\ 0 & 2 \end{pmatrix}$；　　（2）$\begin{pmatrix} 0 & 0 & 1 \\ 0 & 1 & 0 \\ 1 & 0 & 0 \end{pmatrix}$；

（3）$\begin{pmatrix} 1 & 2 & 3 \\ 2 & 1 & 3 \\ 3 & 3 & 6 \end{pmatrix}$；　　（4）$\boldsymbol{A}=\begin{pmatrix} 1 & 4 & 2 \\ 0 & -3 & 4 \\ 0 & 4 & 3 \end{pmatrix}$.

12. 若 $\boldsymbol{A}^2-3\boldsymbol{A}-4\boldsymbol{E}=\boldsymbol{O}$，证明 $\boldsymbol{A}$ 的特征值只能为 4 或 -1.

13. 已知 3 阶矩阵 $\boldsymbol{A}$ 的特征值为 1，-2，3，求：
（1）$2\boldsymbol{A}$ 的特征值；（2）$\boldsymbol{A}^{-1}$ 的特征值；
（3）$|\boldsymbol{A}^3-5\boldsymbol{A}^2+7\boldsymbol{A}|$；（4）$|\boldsymbol{A}^*-3\boldsymbol{A}^2+2\boldsymbol{E}|$.

14. 已知 12 是 $\boldsymbol{A}=\begin{pmatrix} 7 & 4 & -1 \\ 4 & 7 & -1 \\ -4 & a & 4 \end{pmatrix}$ 的特征值，求出 a 的值及另外两个特征值.

15. 设矩阵 $\boldsymbol{A}=\begin{pmatrix} a & -1 & c \\ 5 & b & 3 \\ 1-c & 0 & -a \end{pmatrix}$，其行列式 $|\boldsymbol{A}|=-1$，又 $\boldsymbol{A}$ 的伴随矩阵 $\boldsymbol{A}^*$ 有一个特征值 λ_0，

属于 λ_0 的一个特征向量为 $x=(-1,-1,1)^{\mathrm{T}}$，求 a，b，c 和 λ_0 的值.

16. 设 $\boldsymbol{A}$ 为 n 阶实矩阵，$\boldsymbol{A}\boldsymbol{A}^{\mathrm{T}}=\boldsymbol{E}$，$|\boldsymbol{A}|<0$，试求 $(\boldsymbol{A}^{-1})^*$ 的一个特征值.

4.3 相似矩阵与方阵可对角化的条件

本节主要介绍相似矩阵的定义、性质及方阵可对角化的条件.

4.3.1 相似矩阵的概念

定义 9 设 $\boldsymbol{A}$，$\boldsymbol{B}$ 都是 n 阶方阵，若存在一个 n 阶可逆矩阵 $\boldsymbol{P}$，使 $\boldsymbol{P}^{-1}\boldsymbol{A}\boldsymbol{P}=\boldsymbol{B}$，则称矩阵 $\boldsymbol{A}$ 与 $\boldsymbol{B}$ **相似**或称 $\boldsymbol{B}$ 是 $\boldsymbol{A}$ 的**相似矩阵**，称 $\boldsymbol{P}$ 为由 $\boldsymbol{A}$ 到 $\boldsymbol{B}$ 的**相似变换矩阵**或**过渡矩阵**. 运算 $\boldsymbol{P}^{-1}\boldsymbol{A}\boldsymbol{P}$ 称为**对 $\boldsymbol{A}$ 进行相似变换**.

注：由定义 9 可以看出，若 $\boldsymbol{A}$，$\boldsymbol{B}$ 相似，则 $\boldsymbol{A}$，$\boldsymbol{B}$ 等价，即方阵的相似关系也是一种等价关系.

例 14 设 $\boldsymbol{A}=\begin{pmatrix}8&7\\1&2\end{pmatrix}$，$\boldsymbol{P}=\begin{pmatrix}-1&1\\1&1\end{pmatrix}$，$\boldsymbol{Q}=\begin{pmatrix}1&-1\\-2&1\end{pmatrix}$，则显然 $\boldsymbol{P}$，$\boldsymbol{Q}$ 均可逆，且 $\boldsymbol{P}^{-1}=\begin{pmatrix}-\frac{1}{2}&\frac{1}{2}\\\frac{1}{2}&\frac{1}{2}\end{pmatrix}$，$\boldsymbol{Q}^{-1}=\begin{pmatrix}-1&-1\\\underline{\qquad}&-1\end{pmatrix}$. 现计算

$$\boldsymbol{P}^{-1}\boldsymbol{A}\boldsymbol{P}=\begin{pmatrix}-\frac{1}{2}&\frac{1}{2}\\\frac{1}{2}&\frac{1}{2}\end{pmatrix}\begin{pmatrix}8&7\\1&2\end{pmatrix}\begin{pmatrix}-1&1\\1&1\end{pmatrix}=\begin{pmatrix}1&0\\0&9\end{pmatrix},$$

$$\boldsymbol{Q}^{-1}\boldsymbol{A}\boldsymbol{Q}=\begin{pmatrix}-1&-1\\-2&-1\end{pmatrix}\begin{pmatrix}8&7\\1&2\end{pmatrix}\begin{pmatrix}1&-1\\-2&1\end{pmatrix}=\begin{pmatrix}9&0\\\underline{\qquad}&-1\end{pmatrix}.$$

令 $\boldsymbol{B}=\boldsymbol{P}^{-1}\boldsymbol{A}\boldsymbol{P}$，$\boldsymbol{C}=\boldsymbol{Q}^{-1}\boldsymbol{A}\boldsymbol{Q}$，则 $\boldsymbol{A}$ 与 $\boldsymbol{B}$ ____，同时，$\boldsymbol{A}$ 与 $\boldsymbol{C}$ 也相似.

由此可知，与 $\boldsymbol{A}$ 相似的矩阵不是唯一的，也未必是对角阵. 在 $\boldsymbol{A}$ 满足一定的条件下，可以适当选取 $\boldsymbol{P}$，使 $\boldsymbol{P}^{-1}\boldsymbol{A}\boldsymbol{P}$ 成为对角阵.

相似矩阵有下列性质：

(1) 反身性 $\boldsymbol{A}$ 与 $\boldsymbol{A}$ 相似.

注：因为 $\boldsymbol{A}=\boldsymbol{E}\boldsymbol{A}\boldsymbol{E}$.

(2) 对称性　若 A 与 B 相似，则 B 与 A 相似.

注：因为 $P^{-1}AP = B$，则 $A = (P^{-1})^{-1}BP^{-1} = PBP^{-1}$.

(3) 传递性　若 A 与 B 相似，B 与 C 相似，则 A 与 C 相似.

注：因为 $P^{-1}AP = B, Q^{-1}BQ = C$，所以 $C = Q^{-1}P^{-1}APQ = (PQ)^{-1}A(PQ)$.

(4) 若 A 与 B 相似，则 $|A| = |B|$.

注：因为 $P^{-1}AP = B$，所以有

$$\begin{aligned}|B| &= |P^{-1}AP| = |P^{-1}||A||P| = |P^{-1}||P||A| \\ &= |P^{-1}P||A| = |E||A| = |A|.\end{aligned}$$

(5) 若 A 与 B 相似，且 A 可逆，则 B 也可逆，且 A^{-1} 与 B^{-1} 相似.

注：因为 $P^{-1}AP = B$，所以有 $B^{-1} = (P^{-1}AP)^{-1} = P^{-1}A^{-1}(P^{-1})^{-1} = P^{-1}A^{-1}P$.

(6) 若 $A = PBP^{-1}$，则有 $A^k = PB^kP^{-1}$，对方阵 A 的多项式有 $\varphi(A) = P\varphi(B)P^{-1}$.

特别地，若 B 取对角阵 $\Lambda = \mathrm{diag}(\lambda_1,\lambda_2,\cdots,\lambda_n)$，则 $A^k = P\Lambda^kP^{-1}$，$\varphi(A) = P\varphi(\Lambda)P^{-1}$，其中 $\Lambda^k = \mathrm{diag}(\lambda_1{}^k,\lambda_2{}^k,\cdots,\lambda_n{}^k)$，$\varphi(\Lambda) = \mathrm{diag}(\varphi(\lambda_1),\varphi(\lambda_2),\cdots,\varphi(\lambda_n))$.

注：性质（6）的证明见 2.5 节.

定理 3　相似矩阵的特征值相同.

证　设 A，B 为 n 阶方阵，且 A 与 B 相似，则存在可逆矩阵 P，使 $P^{-1}AP = B$，于是

$$\begin{aligned}|B-\lambda E| &= |P^{-1}AP - P^{-1}(\lambda E)P| = |P^{-1}(A-\lambda E)P| \\ &= |P^{-1}||A-\lambda E||P| \\ &= |A-\lambda E||P||P^{-1}| = |A-\lambda E||PP^{-1}| = |A-\lambda E||E| \\ &= |A-\lambda E|,\end{aligned}$$

由于矩阵 A 与 B 有相同的特征值多项式，因此必有相同的特征值.

推论　若 n 阶方阵 A 与对角阵 $\Lambda = \mathrm{diag}(\lambda_1,\lambda_2,\cdots,\lambda_n)$ 相似，则 $\lambda_1,\lambda_2,\cdots,\lambda_n$ 为 A 的 n 个特征值；且若 $f(\lambda)$ 是方阵 A 的特征值多项式，则有 $f(A) = O$.

证　因 A 与 Λ 相似，而 $\lambda_1,\lambda_2,\cdots,\lambda_n$ 是 Λ 的 n 个特征值，由定

理3, $\boldsymbol{A}$ 的 n 个特征值也应该是 $\lambda_1,\lambda_2,\cdots,\lambda_n$；同时，它们也是 $\boldsymbol{A}$ 的特征值方程 $f(\lambda)=0$ 的解，因此有 $f(\lambda_i)=0(i=1,2,\cdots,n)$.

又方阵 $\boldsymbol{A}$ 与对角阵 $\boldsymbol{\Lambda}$ 相似，则存在可逆矩阵 $\boldsymbol{P}$，使 $\boldsymbol{P}^{-1}\boldsymbol{A}\boldsymbol{P}=\boldsymbol{\Lambda}=\mathrm{diag}(\lambda_1,\lambda_2,\cdots,\lambda_n)$，即 $\boldsymbol{A}=\boldsymbol{P}\boldsymbol{\Lambda}\boldsymbol{P}^{-1}$，所以由相似矩阵的性质（6），

$$f(\boldsymbol{A})=\boldsymbol{P}f(\boldsymbol{\Lambda})\boldsymbol{P}^{-1}=\boldsymbol{P}\begin{pmatrix}f(\lambda_1)&&&\\&f(\lambda_2)&&\\&&\ddots&\\&&&f(\lambda_n)\end{pmatrix}\boldsymbol{P}^{-1}=\boldsymbol{P}\begin{pmatrix}0&&&\\&0&&\\&&\ddots&\\&&&0\end{pmatrix}\boldsymbol{P}^{-1}$$

$$=\boldsymbol{P}\boldsymbol{O}\boldsymbol{P}^{-1}=\boldsymbol{O}.$$

注：上述推论中假设了 $\boldsymbol{A}$ 与对角阵 $\boldsymbol{\Lambda}$ 相似这个条件. 事实上，若 $f(\lambda)$ 是方阵 $\boldsymbol{A}$ 的特征值多项式，那么 $f(\boldsymbol{A})=\boldsymbol{O}$ 均成立. 其证明，读者可参阅高等代数相关书籍.

4.3.2 方阵可对角化的充要条件

对角阵是最简单的矩阵之一，如果一个方阵 $\boldsymbol{A}$ 与一个对角阵相似，则可以利用对角阵讨论方阵 $\boldsymbol{A}$ 的许多性质. 若方阵 $\boldsymbol{A}$ 可以与一个对角阵相似，则称 $\boldsymbol{A}$ 可**相似对角化**，简称**可对角化**. 那么是否任何一个方阵都相似于一个对角阵？一般来说，这个结论并不成立，下面给出 n 阶方阵可对角化的一个充要条件.

定理4 n 阶方阵 $\boldsymbol{A}$ 可对角化的充要条件是 $\boldsymbol{A}$ 有 n 个线性无关的特征向量.

证 **必要性** 若方阵 $\boldsymbol{A}$ 可对角化，则存在可逆矩阵 $\boldsymbol{P}$，使对角阵 $\boldsymbol{\Lambda}=\boldsymbol{P}^{-1}\boldsymbol{A}\boldsymbol{P}$，则 $\boldsymbol{A}\boldsymbol{P}=\boldsymbol{P}\boldsymbol{\Lambda}$，令 $\boldsymbol{P}=(\boldsymbol{p}_1,\boldsymbol{p}_2,\cdots,\boldsymbol{p}_n)$，$\boldsymbol{p}_i\neq\boldsymbol{0}(i=1,2,\cdots,n)$，则 $\boldsymbol{A}\boldsymbol{P}=\boldsymbol{P}\boldsymbol{\Lambda}$ 可写成

$$\boldsymbol{A}(\boldsymbol{p}_1,\boldsymbol{p}_2,\cdots,\boldsymbol{p}_n)=(\boldsymbol{p}_1,\boldsymbol{p}_2,\cdots,\boldsymbol{p}_n)\begin{pmatrix}\lambda_1&&&\\&\lambda_2&&\\&&\ddots&\\&&&\lambda_n\end{pmatrix},$$

$$(\boldsymbol{A}\boldsymbol{p}_1,\boldsymbol{A}\boldsymbol{p}_2,\cdots,\boldsymbol{A}\boldsymbol{p}_n)=(\lambda_1\boldsymbol{p}_1,\lambda_2\boldsymbol{p}_2,\cdots,\lambda_n\boldsymbol{p}_n),$$

于是有 $\boldsymbol{A}\boldsymbol{p}_i=\lambda_i\boldsymbol{p}_i(i=1,2,\cdots,n)$.

另外，由于 $\boldsymbol{P}$ 可逆，则 $R(\boldsymbol{P}) = n$，由 3. 4 节定理 5，向量 $\boldsymbol{p}_1, \boldsymbol{p}_2, \cdots, \boldsymbol{p}_n$ 必线性无关，即 $\boldsymbol{A}$ 有 n 个线性无关的特征向量 $\boldsymbol{p}_1, \boldsymbol{p}_2, \cdots, \boldsymbol{p}_n$.

充分性 设 n 阶方阵 $\boldsymbol{A}$ 有 n 个线性无关的特征向量 $\boldsymbol{p}_1, \boldsymbol{p}_2, \cdots, \boldsymbol{p}_n$，其对应的特征值分别为 $\lambda_1, \lambda_2, \cdots, \lambda_n$，即 $\boldsymbol{A}\boldsymbol{p}_i = \lambda_i \boldsymbol{p}_i \quad (i = 1, 2, \cdots, n)$. 特别地，取 $\boldsymbol{P} = (\boldsymbol{p}_1, \boldsymbol{p}_2, \cdots, \boldsymbol{p}_n)$，则 $\boldsymbol{P}$ 可逆且

$$\boldsymbol{AP} = \boldsymbol{A}(\boldsymbol{p}_1, \boldsymbol{p}_2, \cdots, \boldsymbol{p}_n) = (\boldsymbol{A}\boldsymbol{p}_1, \boldsymbol{A}\boldsymbol{p}_2, \cdots, \boldsymbol{A}\boldsymbol{p}_n) = (\lambda_1\boldsymbol{p}_1, \lambda_2\boldsymbol{p}_2, \cdots, \lambda_n\boldsymbol{p}_n)$$

$$= (\boldsymbol{p}_1, \boldsymbol{p}_2, \cdots, \boldsymbol{p}_n)\begin{pmatrix} \lambda_1 & & & \\ & \lambda_2 & & \\ & & \ddots & \\ & & & \lambda_n \end{pmatrix} = \boldsymbol{P\Lambda},$$

所以 $\boldsymbol{P}^{-1}\boldsymbol{AP} = \boldsymbol{\Lambda}$，表明 $\boldsymbol{A}$ 与对角阵 $\boldsymbol{\Lambda}$ 相似.

推论 如果 n 阶方阵 $\boldsymbol{A}$ 的 n 个特征值互不相同，则 $\boldsymbol{A}$ 与对角阵相似.

注： 由定理 4 的证明过程可知，当 $\boldsymbol{A}$ 可对角化时，使其与 $\boldsymbol{\Lambda}$ 相似的可逆矩阵 $\boldsymbol{P}$ 的列向量 $\boldsymbol{p}_i$ 是对角阵上的对角元素 λ_i（特征值）的特征向量.

当 $\boldsymbol{A}$ 的特征值方程有重根时，就不一定有 n 个线性无关的特征向量，从而不一定能对角化. 例如，在例 7 中 $\boldsymbol{A}$ 的特征值方程有重根，找不到 3 个线性无关的特征向量，因此例 7 中的 $\boldsymbol{A}$ 不能对角化；而在例 8 中 $\boldsymbol{A}$ 的特征值方程也有重根，但能找到 3 个线性无关的特征向量，因此例 8 中的 $\boldsymbol{A}$ 能对角化.

例 15 判断下列矩阵是否相似于对角阵，若相似，则求出可逆矩阵 $\boldsymbol{P}$，使 $\boldsymbol{P}^{-1}\boldsymbol{AP}$ 是对角阵.

$$(1)\ \boldsymbol{A} = \begin{pmatrix} 1 & 1 & -2 \\ 0 & 1 & 0 \\ 0 & 0 & 1 \end{pmatrix}; \qquad (2)\ \boldsymbol{A} = \begin{pmatrix} -2 & 1 & 1 \\ 0 & 2 & 0 \\ -4 & 1 & 3 \end{pmatrix}.$$

解 （1）求特征值：

$$|\boldsymbol{A} - \lambda\boldsymbol{E}| = \begin{vmatrix} 1-\lambda & 1 & -2 \\ 0 & 1-\lambda & 0 \\ 0 & 0 & 1-\lambda \end{vmatrix} = (\underline{\quad} - \lambda)^3,$$

故 $\boldsymbol{A}$ 的特征值为 $\lambda_1 = \lambda_2 = \lambda_3 = 1$，且 $\boldsymbol{A}$ 不相似于对角矩阵. 若不然，如果 $\boldsymbol{A}$ 相似于对角阵 $\boldsymbol{\Lambda}$，则有可逆阵 $\boldsymbol{P}$，使 $\boldsymbol{P}^{-1}\boldsymbol{AP} = \boldsymbol{\Lambda} = \underline{\quad}$,

$\boldsymbol{A}$ 就是单位阵，从而 $\boldsymbol{A}=\boldsymbol{PEP}^{-1}=\boldsymbol{E}$，这显然错误，所以 $\boldsymbol{A}$ 不相似于对角阵.

（2）先求特征值：

$$|\boldsymbol{A}-\lambda\boldsymbol{E}|=\begin{vmatrix}-2-\lambda & 1 & 1\\ 0 & \underline{\qquad} & 0\\ -4 & 1 & \underline{\qquad}\end{vmatrix}=-(\lambda+1)(\lambda-2)^2,$$

故 $\boldsymbol{A}$ 的特征值为 $\lambda_1=-1$，$\lambda_2=\lambda_3=2$.

再求特征向量：

当 $\lambda=-1$ 时，解特征向量方程 $(\boldsymbol{A}+\boldsymbol{E})\boldsymbol{x}=\underline{\quad}$，由

$$\boldsymbol{A}+\boldsymbol{E}=\begin{pmatrix}-1 & 1 & 1\\ 0 & 3 & 0\\ -4 & 1 & 4\end{pmatrix}\overset{r}{\sim}\begin{pmatrix}1 & 0 & -1\\ 0 & 1 & 0\\ 0 & 0 & 0\end{pmatrix},$$

得基础解系

$$\boldsymbol{\eta}=\begin{pmatrix}1\\ 0\\ \underline{\quad}\end{pmatrix},$$

所以对应的全部特征向量为 $k\boldsymbol{\eta}$（$k\neq 0, k\in\mathbb{R}$）. 取一个特征向量

$$\boldsymbol{p}_1=\begin{pmatrix}1\\ 0\\ 1\end{pmatrix}.$$

当 $\lambda=2$ 时，解特征向量方程 $(\boldsymbol{A}-2\underline{\quad})\boldsymbol{x}=\boldsymbol{0}$，由

$$\boldsymbol{A}-2\boldsymbol{E}=\begin{pmatrix}-4 & 1 & 1\\ 0 & 0 & 0\\ -4 & 1 & 1\end{pmatrix}\overset{r}{\sim}\begin{pmatrix}-4 & 1 & 1\\ 0 & 0 & 0\\ 0 & 0 & 0\end{pmatrix},$$

得基础解系

$$\boldsymbol{\eta}_1=\begin{pmatrix}1\\ \underline{\quad}\\ 0\end{pmatrix},\ \boldsymbol{\eta}_2=\begin{pmatrix}0\\ 1\\ -1\end{pmatrix},$$

所以对应的全部特征向量为 $k_1\boldsymbol{\eta}_1+k_2\boldsymbol{\eta}_2$（$k_1,k_2$ 为不全为零的实数）. 取两个特征向量为

$$\boldsymbol{p}_2=\begin{pmatrix}1\\ 4\\ 0\end{pmatrix},\ \boldsymbol{p}_3=\begin{pmatrix}0\\ 1\\ -1\end{pmatrix}.$$

由于 $\boldsymbol{p}_1$, $\boldsymbol{p}_2$, $\boldsymbol{p}_3$ 线性____，故由定理 4, $\boldsymbol{A}$ 与对角阵相似. 取 $\boldsymbol{P}=(\boldsymbol{p}_1,\boldsymbol{p}_2,\boldsymbol{p}_3)=\begin{pmatrix}1&1&0\\0&4&1\\1&0&-1\end{pmatrix}$，则 $\boldsymbol{P}$ 可逆，且有

$$\boldsymbol{\Lambda}=\boldsymbol{P}^{-1}\boldsymbol{A}\boldsymbol{P}=\begin{pmatrix}-1&0&0\\0&\_\_&0\\0&0&2\end{pmatrix}.$$

例 16 设 $\boldsymbol{A}=\begin{pmatrix}1&4&2\\0&-3&4\\0&4&3\end{pmatrix}$，求可逆矩阵 $\boldsymbol{P}$，使得 $\boldsymbol{P}^{-1}\boldsymbol{A}\boldsymbol{P}$ 为对角矩阵，并求 $\boldsymbol{A}^{100}$.

解 将矩阵 $\boldsymbol{A}$ 相似对角化，

$$|\boldsymbol{A}-\lambda\boldsymbol{E}|=\begin{vmatrix}1-\lambda&4&2\\0&-3-\lambda&4\\0&4&3-\lambda\end{vmatrix}=-(\lambda-1)(\lambda-5)(\lambda+5),$$

得 $\boldsymbol{A}$ 的特征值为 $\lambda_1=1$，$\lambda_2=5$，$\lambda_3=-5$.

对于 $\lambda_1=1$，解特征向量方程 $(\boldsymbol{A}-\boldsymbol{E})\boldsymbol{x}=\boldsymbol{0}$，得基础解系 $\boldsymbol{p}_1=(1,0,0)^{\mathrm{T}}$；

对于 $\lambda_2=5$，解特征向量方程 $(\boldsymbol{A}-5\boldsymbol{E})\boldsymbol{x}=\boldsymbol{0}$，得基础解系 $\boldsymbol{p}_2=(2,1,\_\_)^{\mathrm{T}}$；

对于 $\lambda_3=-5$，解特征向量方程 $(\boldsymbol{A}+5\boldsymbol{E})\boldsymbol{x}=\boldsymbol{0}$，得基础解系 $\boldsymbol{p}_3=(1,-2,1)^{\mathrm{T}}$；

令 $\boldsymbol{P}=(\boldsymbol{p}_1,\boldsymbol{p}_2,\boldsymbol{p}_3)$，则 $\boldsymbol{P}^{-1}\boldsymbol{A}\boldsymbol{P}=\mathrm{diag}(1,5,-5)=\boldsymbol{\Lambda}$，即 $\boldsymbol{A}=\boldsymbol{P}\,\_\_\,\boldsymbol{P}^{-1}$，因此 $\boldsymbol{A}^{100}=\boldsymbol{P}\,\_\_\,\boldsymbol{P}^{-1}$，因为

$$\boldsymbol{\Lambda}^{100}=\mathrm{diag}(1,5^{100},(-5)^{100})=\mathrm{diag}(1,5^{100},5^{100}),$$

$$\boldsymbol{P}^{-1}=\begin{pmatrix}1&2&1\\0&1&-2\\0&2&1\end{pmatrix}^{-1}=\frac{1}{5}\begin{pmatrix}5&0&-5\\0&1&2\\0&-2&1\end{pmatrix}$$

所以

$$\boldsymbol{A}^{100}=\frac{1}{5}\begin{pmatrix}1&2&1\\0&1&-2\\0&2&1\end{pmatrix}\begin{pmatrix}1&0&0\\0&5^{100}&0\\0&0&5^{100}\end{pmatrix}\begin{pmatrix}5&0&-5\\0&1&2\\0&-2&1\end{pmatrix}=\begin{pmatrix}1&0&\_\_\_\_\\0&5^{100}&0\\0&0&5^{100}\end{pmatrix}.$$

例 17 设 $A=\begin{pmatrix}2&1&2\\1&2&2\\2&2&1\end{pmatrix}$，求 $\varphi(A)=A^{10}-6A^{9}+5A^{8}$.

解 A 的特征值多项式

$$|A-\lambda E|=\begin{vmatrix}2-\lambda&1&2\\1&2-\lambda&2\\2&2&1-\lambda\end{vmatrix}=(1-\lambda)(1+\lambda)(\lambda-5),$$

于是 A 的特征值 $\lambda_1=-1$，$\lambda_2=1$，$\lambda_3=5$. 根据对称阵对角化理论，存在正交阵 $Q=(\xi_1,\xi_2,\xi_3)$ 使 $Q^{\mathrm{T}}AQ=Q^{-1}AQ=\mathrm{ding}(-1,1,5)=\Lambda$，也即 $A=Q\Lambda Q^{\mathrm{T}}$，并且 Q 的列向量 ξ_i 是对应特征值 λ_i 的单位化特征向量，$i=1,2,3$，从而有

$$\begin{aligned}\varphi(A)&=Q\varphi(\Lambda)Q^{\mathrm{T}}=Q\varphi(\mathrm{diag}(-1,1,5))Q^{\mathrm{T}}\\&=Q\mathrm{diag}(\varphi(-1),\varphi(1),\varphi(5))Q^{\mathrm{T}},\end{aligned}$$

由于 $\varphi(x)=x^{10}-6x^{9}+5x^{8}$，$\varphi(-1)=12$，$\varphi(1)=0$，$\varphi(5)=0$，则

$$\varphi(A)=(\xi_1,\xi_2,\xi_3)\begin{pmatrix}12&0&0\\0&0&0\\0&0&0\end{pmatrix}\begin{pmatrix}\xi_1^{\mathrm{T}}\\\xi_2^{\mathrm{T}}\\\xi_3^{\mathrm{T}}\end{pmatrix}=12\_\_\_\_ \qquad (*)$$

解特征向量方程 $(A-\lambda_1E)x=\mathbf{0}$.

由 $A-\lambda_1E=A+E\overset{r}{\sim}\begin{pmatrix}1&0&\frac{1}{2}\\0&1&\frac{1}{2}\\0&0&0\end{pmatrix}$，得基础解系

$$\xi_1=\_\_\_\begin{pmatrix}1\\1\\-2\end{pmatrix},$$

将其代入式（$*$），得

$$\varphi(A)=2\begin{pmatrix}1&1&-1\\1&1&-2\\-2&-2&4\end{pmatrix}.$$

练 习

• 选择题

1. $\boldsymbol{A}$ 为 3 阶方阵，且 $\boldsymbol{A}$ 与单位矩阵相似，则 $|-3\boldsymbol{A}|=$（　　）.

（A）-3　　（B）3

（C）-27　　（D）27

2. $\boldsymbol{A}$ 是 n 阶方阵（　　），

①若 $\boldsymbol{A}$ 有 n 个互不相同的特征值，则 $\boldsymbol{A}$ 可对角化.

②若 $\boldsymbol{A}$ 可逆且可对角化，则 $\boldsymbol{A}^*$ 也可对角化.

③若 $\boldsymbol{A}^2=\boldsymbol{E}$，则 $\boldsymbol{A}$ 可对角化.

④若 $\boldsymbol{A}$ 与 $\boldsymbol{B}$ 等价，且 $\boldsymbol{A}$ 可对角化，则 $\boldsymbol{B}$ 也可对角化.

上述四个命题，正确的个数为（　　）.

（A）1　　（B）2

（C）3　　（D）4

3. $\boldsymbol{A}$ 与 $\boldsymbol{B}$ 相似，下列命题不正确的是（　　）.

（A）$\boldsymbol{A}$ 与 $\boldsymbol{B}$ 有相同的秩

（B）$|\boldsymbol{A}|=|\boldsymbol{B}|$

（C）$\boldsymbol{A}$ 与 $\boldsymbol{B}$ 等价

（D）$\boldsymbol{A}$ 的列向量组与 $\boldsymbol{B}$ 的列向量组等价

4. $\boldsymbol{A}$ 为 3 阶方阵，且 $\boldsymbol{A}$ 与 $\begin{pmatrix}1 & & \\ & -2 & \\ & & 3\end{pmatrix}$ 相似，则 $\boldsymbol{A}^{-1}$ 与下列哪个矩阵相似.（　　）

（A）$\begin{pmatrix}-1 & & \\ & 2 & \\ & & -3\end{pmatrix}$　（B）$\begin{pmatrix}1 & & \\ & \frac{1}{2} & \\ & & \frac{1}{3}\end{pmatrix}$

（C）$\begin{pmatrix}-\frac{1}{2} & & \\ & \frac{1}{3} & \\ & & 1\end{pmatrix}$　（D）$\begin{pmatrix}-1 & & \\ & \frac{1}{2} & \\ & & \frac{1}{3}\end{pmatrix}$

5. 若 4 阶方阵 $\boldsymbol{A}$ 与单位阵 $\boldsymbol{E}$ 相似，则 $R(\boldsymbol{A})=$（　　）.

（A）1　　（B）2

（C）3　　（D）4

6. n 阶方阵 $\boldsymbol{A}$ 具有 n 个不同的特征值是 $\boldsymbol{A}$ 与对角阵相似的（　　）.

（A）充要条件

（B）充分而非必要条件

（C）必要而非充分条件

（D）既非充分也非必要条件

• 填空题

7. 若 $\boldsymbol{A}$，$\boldsymbol{E}_n$ 相似，则 $\boldsymbol{A}=$ ________.

8. 设 $\boldsymbol{A}$ 是 3 阶方阵，已知方阵 $\boldsymbol{E}-\boldsymbol{A}$，$\boldsymbol{E}+\boldsymbol{A}$，$3\boldsymbol{E}-\boldsymbol{A}$ 都不可逆，则 $\boldsymbol{A}$ 的全部特征值为________.

9. 已知三阶方阵 $\boldsymbol{A}$ 的特征值为 $-1,-2,4$，若 $\boldsymbol{A}$ 能对角化，则 $R(3\boldsymbol{E}-\boldsymbol{A})=$ ________.

10. $\begin{pmatrix}22 & 31\\ y & x\end{pmatrix}$ 与 $\begin{pmatrix}1 & 2\\ 3 & 4\end{pmatrix}$ 相似，则 $x+y=$ ________.

11. 设 3 阶实对称矩阵 $\boldsymbol{A}$ 的秩 $R(\boldsymbol{A})=2$，且满足 $\boldsymbol{A}^2=2\boldsymbol{A}$，则行列式 $|3\boldsymbol{E}-\boldsymbol{A}|$ 的值为________.

• 计算题

12. 判定下列矩阵是否可以与对角矩阵相似.

（1）$\boldsymbol{B}=\begin{pmatrix}4 & 2 & 3\\ 2 & 1 & 2\\ -1 & -2 & 0\end{pmatrix}$；（2）$\boldsymbol{C}=\begin{pmatrix}1 & -1 & 1\\ 2 & 4 & -2\\ -3 & -3 & 5\end{pmatrix}$.

13. 已知 $\boldsymbol{A}$，$\boldsymbol{B}$ 为三阶方阵且相似，$|\boldsymbol{A}|=\frac{1}{6}$，$\boldsymbol{A}$ 的 2 个特征值分别是 $1,\frac{1}{2}$，求 $\boldsymbol{A}$ 的另一个特征值并计算 $|\boldsymbol{B}^{-1}+\boldsymbol{E}|$.

14. 设矩阵

$$\boldsymbol{A}=\begin{pmatrix}8 & 7\\ 1 & 2\end{pmatrix},$$

(1) 求矩阵 $\boldsymbol{A}$ 的特征值与对应的全部特征向量；

(2) 判定 $\boldsymbol{A}$ 是否可以与对角矩阵相似，若可以，求可逆矩阵 $\boldsymbol{P}$ 和对角矩阵 $\boldsymbol{\Lambda}$，使得 $\boldsymbol{P}^{-1}\boldsymbol{A}\boldsymbol{P}=\boldsymbol{\Lambda}$.

15. 设方阵 $\boldsymbol{A}=\begin{pmatrix}2&0&0\\0&0&1\\0&1&x\end{pmatrix}$ 与 $\boldsymbol{B}=\begin{pmatrix}2&0&0\\0&y&0\\0&0&1\end{pmatrix}$ 相似，求 x,y.

16. 若 $\boldsymbol{A}$ 可逆，且 $\boldsymbol{A}$ 与 $\boldsymbol{B}$ 相似，证明 $\boldsymbol{A}^*$ 与 $\boldsymbol{B}^*$ 相似.

17. 已知 4 阶矩阵 $\boldsymbol{A}$ 相似于 $\boldsymbol{B}$，$\boldsymbol{A}$ 的特征值为 2，3,4,5. $\boldsymbol{E}$ 为四阶单位矩阵，求行列式 $|\boldsymbol{B}-\boldsymbol{E}|$.

18. 设矩阵 $\boldsymbol{B}=\begin{pmatrix}0&0&1\\0&1&0\\1&0&0\end{pmatrix}$. 已知矩阵 $\boldsymbol{A}$ 与 $\boldsymbol{B}$ 相似，求 $R(\boldsymbol{A}-2\boldsymbol{E})$ 与 $R(\boldsymbol{A}-\boldsymbol{E})$.

4.4 实对称阵的对角化

在矩阵的对角化问题中，实对称阵的正交对角化问题尤为重要. 本节着重讨论实对称阵对角化理论，实对称阵的一般对角化和正交对角化的方法等问题.

定理5 实对称阵的特征值为实数.

证 设复数 λ 为对称阵 $\boldsymbol{A}$ 的特征值，对应于 λ 的特征向量 $\boldsymbol{p}=(x_1,x_2,\cdots,x_n)$，即

$$\boldsymbol{A}\boldsymbol{p}=\lambda\boldsymbol{p}(\boldsymbol{p}\neq\boldsymbol{0}).$$

用 $\bar{\lambda}$ 表示 λ 的共轭复数，$\bar{\boldsymbol{p}}$ 表示向量 $\boldsymbol{p}$ 的共轭复向量. 因为 $\boldsymbol{A}$ 为实对称阵，有 $\bar{\boldsymbol{A}}=\boldsymbol{A}$，故

$$\boldsymbol{A}\bar{\boldsymbol{p}}=\bar{\boldsymbol{A}}\bar{\boldsymbol{p}}=\overline{(\boldsymbol{A}\boldsymbol{p})}=\overline{(\lambda\boldsymbol{p})}=\bar{\lambda}\bar{\boldsymbol{p}},$$

则

$$\bar{\boldsymbol{p}}^{\mathrm{T}}\boldsymbol{A}\boldsymbol{p}=\bar{\boldsymbol{p}}^{\mathrm{T}}(\boldsymbol{A}\boldsymbol{p})=\bar{\boldsymbol{p}}^{\mathrm{T}}\lambda\boldsymbol{p}=\lambda\bar{\boldsymbol{p}}^{\mathrm{T}}\boldsymbol{p}, \tag{4.9}$$

$$\bar{\boldsymbol{p}}^{\mathrm{T}}\boldsymbol{A}\boldsymbol{p}=(\bar{\boldsymbol{p}}^{\mathrm{T}}\boldsymbol{A}^{\mathrm{T}})\boldsymbol{p}=(\boldsymbol{A}\bar{\boldsymbol{p}})^{\mathrm{T}}\boldsymbol{p}=(\bar{\lambda}\bar{\boldsymbol{p}})^{\mathrm{T}}\boldsymbol{p}=\bar{\lambda}\bar{\boldsymbol{p}}^{\mathrm{T}}\boldsymbol{p}, \tag{4.10}$$

式(4.9)、式(4.10)两式相减得，得 $(\lambda-\bar{\lambda})\bar{\boldsymbol{p}}^{\mathrm{T}}\boldsymbol{p}=0$,

而 $\boldsymbol{p}\neq\boldsymbol{0}$，因此 $\bar{\boldsymbol{p}}^{\mathrm{T}}\boldsymbol{p}=\sum_{i=1}^{n}\bar{x}_ix_i=\sum_{i=1}^{n}|x_i|^2\neq0$,

那么 $\lambda-\bar{\lambda}=0$，即 $\lambda=\bar{\lambda}$，这说明 λ 是实数.

注：当特征值 λ_i 为实数时，特征向量方程 $(\boldsymbol{A}-\lambda_i\boldsymbol{E})\boldsymbol{x}=\boldsymbol{0}$ 是实系数方程组，由 $|\boldsymbol{A}-\lambda_i\boldsymbol{E}|=0$，方程组必有实的基础解系，所以对应的特征向量可以取实数.

定理6 设 λ_1，λ_2 是实对称阵 $\boldsymbol{A}$ 的两个特征值，$\boldsymbol{p}_1$，$\boldsymbol{p}_2$ 是对应

的特征向量，如果 $\lambda_1 \neq \lambda_2$，则 $\boldsymbol{p}_1$，$\boldsymbol{p}_2$ 正交.

证 由于 λ_1，λ_2 为对称阵 $\boldsymbol{A}$ 的两个特征值，则有 $\lambda_1\boldsymbol{p}_1 = \boldsymbol{A}\boldsymbol{p}_1$，$\lambda_2\boldsymbol{p}_2 = \boldsymbol{A}\boldsymbol{p}_2$，且

$$\lambda_1\boldsymbol{p}_1^{\mathrm{T}} = (\lambda_1\boldsymbol{p}_1)^{\mathrm{T}} = (\boldsymbol{A}\boldsymbol{p}_1)^{\mathrm{T}} = \boldsymbol{p}_1^{\mathrm{T}}\boldsymbol{A}^{\mathrm{T}} = \boldsymbol{p}_1^{\mathrm{T}}\boldsymbol{A},$$

于是
$$\lambda_1\boldsymbol{p}_1^{\mathrm{T}}\boldsymbol{p}_2 = \boldsymbol{p}_1^{\mathrm{T}}\boldsymbol{A}\boldsymbol{p}_2 = \boldsymbol{p}_1^{\mathrm{T}}\lambda_2\boldsymbol{p}_2 = \lambda_2\boldsymbol{p}_1^{\mathrm{T}}\boldsymbol{p}_2,$$

即 $(\lambda_1 - \lambda_2)\boldsymbol{p}_1^{\mathrm{T}}\boldsymbol{p}_2 = 0$，又 $\lambda_1 \neq \lambda_2$，故 $\boldsymbol{p}_1^{\mathrm{T}}\boldsymbol{p}_2 = 0$，即 $\boldsymbol{p}_1$，$\boldsymbol{p}_2$ 正交.

定理 7 n 阶实对称阵 $\boldsymbol{A}$ 一定可以对角化. 即存在可逆矩阵 $\boldsymbol{P}$，使得 $\boldsymbol{P}^{-1}\boldsymbol{A}\boldsymbol{P} = \mathrm{diag}(\lambda_1,\lambda_2,\cdots,\lambda_n)$，其中 $\lambda_1,\lambda_2,\cdots,\lambda_n$ 是 $\boldsymbol{A}$ 可能有相同的 n 个特征值.

这个定理不予证明.

推论 $\boldsymbol{A}$ 为 n 阶实对称阵，λ 是 $\boldsymbol{A}$ 的特征值方程的 k 重根，则矩阵 $\boldsymbol{A} - \lambda\boldsymbol{E}$ 的秩 $R(\boldsymbol{A} - \lambda\boldsymbol{E}) = n - k$，从而对应特征值 λ 恰有 k 个线性无关的特征向量.

证 按定理 7，实对称阵 $\boldsymbol{A}$ 与对角阵 $\boldsymbol{\Lambda} = \mathrm{diag}(\lambda_1,\lambda_2,\cdots,\lambda_n)$ 相似，从而 $\boldsymbol{A} - \lambda\boldsymbol{E}$ 与对角阵 $\boldsymbol{\Lambda} - \lambda\boldsymbol{E} = \mathrm{diag}(\lambda_1 - \lambda,\lambda_2 - \lambda,\cdots,\lambda_n - \lambda)$ 相似.

当 λ 是 $\boldsymbol{A}$ 的 k 重特征根时，$\lambda_1,\lambda_2,\cdots,\lambda_n$ 中 n 个特征值中有 k 个等于 λ，有 $n-k$ 个不等于 λ，从而对角阵 $\boldsymbol{\Lambda} - \lambda\boldsymbol{E}$ 的对角元恰有 k 个等于0，于是 $R(\boldsymbol{\Lambda} - \lambda\boldsymbol{E}) = n - k$，而
$R(\boldsymbol{A} - \lambda\boldsymbol{E}) = R(\boldsymbol{\Lambda} - \lambda\boldsymbol{E})$，所以 $R(\boldsymbol{A} - \lambda\boldsymbol{E}) = n - k$.

例 18 设实对称阵 $\boldsymbol{A} = \begin{pmatrix} a & 1 & 1 \\ 1 & a & -1 \\ 1 & -1 & a \end{pmatrix}$，求可逆矩阵 $\boldsymbol{P}$，使得 $\boldsymbol{P}^{-1}\boldsymbol{A}\boldsymbol{P}$ 为对角阵.

解 矩阵 $\boldsymbol{A}$ 的特征值方程为

$$|\boldsymbol{A} - \lambda\boldsymbol{E}| = \begin{vmatrix} a-\lambda & 1 & 1 \\ 1 & a-\lambda & -1 \\ 1 & -1 & a-\underline{\quad} \end{vmatrix} = -(\lambda - a - 1)^2(\lambda - a + \underline{\quad}) = 0,$$

则矩阵 $\boldsymbol{A}$ 的特征值为 $\lambda_1 = \lambda_2 = a + 1$，$\lambda_3 = a - 2$.

对于 $\lambda_1 = \lambda_2 = a + 1$，解特征向量方程 $(\boldsymbol{A} - (a+1)\boldsymbol{E})\boldsymbol{x} = \boldsymbol{0}$，

由

$$(\boldsymbol{A}-(a+1)\boldsymbol{E})=\begin{pmatrix}-1 & 1 & 1\\ 1 & -1 & -1\\ 1 & -1 & -1\end{pmatrix}\overset{r}{\sim}\begin{pmatrix}1 & \underline{\quad} & -1\\ 0 & 0 & 0\\ 0 & 0 & 0\end{pmatrix},$$

得基础解系 $\boldsymbol{\eta}_1=\begin{pmatrix}1\\1\\0\end{pmatrix}$, $\boldsymbol{\eta}_2=\begin{pmatrix}\underline{\quad}\\0\\1\end{pmatrix}$,

由此可得对应的两个线性无关的特征向量 $\boldsymbol{\eta}_1$, $\boldsymbol{\eta}_2$;

对于 $\lambda_3=a-2$, 解特征向量方程 $(\boldsymbol{A}-(a-2)\boldsymbol{E})\boldsymbol{x}=\boldsymbol{0}$, 同理可得对应的特征向量 $\boldsymbol{\eta}_3=\begin{pmatrix}-1\\1\\\underline{\quad}\end{pmatrix}$. 令矩阵

$$\boldsymbol{P}=(\boldsymbol{\eta}_1,\boldsymbol{\eta}_2,\boldsymbol{\eta}_3)=\begin{pmatrix}1 & 1 & -1\\ 1 & 0 & 1\\ 0 & 1 & 1\end{pmatrix},\ \boldsymbol{B}=\begin{pmatrix}1+a & 0 & 0\\ 0 & 1+a & 0\\ 0 & 0 & \underline{\quad}\end{pmatrix},$$

则有 $\boldsymbol{P}^{-1}\boldsymbol{AP}=\boldsymbol{B}$.

定理8 设 $\boldsymbol{A}$ 是 n 阶实对称阵, 则存在正交阵 $\boldsymbol{P}$, 使得 $\boldsymbol{P}^{-1}\boldsymbol{AP}=\mathrm{diag}(\lambda_1,\lambda_2,\cdots,\lambda_n)$, 其中 $\lambda_1,\lambda_2,\cdots,\lambda_n$ 是 $\boldsymbol{A}$ 的 n 个特征值.

这个定理用数学归纳法可以证明, 现不予证明.

由以上定理, 可以得出如下结论: 实对称阵必可对角化.

对角化的方式有两种方式: 存在可逆矩阵 $\boldsymbol{P}$, 使得 $\boldsymbol{P}^{-1}\boldsymbol{AP}$ 为对角阵;

存在正交矩阵 $\boldsymbol{P}$, 使得 $\boldsymbol{P}^{-1}\boldsymbol{AP}=\boldsymbol{P}^{\mathrm{T}}\boldsymbol{AP}$ 为对角阵.

实对称阵 $\boldsymbol{A}$ 正交对角化的具体步骤为:

(1) 求出 $\boldsymbol{A}$ 的全部互不相等的特征值 $\lambda_1,\lambda_2,\cdots,\lambda_s$, 设它们的重数依次为 $k_1,k_2,\cdots,k_s$ 且 $k_1+k_2+\cdots+k_s=n$.

(2) 对每个 k_i 重特征值 λ_i, 求特征向量方程 $(\boldsymbol{A}-\lambda_i\boldsymbol{E})\boldsymbol{x}=\boldsymbol{0}$ 的基础解系, 得 k_i 个线性无关的特征向量, 将其正交化, 并单位化, 可得 n 个两两正交的单位特征向量.

(3) 以这 n 个两两正交的单位特征向量作为列向量构成正交阵 $\boldsymbol{P}$, 便有 $\boldsymbol{P}^{-1}\boldsymbol{AP}=\boldsymbol{P}^{\mathrm{T}}\boldsymbol{AP}=\boldsymbol{\Lambda}$, 其中 $\boldsymbol{\Lambda}$ 的对角元的排列次序应与 $\boldsymbol{P}$ 中列向量的排列次序相同, 即若 $\boldsymbol{P}=(\boldsymbol{p}_1,\boldsymbol{p}_2,\cdots,\boldsymbol{p}_n)$, $\boldsymbol{\Lambda}=\mathrm{diag}(\lambda_1,\lambda_2,\cdots,\lambda_n)$,

则 λ_i 是特征值，$\boldsymbol{p}_i$ 为 λ_i 的特征向量，其中 $i=1,2,\cdots,n$.

例 19 设 $\boldsymbol{A}=\begin{pmatrix}2&-2&0\\-2&1&-2\\0&-2&0\end{pmatrix}$，求一个正交阵 $\boldsymbol{P}$，使 $\boldsymbol{P}^{-1}\boldsymbol{A}\boldsymbol{P}=\boldsymbol{\Lambda}$ 为对角阵.

解 先求 $\boldsymbol{A}$ 的特征值：

$$|\boldsymbol{A}-\lambda\boldsymbol{E}|=\begin{vmatrix}2-\lambda&-2&0\\-2&1-\lambda&-2\\0&-2&-\lambda\end{vmatrix}=-(\lambda-1)(\lambda-4)(\lambda+2)=0,$$

得特征值为 $\lambda_1=1,\lambda_2=4,\lambda_3=-2$.

由于 λ_1，λ_2，λ_3 是三个不同的特征值，由定理6，其对应的特征向量两两正交，故以下求出的特征向量只需单位化.

对于 $\lambda_1=1$，解特征向量方程 $(\boldsymbol{A}-\boldsymbol{E})\boldsymbol{x}=\boldsymbol{0}$，由

$$\boldsymbol{A}-\boldsymbol{E}=\begin{pmatrix}1&-2&0\\-2&0&-2\\0&-2&-1\end{pmatrix}\overset{r}{\sim}\begin{pmatrix}1&0&1\\0&-2&-1\\0&0&0\end{pmatrix},$$

对应的特征向量为 $\boldsymbol{\xi}_1=\begin{pmatrix}-1\\-\frac{1}{2}\\1\end{pmatrix}$，单位化得 $\boldsymbol{p}_1=\begin{pmatrix}\_\_\_\\\_\_\_\\\_\_\_\end{pmatrix}$；

对于 $\lambda_2=4$，解特征向量方程 $(\boldsymbol{A}-4\boldsymbol{E})\boldsymbol{x}=\boldsymbol{0}$，由

$$\boldsymbol{A}-4\boldsymbol{E}=\begin{pmatrix}-2&-2&0\\-2&-3&-2\\0&-2&-4\end{pmatrix}\overset{r}{\sim}\begin{pmatrix}1&0&-2\\0&1&\_\_\_\\0&0&0\end{pmatrix},$$

对应的特征向量为 $\boldsymbol{\xi}_2=\begin{pmatrix}2\\-2\\1\end{pmatrix}$，单位化得 $\boldsymbol{p}_2=\begin{pmatrix}\frac{2}{3}\\-\frac{2}{3}\\\frac{1}{3}\end{pmatrix}$；

对于 $\lambda_3=-2$，解特征向量方程 $(\boldsymbol{A}+2\boldsymbol{E})\boldsymbol{x}=\boldsymbol{0}$，由

$$A+2E=\begin{pmatrix}4&-2&0\\-2&3&-2\\0&-2&2\end{pmatrix}\overset{r}{\sim}\begin{pmatrix}2&0&-1\\0&1&-1\\0&0&0\end{pmatrix},$$

对应的特征向量为 $\xi_3=\begin{pmatrix}1\\2\\\_\_\end{pmatrix}$，单位化得 $p_3=\begin{pmatrix}\frac{1}{3}\\\frac{2}{3}\\\frac{2}{3}\end{pmatrix}$.

以 p_1，p_2，p_3 为列向量构造矩阵

$$P=(p_1,p_2,p_3)=\begin{pmatrix}-\frac{2}{3}&\frac{2}{3}&\frac{1}{3}\\-\frac{1}{3}&-\frac{2}{3}&\frac{2}{3}\\\frac{2}{3}&\frac{1}{3}&\frac{2}{3}\end{pmatrix},$$

则 P 为正交阵且 $P^{-1}AP=\begin{pmatrix}1&0&0\\0&\_\_&0\\0&0&-2\end{pmatrix}$.

例 20 设 $A=\begin{pmatrix}0&-1&1\\-1&0&1\\1&1&0\end{pmatrix}$，求一个正交阵 P，使 $P^{-1}AP=\Lambda$ 为对角阵.

解 先求特征值：

$$|A-\lambda E|=\begin{vmatrix}-\lambda&-1&1\\-1&-\lambda&1\\1&1&-\lambda\end{vmatrix}=-(\lambda-1)^2(\lambda+2),$$

则特征值为 $\lambda_1=-2$，$\lambda_2=\lambda_3=1$.

对于 $\lambda_1=-2$，解特征向量方程 $(A+2E)x=0$，得基础解系为

$\xi_1=\begin{pmatrix}-1\\\_\_\\1\end{pmatrix}$，单位化得 $p_1=\frac{1}{\sqrt{3}}\begin{pmatrix}-1\\-1\\1\end{pmatrix}$；

对于 $\lambda_2=\lambda_3=1$，解特征向量方程 $(A-E)x=0$，得基础解系

为 $\boldsymbol{\xi}_2 = \begin{pmatrix} -1 \\ 1 \\ 0 \end{pmatrix}$，$\boldsymbol{\xi}_3 = \begin{pmatrix} 1 \\ 0 \\ 1 \end{pmatrix}$，

正交化，得 $\boldsymbol{\eta}_2 = \boldsymbol{\xi}_2$，$\boldsymbol{\eta}_3 = \boldsymbol{\xi}_3 - \dfrac{[\boldsymbol{\xi}_3, \boldsymbol{\eta}_2]}{\|\boldsymbol{\eta}_2\|^2}\underline{\quad} = \dfrac{1}{2}\begin{pmatrix} 1 \\ 1 \\ 2 \end{pmatrix}$，

单位化，得 $\boldsymbol{p}_2 = \dfrac{1}{\sqrt{2}}\begin{pmatrix} -1 \\ 1 \\ 0 \end{pmatrix}$，$\boldsymbol{p}_3 = \dfrac{1}{\sqrt{6}}\begin{pmatrix} 1 \\ 1 \\ 2 \end{pmatrix}$.

取 $\boldsymbol{P} = (\boldsymbol{p}_1, \boldsymbol{p}_2, \underline{\quad}) = \begin{pmatrix} -\dfrac{1}{\sqrt{3}} & -\dfrac{1}{\sqrt{2}} & \dfrac{1}{\sqrt{6}} \\ -\dfrac{1}{\sqrt{3}} & \dfrac{1}{\sqrt{2}} & \dfrac{1}{\sqrt{6}} \\ \dfrac{1}{\sqrt{3}} & 0 & \dfrac{2}{\sqrt{6}} \end{pmatrix}$，则 $\boldsymbol{P}^{-1}\boldsymbol{A}\boldsymbol{P} = \begin{pmatrix} -2 & 0 & 0 \\ 0 & 1 & 0 \\ 0 & 0 & 1 \end{pmatrix}$.

例 21 设 $\boldsymbol{A} = \begin{pmatrix} 3 & -1 \\ -1 & 3 \end{pmatrix}$，求 $\boldsymbol{A}^n$.

解 因 $\boldsymbol{A}$ 对称，故 $\boldsymbol{A}$ 可对角化，即有可逆矩阵 $\boldsymbol{P}$ 及对角阵 $\boldsymbol{\Lambda}$，使 $\boldsymbol{P}^{-1}\boldsymbol{A}\boldsymbol{P} = \boldsymbol{\Lambda}$，于是
$\boldsymbol{A} = \boldsymbol{P}\boldsymbol{\Lambda}\boldsymbol{P}^{-1}$，从而 $\boldsymbol{A}^n = \boldsymbol{P}\boldsymbol{\Lambda}^n\boldsymbol{P}^{-1}$.

由 $|\boldsymbol{A} - \lambda\boldsymbol{E}| = \begin{vmatrix} 3-\lambda & -1 \\ -1 & 3-\lambda \end{vmatrix} = (\lambda - 2)(\lambda - 4)$，得 $\boldsymbol{A}$ 的特征值 $\lambda_1 = 2$，$\lambda_3 = 4$，

于是 $\boldsymbol{\Lambda} = \begin{pmatrix} 2 & 0 \\ 0 & 4 \end{pmatrix}$，$\boldsymbol{\Lambda}^n = \begin{pmatrix} \underline{\quad} & 0 \\ 0 & 4^n \end{pmatrix}$，

对于 $\lambda_1 = 2$，由 $\boldsymbol{A} - 2\boldsymbol{E} = \begin{pmatrix} 1 & -1 \\ -1 & 1 \end{pmatrix} \overset{r}{\sim} \begin{pmatrix} 1 & -1 \\ 0 & 0 \end{pmatrix}$，得

$$\boldsymbol{\xi}_1 = \begin{pmatrix} \underline{\quad} \\ 1 \end{pmatrix};$$

对于 $\lambda_2 = 4$，由 $\boldsymbol{A} - 4\boldsymbol{E} = \begin{pmatrix} -1 & -1 \\ -1 & -1 \end{pmatrix} \overset{r}{\sim} \begin{pmatrix} 1 & 1 \\ 0 & 0 \end{pmatrix}$，得

$$\boldsymbol{\xi}_2 = \begin{pmatrix} \_\_ \\ -1 \end{pmatrix}.$$

则 $\boldsymbol{P} = (\boldsymbol{\xi}_1, \boldsymbol{\xi}_2) = \begin{pmatrix} 1 & 1 \\ 1 & -1 \end{pmatrix}$，$\boldsymbol{P}^{-1} = \dfrac{1}{2}\begin{pmatrix} 1 & 1 \\ 1 & -1 \end{pmatrix}$，故

$$\boldsymbol{A}^n = \boldsymbol{P}\boldsymbol{\Lambda}^n\boldsymbol{P}^{-1} = \frac{1}{2}\begin{pmatrix} 1 & 1 \\ 1 & -1 \end{pmatrix}\begin{pmatrix} 2^n & 0 \\ 0 & 4^n \end{pmatrix}\begin{pmatrix} 1 & 1 \\ 1 & -1 \end{pmatrix} = \frac{1}{2}\begin{pmatrix} 2^n + 4^n & 2^n - 4^n \\ 2^n - 4^n & 2^n + \_\_\_ \end{pmatrix}.$$

练　习

- **计算题**

1. 设3阶实对称矩阵 $\boldsymbol{A}$ 的特征值为1，2，3，对应的特征向量分别为

$$\boldsymbol{\alpha}_1 = \begin{pmatrix} 1 \\ 1 \\ 1 \end{pmatrix},\ \boldsymbol{\alpha}_2 = \begin{pmatrix} 1 \\ 0 \\ 1 \end{pmatrix},\ \boldsymbol{\alpha}_3 = \begin{pmatrix} 0 \\ 1 \\ 1 \end{pmatrix},$$

求矩阵 $\boldsymbol{A}$ 和 $\boldsymbol{A}^3$.

2. 设3阶实对称矩阵 $\boldsymbol{A}$ 的特征值为 $\lambda_1 = \lambda_2 = 2$，$\lambda_3 = 1$，已知属于特征值 $\lambda_1 = \lambda_2 = 2$ 的特征向量分别为 $\boldsymbol{p}_1 = \begin{pmatrix} 1 \\ -1 \\ 1 \end{pmatrix}$，$\boldsymbol{p}_2 = \begin{pmatrix} 1 \\ 1 \\ 1 \end{pmatrix}$，求出属于特征值 $\lambda_3 = 1$ 的特征向量和 $\boldsymbol{A}$.

3. 设 $\boldsymbol{A} = \begin{pmatrix} 3 & -2 \\ -2 & 3 \end{pmatrix}$，求 $\varphi(\boldsymbol{A}) = \boldsymbol{A}^{10} - 5\boldsymbol{A}^9$.

4. 已知 $\boldsymbol{A} = \begin{pmatrix} 2 & 0 & 0 \\ 0 & a & 2 \\ 0 & 2 & a \end{pmatrix}$，其中 $a > 0$，有一个特征值为1，求正交矩阵 $\boldsymbol{P}$，使得 $\boldsymbol{P}^{-1}\boldsymbol{A}\boldsymbol{P}$ 为对角阵.

5. 设矩阵 $\boldsymbol{A} = \begin{pmatrix} 1 & 1 & a \\ 1 & a & 1 \\ a & 1 & 1 \end{pmatrix}$，$\boldsymbol{\beta} = \begin{pmatrix} 1 \\ 1 \\ -2 \end{pmatrix}$，已知线性方程组 $\boldsymbol{A}\boldsymbol{x} = \boldsymbol{\beta}$ 有解，但不唯一，试求：(1) a 的值；(2) 正交矩阵 $\boldsymbol{Q}$，使 $\boldsymbol{Q}^{\mathrm{T}}\boldsymbol{A}\boldsymbol{Q}$ 为对角阵.

6. 已知 n 阶方阵 $\boldsymbol{A}$ 的全部特征值为 $\lambda_1 = 0, \lambda_2 = 1, \cdots, \lambda_n = n-1$，求 $|\boldsymbol{E} + \boldsymbol{P}^{-1}\boldsymbol{A}\boldsymbol{P}|$.

7. 设3阶对称阵 $\boldsymbol{A}$ 的特征值为 $\lambda_1 = 1, \lambda_2 = -1$，$\lambda_3 = 0$，对应 λ_1，λ_2 的特征向量依次为 $\boldsymbol{p}_1 = \begin{pmatrix} 1 \\ 2 \\ 2 \end{pmatrix}$，$\boldsymbol{p}_2 = \begin{pmatrix} 2 \\ 1 \\ -2 \end{pmatrix}$，求 $\boldsymbol{A}$.

8. 设矩阵 $\boldsymbol{A} = \begin{pmatrix} 1 & 2 & -3 \\ -1 & 4 & -3 \\ 1 & a & 5 \end{pmatrix}$ 的特征值方程有一个二重根，求 a 的值，并讨论 $\boldsymbol{A}$ 是否可相似对角化.

4.5 二次型及其标准形

本节主要介绍二次型及其标准形的概念，并利用正交变换法及配方法化二次型为标准形，最后讨论正定二次型.

先看一个引例.

在平面直角坐标系中，二次曲线

$$x^2+xy+y^2=1 \tag{4.11}$$

是何种图形?

在原 Oxy 直角坐标系下，研究其图形比较困难. 做一个变量代换，令

$$\begin{cases} x=\dfrac{\sqrt{2}}{2}x'-\dfrac{\sqrt{2}}{2}y' \\ y=\dfrac{\sqrt{2}}{2}x'+\dfrac{\sqrt{2}}{2}y' \end{cases},$$

则在新坐标系 $Ox'y'$ 中，原方程表示为

$$\frac{3}{2}x'^2+\frac{1}{2}y'^2=1 \tag{4.12}$$

的形式，它的特点是只含平方项而不含交叉乘积项，它是一个椭圆. 这样一个变换过程，从几何的角度去看，实际上是坐标轴的旋转. 新的坐标系下，x' 轴与 y' 轴仍然垂直，变换前后图形的形状没有发生改变，因此在原有坐标系下该曲线的图形也是椭圆. 从代数学的角度去看，这个变换就是线性变换，线性变换的矩阵为 $\boldsymbol{C}=\begin{pmatrix} \dfrac{\sqrt{2}}{2} & -\dfrac{\sqrt{2}}{2} \\ \dfrac{\sqrt{2}}{2} & \dfrac{\sqrt{2}}{2} \end{pmatrix}$，$|\boldsymbol{C}|\neq 0$，所以 $\begin{pmatrix} x \\ y \end{pmatrix}=\boldsymbol{C}\begin{pmatrix} x' \\ y' \end{pmatrix}$ 是一个可逆的线性变换，注意到，$\boldsymbol{C}$ 不仅是一个可逆的矩阵，而且是一个正交矩阵，因此 $\begin{pmatrix} x \\ y \end{pmatrix}=\boldsymbol{C}\begin{pmatrix} x' \\ y' \end{pmatrix}$ 还是一个正交变换. 从正交变换的特性知道，正交变换是一种不改变曲线（曲面）图形的一种变换.

式 (4.11) 的左边是一个二次齐次函数，通过 $\begin{pmatrix} x \\ y \end{pmatrix} = \boldsymbol{C}\begin{pmatrix} x' \\ y' \end{pmatrix}$ 这样一个可逆线性变换，将二次齐次函数化为只含平方项的函数. 这在许多理论问题或实际应用中是经常会遇到的.

4.5.1 二次型的矩阵表示

定义 10 含有 n 个变量 x_1，x_2，…，x_n 的二次齐次多项式

$$f(x_1,x_2,\cdots,x_n) = a_{11}x_1^2 + a_{22}x_2^2 + \cdots + a_{nn}x_n^2 + 2a_{12}x_1x_2 + 2a_{13}x_1x_3 + \cdots + 2a_{n-1,n}x_{n-1}x_n \tag{4.13}$$

称为 n **元二次型**，在不至于引起混淆时，简称为**二次型**.

当 $a_{ij}(i,j = 1,2,\cdots,n)$ 都是实数时，这种二次型称为**实二次型**. 下面只讨论实二次型.

例如，$x_1^2 + 2x_2^2 + 3x_3^2 + x_1x_2 + 2x_1x_3 + 3x_2x_3$ 是一个三元二次型.

定义 11 形如 $f(y_1,y_2,\cdots,y_n) = k_1y_1^2 + k_2y_2^2 + \cdots + k_ny_n^2$ 的二次型称为**二次型的标准形**. 特别地，若 $k_1,k_2,\cdots,k_n \in \{-1,0,1\}$，则称该形式为**二次型的规范形**.

以下讨论二次型的矩阵表示.

在二次型 (4.13) 中，若令 $a_{ij} = a_{ji}$，则有 $2a_{ij}x_ix_j = a_{ij}x_ix_j + a_{ji}x_jx_i$，于是式 (4.13) 可以写成

$$\begin{aligned} f(x_1,x_2,\cdots,x_n) &= a_{11}x_1^2 + a_{12}x_1x_2 + \cdots + a_{1n}x_1x_n + \\ &\quad a_{21}x_2x_1 + a_{22}x_2^2 + \cdots + a_{2n}x_2x_n + \cdots + \\ &\quad a_{n1}x_nx_1 + a_{n2}x_nx_2 + \cdots + a_{nn}x_n^2 \\ &= \sum_{i=1}^{n}\sum_{j=1}^{n} a_{ij}x_ix_j \\ &= x_1(a_{11}x_1 + a_{12}x_2 + \cdots + a_{1n}x_n) + \\ &\quad x_2(a_{21}x_1 + a_{22}x_2 + \cdots + a_{2n}x_n) + \cdots + \\ &\quad x_n(a_{n1}x_1 + a_{n2}x_2 + \cdots + a_{nn}x_n) \end{aligned}$$

$$=(x_1,x_2,\cdots,x_n)\begin{pmatrix} a_{11}x_1 & + & a_{12}x_2 & + & \cdots & + & a_{1n}x_n \\ a_{21}x_1 & + & a_{22}x_2 & + & \cdots & + & a_{2n}x_n \\ & & & \vdots & & & \\ a_{n1}x_1 & + & a_{n2}x_2 & + & \cdots & + & a_{nn}x_n \end{pmatrix}$$

$$=(x_1,x_2,\cdots,x_n)\begin{pmatrix} a_{11} & a_{12} & \cdots & a_{1n} \\ a_{21} & a_{22} & \cdots & a_{2n} \\ \vdots & \vdots & & \vdots \\ a_{n1} & a_{n2} & \cdots & a_{nn} \end{pmatrix}\begin{pmatrix} x_1 \\ x_2 \\ \vdots \\ x_n \end{pmatrix}.$$

记 $\boldsymbol{A}=\begin{pmatrix} a_{11} & a_{12} & \cdots & a_{1n} \\ a_{21} & a_{22} & \cdots & a_{2n} \\ \vdots & \vdots & & \vdots \\ a_{n1} & a_{n2} & \cdots & a_{nn} \end{pmatrix}$，$\boldsymbol{x}=\begin{pmatrix} x_1 \\ x_2 \\ \vdots \\ x_n \end{pmatrix}$，并简记 $f(x_1,x_2,\cdots,x_n)$ 为 f，则二次型（4.13）的矩阵表示形式为

$$f=\boldsymbol{x}^{\mathrm{T}}\boldsymbol{A}\boldsymbol{x}, \tag{4.14}$$

其中 $\boldsymbol{A}$ 为对称阵．显然，并且当 $i\neq j$ 时，$a_{ij}=a_{ji}$ 是 x_ix_j 系数的一半．

注： 任给一个二次型，就唯一地确定一个对称阵；反之，任给一个对称阵，也可唯一地确定一个二次型．因此，二次型与对称阵之间存在一一对应的关系．

定义 12 若二次型的矩阵表示为 $f=\boldsymbol{x}^{\mathrm{T}}\boldsymbol{A}\boldsymbol{x}$，其中 $\boldsymbol{A}$ 为对称阵，则称 $\boldsymbol{A}$ 为**二次型 f 的矩阵**，而 f 为对**称阵 $\boldsymbol{A}$ 的二次型**.

定义 13 若二次型矩阵表示为 $f=\boldsymbol{x}^{\mathrm{T}}\boldsymbol{A}\boldsymbol{x}$，其中 $\boldsymbol{A}$ 为对称阵，则称对称阵 $\boldsymbol{A}$ 的秩为**二次型 f 的秩**.

例 22 设二次型 $f(x_1,x_2,x_3)=2x_1{}^2-x_3{}^2-2x_1x_2+4x_1x_3-2x_2x_3$，求二次型的矩阵 $\boldsymbol{A}$ 和二次型的秩.

解 二次型的矩阵 $\boldsymbol{A}$ 为对称阵，其主对角线上的元素 a_{ii} 为二次型中平方项 $x_i{}^2(i=1,2,3)$ 的系数；非主对角线上的元素 a_{ij} 恰为二次型中 $x_ix_j(i\neq j,i,j=1,2,3)$ 系数的一半．因二次型

$$f(x_1,x_2,x_3)=2x_1^2-x_1x_2+2x_1x_3-x_2x_1+0x_2{}^2-x_2x_3+\underline{\quad}\,x_3x_1-x_3x_2-x_3{}^2$$

$$=(x_1,x_2,x_3)\begin{pmatrix} 2 & \underline{\quad} & 2 \\ -1 & 0 & \underline{\quad} \\ 2 & -1 & -1 \end{pmatrix}\begin{pmatrix} x_1 \\ x_2 \\ x_3 \end{pmatrix},$$

所以，该二次型的矩阵为

$$\boldsymbol{A}=\begin{pmatrix}2 & -1 & 2\\ -1 & 0 & -1\\ 2 & -1 & -1\end{pmatrix}.$$

由于对称阵 $\boldsymbol{A}$ 的秩即为二次型的秩，对 $\boldsymbol{A}$ 施行初等行变换，有

$$\boldsymbol{A}=\begin{pmatrix}2 & -1 & 2\\ -1 & 0 & -1\\ 2 & -1 & -1\end{pmatrix}\overset{r}{\sim}\begin{pmatrix}1 & 0 & 1\\ 0 & 1 & 0\\ 0 & 0 & 3\end{pmatrix},$$

故 $R(\boldsymbol{A})=$ __， 二次型的秩等于__.

例 23 已知二次型 $f(x_1,x_2,x_3)=(1-a)x_1^{\ 2}+(1-a)x_2^{\ 2}+2x_3^{\ 2}+2(1+a)x_1x_2$ 的秩等于 2，求 a 的值.

解 因

$$\begin{aligned}f(x_1,x_2,x_3)=&(1-a)x_1^2+(1+a)x_1x_2+0x_1x_3+\\&(1+a)x_2x_1+(1-a)x_2^2+0x_2x_3+\\&0x_3x_1\qquad+0x_3x_2+2x_3^2,\end{aligned}$$

所以该二次型的矩阵为

$$A=\begin{pmatrix}1-a & 1+a & 0\\ 1+a & \underline{\qquad} & 0\\ 0 & 0 & \underline{\quad}\end{pmatrix}.$$

由于 f 的秩为 2，则 $\boldsymbol{A}$ 的秩为 2，故 $|\boldsymbol{A}|=0$ ，即

$$|\boldsymbol{A}|=\begin{vmatrix}1-a & 1+a & 0\\ 1+a & 1-a & 0\\ 0 & 0 & 2\end{vmatrix}=2[(1-a)^2-(1+a)^2]=0=-8a=0,$$

所以 $a=0$.

4.5.2 用正交变换法化二次型为标准形

利用正交变换化实二次型为标准形的实质是：对给定的二次型（4.13），确定一个可逆阵 $\boldsymbol{P}$ ，进而要求为正交阵，即对式（4.13）作一个线性变换，也就是令

$$\boldsymbol{x}=\boldsymbol{P}\boldsymbol{y} \tag{4.15}$$

将式（4.15）化简成关于新变量 $y_1,y_2,\cdots,y_n$ 的标准形：

$$f(y_1,y_2\cdots y_n)=\boldsymbol{y}^{\mathrm{T}}\boldsymbol{\Lambda}\boldsymbol{y}=d_1y_1^{\ 2}+d_2y_2^{\ 2}+\cdots+d_ny_n^{\ 2},$$

其中 $\boldsymbol{\Lambda}=\operatorname{diag}(d_1,d_2,\cdots,d_n)$.

由前面的知识知道，若 $\boldsymbol{A}$ 为 n 阶实对称阵，则必有正交阵 $\boldsymbol{P}$，使 $\boldsymbol{P}^{-1}\boldsymbol{AP}=\boldsymbol{P}^{\mathrm{T}}\boldsymbol{AP}=\boldsymbol{\Lambda}$，其中 $\boldsymbol{\Lambda}$ 为对角阵. 因此，上述设想在理论上是成立的.

上面的讨论中，在线性变换式（4.15）中的矩阵 $\boldsymbol{P}$ 可逆，则式（4.15）称为可逆线性变换，即可逆变换，并称为式（4.15）的逆变换；在式（4.15）中的矩阵 $\boldsymbol{P}$ 为正交阵，则此变换为正交变换.

以下讨论这种思路的具体实施. 为此首先引入如下定义：

定义 14 设 $\boldsymbol{A}$ 和 $\boldsymbol{B}$ 是 n 阶矩阵，若有可逆矩阵 $\boldsymbol{C}$，使 $\boldsymbol{B}=\boldsymbol{C}^{\mathrm{T}}\boldsymbol{AC}$，则称矩阵 $\boldsymbol{A}$ 与 $\boldsymbol{B}$ 合同，或 $\boldsymbol{A}$ 合同于 $\boldsymbol{B}$.

注： 合同也为矩阵的一种等价关系，具有反身性、对称性与传递性.

定理 9 设 n 阶矩阵 $\boldsymbol{A}$，$\boldsymbol{B}$ 合同，若 $\boldsymbol{A}$ 是对称阵，则 $\boldsymbol{B}$ 也是对称阵，且 $R(\boldsymbol{A})=R(\boldsymbol{B})$.

证 因为 $\boldsymbol{A}$ 合同于 $\boldsymbol{B}$，则存在可逆矩阵 $\boldsymbol{C}$，使 $\boldsymbol{B}=\boldsymbol{C}^{\mathrm{T}}\boldsymbol{AC}$，而

$$\boldsymbol{B}^{\mathrm{T}}=(\boldsymbol{C}^{\mathrm{T}}\boldsymbol{AC})^{\mathrm{T}}=\boldsymbol{C}^{\mathrm{T}}\boldsymbol{A}^{\mathrm{T}}\boldsymbol{C}=\boldsymbol{C}^{\mathrm{T}}\boldsymbol{AC}=\boldsymbol{B},$$

即 $\boldsymbol{B}$ 对称.

又 $\boldsymbol{C}$ 可逆，则 $\boldsymbol{C}^{\mathrm{T}}$ 可逆，又 $\boldsymbol{B}=\boldsymbol{C}^{\mathrm{T}}\boldsymbol{AC}$，由 2.6 节定理 9，所以 $R(\boldsymbol{A})=R(\boldsymbol{B})$.

定理 10 任给二次型 $f=\sum_{i=1}^{n}\sum_{j=1}^{n}a_{ij}x_ix_j=\boldsymbol{x}^{\mathrm{T}}\boldsymbol{Ax}$，总有正交变换 $\boldsymbol{x}=\boldsymbol{Py}$ 使 f 变成标准形

$$f=\lambda_1{y_1}^2+\lambda_2{y_2}^2+\cdots+\lambda_n{y_n}^2,$$

其中 $\lambda_1,\lambda_2,\cdots,\lambda_n$ 是 f 的矩阵 $\boldsymbol{A}$ 的特征值.

证 若 $\boldsymbol{A}$ 为 n 阶实对称阵，由 4.4 节定理 8，则必有正交阵 $\boldsymbol{P}$，使 $\boldsymbol{P}^{-1}\boldsymbol{AP}=\boldsymbol{P}^{\mathrm{T}}\boldsymbol{AP}=\boldsymbol{\Lambda}$，其中 $\boldsymbol{\Lambda}=\operatorname{diag}(\lambda_1,\lambda_2,\cdots,\lambda_n)$，$\lambda_1,\lambda_2,\cdots,\lambda_n$ 是 $\boldsymbol{A}$ 的特征值. 因此，令 $\boldsymbol{x}=\boldsymbol{Py}$，则有

$$\begin{aligned}f(\boldsymbol{x})=\boldsymbol{x}^{\mathrm{T}}\boldsymbol{Ax}&=(\boldsymbol{Py})^{\mathrm{T}}\boldsymbol{APy}=\boldsymbol{y}^{\mathrm{T}}(\boldsymbol{P}^{\mathrm{T}}\boldsymbol{AP})\boldsymbol{y}=\boldsymbol{y}^{\mathrm{T}}(\boldsymbol{\Lambda})\boldsymbol{y}\\&=\lambda_1{y_1}^2+\lambda_2{y_2}^2+\cdots+\lambda_n{y_n}^2.\end{aligned}$$

推论 任给二次型 $f=\sum_{i=1}^{n}\sum_{j=1}^{n}a_{ij}x_ix_j$，总有可逆变换 $\boldsymbol{x}=\boldsymbol{Cz}$，使 $f(\boldsymbol{Cz})$ 变成规范形.

证 由定理 10 有正交变换 $\boldsymbol{x}=\boldsymbol{Py}$，使 $f(\boldsymbol{Py})=\boldsymbol{y}^{\mathrm{T}}\boldsymbol{\Lambda y}=\lambda_1{y_1}^2+$

$\lambda_2 y_2{}^2 + \cdots + \lambda_n y_n{}^2$，其中 $\boldsymbol{\Lambda} = \operatorname{diag}(\lambda_1, \lambda_2, \cdots, \lambda_n), \lambda_1, \lambda_2, \cdots, \lambda_n$ 是 $\boldsymbol{A}$ 的特征值.

设二次型 $f = \sum_{i=1}^{n}\sum_{j=1}^{n} a_{ij}x_i x_j$ 的秩为 r，即 $\boldsymbol{A}$ 的秩为 r，则特征值 λ_i 中恰有 r 个不为0，不妨设 $\lambda_1, \lambda_2, \cdots, \lambda_r \neq 0$，$\lambda_{r+1}, \lambda_{r+2}, \cdots, \lambda_n = 0$，令

$$\boldsymbol{K} = \begin{pmatrix} k_1 & & & \\ & k_2 & & \\ & & \ddots & \\ & & & k_n \end{pmatrix}, \text{其中 } k_i = \begin{cases} \dfrac{1}{\sqrt{|\lambda_i|}}, i \leqslant r \\ 1, i > r \end{cases},$$

则 $\boldsymbol{K}$ 可逆. 令变换 $\boldsymbol{y} = \boldsymbol{K}\boldsymbol{z}$，则 $f(\boldsymbol{P}\boldsymbol{y}) = \boldsymbol{y}^{\mathrm{T}}(\boldsymbol{\Lambda})\boldsymbol{y}$ 化为

$$f(\boldsymbol{PKz}) = (\boldsymbol{Kz})^{\mathrm{T}}\boldsymbol{\Lambda}(\boldsymbol{Kz}) = \boldsymbol{z}^{\mathrm{T}}\boldsymbol{K}^{\mathrm{T}}\boldsymbol{\Lambda}\boldsymbol{K}\boldsymbol{z}$$

$$= \boldsymbol{z}^{\mathrm{T}} \begin{pmatrix} \frac{\lambda_1}{|\lambda_1|} & & & & & & \\ & \frac{\lambda_2}{|\lambda_2|} & & & & & \\ & & \ddots & & & & \\ & & & \frac{\lambda_r}{|\lambda_r|} & & & \\ & & & & 0 & & \\ & & & & & \ddots & \\ & & & & & & 0 \end{pmatrix} \boldsymbol{z}$$

$$= \frac{\lambda_1}{|\lambda_1|}z_1{}^2 + \frac{\lambda_2}{|\lambda_2|}z_2{}^2 + \cdots + \frac{\lambda_r}{|\lambda_r|}z_r{}^2,$$

其中

$$\boldsymbol{K}^{\mathrm{T}}\boldsymbol{\Lambda}\boldsymbol{K} = \operatorname{diag}\left(\frac{\lambda_1}{|\lambda_1|}, \frac{\lambda_2}{|\lambda_2|}, \cdots, \frac{\lambda_r}{|\lambda_r|}, 0, \cdots, 0\right);$$

因此，令 $\boldsymbol{C} = \boldsymbol{PK}$，则

$$\begin{aligned} f(\boldsymbol{x}) &= \boldsymbol{x}^{\mathrm{T}}\boldsymbol{A}\boldsymbol{x} = (\boldsymbol{Cz})^{\mathrm{T}}\boldsymbol{A}(\boldsymbol{Cz}) = \boldsymbol{z}^{\mathrm{T}}\boldsymbol{C}^{\mathrm{T}}\boldsymbol{A}\boldsymbol{C}\boldsymbol{z} \\ &= \boldsymbol{z}^{\mathrm{T}}(\boldsymbol{PK})^{\mathrm{T}}\boldsymbol{APKz} = \boldsymbol{z}^{\mathrm{T}}\boldsymbol{K}^{\mathrm{T}}\boldsymbol{P}^{\mathrm{T}}\boldsymbol{APKz} = \boldsymbol{z}^{\mathrm{T}}\boldsymbol{K}^{\mathrm{T}}\boldsymbol{\Lambda}\boldsymbol{Kz} \\ &= \frac{\lambda_1}{|\lambda_1|}z_1{}^2 + \frac{\lambda_2}{|\lambda_2|}z_2{}^2 + \cdots + \frac{\lambda_r}{|\lambda_r|}z_r{}^2. \end{aligned}$$

所以有可逆变换 $\boldsymbol{x} = \boldsymbol{Cz}$ 把 f 化为规范形

$$f(Cz) = \frac{\lambda_1}{|\lambda_1|}z_1{}^2 + \frac{\lambda_2}{|\lambda_2|}z_2{}^2 + \cdots + \frac{\lambda_r}{|\lambda_r|}z_r{}^2.$$

例 24 求一个正交变换 $\boldsymbol{x} = \boldsymbol{P}\boldsymbol{y}$，把二次型

$$f = 2x_1x_2 + 2x_1x_3 - 2x_1x_4 - 2x_2x_3 + 2x_2x_4 + 2x_3x_4$$

化为标准形，并在此基础上化为规范形.

解 二次型的矩阵为

$$\boldsymbol{A} = \begin{pmatrix} 0 & 1 & 1 & -1 \\ 1 & 0 & -1 & 1 \\ 1 & -1 & \underline{\qquad} & 1 \\ -1 & 1 & 1 & 0 \end{pmatrix},$$

从 $|\boldsymbol{A} - \lambda\boldsymbol{E}| = 0$ 中解出 $\boldsymbol{A}$ 的特征值 $\lambda_1 = -3, \lambda_2 = \lambda_3 = \lambda_3 = 1$.

对于 $\lambda_1 = -3$，解特征向量方程 $(\boldsymbol{A} + 3\boldsymbol{E})\boldsymbol{x} = \boldsymbol{0}$，求得基础解系为

$$\boldsymbol{\xi}_1 = \begin{pmatrix} 1 \\ -1 \\ -1 \\ 1 \end{pmatrix}, \text{单位化得 } \boldsymbol{p}_1 = \frac{1}{2}\begin{pmatrix} 1 \\ -1 \\ -1 \\ 1 \end{pmatrix}$$

对于 $\lambda_2 = 1$，解特征向量方程 $(\boldsymbol{A} - \boldsymbol{E})\boldsymbol{x} = \boldsymbol{0}$，可得正交的基础解系

$$\boldsymbol{\xi}_2 = \begin{pmatrix} 1 \\ 1 \\ 0 \\ 0 \end{pmatrix}, \boldsymbol{\xi}_3 = \begin{pmatrix} 0 \\ 0 \\ 1 \\ 1 \end{pmatrix}, \boldsymbol{\xi}_4 = \begin{pmatrix} 1 \\ -1 \\ 1 \\ -1 \end{pmatrix},$$

单位化得

$$\boldsymbol{p}_2 = \frac{1}{\sqrt{2}}\begin{pmatrix} 1 \\ 1 \\ 0 \\ 0 \end{pmatrix}, \boldsymbol{p}_3 = \underline{\qquad}\begin{pmatrix} 0 \\ 0 \\ 1 \\ 1 \end{pmatrix}, \boldsymbol{p}_4 = \frac{1}{2}\begin{pmatrix} 1 \\ -1 \\ 1 \\ -1 \end{pmatrix}.$$

令 $\boldsymbol{P} = (\boldsymbol{p}_1, \boldsymbol{p}_2, \boldsymbol{p}_3, \boldsymbol{p}_4)$，于是，所求正交变换为 $\boldsymbol{x} = \boldsymbol{P}\boldsymbol{y}$，即

$$\begin{pmatrix} x_1 \\ x_2 \\ x_3 \\ x_4 \end{pmatrix} = \begin{pmatrix} \frac{1}{2} & \frac{\sqrt{2}}{2} & 0 & \frac{1}{2} \\ -\frac{1}{2} & \frac{\sqrt{2}}{2} & 0 & -\frac{1}{2} \\ -\frac{1}{2} & 0 & \frac{\sqrt{2}}{2} & \frac{1}{2} \\ \frac{1}{2} & 0 & \frac{\sqrt{2}}{2} & -\frac{1}{2} \end{pmatrix}\begin{pmatrix} y_1 \\ y_2 \\ y_3 \\ y_4 \end{pmatrix},$$

由定理 10 可知，二次型f的标准形为$f = __ y_1^2 + y_2^2 + y_3^2 + y_4^2$.

若要将二次型化为规范形，只需令

$$\begin{cases} y_1 = \_\_\_ z_1 \\ y_2 = z_2 \\ y_3 = z_3 \\ y_4 = z_4 \end{cases}$$

即得f的规范形 $f = -z_1^2 + z_2^2 + z_3^2 + z_4^2$.

例 25 已知二次型$f(x_1,x_2,x_3) = 2x_1^2 + 3x_2^2 + 3x_3^2 + 2ax_2x_3$ $(a>0)$，通过正交变换化为标准形$f = y_1^2 + 2y_2^2 + 5y_3^2$，求$a$的值及所做的正交变换矩阵.

解 f的矩阵

$$\boldsymbol{A} = \begin{pmatrix} 2 & 0 & 0 \\ 0 & 3 & \_\_ \\ 0 & a & 3 \end{pmatrix},$$

由于$\boldsymbol{A} - \lambda\boldsymbol{E} = \begin{pmatrix} 2-\lambda & 0 & 0 \\ 0 & 3-\lambda & a \\ 0 & a & 3-\lambda \end{pmatrix}$，则$|\boldsymbol{A} - \lambda\boldsymbol{E}| = (2-\lambda)(\lambda^2 - 6\lambda + 9 - a^2) = 0$，必有解分别为 1，__，2. 故$a = 2$或$a = -2$（舍去）.

当$\lambda = 1$时，$\boldsymbol{A} - \boldsymbol{E} = \begin{pmatrix} 1 & 0 & 0 \\ 0 & 2 & 2 \\ 0 & 2 & 2 \end{pmatrix} \stackrel{r}{\sim} \begin{pmatrix} 1 & 0 & 0 \\ 0 & 1 & 1 \\ 0 & 0 & 0 \end{pmatrix}$，得基础解系$\boldsymbol{\zeta}_1 = \begin{pmatrix} 0 \\ __ \\ -1 \end{pmatrix}$，

将$\boldsymbol{\zeta}_1$单位化，得$\boldsymbol{p}_1 = \dfrac{1}{||\boldsymbol{\zeta}_1||}\boldsymbol{\zeta}_1 = \dfrac{1}{\sqrt{2}}\begin{pmatrix} 0 \\ 1 \\ -1 \end{pmatrix}$；

当$\lambda = 5$时，$\boldsymbol{A} - 5\boldsymbol{E} = \begin{pmatrix} -3 & 0 & 0 \\ 0 & -2 & 2 \\ 0 & 2 & -2 \end{pmatrix} \stackrel{r}{\sim} \begin{pmatrix} 1 & 0 & 0 \\ 0 & 1 & -1 \\ 0 & 0 & 0 \end{pmatrix}$，得

$\boldsymbol{\zeta}_2 = \begin{pmatrix} 0 \\ 1 \\ 1 \end{pmatrix}$，$\boldsymbol{p}_2 = \dfrac{1}{\sqrt{2}}\begin{pmatrix} 0 \\ 1 \\ 1 \end{pmatrix}$；

当 $\lambda=2$ 时, $\boldsymbol{A}-2\boldsymbol{E}=\begin{pmatrix}0&0&0\\0&1&2\\0&2&1\end{pmatrix}\overset{r}{\sim}\begin{pmatrix}0&1&2\\0&0&1\\0&0&0\end{pmatrix}$, 得 $\boldsymbol{\zeta}_3=\begin{pmatrix}1\\0\\0\end{pmatrix}$,

$\boldsymbol{p}_3=\begin{pmatrix}1\\0\\0\end{pmatrix}$;

令 $\boldsymbol{P}=(\boldsymbol{p}_1,\boldsymbol{p}_2,\boldsymbol{p}_3)$, 则 f 经过 $\boldsymbol{x}=\boldsymbol{P}\boldsymbol{y}$ 变换后, $f=y_1^2+5y_2^2+2y_3^2$,

其中

$$\boldsymbol{P}=\begin{pmatrix}0&0&1\\\frac{1}{\sqrt{2}}&\frac{1}{\sqrt{2}}&0\\-\frac{1}{\sqrt{2}}&\frac{1}{\sqrt{2}}&0\end{pmatrix}.$$

4.5.3 用配方法化二次型成标准形

用正交变换化二次型成标准形，具有保持几何形状不变的优点. 如果不限于用正交变换，那么还有许多种方法把二次型化成标准形. 这里只介绍拉格朗日配方法. 下面举例来说明这种方法.

例 26 用配方法把二次型

$$f=x_1^2+2x_2^2+5x_3^2+2x_1x_2+2x_1x_3+6x_2x_3$$

化为标准形，并求所用的变换矩阵.

解 配方可得

$$\begin{aligned}f&=x_1^2+2x_2^2+5x_3^2+2x_1x_2+2x_1x_3+6x_2x_3\\&=(x_1+x_2+x_3)^2+(x_2+2x_3)^2\\&=y_1^2+y_2^2\end{aligned}$$

其中,

$$令\begin{cases}y_1=x_1+x_2+x_3\\y_2=x_2+2x_3\\y_3=x_3\end{cases},则\begin{cases}x_1=y_1-y_2+y_3\\x_2=y_2-2y_3\\x_3=y_3\end{cases},$$

即 $\begin{pmatrix} x_1 \\ x_2 \\ x_3 \end{pmatrix} = \begin{pmatrix} 1 & -1 & 1 \\ 0 & 1 & -2 \\ 0 & 0 & 1 \end{pmatrix}\begin{pmatrix} y_1 \\ y_2 \\ y_3 \end{pmatrix}$，可记为 $\boldsymbol{x} = \boldsymbol{C}\boldsymbol{y}$，其中 $\boldsymbol{C} = \begin{pmatrix} 1 & -1 & 1 \\ 0 & 1 & -2 \\ 0 & 0 & 1 \end{pmatrix}$（$|\boldsymbol{C}| = \underline{\quad} \neq 0$），

于是原二次型通过变换 $\boldsymbol{x} = \boldsymbol{C}\boldsymbol{y}$ 化为标准形 $f = y_1^2 + y_2^2$，所用的变换矩阵为

$$\boldsymbol{C} = \begin{pmatrix} 1 & -1 & 1 \\ 0 & 1 & -2 \\ 0 & 0 & 1 \end{pmatrix}(|\boldsymbol{C}| = 1 \neq 0).$$

例 27 用配方法把二次型

$$f = 2x_1x_2 + 2x_1x_3 - 2x_2x_3$$

化为标准形，并求所用的变换矩阵.

解 这个二次型中所有平方项系数 $a_{ii} = 0(i = 1,2,3)$，而系数 $a_{12} \neq 0$，

故可先令

$$\begin{cases} x_1 = y_1 + y_2 \\ x_2 = y_1 - y_2 \\ x_3 = y_3 \end{cases}，即令 \boldsymbol{x} = \boldsymbol{C}_1\boldsymbol{y}，其中 \boldsymbol{C}_1 = \begin{pmatrix} 1 & 1 & 0 \\ 1 & \underline{\quad} & 0 \\ 0 & 0 & 1 \end{pmatrix},$$

则

$$\begin{aligned} f &= 2x_1x_2 + 2x_1x_3 - 2x_2x_3 \\ &= 2(y_1 + y_2)(y_1 - y_2) + 2(y_1 + y_2)y_3 - 2(y_1 - y_2)y_3 \\ &= 2y_1^2 - 2y_2^2 + \underline{\quad} y_2y_3, \end{aligned}$$

即先作变换 $\boldsymbol{x} = \boldsymbol{C}_1\boldsymbol{y}$ 把二次型 f 化为 $f = 2y_1^2 - 2y_2^2 + 4y_2y_3$.

再配方得

$$f = 2y_1^2 - 2(y_2 - y_3)^2 + \underline{\quad} y_3^2.$$

再作变换 $\begin{cases} z_1 = y_1 \\ z_2 = y_2 - y_3 \\ z_3 = y_3 \end{cases}$ 或 $\begin{cases} y_1 = z_1 \\ y_2 = z_2 + z_3 \\ y_3 = z_3 \end{cases}$ 即令 $\boldsymbol{y} = \boldsymbol{C}_2\boldsymbol{z}$，其中 $\boldsymbol{C}_2 =$

$$\begin{pmatrix} 1 & 0 & 0 \\ 0 & 1 & \text{—} \\ 0 & 0 & 1 \end{pmatrix},$$

即作线性变换 $\boldsymbol{y} = \boldsymbol{C}_2\boldsymbol{z}$ 把二次型 f 化为标准形

$$f = 2z_1^{\ 2} - 2z_2^{\ 2} + 2z_3^{\ 2}.$$

易知，这两次变换的矩阵 $\boldsymbol{C}_1, \boldsymbol{C}_2$ 都是可逆的，故 $\boldsymbol{C}_1\boldsymbol{C}_2$ 可逆，令变换 $\boldsymbol{x} = \boldsymbol{C}_1\boldsymbol{y} = \boldsymbol{C}_1\boldsymbol{C}_2\boldsymbol{z}$，即

$$\boldsymbol{x} = \begin{pmatrix} 1 & 1 & 0 \\ 1 & -1 & 0 \\ 0 & 0 & 1 \end{pmatrix}\begin{pmatrix} 1 & 0 & 0 \\ 0 & 1 & 1 \\ 0 & 0 & 1 \end{pmatrix}\boldsymbol{z} = \begin{pmatrix} 1 & 1 & 1 \\ 1 & -1 & -1 \\ 0 & 0 & 1 \end{pmatrix}\boldsymbol{z}, \text{即} \begin{cases} x_1 = z_1 + z_2 + z_3 \\ x_2 = z_1 - z_2 - z_3, \\ x_3 = z_3 \end{cases}$$

所以变换 $\boldsymbol{x} = \boldsymbol{C}_1\boldsymbol{C}_2\boldsymbol{z}$ 将二次型化为标准形 $f = 2z_1^{\ 2} - 2z_2^{\ 2} + 2z_3^{\ 2}$.

注：一般地，任何二次型都可用上面两例的方法找到变换，把二次型化成标准形（或规范形）.

4.5.4 正定二次型

比较前面例子的结果可以看到，用不同的可逆变换化二次型，其标准形不唯一. 但有个共同点，标准形中所含项数是确定的，即二次型的秩相同；不仅如此，当变换为实变换时，标准形中正平方项系数的个数是不变的，从而负平方项系数的个数也不变. 这就是二次型的惯性定律.

定理 11（惯性定律） 设二次型 $f = \boldsymbol{x}^{\mathrm{T}}\boldsymbol{A}\boldsymbol{x}$，其秩为 r，若有两个变换 $\boldsymbol{x} = \boldsymbol{C}\boldsymbol{y}$ 及 $\boldsymbol{x} = \boldsymbol{P}\boldsymbol{z}$ 使 $f = k_1y_1^{\ 2} + k_2y_2^{\ 2} + \cdots + k_ry_r^{\ 2}(k_i \neq 0, i = 1,2,\cdots,r)$ 及 $f = \lambda_1z_1^{\ 2} + \lambda_2z_2^{\ 2} + \cdots + \lambda_rz_r^{\ 2}(\lambda_i \neq 0, i = 1,2,\cdots,r)$，那么 $k_1, k_2, \cdots, k_r$ 中正数的个数与 $\lambda_1, \lambda_2, \cdots, \lambda_r$ 中正数的个数相等.

证 不妨设 $k_i > 0, \lambda_i > 0(i = 1,2,\cdots,r)$，且有可逆变换 $\boldsymbol{x} = \boldsymbol{C}\boldsymbol{y}$ 将 f 化为

$$f = k_1y_1^{\ 2} + \cdots + k_sy_s^{\ 2} - k_{s+1}y_{s+1}^{\ 2} - \cdots - k_ry_r^{\ 2}, \tag{4.16}$$

而可逆变换 $\boldsymbol{x} = \boldsymbol{P}\boldsymbol{z}$ 将 f 化为

$$f = \lambda_1z_1^{\ 2} + \cdots + \lambda_tz_t^{\ 2} - \lambda_{t+1}z_{t+1}^{\ 2} - \cdots - \lambda_rz_r^{\ 2}, \tag{4.17}$$

只要证出 $s = t$ 即可.

用反证法，设 $s > t$，因式 (4.16) = 式 (4.17)，且 $\boldsymbol{z} = \boldsymbol{P}^{-1}\boldsymbol{C}\boldsymbol{y}$,

$$\tag{4.18}$$

令 $\boldsymbol{P}^{-1}\boldsymbol{C}=\begin{pmatrix} g_{11} & \cdots & g_{1n} \\ \vdots & & \vdots \\ g_{n1} & \cdots & g_{nn} \end{pmatrix}$，则式（4.18）即为

$$\begin{cases} z_1=g_{11}y_1+\cdots+g_{1n}y_n \\ \quad\vdots \\ z_n=g_{n1}y_1+\cdots+g_{nn}y_n \end{cases}, \tag{4.19}$$

考虑齐次线性方程组

$$\begin{cases} g_{11}y_1+\cdots+g_{1n}y_n=0 \\ \quad\vdots \\ g_{t1}y_1+\cdots+g_{tn}y_n=0 \\ y_{s+1}=0 \\ \quad\vdots \\ y_n=0 \end{cases}, \tag{4.20}$$

式（4.20）含有 n 个未知数，而含方程的个数为

$$t+(n-s)=n-(s-t)<n,$$

故由 3.2 节的定理 2 可知，式（4.20）有非零解，令 $(d_1,\cdots,d_s,d_{s+1},\cdots,d_n)$ 为其一个非零解，则 $d_{s+1}=\cdots=d_n=0$，代入式（4.16），得 $k_1d_1{}^2+\cdots+k_sd_s{}^2>0$；又将它代入式（4.19），再代入式（4.17），由式（4.20）可得 $z_1=\cdots=z_t=0$．于是 $-\lambda_{t+1}z_{t+1}^2-\cdots-\lambda_rz_r{}^2\leqslant 0$，导致式（4.16）$\neq$式（4.17），矛盾，故 $s>t$ 不成立．因此 $s\leqslant t$；

同理可证 $t\leqslant s$，从而 $s=t$．

定义 15 二次型的标准形中正系数的个数称为**二次型的正惯性指数**，负系数的个数称为**二次型的负惯性指数**．

若二次型的正惯性指数为 p，秩为 r，则二次型的规范形可表示为

$$f=y_1{}^2+\cdots+y_p{}^2-y_{p+1}{}^2-\cdots-y_r{}^2.$$

科学技术上用得较多的二次型是正惯性指数为 n 或负惯性指数为 n 的 n 元二次型，现在给出下述定义：

定义 16 设有 $f=\boldsymbol{x}^{\mathrm{T}}\boldsymbol{A}\boldsymbol{x}$，若对任何 $\boldsymbol{x}\neq 0$，都有 $f(\boldsymbol{x})>0$，则称 $f=\boldsymbol{x}^{\mathrm{T}}\boldsymbol{A}\boldsymbol{x}$ 为**正定二次型**，并称对称阵 $\boldsymbol{A}$ 为**正定的**；若对任何 $\boldsymbol{x}\neq\boldsymbol{0}$，都有 $f(\boldsymbol{x})<0$，则称 $f=\boldsymbol{x}^{\mathrm{T}}\boldsymbol{A}\boldsymbol{x}$ 为**负定二次型**，并称对称阵 $\boldsymbol{A}$

为负定的.

定义 17 设 $\boldsymbol{A}=(a_{ij})_{n\times n}$ 为 n 阶方阵,形如 $\begin{vmatrix} a_{11} & \cdots & a_{1r} \\ \vdots & & \vdots \\ a_{r1} & \cdots & a_{rr} \end{vmatrix}$ $(r=1,\cdots,n)$ 的 $\boldsymbol{A}$ 的子式,称为方阵 $\boldsymbol{A}$ 的顺序主子式.

定理 12 n 元二次型 $f=\boldsymbol{x}^{\mathrm{T}}\boldsymbol{A}\boldsymbol{x}$ 为正定二次型的充要条件是它的标准形的 n 个系数全为正,即它的正惯性指数等于 n.

证 设有可逆变换 $\boldsymbol{x}=\boldsymbol{C}\boldsymbol{y}$ 使 $f(\boldsymbol{x})=f(\boldsymbol{C}\boldsymbol{y})=\sum\limits_{i=1}^{n}k_i y_i^{2}$.

充分性 设 $k_i>0$. $(i=1,2,\cdots,n)$. 任给 $\boldsymbol{x}\neq 0$,则 $\boldsymbol{y}=\boldsymbol{C}^{-1}\boldsymbol{x}\neq\boldsymbol{0}$,故

$$f(\boldsymbol{x})=\sum_{i=1}^{n}k_i y_i^2>0;$$

必要性 用反证法,假设有 $k_s\leqslant 0$,则当 $\boldsymbol{y}=\boldsymbol{e}_s$(单位坐标向量),即

$$\boldsymbol{y}=\boldsymbol{e}_s=(0,\cdots,0,\overset{\text{第}s\text{个分量}}{\overbrace{1}},0,\cdots,0)^{\mathrm{T}}\text{ 时},$$

$f(\boldsymbol{C}\boldsymbol{e}_s)=k_s\leqslant 0$. 显然 $\boldsymbol{x}=\boldsymbol{C}\boldsymbol{e}_s\neq\boldsymbol{0}$,这与 f 为正定相矛盾. 这就证明了 $k_i>0\ (i=1,2,\cdots,n)$.

推论 对称阵 $\boldsymbol{A}$ 为正定的充分必要条件是 $\boldsymbol{A}$ 的特征值全为正.

证 **充分性** 矩阵 $\boldsymbol{A}$ 为对称阵,由定理 10,总有正交变换 $\boldsymbol{x}=\boldsymbol{P}\boldsymbol{y}$,使 $\boldsymbol{A}$ 的二次型 f 变成标准形 $f=\lambda_1 y_1^2+\lambda_2 y_2^2+\cdots+\lambda_n y_n^2$,其中 $\lambda_1,\lambda_2,\cdots,\lambda_n$ 是 f 的矩阵 $\boldsymbol{A}$ 的特征值.

又 $\boldsymbol{A}$ 的特征值全为正,所以由定理 12,可以得到 f 为正定二次型,即矩阵 $\boldsymbol{A}$ 是正定的.

必要性 矩阵 $\boldsymbol{A}$ 为对称矩阵,由定理 10,总有正交变换 $\boldsymbol{x}=\boldsymbol{P}\boldsymbol{y}$,使 $\boldsymbol{A}$ 的二次型 f 变成标准形 $f=\lambda_1 y_1^2+\lambda_2 y_2^2+\cdots+\lambda_n y_n^2$,其中 $\lambda_1,\lambda_2,\cdots,\lambda_n$ 是 f 的矩阵 $\boldsymbol{A}$ 的特征值.

又矩阵 $\boldsymbol{A}$ 为正定的,所以 f 为正定二次型,由定理 10,$\lambda_1,\lambda_2,\cdots,\lambda_n$ 全部为正,即 $\boldsymbol{A}$ 的特征值全为正.

定理 13 对称矩阵 $\boldsymbol{A}$ 为正定的充要条件是 $\boldsymbol{A}$ 的各阶顺序主子式都为正,即

$$a_{11}>0,\begin{vmatrix}a_{11}&a_{12}\\a_{21}&a_{22}\end{vmatrix}>0,\cdots,\begin{vmatrix}a_{11}&\cdots&a_{1n}\\\vdots&&\vdots\\a_{n1}&\cdots&a_{nn}\end{vmatrix}>0;$$

对称矩阵 $\boldsymbol{A}$ 为负定的充要条件是 $\boldsymbol{A}$ 的奇数阶主子式为负，而偶数阶主子式为正，即

$$(-1)^r\begin{vmatrix}a_{11}&\cdots&a_{1r}\\\vdots&&\vdots\\a_{r1}&\cdots&a_{rr}\end{vmatrix}>0\ (r=1,2,\cdots,n).$$

定理13称为**赫尔维茨定理**，此处不证.

例 28 判定二次型 $f=5x_1{}^2+x_2{}^2+5x_3{}^2+4x_1x_2-8x_1x_3-4x_2x_3$ 的正定性.

解 二次型 f 的矩阵为 $\boldsymbol{A}=\begin{pmatrix}5&2&-4\\2&1&-2\\-4&-2&5\end{pmatrix}$，计算得

$$a_{11}=5>0,\begin{vmatrix}a_{11}&a_{12}\\a_{21}&a_{22}\end{vmatrix}=\begin{vmatrix}5&2\\2&1\end{vmatrix}=1>0,|\boldsymbol{A}|=\_\_>0,$$

故 f 为正定二次型.

注：当 $f(x,y)$ 是二元正定二次型时，则 $f(x,y)=c$（$c>0$ 为常数）的图形是以原点为中心的椭圆. 当把 c 看作任意常数时则是一族椭圆，这族椭圆随着 $c\to0$ 而收缩到原点. 当 f 为三元正定二次型时，$f(x,y,z)=c$（$c>0$ 为常数）的图形是一族椭球.

练 习

- **选择题**

1. 二次型 $f=x_1^2+x_2^2+x_3^2+x_4^2+2x_1x_2+2x_2x_3+2x_3x_4$ 的秩为（　　）.

(A) 4　　(B) 3　　(C) 2　　(D) 1

2. 二次型 $f=4x_1^2+3x_2^2+2x_2x_3+3x_3^2$ 对应的矩阵为（　　）.

(A) $\boldsymbol{A}=\begin{pmatrix}4&0&0\\0&3&1\\0&1&3\end{pmatrix}$　(B) $\boldsymbol{A}=\begin{pmatrix}4&0&0\\0&3&2\\0&2&3\end{pmatrix}$

(C) $\boldsymbol{A}=\begin{pmatrix}2&0&0\\0&\frac{3}{2}&1\\0&1&\frac{3}{2}\end{pmatrix}$　(D) $\boldsymbol{A}=\begin{pmatrix}2&0&0\\0&\frac{3}{2}&2\\0&2&\frac{3}{2}\end{pmatrix}$

3. 已知 $\boldsymbol{A}=\begin{pmatrix}1&0&-1\\0&5&0\\-1&0&c\end{pmatrix}$ 是正定矩阵，则（　　）.

(A) $c>1$　　(B) $c>-1$

(C) $c>0$　　(D) $c>2$

4. 已知矩阵 $\boldsymbol{A}=\begin{pmatrix}1&1&0\\1&1&0\\0&0&-1\end{pmatrix}$, 则与 $\boldsymbol{A}$ 既相似又合同的矩阵是(　　).

(A) $\begin{pmatrix}1&&\\&-1&\\&&1\end{pmatrix}$ (B) $\begin{pmatrix}2&&\\&-1&\\&&0\end{pmatrix}$

(C) $\begin{pmatrix}-1&&\\&-1&\\&&0\end{pmatrix}$ (D) $\begin{pmatrix}1&&\\&1&\\&&0\end{pmatrix}$

5. 二次型 $f=4x_1^2+3x_2^2+2x_2x_3+3x_3^2$ 的正惯性指数是(　　).

(A) 1　　(B) 2　　(C) 3　　(D) 0

6. 二次型 $f=x_1^2-4x_1x_2+2x_1x_3+x_2^2+2x_2x_3-2x_3^2$ 的正、负惯性指数 p,q 分别是(　　).

(A) $p=0$, $q=1$ (B) $p=1$, $q=1$

(C) $p=2$, $q=1$ (D) $p=1$, $q=2$

• **填空题**

7. 二次型 $f(x_1,x_2,x_3)=3x_1^2-2x_1x_2-5x_2^2-6x_2x_3+x_3^2$ 的秩为________.

8. 二次型 $f=x_1^2-4x_1x_2+2x_1x_3+x_2^2+2x_2x_3-2x_3^2$ 对应的矩阵为________.

9. 写出二次型 $f=4x_1^2+3x_2^2+2x_2x_3+3x_3^2$ 的规范形:________.

10. 若二次型 $f=x_1^2+x_2^2+x_3^2+2\alpha x_1x_2+2x_1x_3$ 经正交变换 $\boldsymbol{x}=\boldsymbol{P}\boldsymbol{y}$ 化为标准形 $f=y_2^2+2y_3^2$, 则 $\alpha=$________.

11. 二次型 $f=5x_1^2+5x_2^2+5x_3^2+4x_1x_2-4x_1x_3-2x_2x_3$ 的正惯性指数为________.

12. 确定 t 的取值范围, 使得 $f(x_1,x_2,x_3)=5x_1^2+x_2^2+x_3^2+4x_1x_2-2x_1x_3+2tx_2x_3$ 正定, 则 t 满足________.

• **计算题**

13. 写出下列二次型对应的对称矩阵 $\boldsymbol{A}$:

(1) $f=2x_1{}^2+3x_2{}^2+3x_3{}^2+4x_2x_3$;

(2) $f=x_1{}^2+2x_1x_2+x_2{}^2-2x_2x_3-x_3{}^2+4x_3x_4-x_4{}^2$;

(3) $f=x_1^2+2x_2^2-2x_3^2-4x_1x_2-4x_2x_3$.

14. 设二次型 $f(x_1,x_2,x_3)=x_1{}^2+2x_2{}^2+x_3{}^2-2x_1x_2-2x_2x_3$, 求一个正交变换 $\boldsymbol{x}=\boldsymbol{P}\boldsymbol{y}$, 将二次型化为标准形.

15. 用正交变换化二次型 $f=2x_1^2+x_2^2-4x_1x_2-4x_2x_3$ 为标准形.

16. 设 $f(x_1,x_2,x_3)=x_1^2+x_2^2+5x_3^2+2tx_1x_2-2x_1x_3+4x_2x_3$ 为正定二次型, 求 t.

17. 已知实二次型 $f(x_1,x_2,x_3)=a(x_1^2+x_2^2+x_3^2)+4x_1x_2+4x_1x_3+4x_2x_3$ 经正交变换 $\boldsymbol{x}=\boldsymbol{P}\boldsymbol{y}$ 后, f 可化为标准形 $f=6y_1^2$, 求参数 a.

18. 设 $\boldsymbol{A}$ 为 $m\times n$ 实矩阵, $\boldsymbol{E}$ 为 n 阶单位矩阵, 已知矩阵 $\boldsymbol{B}=\lambda\boldsymbol{E}+\boldsymbol{A}^{\mathrm{T}}\boldsymbol{A}$, 试证: 当 $\lambda>0$ 时, 矩阵 $\boldsymbol{B}$ 为正定矩阵.

4.6 矩阵的特征值与二次型实验

本节介绍了求矩阵的特征值、特征向量及正交矩阵, 还介绍了化矩阵为对角矩阵, 最后介绍了化二次型为标准形的实验内容.

矩阵的特征值、特征向量及正交矩阵运算函数见表 4.6.1.

表 4.6.1 矩阵的特征值、特征向量及正交矩阵运算函数表

函数	含义
eig（A）	求矩阵 A 的特征值、特征向量
［V，D］=eig（A）	矩阵 A 的特征值矩阵，以及包括了特征值的对角矩阵，V 为特征值向量矩阵，D 为特征值矩阵
orth（A）	矩阵 A 的正交矩阵

4.6.1 矩阵的特征值、特征向量运算

例 29 求矩阵 $\boldsymbol{A}=\begin{pmatrix}4 & 6 & 0\\-3 & -5 & 0\\-3 & -6 & 1\end{pmatrix}$ 的特征值和特征向量.

程序如下：

```
>>  A=[4 6 0;-3 -5 0;-3 -6 1];[V,D]=eig(A)
```

运行结果如下：

```
V =

          0    0.5774   -0.8944
          0   -0.5774    0.4472
     1.0000   -0.5774         0

D =

     1     0     0
     0    -2     0
     0     0     1
```

由运算结果可知，矩阵 $\boldsymbol{A}$ 的特征值为 $\lambda_1=-2,\lambda_2=\lambda_3=1$，$k_1\begin{pmatrix}0.5774\\-0.5774\\-0.5774\end{pmatrix}(k_1\neq0)$ 为对应于 $\lambda_1=-2$ 的全部特征向量；$k_2\begin{pmatrix}0\\0\\1.0000\end{pmatrix}+k_3\begin{pmatrix}-0.8944\\0.4472\\0\end{pmatrix}$（$k_2$，$k_3$ 不同时为0）是对应于 $\lambda_2=\lambda_3=1$ 的全部特征向量.

4.6.2 矩阵的对角化运算

例 30 求矩阵 $\boldsymbol{A}$ 的正交矩阵，且

$$\boldsymbol{A}=\begin{pmatrix}2&0&1\\3&1&3\\4&0&5\end{pmatrix}.$$

程序如下：

```
>> A=[2 0 1;3 1 3;4 0 5],P=orth(A)
```

运行结果如下：

```
A =
     2     0     1
     3     1     3
     4     0     5
P =
   -0.2612    0.5774    0.7736
   -0.5394    0.5774   -0.6130
   -0.8005   -0.5774    0.1606
```

例 31 将矩阵 $\boldsymbol{A}$ 对角化，并求出使其对角化的正交阵，且

$$\boldsymbol{A}=\begin{pmatrix}1&0&1\\0&1&0\\1&0&1\end{pmatrix}.$$

程序如下：

```
>> A=[1 0 1;0 1 0;1 0 1],[V,D]=eig(A)
```

运行结果如下：

```
A =
     1     0     1
     0     1     0
     1     0     1
V =
    0.7071         0    0.7071
         0   -1.0000         0
   -0.7071         0    0.7071
```

```
D =
     0     0     0
     0     1     0
     0     0     2
```

由运算结果可知，正交阵为

$$P=\begin{pmatrix}0.7071 & 0 & 0.7071\\ 0 & -1 & 0\\ -0.7071 & 0 & 0.7071\end{pmatrix},$$

且

$$\boldsymbol{P}^{-1}\boldsymbol{A}\boldsymbol{P}=\begin{pmatrix}0 & 0 & 0\\ 0 & 1 & 0\\ 0 & 0 & 2\end{pmatrix}.$$

4.6.3 二次型化标准形运算

例 32 用正交变换将二次型 $f=x_1^2+x_2^2+x_3^2+2x_1x_3$ 化为标准形，并给出相应的正交变换.

二次型矩阵为 $$\boldsymbol{A}=\begin{pmatrix}1 & 0 & 1\\ 0 & 1 & 0\\ 1 & 0 & 1\end{pmatrix}.$$

程序如下：

```
>> A=[1 0 1;0 1 0;1 0 1],[V,D]=eig(A)
```

运行结果如下：

```
A =
     1     0     1
     0     1     0
     1     0     1
V =
    0.7071         0    0.7071
         0   -1.0000         0
   -0.7071         0    0.7071
D =
     0     0     0
```

$$\begin{matrix} 0 & 1 & 0 \\ 0 & 0 & 2 \end{matrix}$$

由运算结果可知，其正交变换矩阵为

$$P = \begin{pmatrix} 0.7071 & 0 & 0.7071 \\ 0 & -1 & 0 \\ -0.7071 & 0 & 0.7071 \end{pmatrix},$$

对二次型作正交变换 $\boldsymbol{X} = \boldsymbol{PY}$，则可得二次型的标准形为

$$f = y_2^2 + 2y_3^2.$$

4.6.4 课后实验

1. 实验目的：熟练掌握求矩阵的特征值、特征向量，化矩阵为对角阵，化二次型为标准形.

2. 实验内容：

(1) 求矩阵 $\boldsymbol{A} = \begin{pmatrix} 3 & -1 & 1 \\ 2 & 0 & 1 \\ 1 & -1 & 2 \end{pmatrix}$ 的特征值、特征向量.

(2) 将矩阵 $\boldsymbol{A}$ 对角化，并求出使其对角化的正交阵，且

$$\boldsymbol{A} = \begin{pmatrix} 2 & 0 & 0 \\ 0 & 3 & 2 \\ 0 & 2 & 3 \end{pmatrix}.$$

(3) 用正交变换将二次型 $f(x_1, x_2, x_3) = 2x_1^2 + x_1x_2 + x_3^2$ 化为标准形，并给出相应的正交变换.

4.7 应用实例

本节首先将本章开始的引例应用所学知识，结合 MATLAB 软件求出问题的解，然后介绍本章的两个实际应用问题.

4.7.1 引例的解

解 此二次型 $f(x, y, z) = 5x^2 + 5y^2 + 3z^2 - 2xy + 6xz - 6yz$ 对应的矩阵为

$$A=\begin{bmatrix}5&-1&3\\-1&5&-3\\3&-3&3\end{bmatrix}$$

程序如下：

```
>> A=[5 -1 3;-1 5 -3;3 -3 3],[V,D]=eig(A)
```

运行结果如下：

```
A =
     5    -1     3
    -1     5    -3
     3    -3     3
V =
     0.4082   0.7071   -0.5774
    -0.4082   0.7071    0.5774
    -0.8165        0   -0.5774
D =
    -0.0000        0         0
          0   4.0000         0
          0        0    9.0000
```

所求特征值为 $\lambda_1=0,\ \lambda_2=4,\ \lambda_3=9$.

故二次型的标准形为

$$f(x,y,z)=4y^2+9z^2$$

即方程 $f(x,y,z)=1$ 表示的曲面是椭圆柱面 $4y^2+9z^2=1$.

4.7.2 实例1：兔子和狐狸的生态模型

考察栖息在同一地的兔子和狐狸的生态模型，根据两种动物的数量的相互关系，有人提出了以下模型：

$$\begin{cases}R_t=1.1R_{t-1}-0.15F_{t-1}\\F_t=0.1R_{t-1}+0.85F_{t-1}\end{cases}(t=1,2,\cdots),\qquad(4.21)$$

其中 R_t，F_t 分别表示第 t 年时兔子和狐狸的数量，而 R_0，F_0 分别表示基年（$t=0$）时兔子和狐狸的数量，记 $\boldsymbol{x}(t)=(R_t,F_t)^{\mathrm{T}}(t=0,1,2,\cdots)$.

（1）把模型（4.21）写成矩阵形式；

(2) 如果 $\boldsymbol{x}(0) = (R_0, F_0)^{\mathrm{T}} = (10,8)^{\mathrm{T}}$，试求 $x(t)$；

(3) 当 $t \to \infty$ 时，你可以得到什么结论.

解 (1) 模型 (4.21) 可化为

$$\begin{pmatrix} R_t \\ F_t \end{pmatrix} = \begin{pmatrix} 1.1 & -0.15 \\ 0.1 & 0.85 \end{pmatrix} \begin{pmatrix} R_{t-1} \\ F_{t-1} \end{pmatrix},$$

即 $\boldsymbol{x}(t) = \boldsymbol{A}\boldsymbol{x}(t-1)(t=1,2,\cdots)$，其中 $\boldsymbol{A} = \begin{pmatrix} 1.1 & -0.15 \\ 0.1 & 0.85 \end{pmatrix}$.

(2) $\boldsymbol{A}$ 的特征值多项式为 $|\lambda \boldsymbol{E} - \boldsymbol{A}| = (\lambda - 1)(\lambda - 0.95)$，故 $\boldsymbol{A}$ 的特征值为 $\lambda_1 = 0.95$，$\lambda_2 = 1$.

对于 $\lambda_1 = 0.95$，解特征向量方程 $(0.95\boldsymbol{E} - \boldsymbol{A})\boldsymbol{x} = \boldsymbol{0}$，得对应的特征向量 $\xi_1 = (1,1)^{\mathrm{T}}$；

对于 $\lambda_2 = 1$，解特征向量方程 $(\boldsymbol{E} - \boldsymbol{A})\boldsymbol{x} = 0$，得对应的特征向量 $\boldsymbol{\xi}_1 = (3,2)^{\mathrm{T}}$.

由于 $\boldsymbol{x}(0) = (R_0, F_0)^{\mathrm{T}} = (10,8)^{\mathrm{T}}$，$\boldsymbol{x}(0)$ 可由 $\boldsymbol{\xi}_1$，$\boldsymbol{\xi}_2$ 线性表示：$\boldsymbol{x}(0) = 4\boldsymbol{\xi}_1 + 2\boldsymbol{\xi}_2$，

而 $\quad \boldsymbol{x}(t) = \boldsymbol{A}\boldsymbol{x}(t-1) = \boldsymbol{A}^2\boldsymbol{x}(t-2) = \cdots = \boldsymbol{A}^t\boldsymbol{x}(0)$，

故 $\quad \boldsymbol{x}(t) = \boldsymbol{A}^t\boldsymbol{x}(0) = 4\boldsymbol{A}^t\boldsymbol{\xi}_1 + 2\boldsymbol{A}^t\boldsymbol{\xi}_2 = 4\lambda_1^t\boldsymbol{\xi}_1 + 2\lambda_2^t\boldsymbol{\xi}_2$，

则 $\quad \boldsymbol{x}(t) = 0.95^t(4,4)^{\mathrm{T}} + (6,4)^{\mathrm{T}}$.

(3) 当 $t \to \infty$ 时，有 $\boldsymbol{x}(t) \to (6,4)^{\mathrm{T}}$，即经过充分长的时期，兔子和狐狸的数量将保持稳定，稳定在6:4，即3:2.

4.7.3 实例2：二次型的有定性判别多元函数的极值问题

设对于一个实值 n 元函数 $f(x_1, x_2, \cdots, x_n)$，如果函数在 $\boldsymbol{x}_0 = (x_1^0, x_2^0, \cdots, x_n^0)$ 的某邻域内有一、二阶的连续偏导数，称 n 个一阶偏导构成的 n 维列向量为 $f(x)$ 的**梯度**，记为 $\nabla f(x)$ 或 $\mathrm{grad}f(x)$，即 $\nabla f(x) = \left(\dfrac{\partial f(x)}{\partial x_1}, \dfrac{\partial f(x)}{\partial x_2}, \cdots, \dfrac{\partial f(x)}{\partial x_n}\right)^{\mathrm{T}}$. 当 $\nabla f(\boldsymbol{x}_0) = \boldsymbol{0}$ 时，即 $f'_i(\boldsymbol{x}_0) = 0(i=1,2,\cdots,n)$，称此点 $\boldsymbol{x}_0 = (x_1^0, x_2^0, \cdots, x_n^0)$ 为驻点. 当 $\boldsymbol{x}_0 = (x_1^0, x_2^0, \cdots, x_n^0)$ 为驻点时，$f(\boldsymbol{x})$ 在点 $\boldsymbol{x}_0 = (x_1^0, x_2^0, \cdots, x_n^0)$ 处的黑塞(**Hesse**) 矩阵为

$$H(x_0)=\begin{pmatrix} f_{11}''(x_0) & f_{12}''(x_0) & \cdots & f_{1n}''(x_0) \\ f_{21}''(x_0) & f_{22}''(x_0) & \cdots & f_{2n}''(x_0) \\ \vdots & \vdots & & \vdots \\ f_{n1}''(x_0) & f_{n2}''(x_0) & \cdots & f_{nn}''(x_0) \end{pmatrix},$$

那么，有：

(1) $\boldsymbol{H}(\boldsymbol{x}_0)$ 为正定矩阵时，函数 $f(\boldsymbol{x})$ 在点 $\boldsymbol{x}_0$ 处取得极小值；

(2) $\boldsymbol{H}(\boldsymbol{x}_0)$ 为负定矩阵时，函数 $f(\boldsymbol{x})$ 在点 $\boldsymbol{x}_0$ 处取得极大值；

(3) $\boldsymbol{H}(\boldsymbol{x}_0)$ 为不定矩阵时，函数 $f(\boldsymbol{x})$ 在点 $\boldsymbol{x}_0$ 处取不到极值；

(4) $\boldsymbol{H}(\boldsymbol{x}_0)$ 为半正（负）定矩阵时，函数 $f(\boldsymbol{x})$ 在点 $\boldsymbol{x}_0$ 处是否取得极值，需要另外判定.

有了这个结论，我们可以二次型的有定性判别多元函数的极值问题. 例如求函数

$$f(x,y)=x^3-y^3+3x^2+3y^2-9x+1$$

的极值.

因为 $f'_x(x,y)=3x^2+6x-9=0$, $f'_y(x,y)=-3y^2+6y=0$ ，因此有 $f(x,y)$ 的全部驻点为 $(1,0),(1,2),(-3,0),(-3,2)$.

又因为 $\boldsymbol{H}(x,y)=\begin{pmatrix} 6x+6 & 0 \\ 0 & 6-6y \end{pmatrix}$,

所以矩阵 $\boldsymbol{H}(1,2)=\begin{pmatrix} 12 & 0 \\ 0 & -6 \end{pmatrix}$ 和矩阵 $\boldsymbol{H}(-3,0)=\begin{pmatrix} -12 & 0 \\ 0 & 6 \end{pmatrix}$ 为不定矩阵，因此函数 $f(x,y)$ 在 $(1,2),(-3,0)$ 处没有极值.

矩阵 $\boldsymbol{H}(1,0)=\begin{pmatrix} 12 & 0 \\ 0 & 6 \end{pmatrix}$ 为正定矩阵，因此函数 $f(x,y)$ 在 $(1,0)$ 处有极小值；

矩阵 $\boldsymbol{H}(-3,2)=\begin{pmatrix} -12 & 0 \\ 0 & -6 \end{pmatrix}$ 为负定矩阵，因此函数 $f(x,y)$ 在 $(-3,2)$ 处有极大值.

综合练习 4

- **基本题**

1. 已知 $\boldsymbol{A}=\begin{pmatrix}1 & 2 & -1\\ a+b & 5 & 0\\ -1 & 0 & c\end{pmatrix}$，下列哪一组值可使矩阵 $\boldsymbol{A}$ 是正定矩阵？（　　）.

（A）$a=1, b=2, c=1$

（B）$a=1, b=1, c=-1$

（C）$a=3, b=-1, c=2$

（D）$a=-1, b=3, c=8$

2. 设二次型 $f=\boldsymbol{x}^{\mathrm{T}}\boldsymbol{A}\boldsymbol{x}$ 经非奇异线性变换 $\boldsymbol{x}=\boldsymbol{C}\boldsymbol{y}$ 化为 $f=\boldsymbol{y}^{\mathrm{T}}\boldsymbol{B}\boldsymbol{y}$，则 $\boldsymbol{A}$ 与 $\boldsymbol{B}$ 必定(　　).

（A）相等　　（B）相似

（C）合同　　（D）具有相同的特征值

3. 设 0 是矩阵的 $\boldsymbol{A}=\begin{pmatrix}1 & 0 & 1\\ 0 & 2 & 0\\ 1 & 0 & a\end{pmatrix}$ 的特征值，则 $a=$(　　).

（A）$a=1$　　（B）$a=-1$

（C）$a=2$　　（D）$a=-2$

4. $f=x_1^2+x_2^2+x_3^2+x_4^2+2x_1x_2+2x_2x_3+2x_3x_4$ 的秩（　　）.

（A）0　　（B）2

（C）4　　（D）-4

5. 设 $\boldsymbol{A}$ 有一个特征值 2，则 $\boldsymbol{A}^2-2\boldsymbol{A}-2\boldsymbol{E}$ 的一个特征值必为（　　）.

（A）0　　（B）-2

（C）4　　（D）-4

6. 矩阵 $\boldsymbol{A}=\begin{pmatrix}2 & 2 & -2\\ 2 & 5 & -4\\ -2 & -4 & 5\end{pmatrix}$ 的所有特征值的乘积为（　　）.

（A）10　　（B）-12

（C）8　　（D）-16

7. 已知 $\boldsymbol{\alpha}=(2,1,3,2)^{\mathrm{T}}$，$\boldsymbol{\beta}=(1,2,-2,1)^{\mathrm{T}}$，则 $\|\boldsymbol{\alpha}+\boldsymbol{\beta}\|=$ ________.

8. 矩阵 $\boldsymbol{A}=\begin{pmatrix}4 & 6 & 0\\ -3 & -5 & 0\\ -3 & -6 & 1\end{pmatrix}$ 的特征值的总和为________.

9. 设 $\boldsymbol{A}$ 为 3 阶对称阵，$R(\boldsymbol{A})=2$，并且满足条件 $\boldsymbol{A}^3-\boldsymbol{A}^2=\boldsymbol{O}$，则 $\boldsymbol{A}$ 的全部特征值为________.

10. 设 $\boldsymbol{A}$ 是 3 阶方阵，已知方阵 $\boldsymbol{E}-\boldsymbol{A}$，$\boldsymbol{E}+\boldsymbol{A}$，$3\boldsymbol{E}-\boldsymbol{A}$ 都不可逆，则 $\boldsymbol{A}$ 的全部特征值的乘积是________.

11. 已知矩阵 $\boldsymbol{A}=\begin{pmatrix}7 & 4 & -1\\ 4 & 7 & -1\\ -4 & -4 & x\end{pmatrix}$ 的特征值为 $\lambda_1=\lambda_2=3$，$\lambda_3=12$，则 $x=$ ________.

12. 已知 3 阶矩阵 $\boldsymbol{A}$ 的特征值分别是 1，2，-3，则 $|\boldsymbol{A}^*+3\boldsymbol{A}+2\boldsymbol{E}|=$ ________.

13. 若向量 $\boldsymbol{\beta}$ 与向量组 $\boldsymbol{\alpha}_1$，$\boldsymbol{\alpha}_2$，…，$\boldsymbol{\alpha}_s$ 的每个向量都正交，求证：$\boldsymbol{\beta}$ 与 $\boldsymbol{\alpha}_1$，$\boldsymbol{\alpha}_2$，…，$\boldsymbol{\alpha}_s$ 的任意线性组合也正交.

14. 设 $\boldsymbol{A}$ 是 3 阶矩阵，若已知 $|\boldsymbol{A}+\boldsymbol{E}|=0$，$|\boldsymbol{A}+2\boldsymbol{E}|=0$，$|\boldsymbol{A}-\boldsymbol{E}|=0$，求 $|\boldsymbol{A}^2+\boldsymbol{A}+\boldsymbol{E}|$ 的值.

15. 已知 3 阶矩阵 $\boldsymbol{A}$ 的特征值为 1，-1，2，设矩阵 $\boldsymbol{B}=\boldsymbol{A}^3-5\boldsymbol{A}^2$，试求：（1）$\boldsymbol{B}$ 的特征值；（2）$|\boldsymbol{B}|$ 及 $|\boldsymbol{A}-5\boldsymbol{E}|$.

- **综合题**

16. 设 $\boldsymbol{A}$ 是 n 阶实对称矩阵，秩为 r，符号差为 s，则必有（　　）.

（A）r 是奇数，s 是偶数

（B）r 是偶数，s 是奇数

（C）r，s 均为偶数，不能是奇数

（D）r，s 或均为偶数，或均为奇数

17. 设$\boldsymbol{A}=\begin{pmatrix}0&0&1\\x&1&y\\1&0&0\end{pmatrix}$有三个线性无关的特征向量（可以相似对角化），则$x+y=$（　　）.

（A）-1　　（B）0

（C）1　　（D）2

18. 已知矩阵$\boldsymbol{A}=\begin{pmatrix}1&1&0\\1&1&0\\0&0&2\end{pmatrix}$，则与$\boldsymbol{A}$既相似又合同的矩阵是（　　）.

（A）$\begin{pmatrix}1&&\\&2&\\&&2\end{pmatrix}$　　（B）$\begin{pmatrix}2&&\\&1&\\&&0\end{pmatrix}$

（C）$\begin{pmatrix}1&&\\&1&\\&&0\end{pmatrix}$　　（D）$\begin{pmatrix}2&&\\&2&\\&&0\end{pmatrix}$

19. 下列结论中不正确的是（　　）.

（A）$\boldsymbol{A}$是正定矩阵，则$\boldsymbol{A}^{-1}$也是正定矩阵

（B）若$\boldsymbol{A}$，$\boldsymbol{B}$都是正定矩阵，则$\boldsymbol{A}+\boldsymbol{B}$也是正定矩阵

（C）若$\boldsymbol{A}$，$\boldsymbol{B}$都是正定矩阵，则$\boldsymbol{AB}$也是正定矩阵

（D）若二次型$\boldsymbol{x}^{\mathrm{T}}\boldsymbol{A}\boldsymbol{x}$是正定二次型，则$|\boldsymbol{A}|>0$

20. 设矩阵$\boldsymbol{B}=\begin{pmatrix}0&0&1\\0&1&0\\1&0&0\end{pmatrix}$. 已知矩阵$\boldsymbol{A}$与$\boldsymbol{B}$相似，则$R(\boldsymbol{A}-2\boldsymbol{E})$与$R(\boldsymbol{A}-\boldsymbol{E})$之和等于（　　）.

（A）2　　（B）3

（C）4　　（D）5

21. 设$\lambda=2$是非奇异矩阵$\boldsymbol{A}$的一个特征值，则矩阵$\left(\frac{1}{3}\boldsymbol{A}^2\right)^{-1}$有一个特征值等于（　　）.

（A）4/3　　（B）3/4

（C）1/2　　（D）1/4

22. 已知向量$\boldsymbol{\alpha}=(1,k,1)^{\mathrm{T}}$是矩阵$\boldsymbol{A}=\begin{pmatrix}2&1&1\\1&2&1\\1&1&2\end{pmatrix}$的逆矩阵$\boldsymbol{A}^{-1}$的特征向量，则常数$k=$________.

23. 设n阶方阵$\boldsymbol{A}$有n个特征值0，1，2，…，n，且方阵$\boldsymbol{B}$与$\boldsymbol{A}$相似，则$|\boldsymbol{B}+\boldsymbol{E}|=$________.

24. 设$\boldsymbol{A}$为n阶矩阵，$|\boldsymbol{A}|\neq0$，$\boldsymbol{A}^*$为$\boldsymbol{A}$的伴随矩阵，$\boldsymbol{E}$为n阶单位矩阵，若$\boldsymbol{A}$有特征值λ，则$(\boldsymbol{A}^*)^2+\boldsymbol{E}$必有特征值________.

25. 已知$\boldsymbol{p}=\begin{pmatrix}1\\1\\-1\end{pmatrix}$是矩阵$\boldsymbol{A}=\begin{pmatrix}2&-1&2\\5&a&3\\-1&b&-2\end{pmatrix}$的一个特征向量，

（1）求参数a,b及特征向量$\boldsymbol{p}$所对应的特征值；

（2）问A能不能相似对角化？并说明理由.

26. 设三阶矩阵$\boldsymbol{A}=\begin{pmatrix}2&1&1\\0&2&0\\0&-1&1\end{pmatrix}$，求$\boldsymbol{A}^n$（$n$为正整数）.

● 提高题

27. 当t为何值时，下列二次型为正定二次型？

（1）$f(x_1,x_2,x_3)=x_1^2+4x_2^2+x_3^2+2tx_1x_2+10x_1x_3+6x_2x_3$；

（2）$f(x_1,x_2,x_3)=2x_1^2+x_2^2+x_3^2+2x_1x_2+tx_2x_3$.

28. 设3阶矩阵$\boldsymbol{A}$的特征值为$\lambda_1=1$，$\lambda_2=0$，$\lambda_3=-1$，对应的特征向量依次为

$$\boldsymbol{p}=\begin{pmatrix}1\\2\\2\end{pmatrix},\boldsymbol{p}_2=\begin{pmatrix}2\\-2\\1\end{pmatrix},\boldsymbol{p}_3=\begin{pmatrix}-2\\-1\\2\end{pmatrix},$$

求$\boldsymbol{A}$.

29. 证明：实际对称阵$\boldsymbol{A}$为正定矩阵的充要条件是存在可逆阵$\boldsymbol{P}$，使得$\boldsymbol{A}=\boldsymbol{P}^{\mathrm{T}}\boldsymbol{P}$.

30. 设$\boldsymbol{A}$为m阶实对称矩阵且正定，$\boldsymbol{B}$为$m\times n$实矩阵，$\boldsymbol{B}^{\mathrm{T}}$为$\boldsymbol{B}$的转置矩阵，试证：$\boldsymbol{B}^{\mathrm{T}}\boldsymbol{AB}$为正定矩阵的充分必要条件是$\boldsymbol{B}$的秩等于$n$.

● 考研题

31.（1993年）n阶矩阵$\boldsymbol{A}$具有n个不同的特征值是$\boldsymbol{A}$与对角矩阵相似的（　　）.

（A）充分必要条件

（B）充分而非必要条件

（C）必要而非充分条件

（D）既非充分也非必要条件

32. （1999 年）设 $\boldsymbol{A}$，$\boldsymbol{B}$ 为 n 阶矩阵，且 $\boldsymbol{A}$ 与 $\boldsymbol{B}$ 相似，$\boldsymbol{E}$ 为 n 阶单位矩阵，则（　　）.

(A) $\boldsymbol{A}-\lambda\boldsymbol{E}=\boldsymbol{\beta}-\lambda\boldsymbol{E}$

(B) $\boldsymbol{A}$ 与 $\boldsymbol{B}$ 有相同的特征值与特征向量

(C) $\boldsymbol{A}$ 与 $\boldsymbol{B}$ 都相似于一个对角矩阵

(D) 对任意常数 t，$\boldsymbol{A}-t\boldsymbol{E}$ 与 $\boldsymbol{B}-t\boldsymbol{E}$ 相似

33. （2000 年）已知 4 阶矩阵 $\boldsymbol{A}$ 相似于 $\boldsymbol{B}$，$\boldsymbol{A}$ 的特征值为 2，3，4，5. $\boldsymbol{E}$ 为 4 阶单位矩阵，则 $|\boldsymbol{B}-\boldsymbol{E}|=$（　　）.

(A) 2　(B) 6　(C) 12　(D) 24

34. （2000 年）若 4 阶矩阵 $\boldsymbol{A}$ 与 $\boldsymbol{B}$ 相似，矩阵 $\boldsymbol{A}$ 的特征值为 $\frac{1}{2}$，$\frac{1}{3}$，$\frac{1}{4}$，$\frac{1}{5}$，则行列式 $|\boldsymbol{B}^{-1}-\boldsymbol{E}|=$（　　）.

(A) 6　(B) 12

(C) 24　(D) 48

35. （2002 年）设 $\boldsymbol{A}$ 是 n 阶实对称矩阵，$\boldsymbol{P}$ 是 n 阶可逆矩阵，已知 n 维列向量 $\boldsymbol{\alpha}$ 是 $\boldsymbol{A}$ 的属于特征值 λ 的特征向量，则矩阵 $(\boldsymbol{P}^{-1}\boldsymbol{A}\boldsymbol{P})^{\mathrm{T}}$ 属于特征值 λ 的特征向量是（　　）.

(A) $\boldsymbol{P}^{-1}\boldsymbol{\alpha}$　(B) $\boldsymbol{P}^{\mathrm{T}}\boldsymbol{\alpha}$

(C) $\boldsymbol{P}\boldsymbol{\alpha}$　(D) $(\boldsymbol{P}^{-1})^{\mathrm{T}}\boldsymbol{\alpha}$

36. （2003 年）设矩阵 $\boldsymbol{B}=\begin{pmatrix}0&0&1\\0&1&0\\1&0&0\end{pmatrix}$. 已知矩阵 $\boldsymbol{A}$ 与 $\boldsymbol{B}$ 相似，则 $R(\boldsymbol{A}-2\boldsymbol{E})$ 与 $R(\boldsymbol{A}-\boldsymbol{E})$ 之和等于________.

37. （2005 年）设 λ_1，λ_2 是矩阵 $\boldsymbol{A}$ 的两个不同的特征值，对应的特征向量分别为 $\boldsymbol{\alpha}_1$，$\boldsymbol{\alpha}_2$，则 $\boldsymbol{\alpha}_1$，$\boldsymbol{A}(\boldsymbol{\alpha}_1+\boldsymbol{\alpha}_2)$ 线性无关的充要条件是（　　）.

(A) $\lambda_1\neq 0$　(B) $\lambda_2\neq 0$

(C) $\lambda_1=0$　(D) $\lambda_2=0$

38. （2005 年）设矩阵 $\begin{pmatrix}1&2&-3\\-1&4&-3\\1&a&5\end{pmatrix}$ 的特征方程有一个二重根，求 a 的值________.

39. （2008 年）设 3 阶矩阵 $\boldsymbol{A}$ 的特征值为 2，3，λ. 若行列式 $|2\boldsymbol{A}|=-48$，则 λ ________.

40. （2009 年）设二次型 $f(x_1,x_2,x_3)=\alpha x_1^2+\alpha x_2^2+(a-1)x_3^2+2x_1x_3-2x_2x_3$，若二次型 f 的规范形为 $y_1^2+y_2^2$，则 $a=$________.

41. （2011 年）二次型 $f(x_1,x_2,x_3)=x_1^2+3x_2^2+x_3^2+2x_1x_2+2x_1x_3+2x_2x_3$，则 f 的正惯性指数为________.

42. （2000 年）设有 n 元实二次型

$$f(x_1,x_2,\cdots,x_n)=(x_1+a_1x_2)^2+(x_2+a_2x_3)^2+\cdots+(x_{n-1}+a_{n-1}x_n)^2+(x_n+a_nx_1)^2,$$

其中 $a_i(i=1,2,\cdots,n)$ 为实数. 试问：当 a_1，a_2，…，a_n 满足何种条件时，二次型 $f(x_1,x_2,\cdots,x_n)$ 为正定二次型？

43. （2005 年）已知二次型 $f(x_1,x_2,x_3)=(1-a)x_1^2+(1-a)x_2^2+2x_3^2+2(1+a)x_1x_2$ 的秩为 2.

(1) 求 a 的值；

(2) 求正交变换 $\boldsymbol{x}=\boldsymbol{P}\boldsymbol{y}$，把 $f(x_1,x_2,x_3)$ 化为标准形；

(3) 求方程 $f(x_1,x_2,x_3)=0$ 的解.

44. （2009 年）设二次型 $f(x_1,x_2,x_3)=ax_1^2+ax_2^2+(a-1)x_3^2+2x_1x_3-2x_2x_3$ 的秩为 2.

(1) 求二次型 f 的矩阵的所有特征值；(2) 若 f 的规范形为 $y_1^2+y_2^2$，求 a 的值.

45. （2010 年）已知二次型 $f(x_1,x_2,x_3)=\boldsymbol{x}^{\mathrm{T}}\boldsymbol{A}\boldsymbol{x}$ 在正交变换 $\boldsymbol{x}=\boldsymbol{Q}\boldsymbol{y}$ 下的标准形为 $y_1^2+y_2^2$，且 $\boldsymbol{Q}$ 的第三列为 $\left(\frac{\sqrt{2}}{2},0,\frac{\sqrt{2}}{2}\right)^{\mathrm{T}}$. (1) 求矩阵 $\boldsymbol{A}$；(2) 证明 $\boldsymbol{A}+\boldsymbol{E}$ 为正定矩阵，其中 $\boldsymbol{E}$ 为 3 阶单位矩阵.

46. （2012 年）已知 $\boldsymbol{A}=\begin{pmatrix}1&0&1\\0&1&1\\-1&0&a\\0&a&-1\end{pmatrix}$ 及二次型 $f(x_1,x_2,x_3)=\boldsymbol{x}^{\mathrm{T}}(\boldsymbol{A}^{\mathrm{T}}\boldsymbol{A})\boldsymbol{x}$ 的秩为 2.

(1) 求实数 a 的值；

(2) 求正交变换 $\boldsymbol{x}=\boldsymbol{Q}\boldsymbol{y}$，它将 f 化为标准形.

第 5 章 向量空间与线性变换

内容导引

向量空间是一类特殊的线性空间，是现代代数学中的一个基本内容，是线性代数研究的基本对象. 向量空间的一个直观模型是解析几何中二维、三维向量空间. 在几何上，向量及相关的运算，即向量的加法、数乘，以及对运算的一些限制，如结合律，封闭性等，已经大致地描述了“向量空间”这个数学概念的直观形象. 向量空间在理论和实际中的应用很多. 例如，一个二元叠加码（s，l）-码在许多领域有着极为广泛的应用，而我们可以利用有限向量空间的子空间构造二元叠加码（s，l）-码；向量空间模型可以帮助确定文献的相似性，而信息检索系统中应用修正的向量空间模型能够较好地改善检索性能；向量空间模型也可以建立学习内容知识关键点与考核点的快速关联；二维的向量空间模型可以用于农业技术智能问题系统；向量空间模型应用于医院的电子病历，可以有效利用电子病历大数据辅助医生进行分析与诊断；为了实现面向特定领域网站的网络资源搜索，提出了一种描述网站主题特征的混合向量空间模型，实验表明，该模型有助于提高网站主题识别与分类的准确性和效率.

科学家精神

线性变换可以作为工具应用于数的整除性问题的研究；很多关于矩阵的问题，直接解决很复杂，但是用线性变换的思想来解决就比较容易；线性变换的方法，能够快速、便捷地对二元二次方程所对应的二次曲线类型进行分类. 图像的恒等、压缩、旋转、反射、正投影等都可以归结为线性变换；随着计算机科学技术的发展，计算机动画已经渗透到我们的日常生活，尤其在仿真设计、效果图制作、动画片制作、电子游戏开发等许多领域的应用越来越广泛. 利用线性变换后空间区域的像与原像的面积、体积之间的关系理论，给出了空间中几种特殊区域的面积、体积计算公式.

本章将介绍向量空间的定义，向量空间的基、维数和坐标，基坐标与坐标变换以及线性变换. 如无特别说明，本章讨论的向量都是指 n 维向量. 本章主要内容可以用以下框图表示.

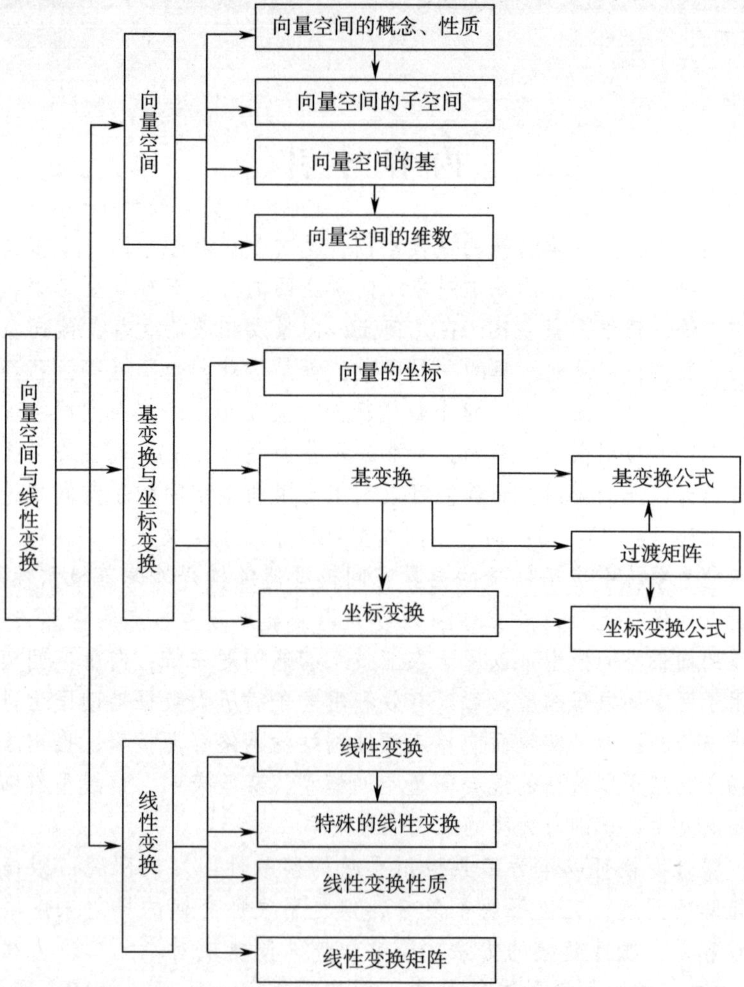

引例

在 $\mathbb{R}^2$ 空间中，对于任意点，我们做这样的变换：首先绕原点逆时针旋转 $\frac{\pi}{6}$，然后再做关于直线 $y = x$ 的对称变换，针对这样的两次变换，抛物线 $y = x^2$ 在变换后的方程将变为什么样子呢？

对于解决这样的问题，我们首先要做旋转变换，而后再做对称变换，最后再考虑抛物线在变换后的方程，而这正是本章内容需要解决的问题之一. 我们将在学习本章的知识后再加以解决.

5.1 向量空间的定义

第3章介绍了向量的加法、数量乘法的定义和性质，向量组以及向量组的秩等概念，本节介绍向量的基本概念及向量空间的子空间.

5.1.1 向量空间的基本概念

向量构成的集合对于加法与数乘运算具有封闭性. 设 V 为 n 维向量组成的非空集合，若任意的 n 维向量 $\boldsymbol{\alpha}$，$\boldsymbol{\beta} \in V$，$\lambda \in \mathbb{R}$，则有 $\boldsymbol{\alpha} + \boldsymbol{\beta} \in V$，$\lambda\boldsymbol{\alpha} \in V$，即对集合 V 中的向量进行加法和数乘两种运算所得的向量仍在集合 V 中，则称 V 对于**加法和数乘运算封闭**. 又称为**线性运算封闭**.

定义1 设 V 为 n 维向量组成的非空集合，即 $V \subset \mathbb{R}^n$，且集合 V 对于加法及数乘两种运算封闭，那么就称集合 V 为**向量空间**.

设 k,l 是任意实数，如果 $\boldsymbol{\alpha}$，$\boldsymbol{\beta}$，$\boldsymbol{\gamma}$ 是向量空间 V 中的任意 n 维向量，则可以验证以下8条规则必然成立.

(1) $\boldsymbol{\alpha} + \boldsymbol{\beta} = \boldsymbol{\beta} + \boldsymbol{\alpha}$；

(2) $(\boldsymbol{\alpha} + \boldsymbol{\beta}) + \boldsymbol{\gamma} = \boldsymbol{\alpha} + (\boldsymbol{\beta} + \boldsymbol{\gamma})$；

(3) V 中有零向量 $\mathbf{0}$，对 V 中任意向量 $\boldsymbol{\alpha}$ 都有 $\mathbf{0} + \boldsymbol{\alpha} = \boldsymbol{\alpha}$；

(4) 对 V 中任意向量 $\boldsymbol{\alpha}$，都有一个向量 $\boldsymbol{\beta} \in V$，使得 $\boldsymbol{\alpha} + \boldsymbol{\beta} = \mathbf{0}$，记 $\boldsymbol{\beta} = -\boldsymbol{\alpha}$，称为 $\boldsymbol{\alpha}$ 的负向量.

(5) $1\boldsymbol{\alpha} = \boldsymbol{\alpha}$；

(6) $k(l\boldsymbol{\alpha}) = (kl)\boldsymbol{\alpha}$；

(7) $(k+l)\boldsymbol{\alpha} = k\boldsymbol{\alpha} + l\boldsymbol{\alpha}$；

(8) $k(\boldsymbol{\alpha}+\boldsymbol{\beta}) = k\boldsymbol{\alpha} + k\boldsymbol{\beta}$.

注：仅由一个零向量组成的向量集合 $V=\{0\}$，对线性运算是封闭的，称为零空间．除了零空间 $V=\{0\}$ 外，任何向量空间都含有无穷多个向量．如上八条也可作为向量空间的等价定义．

例 1 2 维向量的全体 $\mathbb{R}^2$ 是一个向量空间．

因为任意两个 2 维向量之和仍然是 2 维向量，数 λ 乘 2 维向量也仍然是 2 维向量，它们都属于 $\mathbb{R}^2$．可以用直角坐标平面内的有向线段形象地表示 2 维向量，从而向量空间 $\mathbb{R}^2$ 也可形象地看作平面内以坐标原点为起点的有向线段的全体．由于以原点为起点的有向线段与其终点一一对应，因此 $\mathbb{R}^2$ 也可看作取定坐标原点的点空间．

类似地，n 维向量的全体 $\mathbb{R}^n$ 也是一个向量空间．不过当 $n>3$ 时，它没有直观的几何意义．

例 2 集合

$$V=\{\boldsymbol{x}=(0,x_2,\cdots,x_n)^{\mathrm{T}} \mid x_2,\cdots,x_n \in \mathbb{R}\}$$

是一个向量空间．

因为对任意的

$$\boldsymbol{a}=(0,a_2,\cdots,a_n)^{\mathrm{T}}, \boldsymbol{b}=(0,b_2,\cdots,b_n)^{\mathrm{T}}, \boldsymbol{a},\boldsymbol{b}\in V, \lambda\in\mathbb{R},$$

有

$$\boldsymbol{a}+\boldsymbol{b}=(0,a_2+b_2,\cdots,a_n+b_n)^{\mathrm{T}}\in V,$$
$$\lambda\boldsymbol{a}=(0,\lambda a_2,\cdots,\lambda a_n)^{\mathrm{T}}\in \_\_.$$

例 3 齐次线性方程组的解集

$$S=\{\boldsymbol{x} \mid \boldsymbol{A}\boldsymbol{x}=\boldsymbol{0}\}$$

是一个向量空间，称为齐次线性方程组的**解空间**．

因为若 $\boldsymbol{\eta}_1\in S$，$\boldsymbol{\eta}_2\in S$，即 $\boldsymbol{A}\boldsymbol{\eta}_1=\_\_$，$\boldsymbol{A}\boldsymbol{\eta}_2=\boldsymbol{0}$，并且 $\lambda\in\mathbb{R}$，则 $\boldsymbol{A}(\boldsymbol{\eta}_1+\boldsymbol{\eta}_2)=\boldsymbol{A}\boldsymbol{\eta}_1+\boldsymbol{A}\boldsymbol{\eta}_2=\boldsymbol{0}+\boldsymbol{0}=\boldsymbol{0}$，$\boldsymbol{A}(\lambda\boldsymbol{\eta}_1)=\lambda\boldsymbol{A}\boldsymbol{\eta}_1=\lambda\times\boldsymbol{0}=\boldsymbol{0}$. 所以有 $\boldsymbol{\eta}_1+\boldsymbol{\eta}_2\in S$，$\lambda\boldsymbol{\eta}_1\in\_\_$，可知 S 对线性运算封闭．

应注意，非齐次线性方程组的解集

$$S=\{\boldsymbol{x} \mid \boldsymbol{A}\boldsymbol{x}=\boldsymbol{b},\boldsymbol{b}\neq\boldsymbol{0}\}$$

不是向量空间．这是因为设有 $\boldsymbol{\eta}\in S$，$\boldsymbol{A}(2\boldsymbol{\eta})=2\boldsymbol{A}\boldsymbol{\eta}=2\boldsymbol{b}$，当 $\boldsymbol{b}\neq\boldsymbol{0}$ 时，$2\boldsymbol{b}\neq\boldsymbol{b}$，所以 $2\boldsymbol{\eta}\notin S$，可知 S 不是向量空间．

例 4 设 $\boldsymbol{a}$，$\boldsymbol{b}$ 为 n 维向量，则集合 $L=\{\boldsymbol{x}=\lambda\boldsymbol{a}+\mu\boldsymbol{b} \mid \lambda,\mu\in\mathbb{R}\}$

是一个向量空间.

这是因为，若 $\boldsymbol{x}_1=\lambda_1\boldsymbol{a}+\mu_1\boldsymbol{b}$，$\boldsymbol{x}_2=\lambda_2\boldsymbol{a}+\mu_2\boldsymbol{b}$，则有

$$\boldsymbol{x}_1+\boldsymbol{x}_2=(\lambda_1+\lambda_2)\boldsymbol{a}+(\mu_1+\mu_2)\boldsymbol{b}\in L,$$

$$k\boldsymbol{x}_1=(k\lambda_1)\boldsymbol{a}+(k\mu_1)\boldsymbol{b}\in L,$$

称这个向量空间为由**向量 $\boldsymbol{a},\boldsymbol{b}$ 所生成的向量空间**.

一般地，称集合

$$L=\{\boldsymbol{x}=\lambda_1\boldsymbol{a}_1+\lambda_2\boldsymbol{a}_2+\cdots+\lambda_m\boldsymbol{a}_m \mid \lambda_1,\lambda_2,\cdots,\lambda_m\in\mathbb{R}\}$$

为由**向量组 $\boldsymbol{a}_1,\boldsymbol{a}_2,\cdots,\boldsymbol{a}_m$ 所生成的向量空间**，记为 $L(\boldsymbol{a}_1,\boldsymbol{a}_2,\cdots,\boldsymbol{a}_n)$.

例5 设向量组 $\boldsymbol{a}_1$，$\boldsymbol{a}_2$，$\cdots$，$\boldsymbol{a}_s$ 与 $\boldsymbol{b}_1$，$\boldsymbol{b}_2$，$\cdots$，$\boldsymbol{b}_t$ 等价，记

$$L_1=\{\boldsymbol{x}=\lambda_1\boldsymbol{a}_1+\lambda_2\boldsymbol{a}_2+\cdots+\lambda_s\boldsymbol{a}_s \mid \lambda_1,\lambda_2,\cdots,\lambda_s\in\mathbb{R}\},$$

$$L_2=\{\boldsymbol{x}=\mu_1\boldsymbol{b}_1+\mu_2\boldsymbol{b}_2+\cdots+\mu_t\boldsymbol{b}_t \mid \mu_1,\mu_2,\cdots,\mu_t\in\mathbb{R}\},$$

证明：$L_1=L_2$.

证 若 $x\in L_1$，则 $\boldsymbol{x}$ 能由 $\boldsymbol{a}_1$，$\boldsymbol{a}_2$，$\cdots$，$\boldsymbol{a}_s$ 线性表示，又因 $\boldsymbol{a}_1$，$\boldsymbol{a}_2$，$\cdots$，$\boldsymbol{a}_s$ 与 $\boldsymbol{b}_1$，$\boldsymbol{b}_2$，$\cdots$，$\boldsymbol{b}_t$ 等价，知 $\boldsymbol{a}_1$，$\boldsymbol{a}_2$，$\cdots$，$\boldsymbol{a}_s$ 能由 $\boldsymbol{b}_1$，$\boldsymbol{b}_2$，$\cdots$，$\boldsymbol{b}_t$ 线性表示，所以 $\boldsymbol{x}$ 能由 $\boldsymbol{b}_1$，$\boldsymbol{b}_2$，$\cdots$，$\boldsymbol{b}_t$ 线性表示，从而有 $\boldsymbol{x}\in L_2$，因此 $L_1\subset$ __.

同理可证，若 $\boldsymbol{x}\in L_2$，则有 $\boldsymbol{x}\in L_1$，即 $L_2\subset L_1$，所以 $L_1=L_2$.

5.1.2 向量空间的子空间

定义2 设有向量空间 V_1,V_2，若 $V_1\subset V_2$，则称 V_1 是 V_2 的子空间.

例3中齐次线性方程组的解空间 $S=\{\boldsymbol{x}\mid \boldsymbol{A}\boldsymbol{x}=\boldsymbol{0}\}$，是 n 维向量的全体向量空间 $\mathbb{R}^n$ 的一个子空间. 事实上，例2到例5介绍的空间都是 n 维向量的向量空间 $\mathbb{R}^n$ 的一个子空间.

$\mathbb{R}^n\subset\mathbb{R}^n$，即 $\mathbb{R}^n$ 是它本身的一个子空间，称为**平凡子空间**. 每个向量空间都有一个平凡子空间.

练　习

- **证明题**

1. 设 $\mathbb{R}^+$ 表示全体正实数的集合，在 $\mathbb{R}^+$ 上定义了两种运算：

加法运算　$\forall x,\ y\in\mathbb{R}^+$，$x\oplus y=xy$;

数乘运算　$\forall k\in\mathbb{R},\forall x\in\mathbb{R}^+$，$k\cdot x=x^k$.

证明 $\mathbb{R}^+$ 对上述定义的两种运算在 $\mathbb{R}$ 上构成向量空间.

2. 设 $\boldsymbol{a}$，$\boldsymbol{b}$ 为 n 维向量，试问集合 $L=\{\boldsymbol{x}=\lambda\boldsymbol{a}+\mu\boldsymbol{b}\mid\lambda,\mu\in\mathbb{R}\}$ 是否为 $\mathbb{R}^n$ 的一个子空间？并说明理由.

3. 设 $\boldsymbol{\alpha}_1=\begin{pmatrix}0\\1\\1\end{pmatrix}$，$\boldsymbol{\alpha}_2=\begin{pmatrix}1\\1\\0\end{pmatrix}$，$\boldsymbol{\beta}_1=\begin{pmatrix}-1\\0\\1\end{pmatrix}$，$\boldsymbol{\beta}_2=\begin{pmatrix}1\\2\\1\end{pmatrix}$，$\boldsymbol{\beta}_3=\begin{pmatrix}3\\2\\-1\end{pmatrix}$，证明向量组 $\boldsymbol{\alpha}_1$，$\boldsymbol{\alpha}_2$ 生成的向量空间 $L(\boldsymbol{\alpha}_1,\boldsymbol{\alpha}_2)$ 与向量组 $\boldsymbol{\beta}_1$，$\boldsymbol{\beta}_2$，$\boldsymbol{\beta}_3$ 生成的向量空间 $L(\boldsymbol{\beta}_1,\boldsymbol{\beta}_2,\boldsymbol{\beta}_3)$ 相同.

5.2 向量空间的基、维数和坐标

本节介绍向量空间的基、维数以及向量空间的坐标.

5.2.1 向量空间的基、维数

定义 3 设 V 为向量空间，如果 r 个向量 $\boldsymbol{\alpha}_1$，$\boldsymbol{\alpha}_2$，…，$\boldsymbol{\alpha}_r\in V$，且满足：

(1) $\boldsymbol{\alpha}_1$，$\boldsymbol{\alpha}_2$，…，$\boldsymbol{\alpha}_r$ 线性无关；

(2) V 中任一向量都能由 $\boldsymbol{\alpha}_1$，$\boldsymbol{\alpha}_2$，…，$\boldsymbol{\alpha}_r$ 线性表示，

则称向量组 $\boldsymbol{\alpha}_1$，$\boldsymbol{\alpha}_2$，…，$\boldsymbol{\alpha}_r$ 为向量空间 V 的一个**基**，数 r 称为向量空间 V 的**维数**，记作 $\dim V=r$，并称 V 为 r **维向量空间**.

如果 $\boldsymbol{\alpha}_1$，$\boldsymbol{\alpha}_2$，…，$\boldsymbol{\alpha}_r$ 为向量空间 V 的一个基，并且两两正交，且都是单位向量，则称 $\boldsymbol{\alpha}_1$，$\boldsymbol{\alpha}_2$，…，$\boldsymbol{\alpha}_r$ 为向量空间 V 的一个**规范正交基**，或称为**标准正交基**.

注：零空间 $\boldsymbol{V}$ 只含一个零向量，没有基，规定其维数为 **0.**

注意到，若把向量空间 V 看作向量组，则由最大线性无关组的等价定义可知，V 的基就是向量组的最大无关组，V 的维数就是向量组的秩.

在 n 维向量的全体构成的空间 $\mathbb{R}^n$ 中，取 n 维的单位坐标向量组

$$\boldsymbol{e}_1=\begin{pmatrix}1\\0\\\vdots\\0\end{pmatrix},\boldsymbol{e}_2=\begin{pmatrix}0\\1\\\vdots\\0\end{pmatrix},\cdots,\boldsymbol{e}_n=\begin{pmatrix}0\\0\\\vdots\\1\end{pmatrix}$$

，对任意实数 k_1，k_2，…，k_n，若 $k_1\boldsymbol{e}_1+k_2\boldsymbol{e}_2+\cdots+k_n\boldsymbol{e}_n=\boldsymbol{0}$，则有

$k_1\boldsymbol{e}_1+k_2\boldsymbol{e}_2+\cdots+k_n\boldsymbol{e}_n=(k_1,k_2,\cdots,k_n)^{\mathrm{T}}=\boldsymbol{0}$，因此 $k_1=0$，$k_2=0$，…，$k_n=0$．所以 $\boldsymbol{e}_1$，$\boldsymbol{e}_2$，…，$\boldsymbol{e}_n$ 线性无关．并且对任何一

个 n 维向量 $\boldsymbol{\alpha}=(a_1,a_2,\cdots,a_n)^{\mathrm{T}}$，有 $\boldsymbol{\alpha}=a_1\boldsymbol{e}_1+a_2\boldsymbol{e}_2+\cdots+a_n\boldsymbol{e}_n$，所以 $\boldsymbol{e}_1$，$\boldsymbol{e}_2$，…，$\boldsymbol{e}_n$ 组成这个向量空间的一个基. 由向量内积定义，$\boldsymbol{e}_i^{\mathrm{T}}\boldsymbol{e}_j=0$，$i\neq j$，$\boldsymbol{e}_i^{\mathrm{T}}\boldsymbol{e}_i=1$，故 $\boldsymbol{e}_1$，$\boldsymbol{e}_2$，…，$\boldsymbol{e}_n$ 组成这个向量空间的一个规范正交基，以后 $\boldsymbol{e}_1$，$\boldsymbol{e}_2$，…，$\boldsymbol{e}_n$ 称为 n 维向量空间 $\mathbb{R}^n$ 的**自然基**. 由此可知 $\mathbb{R}^n$ 的维数为 n. 以后把 $\mathbb{R}^n$ 称为 n 维向量空间.

例如，例 2 中的向量空间

$$V=\{\boldsymbol{x}=(0,x_2,\cdots,x_n)^{\mathrm{T}}\mid x_2,\cdots,x_n\in\mathbb{R}\}$$

的一个基可取为

$$\boldsymbol{e}_2=(0,1,0,\cdots,0)^{\mathrm{T}},\cdots,\boldsymbol{e}_n=(0,\cdots,0,1)^{\mathrm{T}},$$

由此可知，V 是 $n-1$ 维向量空间.

又如，由向量组 $\boldsymbol{\alpha}_1$，$\boldsymbol{\alpha}_2$，…，$\boldsymbol{\alpha}_m$ 所生成的向量空间

$$L=\{\boldsymbol{x}=\lambda_1\boldsymbol{\alpha}_1+\lambda_2\boldsymbol{\alpha}_2+\cdots+\lambda_m\boldsymbol{\alpha}_m\mid\lambda_1,\lambda_2,\cdots,\lambda_m\in\mathbb{R}\},$$

$\boldsymbol{\beta}_1$，$\boldsymbol{\beta}_2$，…，$\boldsymbol{\beta}_r$ 是向量组 $\boldsymbol{\alpha}_1$，$\boldsymbol{\alpha}_2$，…，$\boldsymbol{\alpha}_m$ 的最大线性无关组，向量空间 L 的任意向量由 $\boldsymbol{\alpha}_1$，$\boldsymbol{\alpha}_2$，…，$\boldsymbol{\alpha}_m$ 线性表示，所以可以由 $\boldsymbol{\beta}_1$，$\boldsymbol{\beta}_2$，…，$\boldsymbol{\beta}_r$ 线性表示，因此向量组 $\boldsymbol{\alpha}_1$，$\boldsymbol{\alpha}_2$，…，$\boldsymbol{\alpha}_m$ 的最大线性无关组 $\boldsymbol{\beta}_1$，$\boldsymbol{\beta}_2$，…，$\boldsymbol{\beta}_r$ 就是 L 的一个基，向量组 $\boldsymbol{\alpha}_1$，$\boldsymbol{\alpha}_2$，…，$\boldsymbol{\alpha}_m$ 的秩 r 就是 L 的维数.

特别地，若向量组 $\boldsymbol{\alpha}_1$，$\boldsymbol{\alpha}_2$，…，$\boldsymbol{\alpha}_r$ 是向量空间 V 的一个基，则 V 可表示为

$$V=\{\boldsymbol{x}=\lambda_1\boldsymbol{\alpha}_1+\lambda_2\boldsymbol{\alpha}_2+\cdots+\lambda_r\boldsymbol{\alpha}_r\mid\lambda_1,\lambda_2,\cdots,\lambda_r\in\mathbb{R}\},$$

即 V 是**基所生成的向量空间**，这就较清楚地显示出向量空间 V 的构造.

例如，对齐次线性方程组的解空间

$$S=\{\boldsymbol{x}\mid\boldsymbol{A}\boldsymbol{x}=\boldsymbol{0}\},$$

由第 4 章知识可知，基础解系 $\boldsymbol{\xi}_1$，$\boldsymbol{\xi}_2$，…，$\boldsymbol{\xi}_{n-r}$ 是解空间的一个基，并且

$$S=\{\boldsymbol{x}=c_1\boldsymbol{\xi}_1+c_2\boldsymbol{\xi}_2+\cdots+c_{n-r}\boldsymbol{\xi}_{n-r}\mid c_1,c_2,\cdots,c_{n-r}\in\mathbb{R}\},$$

解空间 $S=\{\boldsymbol{x}\mid\boldsymbol{A}\boldsymbol{x}=\boldsymbol{0}\}$ 可以看作由基础解系 $\boldsymbol{\xi}_1$，$\boldsymbol{\xi}_2$，…，$\boldsymbol{\xi}_{n-r}$ 所生成的向量空间.

5.2.2 向量空间的坐标

如果 $\boldsymbol{\alpha}_1$，$\boldsymbol{\alpha}_2$，…，$\boldsymbol{\alpha}_r$ 为向量空间 V 的一个基，对 V 中任一向量 $\boldsymbol{\alpha}$，则由基的定义有

$$\boldsymbol{\alpha}=x_1\boldsymbol{\alpha}_1+x_2\boldsymbol{\alpha}_2+\cdots+x_r\boldsymbol{\alpha}_r,$$

假设同时有 $\boldsymbol{\alpha}=y_1\boldsymbol{\alpha}_1+y_2\boldsymbol{\alpha}_2+\cdots+y_r\boldsymbol{\alpha}_r$，那么有

$$y_1\boldsymbol{\alpha}_1+y_2\boldsymbol{\alpha}_2+\cdots+y_r\boldsymbol{\alpha}_r=x_1\boldsymbol{\alpha}_1+x_2\boldsymbol{\alpha}_2+\cdots+x_r\boldsymbol{\alpha}_r,$$

$$x_1\boldsymbol{\alpha}_1+x_2\boldsymbol{\alpha}_2+\cdots+x_r\boldsymbol{\alpha}_r-(y_1\boldsymbol{\alpha}_1+y_2\boldsymbol{\alpha}_2+\cdots+y_r\boldsymbol{\alpha}_r)=\mathbf{0},$$

$$(x_1-y_1)\boldsymbol{\alpha}_1+(x_2-y_2)\boldsymbol{\alpha}_2+\cdots+(x_r-y_r)\boldsymbol{\alpha}_r=\mathbf{0},$$

而 $\boldsymbol{\alpha}_1$，$\boldsymbol{\alpha}_2$，…，$\boldsymbol{\alpha}_r$ 是基，所以 $\boldsymbol{\alpha}_1$，$\boldsymbol{\alpha}_2$，…，$\boldsymbol{\alpha}_r$ 线性无关，因此有

$x_1-y_1=0,x_2-y_2=0,\cdots,x_r-y_r=0$，即 $x_1=y_1,x_2=y_2,\cdots,x_r=y_r$.

以上说明，向量空间中的任意一个向量可以由其基唯一线性表示.

定义 4 如果在向量空间 V 中取定一个基 $\boldsymbol{\alpha}_1$，$\boldsymbol{\alpha}_2$，…，$\boldsymbol{\alpha}_r$，那么 V 中任一向量 $\boldsymbol{\alpha}$ 都可唯一地表示为

$$\boldsymbol{\alpha}=\lambda_1\boldsymbol{\alpha}_1+\lambda_2\boldsymbol{\alpha}_2+\cdots+\lambda_r\boldsymbol{\alpha}_r,$$

则数组 $(\lambda_1,\lambda_2,\cdots,\lambda_r)$ 称为向量 $\boldsymbol{\alpha}$ 在基 $\boldsymbol{\alpha}_1$，$\boldsymbol{\alpha}_2$，…，$\boldsymbol{\alpha}_r$ 下的坐标.

例 6 已知 $\boldsymbol{\alpha}=(a_1,a_2,\cdots,a_n)^{\mathrm{T}}$ 是 n 维向量空间 $\mathbb{R}^n$ 的任意向量，求 $\boldsymbol{\alpha}$ 分别在 $\mathbb{R}^n$ 的以下两个基下的坐标：

（1）自然基 $\boldsymbol{e}_1$，$\boldsymbol{e}_2$，…，$\boldsymbol{e}_n$；

（2）基 $\boldsymbol{\alpha}_1=(1,1,\cdots,1)^{\mathrm{T}}$，$\boldsymbol{\alpha}_2=(0,1,\cdots,1)^{\mathrm{T}}$，…，$\boldsymbol{\alpha}_n=(0,\cdots,0,1)^{\mathrm{T}}$.

解 （1）由于 $\boldsymbol{\alpha}=a_1\boldsymbol{e}_1+a_2\boldsymbol{e}_2+\cdots+a_n\boldsymbol{e}_n$，所以 $\boldsymbol{\alpha}$ 在自然基下的坐标就是 $(a_1,a_2,\cdots,a_n)$，即向量 $\boldsymbol{\alpha}$ 的各分量. 所以任意向量在自然基下的坐标就是它本身，这也是 $\boldsymbol{e}_1$，$\boldsymbol{e}_2$，…，$\boldsymbol{e}_n$ 称为自然基的原因.

（2）由于 $\boldsymbol{e}_1=\boldsymbol{\alpha}_1-\boldsymbol{\alpha}_2$，$\boldsymbol{e}_2=\boldsymbol{\alpha}_2-\boldsymbol{\alpha}_3,\cdots$，$\boldsymbol{e}_{n-1}=\boldsymbol{\alpha}_{n-1}-\boldsymbol{\alpha}_n$，$\boldsymbol{e}_n=$ __，所以

$$\begin{aligned}\boldsymbol{\alpha}&=a_1\boldsymbol{e}_1+a_2\boldsymbol{e}_2+\cdots+a_n\boldsymbol{e}_n\\&=a_1(\boldsymbol{\alpha}_1-\boldsymbol{\alpha}_2)+a_2(\boldsymbol{\alpha}_2-\boldsymbol{\alpha}_3)+\cdots+a_{n-1}(\boldsymbol{\alpha}_{n-1}-\boldsymbol{\alpha}_n)+\_\_\,\boldsymbol{\alpha}_n\\&=a_1\boldsymbol{\alpha}_1+(a_2-a_1)\boldsymbol{\alpha}_2+(a_3-a_2)\boldsymbol{\alpha}_3+\cdots+(a_n-a_{n-1})\boldsymbol{\alpha}_n,\end{aligned}$$

因此 $\boldsymbol{\alpha}$ 在基 $\boldsymbol{\alpha}_1$，$\boldsymbol{\alpha}_2$，…，$\boldsymbol{\alpha}_n$ 下的坐标就是 $(a_1,a_2-a_1,a_3-a_2,\cdots,a_n-a_{n-1})$.

例 7 设有向量

$$\boldsymbol{a}_1=\begin{pmatrix}2\\2\\-1\end{pmatrix},\boldsymbol{a}_2=\begin{pmatrix}2\\-1\\2\end{pmatrix},\boldsymbol{a}_3=\begin{pmatrix}-1\\2\\2\end{pmatrix},\boldsymbol{b}_1=\begin{pmatrix}1\\0\\-4\end{pmatrix},\boldsymbol{b}_2=\begin{pmatrix}4\\3\\2\end{pmatrix},$$

验证 $\boldsymbol{a}_1$，$\boldsymbol{a}_2$，$\boldsymbol{a}_3$ 是 $\mathbb{R}^3$ 的一个基，并求 $\boldsymbol{b}_1$，$\boldsymbol{b}_2$ 在这个基下的坐标.

解　要证 $\boldsymbol{a}_1$，$\boldsymbol{a}_2$，$\boldsymbol{a}_3$ 是 $\mathbb{R}^3$ 的一个基，只要证 $\boldsymbol{a}_1$，$\boldsymbol{a}_2$，$\boldsymbol{a}_3$ 线性无关.

考虑向量组 $\boldsymbol{a}_1$，$\boldsymbol{a}_2$，$\boldsymbol{a}_3$ 的矩阵

$$\boldsymbol{A}=(\boldsymbol{a}_1,\boldsymbol{a}_2,\boldsymbol{a}_3)=\begin{pmatrix}2&2&-1\\2&\underline{\quad}&2\\-1&2&2\end{pmatrix},$$

因 $|\boldsymbol{A}|=\begin{vmatrix}2&2&-1\\2&-1&2\\-1&2&2\end{vmatrix}=\underline{\quad}\neq 0$，因此由第 3 章定理 5 推论，$\boldsymbol{a}_1$，$\boldsymbol{a}_2$，$\boldsymbol{a}_3$ 线性无关，即 $\boldsymbol{a}_1$，$\boldsymbol{a}_2$，$\boldsymbol{a}_3$ 是 $\mathbb{R}^3$ 的一个基.

设 $\boldsymbol{b}_1=x_{11}\boldsymbol{a}_1+x_{21}\boldsymbol{a}_2+x_{31}\boldsymbol{a}_3$，$\boldsymbol{b}_2=x_{12}\boldsymbol{a}_1+x_{22}\boldsymbol{a}_2+x_{32}\boldsymbol{a}_3$，即有

$$(\boldsymbol{b}_1,\boldsymbol{b}_2)=(\boldsymbol{a}_1,\boldsymbol{a}_2,\boldsymbol{a}_3)\begin{pmatrix}x_{11}&x_{12}\\x_{21}&x_{22}\\x_{31}&x_{32}\end{pmatrix},$$

按矩阵记法，记作 $\boldsymbol{B}=\boldsymbol{A}\boldsymbol{X}$，下面来求这个矩阵方程的解.

$$(\boldsymbol{A},\boldsymbol{B})=\begin{pmatrix}2&2&-1&1&4\\2&-1&2&0&3\\-1&2&2&\underline{\quad}&2\end{pmatrix}\underset{\substack{r_2-2r_1\\r_3+r_1}}{\overset{\frac{1}{3}(r_1+r_2+r_3)}{\sim}}\begin{pmatrix}1&1&1&-1&3\\0&-3&0&2&-3\\0&3&3&-5&5\end{pmatrix}$$

$$\underset{r_3\div 3}{\overset{r_2\div(-3)}{\sim}}\begin{pmatrix}1&1&1&-1&3\\0&1&0&-\frac{2}{3}&1\\0&1&1&-\frac{5}{3}&\frac{5}{3}\end{pmatrix}\underset{r_3-r_2}{\overset{r_1-r_3}{\sim}}\begin{pmatrix}1&0&0&\frac{2}{3}&\frac{4}{3}\\0&1&0&-\frac{2}{3}&1\\0&0&1&-1&\underline{\quad}\end{pmatrix},$$

因此 $\boldsymbol{X}=\begin{pmatrix}\frac{2}{3}&\frac{4}{3}\\-\frac{2}{3}&1\\-1&\frac{2}{3}\end{pmatrix}$，即 $\boldsymbol{b}_1$，$\boldsymbol{b}_2$ 在这个基下的坐标分别为

$$\left(\frac{2}{3},-\frac{2}{3},-1\right)^{\mathrm{T}}\text{和}\left(\frac{4}{3},1,\frac{2}{3}\right)^{\mathrm{T}}.$$

注：从上面的求解过程中，可见 $\boldsymbol{A}\sim\boldsymbol{E}$，故 $\boldsymbol{a}_1$，$\boldsymbol{a}_2$，$\boldsymbol{a}_3$ 线性无关，也能说明 $\boldsymbol{a}_1$，$\boldsymbol{a}_2$，$\boldsymbol{a}_3$ 是 $\mathbb{R}^3$ 的一个基.

练　习

• 填空题

1. 向量 $\boldsymbol{\xi} = (7,3,1)^{\mathrm{T}}$ 在基 $\boldsymbol{\alpha} = (1,3,5)^{\mathrm{T}}$，$\boldsymbol{\beta} = (6,3,2)^{\mathrm{T}}$，$\boldsymbol{\gamma} = (3,1,0)^{\mathrm{T}}$ 下的坐标是（　　）.

2. 设 $\boldsymbol{\alpha}_1 = (-2,1,3)^{\mathrm{T}}$，$\boldsymbol{\alpha}_2 = (-1,0,1)^{\mathrm{T}}$，$\boldsymbol{\alpha}_3 = (-2,-5,-1)^{\mathrm{T}}$ 为 $\mathbb{R}^3$ 的一个基，则 $\boldsymbol{\beta} = (-1,6,5)^{\mathrm{T}}$ 关于该基的坐标是（　　）.

• 证明题

3. 已知 $\boldsymbol{\alpha}_1,\boldsymbol{\alpha}_2,\boldsymbol{\alpha}_3$ 是 $\mathbb{R}^3$ 的基，证明：向量组 $\boldsymbol{\alpha}_1 + 2\boldsymbol{\alpha}_2, 2\boldsymbol{\alpha}_2 + 3\boldsymbol{\alpha}_3, 3\boldsymbol{\alpha}_3 + \boldsymbol{\alpha}_1$ 也是 $\mathbb{R}^3$ 的基.

5.3 基变换与坐标变换

本节介绍向量空间的基变换与坐标变换，并给出相应的变换公式.

5.3.1 基变换

设 $\boldsymbol{\alpha}_1$，$\boldsymbol{\alpha}_2$，…，$\boldsymbol{\alpha}_n$ 与 $\boldsymbol{\beta}_1$，$\boldsymbol{\beta}_2$，…，$\boldsymbol{\beta}_n$ 是 n 维向量空间 $\mathbb{R}^n$ 的两个基. 因为基线性无关，由第3章定理6知，矩阵 $\boldsymbol{A} = (\boldsymbol{\alpha}_1, \boldsymbol{\alpha}_2, \cdots, \boldsymbol{\alpha}_n)$ 与 $\boldsymbol{B} = (\boldsymbol{\beta}_1, \boldsymbol{\beta}_2, \cdots, \boldsymbol{\beta}_n)$ 均可逆. 由于 $\boldsymbol{\beta}_i$，$i = 1,2,\cdots,n$，可以由基 $\boldsymbol{\alpha}_1$，$\boldsymbol{\alpha}_2$，…，$\boldsymbol{\alpha}_n$ 唯一表示，令

$$\begin{aligned}
\boldsymbol{\beta}_1 &= \boldsymbol{\alpha}_1 p_{11} + \boldsymbol{\alpha}_2 p_{21} + \cdots + \boldsymbol{\alpha}_n p_{n1}, \\
\boldsymbol{\beta}_2 &= \boldsymbol{\alpha}_1 p_{12} + \boldsymbol{\alpha}_2 p_{22} + \cdots + \boldsymbol{\alpha}_n p_{n2}, \\
&\vdots \\
\boldsymbol{\beta}_n &= \boldsymbol{\alpha}_1 p_{1n} + \boldsymbol{\alpha}_2 p_{2n} + \cdots + \boldsymbol{\alpha}_n p_{nn}
\end{aligned}$$

则

$$(\boldsymbol{\beta}_1, \boldsymbol{\beta}_2, \cdots, \boldsymbol{\beta}_n) = (\boldsymbol{\alpha}_1, \boldsymbol{\alpha}_2, \cdots, \boldsymbol{\alpha}_n)\begin{pmatrix} p_{11} & p_{12} & \cdots & p_{1n} \\ p_{21} & p_{22} & \cdots & p_{2n} \\ \vdots & \vdots & & \vdots \\ p_{n1} & p_{n2} & \cdots & p_{nn} \end{pmatrix},$$

令 $\boldsymbol{P} = \begin{pmatrix} p_{11} & p_{12} & \cdots & p_{1n} \\ p_{21} & p_{22} & \cdots & p_{2n} \\ \vdots & \vdots & & \vdots \\ p_{n1} & p_{n2} & \cdots & p_{nn} \end{pmatrix}$，则 $\boldsymbol{B} = \boldsymbol{A}\boldsymbol{P}$，由于 $\boldsymbol{A}$ 和 $\boldsymbol{B}$ 可逆，所以

$P=A^{-1}B$ 可逆.

因此 $(\beta_1,\beta_2,\cdots,\beta_n)=(\alpha_1,\alpha_2,\cdots,\alpha_n)P$，$P$ 可逆，$P=A^{-1}B$，P 称为从基 α_1，α_2，…，α_n 到基 β_1，β_2，…，β_n 的过渡矩阵.

一般地，可以定义：

定义 5 设 α_1，α_2，…，α_n 与 β_1，β_2，…，β_n 是 n 维向量空间 V 的两个基，且满足：

$$(\beta_1,\beta_2,\cdots,\beta_n)=(\alpha_1,\alpha_2,\cdots,\alpha_n)P \tag{5.1}$$

其中 $P=(\alpha_1,\alpha_2,\cdots,\alpha_n)^{-1}(\beta_1,\beta_2,\cdots,\beta_n)$ 为 n 阶可逆阵，称式 (5.1) 为基变换公式，P 为由基 α_1，α_2，…，α_n 到基 β_1，β_2，…，β_n 的过渡矩阵.

例 8 已知 $\mathbb{R}^4$ 中的两个基为

$$\alpha_1=(1,2,-1,0)^{\mathrm{T}},\alpha_2=(1,-1,1,1)^{\mathrm{T}},$$
$$\alpha_3=(-1,2,1,1)^{\mathrm{T}},\alpha_4=(-1,-1,0,1)^{\mathrm{T}}$$

和 $\beta_1=(2,1,0,1)^{\mathrm{T}}$，$\beta_2=(0,1,2,2)^{\mathrm{T}}$，$\beta_3=(-2,1,1,2)^{\mathrm{T}}$，$\beta_4=(1,3,1,2)^{\mathrm{T}}$，

求基 α_1，α_2，α_3，α_4 到基 β_1，β_2，β_3，β_4 的过渡矩阵 P.

解 取

$$A=(\alpha_1,\alpha_2,\alpha_3,\alpha_4)=\begin{pmatrix}1&1&-1&-1\\2&-1&2&-1\\-1&1&1&0\\0&1&1&1\end{pmatrix},$$

$$B=(\beta_1,\beta_2,\beta_3,\beta_4)=\begin{pmatrix}2&0&-2&1\\1&1&1&3\\0&2&1&1\\1&2&2&2\end{pmatrix},$$

由于 α_1，α_2，α_3，α_4 和 β_1，β_2，β_3，β_4 都是基，所以 A 和 B 都是____矩阵. 又 $(\beta_1,\beta_2,\beta_3,\beta_4)=(\alpha_1,\alpha_2,\alpha_3,\alpha_4)P$，即 $B=AP$，所以，基 α_1，α_2，α_3，α_4 到基 β_1，β_2，β_3，β_4 的过渡矩阵为

$$P=\underline{\quad}B=\begin{pmatrix}1&0&0&1\\1&1&0&1\\0&1&1&\underline{\quad}\\0&0&1&0\end{pmatrix}.$$

例 9 设 $\boldsymbol{\alpha}_1$，$\boldsymbol{\alpha}_2$，$\boldsymbol{\alpha}_3$ 与 $\boldsymbol{\beta}_1$，$\boldsymbol{\beta}_2$，$\boldsymbol{\beta}_3$ 是 $\mathbb{R}^3$ 的两个基，且基 $\boldsymbol{\alpha}_1$，$\boldsymbol{\alpha}_2$，$\boldsymbol{\alpha}_3$ 到基 $\boldsymbol{\beta}_1$，$\boldsymbol{\beta}_2$，$\boldsymbol{\beta}_3$ 的过渡矩阵为

$$\boldsymbol{P}=\begin{pmatrix}0&0&1\\0&1&-1\\1&-1&0\end{pmatrix},$$

（1）求基 $\boldsymbol{\beta}_1$，$\boldsymbol{\beta}_2$，$\boldsymbol{\beta}_3$ 到基 $\boldsymbol{\alpha}_1$，$\boldsymbol{\alpha}_2$，$\boldsymbol{\alpha}_3$ 的过渡矩阵 $\boldsymbol{Q}$；

（2）如果 $\boldsymbol{\alpha}_1=(1,1,0)^{\mathrm{T}}$，$\boldsymbol{\alpha}_2=(1,0-1)^{\mathrm{T}}$，$\boldsymbol{\alpha}_3=(0,-1,1)^{\mathrm{T}}$，求 $\boldsymbol{\beta}_1$，$\boldsymbol{\beta}_2$，$\boldsymbol{\beta}_3$；

（3）如果 $\boldsymbol{\beta}_1=(1,1,0)^{\mathrm{T}}$，$\boldsymbol{\beta}_2=(1,0-1)^{\mathrm{T}}$，$\boldsymbol{\beta}_3=(0,-1,1)^{\mathrm{T}}$，求 $\boldsymbol{\alpha}_1$，$\boldsymbol{\alpha}_2$，$\boldsymbol{\alpha}_3$.

解 （1）由于基 $\boldsymbol{\alpha}_1$，$\boldsymbol{\alpha}_2$，$\boldsymbol{\alpha}_3$ 到基 $\boldsymbol{\beta}_1$，$\boldsymbol{\beta}_2$，$\boldsymbol{\beta}_3$ 的过渡矩阵为 $\boldsymbol{P}$，即 $(\boldsymbol{\beta}_1,\boldsymbol{\beta}_2,\boldsymbol{\beta}_3)=(\boldsymbol{\alpha}_1,\boldsymbol{\alpha}_2,\boldsymbol{\alpha}_3)\boldsymbol{P}$，$\boldsymbol{P}$ 可逆，所以 $(\boldsymbol{\alpha}_1,\boldsymbol{\alpha}_2,\boldsymbol{\alpha}_3)=(\boldsymbol{\beta}_1,\boldsymbol{\beta}_2,\boldsymbol{\beta}_3)$ __，因此 $\boldsymbol{Q}=\boldsymbol{P}^{-1}=\begin{pmatrix}1&1&1\\1&1&\underline{\quad}\\1&0&0\end{pmatrix}$.

（2）由于基 $\boldsymbol{\alpha}_1$，$\boldsymbol{\alpha}_2$，$\boldsymbol{\alpha}_3$ 到基 $\boldsymbol{\beta}_1$，$\boldsymbol{\beta}_2$，$\boldsymbol{\beta}_3$ 的过渡矩阵为 $\boldsymbol{P}$，所以

$$(\boldsymbol{\beta}_1,\boldsymbol{\beta}_2,\boldsymbol{\beta}_3)=(\boldsymbol{\alpha}_1,\boldsymbol{\alpha}_2,\boldsymbol{\alpha}_3)\underline{\quad}=\begin{pmatrix}1&1&0\\1&0&-1\\0&-1&1\end{pmatrix}\begin{pmatrix}0&0&1\\0&1&-1\\1&-1&0\end{pmatrix}$$

$$=\begin{pmatrix}0&1&0\\-1&1&1\\1&-2&1\end{pmatrix},$$

即 $$\boldsymbol{\beta}_1=(0,-1,1)^{\mathrm{T}},\boldsymbol{\beta}_2=(1,1,-2)^{\mathrm{T}},\boldsymbol{\beta}_3=(0,1,1)^{\mathrm{T}}.$$

（3）由于基 $\boldsymbol{\alpha}_1$，$\boldsymbol{\alpha}_2$，$\boldsymbol{\alpha}_3$ 到基 $\boldsymbol{\beta}_1$，$\boldsymbol{\beta}_2$，$\boldsymbol{\beta}_3$ 的过渡矩阵为 $\boldsymbol{P}$，即 $(\boldsymbol{\beta}_1,\boldsymbol{\beta}_2,\boldsymbol{\beta}_3)=(\boldsymbol{\alpha}_1,\boldsymbol{\alpha}_2,\boldsymbol{\alpha}_3)\boldsymbol{P}$，$\boldsymbol{P}$ 可逆，所以

$$(\boldsymbol{\alpha}_1,\boldsymbol{\alpha}_2,\boldsymbol{\alpha}_3)=(\boldsymbol{\beta}_1,\boldsymbol{\beta}_2,\boldsymbol{\beta}_3)\boldsymbol{P}^{-1}=\begin{pmatrix}1&1&0\\1&0&-1\\0&-1&1\end{pmatrix}\begin{pmatrix}1&\underline{\quad}&1\\1&1&0\\1&0&0\end{pmatrix}$$

$$=\begin{pmatrix}2&2&1\\0&1&1\\0&-1&0\end{pmatrix},$$

即有 $\boldsymbol{\alpha}_1=(2,0,0)^{\mathrm{T}},\boldsymbol{\alpha}_2=(2,1,-1)^{\mathrm{T}},\boldsymbol{\alpha}_3=(1,1,0)^{\mathrm{T}}$.

5.3.2 坐标变换

设$\boldsymbol{\alpha}_1,\boldsymbol{\alpha}_2,\cdots,\boldsymbol{\alpha}_n$与$\boldsymbol{\beta}_1,\boldsymbol{\beta}_2,\cdots,\boldsymbol{\beta}_n$是$n$维向量空间$\mathbb{R}^n$的两个基，$\boldsymbol{P}$为基$\boldsymbol{\alpha}_1,\boldsymbol{\alpha}_2,\cdots,\boldsymbol{\alpha}_n$到基$\boldsymbol{\beta}_1,\boldsymbol{\beta}_2,\cdots,\boldsymbol{\beta}_n$的过渡矩阵，即$(\boldsymbol{\beta}_1,\boldsymbol{\beta}_2,\cdots,\boldsymbol{\beta}_n)=(\boldsymbol{\alpha}_1,\boldsymbol{\alpha}_2,\cdots,\boldsymbol{\alpha}_n)\boldsymbol{P}$，$\boldsymbol{P}=(\boldsymbol{\alpha}_1,\boldsymbol{\alpha}_2,\cdots,\boldsymbol{\alpha}_n)^{-1}(\boldsymbol{\beta}_1,\boldsymbol{\beta}_2,\cdots,\boldsymbol{\beta}_n)$. $\boldsymbol{\alpha}$为$\mathbb{R}^n$的任意一个向量，并且$\boldsymbol{\alpha}=x_1\boldsymbol{\alpha}_1+x_2\boldsymbol{\alpha}_2+\cdots+x_n\boldsymbol{\alpha}_n$，$\boldsymbol{\alpha}=y_1\boldsymbol{\beta}_1+y_2\boldsymbol{\beta}_2+\cdots+y_n\boldsymbol{\beta}_n$，所以有

$$y_1\boldsymbol{\beta}_1+y_2\boldsymbol{\beta}_2+\cdots+y_n\boldsymbol{\beta}_n=x_1\boldsymbol{\alpha}_1+x_2\boldsymbol{\alpha}_2+\cdots+x_n\boldsymbol{\alpha}_n,$$

即

$$(\boldsymbol{\beta}_1,\boldsymbol{\beta}_2,\cdots,\boldsymbol{\beta}_n)\begin{pmatrix}y_1\\y_2\\\vdots\\y_n\end{pmatrix}=(\boldsymbol{\alpha}_1,\boldsymbol{\alpha}_2,\cdots,\boldsymbol{\alpha}_n)\begin{pmatrix}x_1\\x_2\\\vdots\\x_n\end{pmatrix},$$

因此

$$\begin{pmatrix}y_1\\y_2\\\vdots\\y_n\end{pmatrix}=(\boldsymbol{\beta}_1,\boldsymbol{\beta}_2,\cdots,\boldsymbol{\beta}_n)^{-1}(\boldsymbol{\alpha}_1,\boldsymbol{\alpha}_2,\cdots,\boldsymbol{\alpha}_n)\begin{pmatrix}x_1\\x_2\\\vdots\\x_n\end{pmatrix},$$

$$\begin{pmatrix}y_1\\y_2\\\vdots\\y_n\end{pmatrix}=\boldsymbol{P}^{-1}\begin{pmatrix}x_1\\x_2\\\vdots\\x_n\end{pmatrix}.$$

一般地，可以定义：

定义6 设$\boldsymbol{\alpha}_1,\boldsymbol{\alpha}_2,\cdots,\boldsymbol{\alpha}_n$与$\boldsymbol{\beta}_1,\boldsymbol{\beta}_2,\cdots,\boldsymbol{\beta}_n$是$n$维向量空间$\mathbb{R}^n$的两个基，$\boldsymbol{P}$为基$\boldsymbol{\alpha}_1,\boldsymbol{\alpha}_2,\cdots,\boldsymbol{\alpha}_n$到基$\boldsymbol{\beta}_1,\boldsymbol{\beta}_2,\cdots,\boldsymbol{\beta}_n$的过渡矩阵，$\boldsymbol{\alpha}$为$\mathbb{R}^n$的任意一个向量，并且$\boldsymbol{\alpha}=x_1\boldsymbol{\alpha}_1+x_2\boldsymbol{\alpha}_2+\cdots+x_n\boldsymbol{\alpha}_n$，$\boldsymbol{\alpha}=y_1\boldsymbol{\beta}_1+y_2\boldsymbol{\beta}_2+\cdots+y_n\boldsymbol{\beta}_n$，则称

$$\begin{pmatrix}y_1\\y_2\\\vdots\\y_n\end{pmatrix}=\boldsymbol{P}^{-1}\begin{pmatrix}x_1\\x_2\\\vdots\\x_n\end{pmatrix}\quad\text{或}\quad\begin{pmatrix}x_1\\x_2\\\vdots\\x_n\end{pmatrix}=\boldsymbol{P}\begin{pmatrix}y_1\\y_2\\\vdots\\y_n\end{pmatrix}$$

为两基间的坐标变换公式.

例 10 设 $\boldsymbol{\alpha}_1$，$\boldsymbol{\alpha}_2$，$\boldsymbol{\alpha}_3$ 与 $\boldsymbol{\beta}_1$，$\boldsymbol{\beta}_2$，$\boldsymbol{\beta}_3$ 是 $\mathbb{R}^3$ 的两组基，且基 $\boldsymbol{\alpha}_1$，$\boldsymbol{\alpha}_2$，$\boldsymbol{\alpha}_3$ 到基 $\boldsymbol{\beta}_1$，$\boldsymbol{\beta}_2$，$\boldsymbol{\beta}_3$ 的过渡矩阵为 $\boldsymbol{P}=\begin{pmatrix}0&0&1\\0&1&-1\\1&-1&0\end{pmatrix}$. 如果 $\boldsymbol{\alpha}$ 在 $\boldsymbol{\beta}_1$，$\boldsymbol{\beta}_2$，$\boldsymbol{\beta}_3$ 下的坐标为 2，-1，3，求 $\boldsymbol{\alpha}$ 在基 $\boldsymbol{\alpha}_1$，$\boldsymbol{\alpha}_2$，$\boldsymbol{\alpha}_3$ 下的坐标.

解 令 $\boldsymbol{\alpha}=x_1\boldsymbol{\alpha}_1+x_2\boldsymbol{\alpha}_2+x_3\boldsymbol{\alpha}_3$.

由于基 $\boldsymbol{\alpha}_1$，$\boldsymbol{\alpha}_2$，$\boldsymbol{\alpha}_3$ 到基 $\boldsymbol{\beta}_1$，$\boldsymbol{\beta}_2$，$\boldsymbol{\beta}_3$ 的过渡矩阵为 $\boldsymbol{P}$，即 $(\boldsymbol{\beta}_1,\boldsymbol{\beta}_2,\boldsymbol{\beta}_3)=(\boldsymbol{\alpha}_1,\boldsymbol{\alpha}_2,\boldsymbol{\alpha}_3)\boldsymbol{P}$，

$(\boldsymbol{\alpha}_1,\boldsymbol{\alpha}_2,\boldsymbol{\alpha}_3)^{-1}(\boldsymbol{\beta}_1,\boldsymbol{\beta}_2,\boldsymbol{\beta}_3)=$ __，由题设可知，$\boldsymbol{\alpha}=2\boldsymbol{\beta}_1-1\boldsymbol{\beta}_2+3\boldsymbol{\beta}_3$，故

$$x_1\boldsymbol{\alpha}_1+x_2\boldsymbol{\alpha}_2+x_3\boldsymbol{\alpha}_3=2\boldsymbol{\beta}_1-1\boldsymbol{\beta}_2+3\boldsymbol{\beta}_3,$$

$$(\boldsymbol{\alpha}_1,\boldsymbol{\alpha}_2,\boldsymbol{\alpha}_3)\begin{pmatrix}x_1\\x_2\\x_3\end{pmatrix}=(\boldsymbol{\beta}_1,\boldsymbol{\beta}_2,\boldsymbol{\beta}_3)\begin{pmatrix}2\\-1\\3\end{pmatrix},$$

$$\begin{pmatrix}x_1\\x_2\\x_3\end{pmatrix}=(\boldsymbol{\alpha}_1,\boldsymbol{\alpha}_2,\boldsymbol{\alpha}_3)^{-1}(\boldsymbol{\beta}_1,\boldsymbol{\beta}_2,\boldsymbol{\beta}_3)\begin{pmatrix}2\\-1\\3\end{pmatrix},$$

$$\begin{pmatrix}x_1\\x_2\\x_3\end{pmatrix}=\boldsymbol{P}\begin{pmatrix}2\\-1\\3\end{pmatrix}=\begin{pmatrix}0&0&1\\0&1&-1\\1&-1&0\end{pmatrix}\begin{pmatrix}2\\-1\\3\end{pmatrix}=\begin{pmatrix}3\\\_\_\\3\end{pmatrix},$$

因此，$\boldsymbol{\alpha}$ 在基 $\boldsymbol{\alpha}_1$，$\boldsymbol{\alpha}_2$，$\boldsymbol{\alpha}_3$ 下的坐标为 3，-4，3.

练　习

• **计算题**

1. 已知 $\mathbb{R}^3$ 的两个基

$$(\text{I})\ \boldsymbol{\alpha}_1=\begin{pmatrix}1\\1\\1\end{pmatrix},\boldsymbol{\alpha}_2=\begin{pmatrix}1\\0\\-1\end{pmatrix},\boldsymbol{\alpha}_3=\begin{pmatrix}1\\0\\1\end{pmatrix}$$

$$(\text{II})\ \boldsymbol{\beta}_1=\begin{pmatrix}1\\2\\1\end{pmatrix},\boldsymbol{\beta}_2=\begin{pmatrix}2\\3\\4\end{pmatrix},\boldsymbol{\beta}_3=\begin{pmatrix}3\\4\\3\end{pmatrix},$$

（1）求由基（Ⅰ）到基（Ⅱ）的过渡矩阵；

（2）已知向量 $\boldsymbol{\alpha}$ 在基 $\boldsymbol{\alpha}_1$，$\boldsymbol{\alpha}_2$，$\boldsymbol{\alpha}_3$ 下的坐标为 $\begin{pmatrix}1\\0\\-1\end{pmatrix}$，求 $\boldsymbol{\alpha}$ 在基 $\boldsymbol{\beta}_1$，$\boldsymbol{\beta}_2$，$\boldsymbol{\beta}_3$ 下的坐标；

（3）已知向量 $\boldsymbol{\beta}$ 在基 $\boldsymbol{\beta}_1$，$\boldsymbol{\beta}_2$，$\boldsymbol{\beta}_3$ 下的坐标为 $\begin{pmatrix}1\\-1\\2\end{pmatrix}$，求 $\boldsymbol{\beta}$ 在基 $\boldsymbol{\alpha}_1$，$\boldsymbol{\alpha}_2$，$\boldsymbol{\alpha}_3$ 下的坐标．

2. 设 $\boldsymbol{\alpha}_1=(1,-2,1)^{\mathrm{T}}$，$\boldsymbol{\alpha}_2=(0,1,1)^{\mathrm{T}}$，$\boldsymbol{\alpha}_3=(3,2,1)^{\mathrm{T}}$ 是向量空间 $\mathbb{R}^3$ 的一个基．$\boldsymbol{\xi}$ 在基 $\boldsymbol{\alpha}_1$，$\boldsymbol{\alpha}_2$，$\boldsymbol{\alpha}_3$ 下的坐标为 (x_1,x_2,x_3)，即 $\boldsymbol{\xi}=x_1\boldsymbol{\alpha}_1+x_2\boldsymbol{\alpha}_2+x_3\boldsymbol{\alpha}_3$，$\boldsymbol{\beta}_1$，$\boldsymbol{\beta}_2$，$\boldsymbol{\beta}_3$ 是向量空间 $\mathbb{R}^3$ 的另一个基，且 $\boldsymbol{\xi}$ 在基 $\boldsymbol{\beta}_1$，$\boldsymbol{\beta}_2$，$\boldsymbol{\beta}_3$ 下的坐标为 (y_1,y_2,y_3)，即 $\boldsymbol{\xi}=y_1\boldsymbol{\beta}_1+y_2\boldsymbol{\beta}_2+y_3\boldsymbol{\beta}_3$，并且有 $y_1=x_1-x_2-x_3$，$y_2=-x_1+x_2$，$y_3=x_1+2x_3$．

（1）求由 $\boldsymbol{\beta}_1$，$\boldsymbol{\beta}_2$，$\boldsymbol{\beta}_3$ 到 $\boldsymbol{\alpha}_1$，$\boldsymbol{\alpha}_2$，$\boldsymbol{\alpha}_3$ 的过渡矩阵；

（2）求基 $\boldsymbol{\beta}_1$，$\boldsymbol{\beta}_2$，$\boldsymbol{\beta}_3$．

5.4 线性变换

前面章节已经简单讨论过线性变换的定义，本节将给出其严格的数学定义，并讨论与线性变换相关的一些性质．

5.4.1 线性变换的定义

定义7 设 $\mathbb{R}^n$ 是 n 维向量空间，T 是一个从 $\mathbb{R}^n$ 到 $\mathbb{R}^n$ 的映射，如果映射 T 满足：

（1）任给 $\boldsymbol{\alpha}_1$，$\boldsymbol{\alpha}_2\in\mathbb{R}^n$（从而 $\boldsymbol{\alpha}_1+\boldsymbol{\alpha}_2\in\mathbb{R}^n$），有

$$T(\boldsymbol{\alpha}_1+\boldsymbol{\alpha}_2)=T(\boldsymbol{\alpha}_1)+T(\boldsymbol{\alpha}_2);$$

（2）任给 $\boldsymbol{\alpha}\in\mathbb{R}^n$，$\lambda\in\mathbb{R}$（从而 $\lambda\alpha\in\mathbb{R}^n$），有

$$T(\lambda\boldsymbol{\alpha})=\lambda T(\boldsymbol{\alpha}),$$

那么，T 就称为 n 维向量空间 $\mathbb{R}^n$ 上的**线性变换**．

若 T 是 n 维向量空间 $\mathbb{R}^n$ 上的线性变换，则有如下三种特殊的线性变换．

（1）称 T 为**恒等变换**．若 $T(\boldsymbol{\alpha})=\boldsymbol{\alpha}$，$\forall\boldsymbol{\alpha}\in\mathbb{R}^n$．

（2）称 T 为**零变换**．若 $T(\boldsymbol{\alpha})=\mathbf{0}$，$\forall\boldsymbol{\alpha}\in\mathbb{R}^n$．

（3）称 T 为**数乘变换**．若 $T(\boldsymbol{\alpha})=\lambda\boldsymbol{\alpha}$，$\forall\boldsymbol{\alpha}\in\mathbb{R}^n$，$\lambda$ 是实常数．

注：易见当 $\lambda=1$ 时，则 T 是恒等变换；当 $\lambda=0$ 时，则 T 是零变换．

5.4.2 线性变换的性质

线性变换主要有以下几点性质：

（1）若 T 是一个从 $\mathbb{R}^n$ 到 $\mathbb{R}^n$ 的映射，则 T 是 $\mathbb{R}^n$ 上的线性变换的充要条件为：T 满足 $T(\lambda\boldsymbol{\alpha}+\mu\boldsymbol{\beta})=\lambda T(\boldsymbol{\alpha})+\mu T(\boldsymbol{\beta})$，$\boldsymbol{\alpha}$，$\boldsymbol{\beta}$ 为 $\mathbb{R}^n$ 的任意两向量，λ，$\mu\in\mathbb{R}$.

（2）若 T 为 n 维向量空间 $\mathbb{R}^n$ 上的线性变换，则 $T(\mathbf{0})=\mathbf{0}$，$T(-\boldsymbol{\alpha})=-\boldsymbol{\alpha}$.

因为 $T(\mathbf{0})=T(\mathbf{0}+\mathbf{0})=T(\mathbf{0})+T(\mathbf{0})$，所以 $T(\mathbf{0})=\mathbf{0}$；

$T(-\boldsymbol{\alpha})=T((-1)\boldsymbol{\alpha})=(-1)T(\boldsymbol{\alpha})=-T(\boldsymbol{\alpha})$.

（3）若 T 为 n 维向量空间 $\mathbb{R}^n$ 上的线性变换，并且 T 是一一映射，其逆映射为 T^{-1}，因为

$$
\begin{aligned}
T^{-1}(\boldsymbol{\alpha}+\boldsymbol{\beta}) &= T^{-1}(TT^{-1}(\boldsymbol{\alpha})+TT^{-1}(\boldsymbol{\beta}))=T^{-1}(T(T^{-1}(\boldsymbol{\alpha})+T^{-1}(\boldsymbol{\beta})))\\
&= T^{-1}T(T^{-1}(\boldsymbol{\alpha})+T^{-1}(\boldsymbol{\beta}))=T^{-1}(\boldsymbol{\alpha})+T^{-1}(\boldsymbol{\beta}),\\
T^{-1}(\lambda\boldsymbol{\alpha}) &= T^{-1}(\lambda TT^{-1}(\boldsymbol{\alpha}))=T^{-1}(T(\lambda T^{-1}(\boldsymbol{\alpha})))\\
&= T^{-1}T(\lambda T^{-1}(\boldsymbol{\alpha}))=\lambda T^{-1}(\boldsymbol{\alpha}).
\end{aligned}
$$

因此 T^{-1} 也是线性变换．此时称 T 为**可逆变换**，T^{-1} 称为 T 的**逆变换**，显然 T 也是 T^{-1} 的**逆变换**.

（4）若 T 为 n 维向量空间 $\mathbb{R}^n$ 上的线性变换，$\boldsymbol{\alpha}_1$，$\boldsymbol{\alpha}_2$，…，$\boldsymbol{\alpha}_r$ 线性相关，则 $T(\boldsymbol{\alpha}_1)$，$T(\boldsymbol{\alpha}_2)$，…，$T(\boldsymbol{\alpha}_r)$ 线性相关.

因为 $\boldsymbol{\alpha}_1$，$\boldsymbol{\alpha}_2$，…，$\boldsymbol{\alpha}_r$ 线性相关，所以存在不全为零的数 k_1，k_2，…，k_r，使得 $k_1\boldsymbol{\alpha}_1+k_2\boldsymbol{\alpha}_2+\cdots+k_r\boldsymbol{\alpha}_r=\mathbf{0}$，因此

$$
T(k_1\boldsymbol{\alpha}_1+k_2\boldsymbol{\alpha}_2+\cdots+k_r\boldsymbol{\alpha}_r)=T(\mathbf{0}),
$$

$$
k_1T(\boldsymbol{\alpha}_1)+k_2T(\boldsymbol{\alpha}_2)+\cdots+k_rT(\boldsymbol{\alpha}_r)=\mathbf{0},
$$

所以 $T(\boldsymbol{\alpha}_1)$，$T(\boldsymbol{\alpha}_2)$，…，$T(\boldsymbol{\alpha}_r)$ 线性相关.

5.4.3 线性变换的矩阵

若 T 为 n 维向量空间 $\mathbb{R}^n$ 的线性变换，$\boldsymbol{e}_1,\boldsymbol{e}_2,\cdots,\boldsymbol{e}_n$ 是 $\mathbb{R}^n$ 的自然基，$\boldsymbol{\beta}=T(\boldsymbol{\alpha})$，其中 $\boldsymbol{\alpha}=(x_1,x_2,\cdots,x_n)^{\mathrm{T}}$，$\boldsymbol{\beta}=(y_1,y_2,\cdots,y_n)^{\mathrm{T}}$．则 $T(\boldsymbol{e}_1)$，$T(\boldsymbol{e}_2)$，…，$T(\boldsymbol{e}_n)$ 可以分别由基 $\boldsymbol{e}_1$，$\boldsymbol{e}_2$，…，$\boldsymbol{e}_n$ 表示为

$$
\begin{aligned}
T(\boldsymbol{e}_1) &= a_{11}\boldsymbol{e}_1+a_{12}\boldsymbol{e}_2+\cdots+a_{1n}\boldsymbol{e}_n,\\
T(\boldsymbol{e}_2) &= a_{21}\boldsymbol{e}_1+a_{22}\boldsymbol{e}_2+\cdots+a_{2n}\boldsymbol{e}_n,\\
&\vdots\\
T(\boldsymbol{e}_n) &= a_{n1}\boldsymbol{e}_1+a_{n2}\boldsymbol{e}_2+\cdots+a_{nn}\boldsymbol{e}_n,
\end{aligned}
$$

令
$$\boldsymbol{A}=\begin{pmatrix}a_{11} & a_{12} & \cdots & a_{1n}\\ a_{21} & a_{22} & \cdots & a_{2n}\\ \vdots & \vdots & & \vdots\\ a_{n1} & a_{n2} & \cdots & a_{nn}\end{pmatrix},$$

则 $(T(\boldsymbol{e}_1),\ T(\boldsymbol{e}_2),\ \cdots,\ T(\boldsymbol{e}_n))=(\boldsymbol{e}_1,\ \boldsymbol{e}_2,\ \cdots,\ \boldsymbol{e}_n)\boldsymbol{A}$，$\boldsymbol{A}$ 称为**线性变换 T 在自然基下的矩阵**，简称**线性变换 T 的矩阵**.

由此可知，在自然基下，n 维向量空间 $\mathbb{R}^n$ 中的任意线性变换都有唯一的 n 阶矩阵与该线性变换对应.

反之，对于任意的一个 n 阶方阵 $\boldsymbol{A}$ 都存在唯一的一个线性变换 T 与之对应，并且线性变换 T 在自然基下的矩阵为 $\boldsymbol{A}$．反之情况证明省略.

由 $\boldsymbol{\beta}=T(\boldsymbol{\alpha})$，$\boldsymbol{\alpha}=x_1\boldsymbol{e}_1+x_2\boldsymbol{e}_2+\cdots+x_n\boldsymbol{e}_n$，$\boldsymbol{\beta}=y_1\boldsymbol{e}_1+y_2\boldsymbol{e}_2+\cdots+y_n\boldsymbol{e}_n$，得

$$y_1\boldsymbol{e}_1+y_2\boldsymbol{e}_2+\cdots+y_n\boldsymbol{e}_n=T(x_1\boldsymbol{e}_1+x_2\boldsymbol{e}_2+\cdots+x_n\boldsymbol{e}_n),$$

$$\begin{aligned}(\boldsymbol{e}_1,\boldsymbol{e}_2,\cdots,\boldsymbol{e}_n)\begin{pmatrix}y_1\\ y_2\\ \vdots\\ y_n\end{pmatrix}&=T(x_1\boldsymbol{e}_1+x_2\boldsymbol{e}_2+\cdots+x_n\boldsymbol{e}_n)\\ &=x_1T(\boldsymbol{e}_1)+x_2T(\boldsymbol{e}_2)+\cdots+x_nT(\boldsymbol{e}_n),\\ &=(T(\boldsymbol{e}_1),T(\boldsymbol{e}_2),\cdots,T(\boldsymbol{e}_n))\begin{pmatrix}x_1\\ x_2\\ \vdots\\ x_n\end{pmatrix}\\ &=(\boldsymbol{e}_1,\boldsymbol{e}_2,\cdots,\boldsymbol{e}_n)\boldsymbol{A}\begin{pmatrix}x_1\\ x_2\\ \vdots\\ x_n\end{pmatrix},\end{aligned}$$

所以
$$(\boldsymbol{e}_1,\boldsymbol{e}_2,\cdots,\boldsymbol{e}_n)\begin{pmatrix}y_1\\ y_2\\ \vdots\\ y_n\end{pmatrix}=(\boldsymbol{e}_1,\boldsymbol{e}_2,\cdots,\boldsymbol{e}_n)\boldsymbol{A}\begin{pmatrix}x_1\\ x_2\\ \vdots\\ x_n\end{pmatrix},$$

$$(\boldsymbol{e}_1,\boldsymbol{e}_2,\cdots,\boldsymbol{e}_n)\begin{pmatrix}y_1\\y_2\\\vdots\\y_n\end{pmatrix}-(\boldsymbol{e}_1,\boldsymbol{e}_2,\cdots,\boldsymbol{e}_n)\boldsymbol{A}\begin{pmatrix}x_1\\x_2\\\vdots\\x_n\end{pmatrix}=\boldsymbol{0},$$

$$(\boldsymbol{e}_1,\boldsymbol{e}_2,\cdots,\boldsymbol{e}_n)\left(\begin{pmatrix}y_1\\y_2\\\vdots\\y_n\end{pmatrix}-\boldsymbol{A}\begin{pmatrix}x_1\\x_2\\\vdots\\x_n\end{pmatrix}\right)=\boldsymbol{0},$$

由于 $\boldsymbol{e}_1$，$\boldsymbol{e}_2$，$\cdots$，$\boldsymbol{e}_n$ 是自然基，则必然线性无关，所以 $\begin{pmatrix}y_1\\y_2\\\vdots\\y_n\end{pmatrix}-\boldsymbol{A}\begin{pmatrix}x_1\\x_2\\\vdots\\x_n\end{pmatrix}=\boldsymbol{0}$，即

$$\begin{pmatrix}y_1\\y_2\\\vdots\\y_n\end{pmatrix}=\boldsymbol{A}\begin{pmatrix}x_1\\x_2\\\vdots\\x_n\end{pmatrix}. \tag{5.2}$$

式（5.2）便是4.1节中线性变换的定义6，由于线性变换和方阵是一一对应的，所以本节给出的线性变换的定义与前面给出的定义是等价的.

如果线性变换 T 存在逆变换 T^{-1}，令逆变换 T^{-1} 对应的矩阵为 $\boldsymbol{B}$，即 $(T^{-1}(\boldsymbol{e}_1),T^{-1}(\boldsymbol{e}_2),\cdots,T^{-1}(\boldsymbol{e}_n))=(\boldsymbol{e}_1,\boldsymbol{e}_2,\cdots,\boldsymbol{e}_n)\boldsymbol{B}$.

由于 $(T(\boldsymbol{e}_1),T(\boldsymbol{e}_2),\cdots,T(\boldsymbol{e}_n))=(\boldsymbol{e}_1,\boldsymbol{e}_2,\cdots,\boldsymbol{e}_n)\boldsymbol{A}$，即

$$\begin{cases}T(\boldsymbol{e}_1)=a_{11}\boldsymbol{e}_1+a_{12}\boldsymbol{e}_2+\cdots+a_{1n}\boldsymbol{e}_n\\T(\boldsymbol{e}_2)=a_{21}\boldsymbol{e}_1+a_{22}\boldsymbol{e}_2+\cdots+a_{2n}\boldsymbol{e}_n\\\qquad\vdots\\T(\boldsymbol{e}_n)=a_{n1}\boldsymbol{e}_1+a_{n2}\boldsymbol{e}_2+\cdots+a_{nn}\boldsymbol{e}_{n\ n}\end{cases},$$

所以

$$\begin{cases} T^{-1}T(\boldsymbol{e}_1) = T^{-1}(a_{11}\boldsymbol{e}_1 + a_{12}\boldsymbol{e}_2 + \cdots + a_{1n}\boldsymbol{e}_n) \\ T^{-1}T(\boldsymbol{e}_2) = T^{-1}(a_{21}\boldsymbol{e}_1 + a_{22}\boldsymbol{e}_2 + \cdots + a_{2n}\boldsymbol{e}_n) \\ \qquad\qquad\vdots \\ T^{-1}T(\boldsymbol{e}_n) = T^{-1}(a_{n1}\boldsymbol{e}_1 + a_{n2}\boldsymbol{e}_2 + \cdots + a_{nn}\boldsymbol{e}_n) \end{cases},$$

$$\begin{cases} \boldsymbol{e}_1 = a_{11}T^{-1}(\boldsymbol{e}_1) + a_{12}T^{-1}(\boldsymbol{e}_2) + \cdots + a_{1n}T^{-1}(\boldsymbol{e}_n) \\ \boldsymbol{e}_2 = a_{21}T^{-1}(\boldsymbol{e}_1) + a_{22}T^{-1}(\boldsymbol{e}_2) + \cdots + a_{2n}T^{-1}(\boldsymbol{e}_n) \\ \qquad\qquad\vdots \\ \boldsymbol{e}_n = a_{n1}T^{-1}(\boldsymbol{e}_1) + a_{n2}T^{-1}(\boldsymbol{e}_2) + \cdots + a_{nn}T^{-1}(\boldsymbol{e}_n) \end{cases},$$

即 $(\boldsymbol{e}_1,\boldsymbol{e}_2,\cdots,\ \boldsymbol{e}_n) = (T^{-1}(\boldsymbol{e}_1),T^{-1}(\boldsymbol{e}_2),\cdots,T^{-1}(\boldsymbol{e}_n))\boldsymbol{A} = (\boldsymbol{e}_1,\boldsymbol{e}_2,\cdots,\boldsymbol{e}_n)\boldsymbol{BA}$，

而 $\boldsymbol{e}_1$，$\boldsymbol{e}_2$，…，$\boldsymbol{e}_n$ 是自然基，线性无关，所以 $\boldsymbol{BA}=\boldsymbol{E}$，即 $\boldsymbol{B}=\boldsymbol{A}^{-1}$.

由此说明，可逆线性变换 T 与可逆矩阵一一对应，并且若可逆线性变换 T 的矩阵为 $\boldsymbol{A}$，则其逆变换 T^{-1} 的矩阵为 $\boldsymbol{A}^{-1}$.

5.4.4 线性变换的应用

线性变换的思想和方法在理论和实际问题中都有着大量的应用. 图形的几何变换，包括图形的平移、旋转、放缩等，是计算机动画设计中经常遇到的问题. 为简便起见，这里我们仅讨论平面图形的几何变换，如旋转变换、投影变换、对称变换等坐标变换均为线性变换. 具体举例如下.

例 11 （$\mathbb{R}^2$ 空间的旋转变换）如图 5.4.1 所示，向量 $\overrightarrow{OP}$ 逆时针旋转 φ 角，变为向量 $\overrightarrow{OP'}$.

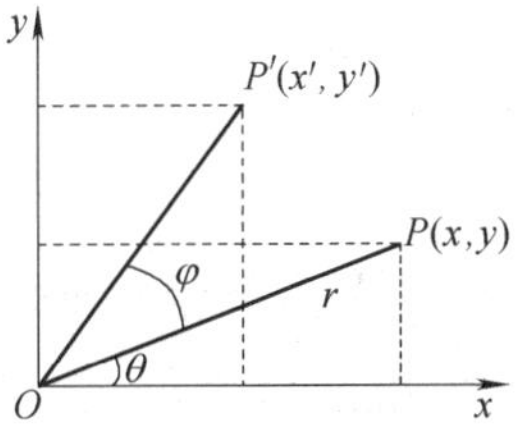

图 5.4.1

现不妨设 $\overrightarrow{OP}$ 的长度为 r，辐角为 θ，$P(x,y)$，$P'(x',y')$，则有

$$\begin{cases} x = r\cos\theta \\ y = r\sin\theta \end{cases},$$

$$\begin{cases} x' = r\cos(\theta+\varphi) = r\cos\theta\cos\varphi - \underline{\qquad} = x\cos\varphi - y\sin\varphi \\ y' = r\sin(\theta+\varphi) = r\cos\theta\sin\varphi + r\sin\theta\cos\varphi = x\sin\varphi + \underline{\qquad} \end{cases},$$

利用矩阵的乘法，可表示为

$$\begin{pmatrix} x' \\ y' \end{pmatrix} = \begin{pmatrix} \cos\varphi & -\sin\varphi \\ \sin\varphi & \cos\varphi \end{pmatrix}\begin{pmatrix} x \\ y \end{pmatrix},$$

因此旋转变换的矩阵为 $\begin{pmatrix} \cos\varphi & -\sin\varphi \\ \sin\varphi & \cos\varphi \end{pmatrix}$.

例 12 （$\mathbb{R}^2$ 空间的投影变换）将向量 $\overrightarrow{OP}$ 投影到 Ox 轴上．设 $P(x,y)$，投影点 $P'(x',y')$，则有

$$\begin{cases} x' = x \\ y' = 0 \end{cases}$$

利用矩阵的乘法，可表示为

$$\begin{pmatrix} x' \\ y' \end{pmatrix} = \begin{pmatrix} 1 & \_\_ \\ 0 & 0 \end{pmatrix} \begin{pmatrix} x \\ y \end{pmatrix},$$

因此 x 轴上的投影变换的矩阵为 $\begin{pmatrix} 1 & 0 \\ 0 & 0 \end{pmatrix}$.

例 13 （$\mathbb{R}^2$ 空间的对称变换）设任意点 $P(x,y)$ 关于直线 $y = kx, k \neq 0$ 的对称点为 $P'(x',y')$，则有 $\begin{cases} \dfrac{y+y'}{2} = k\dfrac{x+x'}{2} \\ \dfrac{y-y'}{x-x'} = -\dfrac{1}{k} \end{cases}$，利用矩阵的乘法，可表示为

$$\begin{pmatrix} x' \\ y' \end{pmatrix} = \begin{pmatrix} \dfrac{1-\_\_}{1+k^2} & \dfrac{2k}{1+k^2} \\ \dfrac{2k}{1+k^2} & \_\_\_\_ \end{pmatrix} \begin{pmatrix} x \\ y \end{pmatrix},$$

因此对称变换的矩阵为

$$\begin{pmatrix} \dfrac{1-k^2}{1+k^2} & \dfrac{2k}{1+k^2} \\ \dfrac{2k}{1+k^2} & \dfrac{k^2-1}{1+k^2} \end{pmatrix}.$$

练　　习

- **计算题**

1. 已知向量空间 $\mathbb{R}^n$ 中的线性变换 T 在基 $\boldsymbol{\alpha}_1 = (-1,1,1)^{\mathrm{T}}$，$\boldsymbol{\alpha}_2 = (1,0-1)^{\mathrm{T}}$，$\boldsymbol{\alpha}_3 = (0,1,1)^{\mathrm{T}}$ 下的矩阵是 $\begin{pmatrix} 1 & 0 & 1 \\ 1 & 1 & 0 \\ -1 & 2 & 1 \end{pmatrix}$，求线性变换 T 在基 $\boldsymbol{e}_1 = (1,0,0)^{\mathrm{T}}$，$\boldsymbol{e}_2 = (0,1,0)^{\mathrm{T}}$，$\boldsymbol{e}_3 = (0,0,1)^{\mathrm{T}}$ 下的矩阵.

2. 给出向量空间 $\mathbb{R}^n$ 的两组基 $\boldsymbol{\alpha}_1 = (1,0,1)^{\mathrm{T}}, \boldsymbol{\alpha}_2 = (2,1,0)^{\mathrm{T}}, \boldsymbol{\alpha}_3 = (1,1,1)^{\mathrm{T}}$ 以及 $\boldsymbol{\beta}_1 = (1,2,-1)^{\mathrm{T}}$，$\boldsymbol{\beta}_2 = (2,2,-1)^{\mathrm{T}}$，$\boldsymbol{\beta}_3 = (2,-1,-1)^{\mathrm{T}}$，定义线性变换 $T: \boldsymbol{\alpha}_i \to \boldsymbol{\beta}_i$，$i = 1,2,3$，

（1）写出线性变换 T 在基 $\boldsymbol{\alpha}_1$，$\boldsymbol{\alpha}_2$，$\boldsymbol{\alpha}_3$ 下的矩阵；

（2）写出线性变换 T 在基 $\boldsymbol{\beta}_1$，$\boldsymbol{\beta}_2$，$\boldsymbol{\beta}_3$ 下的矩阵.

• **证明题**

3. 设 $V=\left\{\begin{pmatrix}a&0&b\\0&c&0\\d&0&e\end{pmatrix}\middle| a,b,c,d,e\in\mathbb{R}\right\}$，令 $\boldsymbol{A}=\begin{pmatrix}0&0&1\\0&-1&0\\1&0&0\end{pmatrix}$，$T:V\to V$ 用下式定义：$T(\boldsymbol{x})=\boldsymbol{A}\boldsymbol{x},\forall\boldsymbol{x}\in V$，证明：$T$ 是 V 上的线性变换.

5.5 应用实例

本节首先将本章开始的引例应用利用所学知识，求出问题的解，然后介绍本章的一个实际应用问题.

5.5.1 引例的解

解 设任意点为 (x,y)，旋转变换后坐标为 (x_1,y_1)，对称变换后坐标为 (x_2,y_2)，则由例 11 可知，旋转变换矩阵为 $\begin{pmatrix}\cos\varphi&-\sin\varphi\\\sin\varphi&\cos\varphi\end{pmatrix}=\begin{pmatrix}\cos\frac{\pi}{6}&-\sin\frac{\pi}{6}\\\sin\frac{\pi}{6}&\cos\frac{\pi}{6}\end{pmatrix}=\begin{pmatrix}\frac{\sqrt{3}}{2}&-\frac{1}{2}\\\frac{1}{2}&\frac{\sqrt{3}}{2}\end{pmatrix}$，即有 $\begin{pmatrix}x_1\\y_1\end{pmatrix}=\begin{pmatrix}\frac{\sqrt{3}}{2}&-\frac{1}{2}\\\frac{1}{2}&\frac{\sqrt{3}}{2}\end{pmatrix}\begin{pmatrix}x\\y\end{pmatrix}$. 并且由例 13 可知关于直线 $y=x$ 的对称变换的变换矩阵为

$$\begin{pmatrix}\frac{1-k^2}{1+k^2}&\frac{2k}{1+k^2}\\\frac{2k}{1+k^2}&\frac{k^2-1}{1+k^2}\end{pmatrix}=\begin{pmatrix}\frac{1-1^2}{1+1^2}&\frac{2\times1}{1+1^2}\\\frac{2\times1}{1+1^2}&\frac{1^2-1}{1+1^2}\end{pmatrix}=\begin{pmatrix}0&1\\1&0\end{pmatrix}$$，即有 $\begin{pmatrix}x_2\\y_2\end{pmatrix}=\begin{pmatrix}0&1\\1&0\end{pmatrix}\begin{pmatrix}x_1\\y_1\end{pmatrix}$. 因此有

$$\begin{pmatrix}x_2\\y_2\end{pmatrix}=\begin{pmatrix}0&1\\1&0\end{pmatrix}\begin{pmatrix}x_1\\y_1\end{pmatrix}=\begin{pmatrix}0&1\\1&0\end{pmatrix}\begin{pmatrix}\frac{\sqrt{3}}{2}&-\frac{1}{2}\\\frac{1}{2}&\frac{\sqrt{3}}{2}\end{pmatrix}\begin{pmatrix}x\\y\end{pmatrix}=\begin{pmatrix}\frac{1}{2}&\frac{\sqrt{3}}{2}\\\frac{\sqrt{3}}{2}&-\frac{1}{2}\end{pmatrix}\begin{pmatrix}x\\y\end{pmatrix},$$

$$\begin{pmatrix}x\\y\end{pmatrix}=\begin{pmatrix}\frac{1}{2} & \frac{\sqrt{3}}{2}\\ \frac{\sqrt{3}}{2} & -\frac{1}{2}\end{pmatrix}^{-1}\begin{pmatrix}x_2\\y_2\end{pmatrix}=\begin{pmatrix}\frac{1}{2} & \frac{\sqrt{3}}{2}\\ \frac{\sqrt{3}}{2} & -\frac{1}{2}\end{pmatrix}\begin{pmatrix}x_2\\y_2\end{pmatrix},$$

$$\begin{cases}x=\frac{1}{2}x_2+\frac{\sqrt{3}}{2}y_2\\ y=\frac{\sqrt{3}}{2}x_2-\frac{1}{2}y_2\end{cases}.$$

所以抛物线 $y=x^2$ 变换后的方程为 $x_2^2+2\sqrt{3}x_2y_2+3y_2^2-2\sqrt{3}x_2+2y_2=0$，即 $x^2+2\sqrt{3}xy+3y^2-2\sqrt{3}x+2y=0$.

5.5.2 实例：调味品的配制问题

某调料有限公司用 7 种成分来制造多种调味制品，表 5.5.1 给出了 6 种调味制品 A，B，C，D，E，F. 每包所需各种成分的量（单位：盎司[⊖]）.

表 5.5.1

	A	B	C	D	E	F
红辣椒	3	1.5	4.5	7.5	9	4.5
姜黄	2	4	0	8	1	6
胡椒	1	2	0	4	2	3
欧莳萝	1	2	0	4	1	3
大蒜粉	0.5	1	0	2	2	1.5
盐	0.5	1	0	2	2	1.5
丁香油	0.25	0.5	0	2	1	0.75

现在一顾客为了避免购买全部 6 种调味制品，他希望只购买其中的一部分并用它们配制出其余调味品. 问这位顾客必须购买的最少的调味品种类是多少？这位顾客有几种购买方案？

解 记 6 种调味品以成分为分量的向量分别为 $\boldsymbol{\alpha}_1, \boldsymbol{\alpha}_2, \cdots, \boldsymbol{\alpha}_6$，则首先求由 $\boldsymbol{\alpha}_1, \boldsymbol{\alpha}_2, \cdots, \boldsymbol{\alpha}_6$ 生成的向量空间 $L(\boldsymbol{\alpha}_1, \boldsymbol{\alpha}_2, \cdots, \boldsymbol{\alpha}_6)$ 的维数和基.

记 $\boldsymbol{M}=(\boldsymbol{\alpha}_1, \boldsymbol{\alpha}_2, \cdots, \boldsymbol{\alpha}_6)$，由于

⊖ 1 盎司（oz）=28.3495 克（g）. ——编辑注

$$M=\begin{pmatrix}3&1.5&4.5&7.5&9&4.5\\2&4&0&8&1&6\\1&2&0&4&2&3\\1&2&0&4&1&3\\0.5&1&0&2&2&1.5\\0.5&1&0&2&2&1.5\\0.25&0.5&0&2&1&0.75\end{pmatrix}\sim\begin{pmatrix}1&0&2&0&0&1\\0&1&-1&0&0&1\\0&0&0&1&0&0\\0&0&0&0&1&0\\0&0&0&0&0&0\\0&0&0&0&0&0\\0&0&0&0&0&0\end{pmatrix}$$

可见，$L(\boldsymbol{\alpha}_1,\boldsymbol{\alpha}_2,\cdots,\boldsymbol{\alpha}_6)$ 是四维向量空间，所以，这位顾客最少要购买 4 种调味品.

又由于在 $\boldsymbol{\alpha}_1,\boldsymbol{\alpha}_2,\cdots,\boldsymbol{\alpha}_6$ 中，能构成向量空间 $L(\boldsymbol{\alpha}_1,\boldsymbol{\alpha}_2,\cdots,\boldsymbol{\alpha}_6)$ 的基共有 6 组：$\boldsymbol{\alpha}_1,\boldsymbol{\alpha}_2,\boldsymbol{\alpha}_4,\boldsymbol{\alpha}_5$；$\boldsymbol{\alpha}_1,\boldsymbol{\alpha}_3,\boldsymbol{\alpha}_4,\boldsymbol{\alpha}_5$；$\boldsymbol{\alpha}_1,\boldsymbol{\alpha}_4,\boldsymbol{\alpha}_5,\boldsymbol{\alpha}_6$；$\boldsymbol{\alpha}_2,\boldsymbol{\alpha}_3,\boldsymbol{\alpha}_4,\boldsymbol{\alpha}_5$；$\boldsymbol{\alpha}_2,\boldsymbol{\alpha}_4,\boldsymbol{\alpha}_5,\boldsymbol{\alpha}_6$；$\boldsymbol{\alpha}_3,\boldsymbol{\alpha}_4,\boldsymbol{\alpha}_5,\boldsymbol{\alpha}_6$.

由问题的实际意义，只有当 $\boldsymbol{\alpha}_1,\boldsymbol{\alpha}_2,\cdots,\boldsymbol{\alpha}_6$ 中的其余两个向量在此基下的坐标均非负时才有意义. 由于

$$M\sim\begin{pmatrix}1&0&2&0&0&1\\0&1&-1&0&0&1\\0&0&0&1&0&0\\0&0&0&0&1&0\\0&0&0&0&0&0\\0&0&0&0&0&0\\0&0&0&0&0&0\end{pmatrix}\sim\begin{pmatrix}1&2&0&0&0&3\\0&-1&1&0&0&-1\\0&0&0&1&0&0\\0&0&0&0&1&0\\0&0&0&0&0&0\\0&0&0&0&0&0\\0&0&0&0&0&0\end{pmatrix}$$

$$\sim\begin{pmatrix}1&-1&3&0&0&0\\0&1&-1&0&0&1\\0&0&0&1&0&0\\0&0&0&0&1&0\\0&0&0&0&0&0\\0&0&0&0&0&0\\0&0&0&0&0&0\end{pmatrix}\sim\begin{pmatrix}0.5&1&0&0&0&1.5\\0.5&0&1&0&0&0.5\\0&0&0&1&0&0\\0&0&0&0&1&0\\0&0&0&0&0&0\\0&0&0&0&0&0\\0&0&0&0&0&0\end{pmatrix}$$

$$\sim\begin{pmatrix}-1&1&-3&0&0&0\\1&0&2&0&0&1\\0&0&0&1&0&0\\0&0&0&0&1&0\\0&0&0&0&0&0\\0&0&0&0&0&0\\0&0&0&0&0&0\end{pmatrix}\sim\begin{pmatrix}1/3&-1/3&1&0&0&0\\1/3&2/3&0&0&0&1\\0&0&0&1&0&0\\0&0&0&0&1&0\\0&0&0&0&0&0\\0&0&0&0&0&0\\0&0&0&0&0&0\end{pmatrix}.$$

可见，只有取基 $\boldsymbol{\alpha}_2$，$\boldsymbol{\alpha}_3$，$\boldsymbol{\alpha}_4$，$\boldsymbol{\alpha}_5$ 时有 $\boldsymbol{\alpha}_1=0.5\boldsymbol{\alpha}_2+0.5\boldsymbol{\alpha}_3$，$\boldsymbol{\alpha}_6=1.5\boldsymbol{\alpha}_2+0.5\boldsymbol{\alpha}_3$.

即，这位顾客只购买 B，C，D，E 四种调味品一个方案. 而且可以用 B，C 两种调味品配制出 A，F 两种调味品.

综合练习 5

- **基本题**

1. $\mathbb{R}^n$ 上的二阶方阵所构成的向量空间 V 的一个基是______.

2. 已知三维向量空间的一个基为 $\boldsymbol{\alpha}_1=(1,1,0)^{\mathrm{T}}$，$\boldsymbol{\alpha}_2=(1,0,1)^{\mathrm{T}}$，$\boldsymbol{\alpha}_3=(0,1,1)^{\mathrm{T}}$，则 $\boldsymbol{\beta}=(2,0,0)^{\mathrm{T}}$ 在该基下的坐标是______.

3. $\mathbb{R}^3$ 中两个基 $\boldsymbol{\alpha}_1$，$\boldsymbol{\alpha}_2$，$\boldsymbol{\alpha}_3$ 与 $\boldsymbol{\beta}_1$，$\boldsymbol{\beta}_2$，$\boldsymbol{\beta}_3$ 之间有关系式

$\boldsymbol{\beta}_1=\boldsymbol{\alpha}_1-\boldsymbol{\alpha}_2,\boldsymbol{\beta}_2=2\boldsymbol{\alpha}_1+3\boldsymbol{\alpha}_2+3\boldsymbol{\alpha}_3,\boldsymbol{\beta}_3=\boldsymbol{\alpha}_1+3\boldsymbol{\alpha}_2+2\boldsymbol{\alpha}_3$.

（1）$\boldsymbol{\alpha}_1$，$\boldsymbol{\alpha}_2$，$\boldsymbol{\alpha}_3$ 到 $\boldsymbol{\beta}_1$，$\boldsymbol{\beta}_2$，$\boldsymbol{\beta}_3$ 的过渡矩阵是______；

（2）$\boldsymbol{\beta}_1$，$\boldsymbol{\beta}_2$，$\boldsymbol{\beta}_3$ 到 $\boldsymbol{\alpha}_1$，$\boldsymbol{\alpha}_2$，$\boldsymbol{\alpha}_3$ 的过渡矩阵是______；

（3）$\boldsymbol{\beta}=2\boldsymbol{\alpha}_1-\boldsymbol{\alpha}_2+3\boldsymbol{\alpha}_3$ 在基 $\boldsymbol{\beta}_1$，$\boldsymbol{\beta}_2$，$\boldsymbol{\beta}_3$ 下的坐标是______.

4. $\boldsymbol{\alpha}_1=\begin{pmatrix}1\\0\end{pmatrix}$，$\boldsymbol{\alpha}_2=\begin{pmatrix}-1\\1\end{pmatrix}$ 与 $\boldsymbol{\beta}_1=\begin{pmatrix}1\\1\end{pmatrix}$，$\boldsymbol{\beta}_2=\begin{pmatrix}-4\\3\end{pmatrix}$ 为向量空间 $V=\mathbb{R}^2$ 的两个基，则基 $\boldsymbol{\alpha}_1$，$\boldsymbol{\alpha}_2$ 到基 $\boldsymbol{\beta}_1$，$\boldsymbol{\beta}_2$ 的过渡矩阵是______.

- **综合题**

5. 设线性方程组

$$(\mathrm{I})\begin{cases}x+2y+z=0\\-2x-y+z+u=0\end{cases},\quad(\mathrm{II})\begin{cases}x+2y+z=0\\x-y-2z+u=0\end{cases}$$

（1）求线性方程组（Ⅰ）与（Ⅱ）的解空间 V_1，V_2 的基与维数；

（2）求 $V_1\cap V_2$ 及 V_1+V_2 的基和维数.

6. 已知 $\mathbb{R}^3$ 的两个基为 $\boldsymbol{\alpha}_1=(1,1,1)^{\mathrm{T}},\boldsymbol{\alpha}_2=(1,0,-1)^{\mathrm{T}},\boldsymbol{\alpha}_3=(1,0,1)^{\mathrm{T}}$，

$\boldsymbol{\beta}_1=(1,2,1)^{\mathrm{T}}$，$\boldsymbol{\beta}_2=(2,3,4)^{\mathrm{T}},\boldsymbol{\beta}_3=(3,4,5)^{\mathrm{T}}$，求由基 $\boldsymbol{\alpha}_1$，$\boldsymbol{\alpha}_2$，$\boldsymbol{\alpha}_3$ 到 $\boldsymbol{\beta}_1$，$\boldsymbol{\beta}_2$，$\boldsymbol{\beta}_3$ 的过渡矩阵.

7. 设 $\boldsymbol{\varepsilon}_1$，$\boldsymbol{\varepsilon}_2$，$\boldsymbol{\varepsilon}_3$ 是向量空间 V 的一个基，

$$\begin{cases}\boldsymbol{\alpha}_1=\boldsymbol{\varepsilon}_1+\boldsymbol{\varepsilon}\boldsymbol{\varepsilon}_3\\\boldsymbol{\alpha}_2=\boldsymbol{\varepsilon}_2\\\boldsymbol{\alpha}_3=\boldsymbol{\varepsilon}_1+\boldsymbol{\varepsilon}_2-\boldsymbol{\varepsilon}_3\end{cases},\quad\begin{cases}\boldsymbol{\beta}_1=\boldsymbol{\varepsilon}_1\\\boldsymbol{\beta}_2=\boldsymbol{\varepsilon}_1+\boldsymbol{\varepsilon}_2\\\boldsymbol{\beta}_3=\boldsymbol{\varepsilon}_1+\boldsymbol{\varepsilon}_2+\boldsymbol{\varepsilon}_3\end{cases},$$

（1）证明 $\boldsymbol{\alpha}_1$，$\boldsymbol{\alpha}_2$，$\boldsymbol{\alpha}_3$ 及 $\boldsymbol{\beta}_1$，$\boldsymbol{\beta}_2$，$\boldsymbol{\beta}_3$ 都是 V 的基；

（2）求 $\boldsymbol{\alpha}_1$，$\boldsymbol{\alpha}_2$，$\boldsymbol{\alpha}_3$ 到 $\boldsymbol{\beta}_1$，$\boldsymbol{\beta}_2$，$\boldsymbol{\beta}_3$ 的过渡矩阵；

（3）求 $\boldsymbol{\alpha}_1$，$\boldsymbol{\alpha}_2$，$\boldsymbol{\alpha}_3$ 到 $\boldsymbol{\beta}_1$，$\boldsymbol{\beta}_2$，$\boldsymbol{\beta}_3$ 的坐标变换公式.

8. 设 T 是 $\mathbb{R}^3$ 的一个线性变换，$\boldsymbol{\alpha}_1=(1,0,0)^{\mathrm{T}}$，$\boldsymbol{\alpha}_2=(1,1,0)^{\mathrm{T}}$，$\boldsymbol{\alpha}_3=(1,1,1)^{\mathrm{T}}$ 为 $\mathbb{R}^3$ 的一个基，且 $T(\boldsymbol{\alpha}_1)=(1,-1,0)^{\mathrm{T}}$，$T(\boldsymbol{\alpha}_2)=(-1,1,-2)^{\mathrm{T}}$，$T(\boldsymbol{\alpha}_3)=(1,-1,2)^{\mathrm{T}}$，求 T 在基 $\boldsymbol{\alpha}_1$，$\boldsymbol{\alpha}_2$，$\boldsymbol{\alpha}_3$ 下的矩阵.

附　　录

附录 A　MATLAB 软件实验环境简介

该部分介绍了 MATLAB 的发展情况、核心主包及主要工具箱，MATLAB 的安装与窗口的认识，还介绍了涉及窗口运行的相关命令，最后介绍了 MATLAB 储存的部分常用函数.

A.1　MATLAB 简介

MATLAB 语言的首创者 Cleve Moler 教授在数值分析，特别是在数值线性代数的领域中很有影响，他曾在密歇根大学、斯坦福大学和新墨西哥大学任数学与计算机科学教授. 20 世纪 70 年代中期，Moler 教授及其同事在美国国家基金会的资助下，开发了线性代数的 Fortran 子程序库. 他在给学生讲授线性代数课程时，为了让学生能使用子程序库，而不至于在编程上花费过多的时间，编写了使用子程序的接口程序. 他将这个接口程序取名为“MATLAB”，意为“矩阵实验室”.

20 世纪 80 年代初，他们又以矩阵和数组为基础，采用 C 语言编写了 MATLAB 的核心内容，成立了 Mathworks 公司并将 MATLAB 推向市场. 自 1984 年出版了第一个商业化的 DOS 版本以来，1992 年又推出了具有划时代意义的 4.0 版，逐步拓展其数值计算、符号运算、文字处理、图形功能；1997 年推出的 5.0 版允许了更多的数据结构；1999 年推出的 5.3 版在很多方面进一步改进了其语言功能；2000 年又推出了全新的 6.0 版，在数值计算、专业计算工具箱、界面设计以及外部接口等方面有了极大的改进. 2003 年 9 月发行了 6.5.1 版，2004 年 9 月发行了 7.0.1 版，2015 年 3 月 6 日发行的 8.5 版，请同学们关注该软件的升级. 该软件仍在根据科研的需要不断地增加各种功能，使其应用领域越加广阔.

MATLAB 数学软件是适用于科学和工程计算的数学软件系统，它可以针对各类问题给出高效的算法.

MATLAB 的功能主要有五点. ① 数值计算. MATLAB 有超过 500 种以上的数学及各专业领域的函数，且形式简单自然，使用户大大提高了编程效率. ② 符号计算. 该软件引入了加拿大滑铁卢大学开发的 Maple 数学软件的符号运算内核，可直接推导字符型函数理论公式，如用不定积分求原函数、微分方程的解析解等. ③ 数据分析和可视化. 该软件不仅可做各种统计数据分析，还可形成各类统计图，并且可以绘制工程特性较强的特殊图形，如玫瑰花图、三维等值线图、流沙图、切片图等，还可以生成快照图和进行动画制作. ④ 文字处理. MATLAB Notebook 为文字处理、科学计算、工程设计营造了一个和谐统一的工作环境，用其编写的软件文稿，文稿中的程序命令都可被激活，直接运行并将结果呈现在文稿中. ⑤ 可扩展. 用户可自己编写 M 文件，组成自己的工具箱，以构成解决专业计算的模块.

MATLAB 有四个主要特性. ① 功能强大. MATLAB 含有 50 多个应用于不同领域的工具箱. ② 界面友好. MATLAB 指令表达方式与习惯上的数学表达式非常接近，简短易记，编程效率高. ③ 扩展性强. 用户可自由地开发自己的应用程序. ④ 帮助完善. 有专门的例子演示系统 demo、有 helpwin、helpdesk 等联机帮助.

MATLAB 这些功能和特性，使得它已成为目前国际公认的、最优秀的数学应用和最广泛的工程计算软件之一，受到越来越多的大学生和科技工作者的欢迎.

A. 2　MATLAB 主包及工具箱

MATLAB 由主包和功能各异的工具箱组成（见表 A. 2. 1 和表 A. 2. 2），其基本数据结构是矩阵. 主包是核心，工具箱是扩展的有专门功能的函数.

表 A. 2. 1　MATLAB 核心主包的构成表

英文名称	中文名称	英文名称	中文名称
DATAFUN	数据分析和傅里叶变换函数	DATATYPES	数据类型和结构
DEMOS	例子	ELFUN	基本的数学函数
ELMAT	基本矩阵和矩阵操作函数	FUNFUN	功能函数
GENERAL	通用命令	GRAPH2D	绘制二维图形的函数
GRAPH3D	绘制三维图形的函数	GRAPHICS	通用绘图命令
IOFUN	低级文件 I/O 函数	LANG	语言结构设计和调试函数
MATFUN	矩阵的分解与变换函数库	OPS	运算符和特殊符号
POLYFUN	多项式和插值函数	SPARFUN	稀疏矩阵函数
SPECFUN	特殊数学函数	SPECGRAPH	特殊图形函数
STRFUN	字符串函数	TIMEFUN	时间、日期和日历函数
UETOOLS	GUI 设计工具	WINFUN	Windows 操作系统接口函数

表 A. 2. 2　MATLAB 主要工具箱的构成表

英文名称	中文名称	英文名称	中文名称
COMPILER	MATLAB 编译器	COMM	通信工具箱
CONTROL	控制系统工具箱	DAQ	数据采集工具箱
DATABASE	数据库工具箱	DIALS	计量仪表模块集
DSPBLKS	数字信号处理模块集	FINANCE	财政金融工具箱
FDIDENT	频域识别工具箱	FIXPOINT	固定点模块集
FUZZY	模糊逻辑工具箱	HOSA	高阶谱分析工具箱
IDENT	系统识别工具箱	IMAGES	图像处理工具箱
LMI	线性矩阵不等式工具箱	LOCAL	用于局部环境设置的 M 文件
MAP	地图绘制工具箱	MPC	模型预测控制工具箱
MUTOOLS	μ 分析与综合工具箱	NAG	数值和统计工具箱
NCD	非线性控制系统设计模块集	NNET	神经网络工具箱
OPTIM	最优化工具箱	PDE	偏微分方程工具箱
POWERSYS	动力系统模块集	QRT	控制系统设计工具箱
ROBUST	鲁棒控制工具箱	RPTGENEXT	Simulink 报告发生器
RQTGEN	MATLAB 报告发生器	RTW	Real-Time Workshop 工具箱
SB2SL	Systembuild 到 Simulink 转换器	SIGNAL	信号处理工具箱
SIMULINK	仿真工具箱	SPLINES	样条工具箱
STATEFLOW	Stateflow 工具箱	STATS	统计工具箱
SYMBOLIC	数学符号工具箱	TOUR	MATLAB 漫游
WAUELET	小波分析工具箱		

A. 3　MATLAB 安装、启动与窗口

计算机系统基本都满足 MATLAB 运行的要求. 安装时，将 MATLAB 光盘放入光驱，在 MATLAB 目录下直接运行“Setup. exe”程序，根据安装对话窗口提示进行安装. 安装完毕后，在桌面上双击 MATLAB 图标，进入开机窗口如图 A. 3. 1 所示. 在如下工作空间现在命令窗口中可直接输入运算命令进行运算.

注：这里介绍的 MATLAB 演示及实验运行环境为 MATLAB 7. 0. 1 版本.

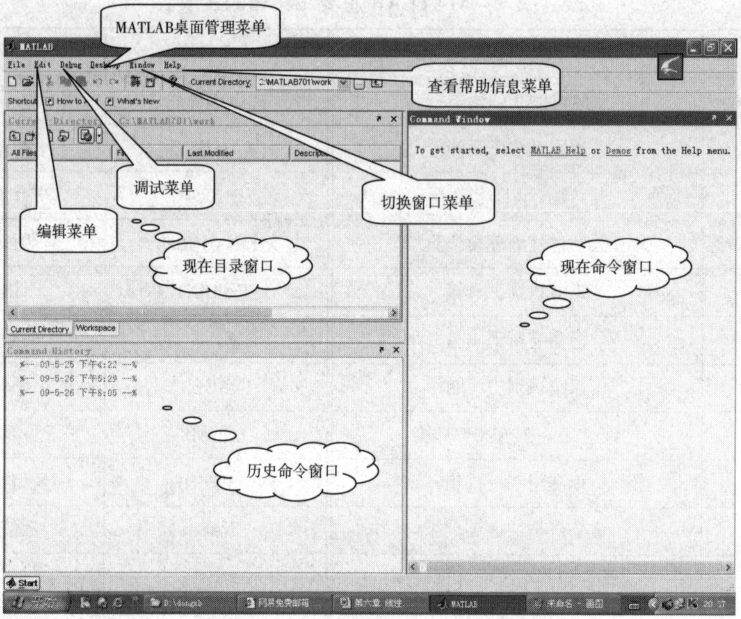

图 A. 3. 1

A. 4　MATLAB 窗口常见菜单命令

窗口常见菜单命令如图 A. 4. 1 所示.

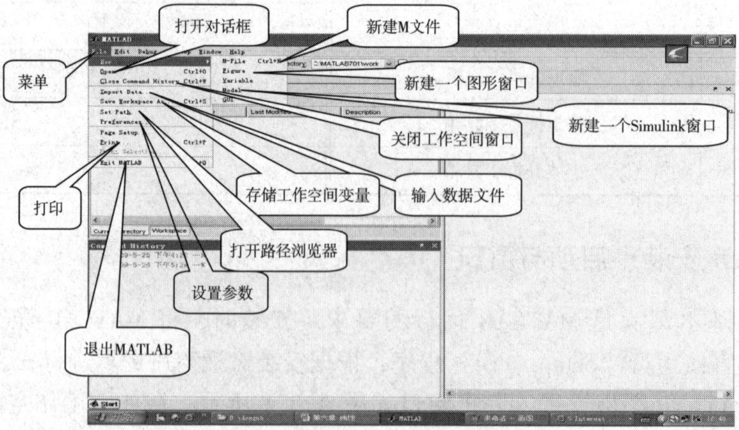

图 A. 4. 1

A.5 MATLAB 命令窗口的命令行编辑与运行

命令行编辑与运行见表 A.5.1.

表 A.5.1 命令行编辑与运行表

命令	含义	命令	含义
clc	翻过一页命令窗，光标回到屏幕左上角	clear	从工作空间清除所有变量
clf	清除图形窗口内容	clear all	从工作空间清除所有变量和函数
diary neame. m …diary off		保存工作空间一段文本到文件 neame. m	
delete < 文件名 >	从磁盘中删除指定文件	demo	例子演示窗口
load neame	装载'neame'文件所有变量到工作空间	load neame x y	装载'neame'文件中的变量 x，y 到工作空间
help < 命令名 >	查询所列命令的帮助信息	more	命令窗分布输出
save neame	保存工作空间变量到文件 neame. mat	save neame x y	保存工作空间变量 x，y 到文件 neame. mat
type neame. m	在工作空间查看 neame. m 文件内容	who	列出当前工作空间中的变量
whos	列出当前工作空间中的变量及信息	whech < 文件名 >	查找指定文件的路径
what	列出当前目录下的 m 文件和 mat 文件		

A.6 MATLAB 命令行的热键操作

MATLAB 热键操作见表 A.6.1.

表 A.6.1 MATLAB 热键操作表

热键	热键	含义	热键	热键	含义
↑	Ctrl + P	调用上一行	↓	Ctrl + N	调用下一行
←	Ctrl + B	退后一格	→	Ctrl + F	前移一格
Ctrl + ←	Ctrl + R	向右移一个词	Ctrl + →	Ctrl + L	向左移一个词
Home	Ctrl + A	移到行首	End	Ctrl + E	移到行尾
Esc	Ctrl + U	清除行	Del	Ctrl + D	清除光标后字符
Backspace	Ctrl + H	清除光标前字符	Backspace	Ctrl + K	清除光标至行尾字符
Backspace	Ctrl + C	中断程序运行			

A.7 常量、变量及常用函数

MATLAB 中的数采用十进制表示. 缺省情况下，结果是整数时，MATLAB 将它作为整数显示；是实数时，MATLAB 以小数点后 4 位的精度近似显示；有效数字超出时，MATLAB 以科学计数法来显示结果.

变量名以字母开头，后面可以是字母、数字或下画线. 变量名最多不超过 31 个字符，第 31 个字符之后的字符将被忽略. 变量名区分字母大小写.

系统启动时 MATLAB 储存了如下变量，见表 A. 7. 1.

表 A. 7. 1　MATLAB 储存的部分常用变量表

特殊变量	含　义	特殊变量	含　义
ans	用于结果的缺省变量名	eps	浮点相对误差限（2.2204×10^{-16}）
pi	π 的近似值 3. 14159265358979	inf	无穷大，如 1/10
NaN	不定量，如%	i 和 j	虚数单位 $i=j=\sqrt{-1}$

MATLAB 的内置函数有 300 多个，常用函数见表 A. 7. 2.

表 A. 7. 2　MATLAB 常用函数表

函数名	含　义	函数名	含　义	函数名	含　义
abs（）	绝对值函数	acos（）	反余弦函数	acosh（）	反双曲余弦函数
acot（）	反余切函数	acoth（）	反双曲余切函数	acsc（）	反余割函数
acsch（）	反双曲余割函数	asec（）	反正割函数	asech（）	反双曲正割函数
asin（）	反正弦函数	asinh（）	反双曲正弦函数	atan（）	反正切函数
atanh（）	反双曲正切函数	ceil（）	对 +∞ 方向取整	cos（）	余弦函数
cosh（）	双曲余弦函数	cot（）	余切函数	coth（）	双曲余切函数
csc（）	余割函数	csch（）	双曲余割函数	exp（）	指数函数
fix（）	对 0 方向取整	ln（）	自然对数函数	lg（）	常用对数函数
rem（）	除法求余	sign（）	符号函数	sin（）	正弦函数
sinh（）	双曲正弦函数	sqrt（）	平方根函数	tan（）	正切函数
tanh（）	双曲正切函数	^	乘方	dot（）	向量点乘

A. 8　编程简介

MATLAB 编程一般在 M 文件编辑器的窗口中进行，如图 A. 8. 1.

编辑完成后的程序以 filename. m 文件的形式保存. 运行整个程序可在工作空间键入所存的文件名：filename，回车即可运行. 如要运行部分程序段，可在编辑器中将要运行的程序段选定，敲 F9 键，再到工作窗口里看运行的结果. 修改程序时，打开已有的程序 M 文件进行修改. 常将需要运算的大块内容写入 M 文件，然后再运行、修改及调试.

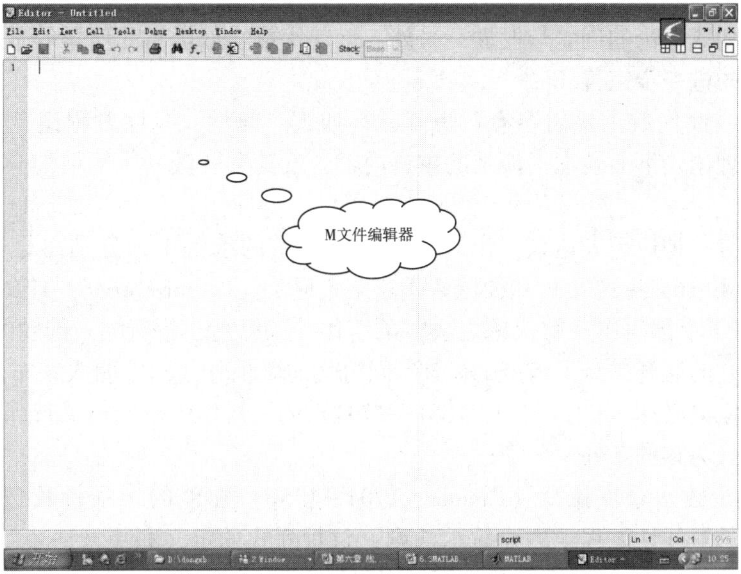

图 A.8.1

编程时主要用到 For 循环语句、While 循环语句、If-Else-End 结构、Switch-Case 结构及 Try-Catch 等模块. 涉及本书绝大部分内容的计算无须编程, 感兴趣的读者可参考相关书籍.

A.9 说明

MATLAB 中的大多数用于数值线性代数计算的命令, 也都可以用于符号变量代数的运算, 甚至于一些推理. 顾名思义, 符号数学是以符号 (如 a、b、x、y) 为对象的数学. 本书虽没有引入这部分实验, 但考虑到线性代数除了作为其他专业学习的工具外, 通过学习培养推理能力也是所必需的内容之一, 故予以说明.

附录 B 线性代数发展简介

线性代数是数学的一个分支, 是讨论矩阵理论、有限维向量空间及其上线性变换的一门学科, 在解析几何中可以找到它的具体模型. 由于在现实问题的研究中, 非线性关系的模型与线性关系的模型存在着一定的联系, 所以, 线性代数被广泛地应用于自然科学和社会科学的研究中.

当研究的问题中多个因素有相互联系时, 可以用多元函数表示这种联系, 如果该联系是线性的, 那么就称这个问题为线性问题. 人们对现实问题的数学化与解决推动了线性代数的诞生与发展. 线性代数的最初理论来源于对线性方程组问题的解决. 从历史角度来看, 线性代数理论来源于实践，是对现实生活数学化的表达. 随着线性方程组理论的发展，同时也促进了作为工具的矩阵、行列式理论的创立与发展. 另外，近现代数学分析与几何学等数学分支的发展也促进了线性代数的进一步完善.

本书介绍的线性代数主要内容有：矩阵、行列式、向量、线性方程组、二次型、线性变换、向量空间等理论. 下面就本书涉及的主要内容，就其发展做一个简单的介绍，期望对本书的学习有所帮助.

行列式最早是一种速记表达式，出现于线性方程组的求解中，分别由日本数学家关孝和（Seki Takakazu，约1642—1708）和德国数学家莱布尼茨（Leibniz，1646—1716）独立发明. 关孝和于1683年写了一部叫作《解伏题之法》的著作，意思是"解行列式问题的方法"，书中对行列式的概念和它的展开进行了清楚的叙述. 同时代的微积分共同发明人莱布尼茨在1693年4月写给法国数学家洛必达（L'Hospital，1661—1704）的一封信中也使用了行列式，并给出了方程组的系数行列式为零的条件.

1750年，瑞士数学家克拉默（Cramer，1704—1752）在他的《线性代数分析导言》中，给出了现在所称的解线性方程组的克拉默法则，对行列式的定义和展开法也给出了比较完整、明确的阐述. 稍后的1764年，法国数学家贝祖（Bezout，1730—1783）将确定行列式每一项符号的手续系统化，给出了利用系数行列式概念判断一个含 n 个未知数 n 个齐次线性方程的方程组有非零解的条件.

在很长一段时间内，行列式只是作为一种工具在解线性方程组中使用，没有人意识到它可以独立于线性方程组之外，形成单独一门理论.

从对行列式进行的研究来看，法国数学家范德蒙德（Vandermonde，1735—1796）是这门理论的奠基人，他是第一个把行列式理论与线性方程组求解相分离，对行列式理论进行系统阐述的人. 他还给出了一条法则，用二阶子式和它们的余子式来展开行列式. 法国数学家拉普拉斯（Laplace，1749—1827）在1772年的论文《对积分和世界体系的探讨》中，证明了范德蒙德的一些法则，并推广了他展开行列式的方法，用 r 行中所含的子式和它们的余子式来展开行列式，这种方法，现在仍然以他的名字命名.

由于行列式在数学分析、几何学、线性方程组理论、二次型理论等多方面的应用，使行列式理论在19世纪得到了很大发展. 英国数学家西尔维斯特（Sylvester，1814—1894）是对行列式理论始终不渝的研究者之一. 另一个研究行列式的是法国数学家柯西（Cauchy，1789—1857），他是继范德蒙德之后，极大地推动行列式理论发展的人. 1815年，柯西在一篇论文中给出了行列式第一个系统的、几乎是近代的处理，其中主要结果之一是行列式的乘法定理. 另外，他第一个采用双下标记法，把行列式的元素排成方阵；引进了行列式特征方程的术语；给出了相似行列式的概念；改进了拉普拉斯的行列式展开定理并给出了一个证明. 继柯西之后，在行列式理论方面最多产的人就是德国数学家雅可比（Jacobi，1804—1851），他于1841年系统地总结了行列式的理论，并引进函数行列式，即“雅可比行列式”，指出了函数行列式在多重积分变量替换中的作用，给出了函数行列式的导数公式. 雅可比的著名论文《论行列式的形成和性质》是行列式系统理论走向成熟的标志. 总的来看，整个 19 世纪都有行列式的新结果. 除了一般行列式的大量定理之外，还相继得到了许多有关特殊行列式的其他定理.

矩阵是数学中的一个重要的基本概念，是代数学的一个主要研究对象，也是数学研究和应用的一个重要工具. 随着矩阵代数的急速发展，人们迫切需要合适的符号表示矩阵和其乘法定义. 1848 年西尔维斯特首先提出矩阵这个词，matrix 源于拉丁文“子宫”，后引申为代表一排数. 这里意指许多数字排成阵列形式，中文翻译为矩阵是为了凸显矩形阵式的直观. 西尔维斯特是为了将数字的矩形阵列区别于行列式而发明这个术语的. 实际上，从行列式的大量工作中可以明显地看到，矩阵这个课题在行列式诞生之前就已经发展得很好了：许多实际问题被抽象为方阵，方阵本身也可以被独立地研究和使用，矩阵的许多基本性质也在行列式的发展中逐步建立起来. 因此，从逻辑上讲，矩阵的概念应先于行列式的概念，然而在历史上其发展的次序正好相反.

1855 年矩阵代数引起了英国数学家凯莱（Cayley，1821—1895）的重视. 凯莱一般被公认为是矩阵论的创立者. 他首先把矩阵作为一个独立的数学概念提出来，并首先发表了关于矩阵的一系列文章. 凯莱在研究线性变换下的不变量理论时，首先引进矩阵以简化记号. 1858 年，他发表了《矩阵论的研究报告》，系统地阐述了关于矩阵的理论. 文中他定义了矩阵的相等、矩阵的运算法则、矩阵的转置以及矩阵的逆等一系列基本概念，指出了矩阵加法的可交换性与可结合性. 另外，凯莱还给出了方阵的特征方程、特征根以及相关的一些基本结果.

1855 年，法国数学家埃尔米特（Hermite，1822—1901）证明了其他数学家发现的一类矩阵特征根的特殊性质，即现称为埃尔米特矩阵的特征根性质. 后来，德国的克莱布施（Clebsch，1831—1872）证明了对称矩阵的特征根性质. 泰伯（Taber）引入了矩阵迹的概念，并给出了一些有关的结论. 德国数学家弗罗贝尼乌斯（Frobenius，1849—1917）对矩阵论的发展做了相当大的贡献. 他引进了矩阵的秩、不变因子和初等因子、正交矩阵、矩阵的相似变换、合同矩阵等概念，以合乎逻辑的形式整理了不变因子和初等因子的理论，讨论了正交矩阵与合同矩阵的一些重要性质. 法国数学家若尔当（Jordan，1838—1922）研究了矩阵化为标准形的问题. 1892 年，梅茨勒（Metzler）引进了矩阵的超越函数概念，并将其写成矩阵的幂级数的形式. 为了适应方程发展的需要，法国数学家傅里叶（Fourier，1768—1830）、西尔维斯特和法国数学家庞加莱（Poincaré，1854—1912）在他们的著作中还讨论了无限阶矩阵问题.

矩阵的最初研究依赖于矩阵本身元素的性质，然而经过两个多世纪的发展，这种依赖性已大大减弱，并已发展成为独立的一门数学分支——矩阵论. 矩阵论又可分为矩阵方程论、矩阵分解论和广义逆矩阵论等现代矩阵理论. 现在，矩阵及其理论广泛地应用于现代科技的各个领域.

数学家试图研究向量代数，但在任意维中还没有两个向量乘积的自然定义. 德国数学家、语言学家和社会活动家格拉斯曼（Grassmann，1809—1877）在1844年《线性扩张论》一书中，第一次涉及了一个不可交换向量积（即$\boldsymbol{y}\times\boldsymbol{z}\neq\boldsymbol{z}\times\boldsymbol{y}$），他的观点被引入一个列矩阵和一个行矩阵的乘积中，结果就是现在称之为秩数为1的矩阵，或简单矩阵.

19世纪末，美国数学物理学家吉布斯（Gibbs，1839—1903）发表了关于《向量分析基础》的著名论著，进一步发展了向量及矩阵理论，并创立向量分析理论. 英国理论物理学家狄拉克（Dirac，1902—1984）则提出了行向量和列向量的乘积为标量的理论. 至于现在习惯称为列矩阵和向量等有关内容都是在20世纪由物理学家首先给出的. 至此可以说矩阵和向量代数理论已完整成形.

线性方程组的问题，最早可以追溯到大约公元前150年出版的中国古书《九章算术》中，用消去法解线性方程组.《九章算术》的方程术是世界数学史上的一颗明珠. 书中所用的方法，实质上相当于现代对方程组的增广矩阵施行初等行变换而消去未知数的方法，即高斯消元法. 目前普遍采用的“方程”一词并非舶来语，而是该书解方程组的章节标题. 在西方，线性方程组的研究是在17世纪后期由莱布尼茨开创的. 他曾研究过含两个未知数的三个线性方程组成的方程组. 英国数学家麦克劳林（Maclaurin，1698—1746）在18世纪上半叶研究了具有二、三四个未知量的线性方程组，得到了现在称为克拉默法则的结果. 克拉默不久也发表了这个法则. 18世纪下半叶，贝祖对线性方程组理论进行了一系列研究，证明了n元齐次线性方程组有非零解的条件是系数行列式等于零.

19世纪，英国数学家史密斯（Smith，1826—1883）和英国数学家道奇森（Dodgson，1832—1898）又称为刘易斯·卡罗尔（Lewis Carroll）继续研究线性方程组理论，前者引进了方程组增广矩阵和非增广矩阵的概念，后者证明了n个未知数m个方程的方程组有解的充要条件是系数矩阵和增广矩阵的秩相等，而这是现代方程组理论中的重要结论之一.

现实中大量的科学技术问题，最终往往归结为解线性方程组. 现在，线性方程组的数值解法在计算数学中占有相当重要的地位，因此在线性方程组的数值解法得到发展的同时，线性方程组解的结构等理论性工作也取得了令人满意的进展.

二次型是线性代数的进一步发展. 数域P上的n元二次齐次多项式称为数域P上的n元二次型，二次型也称为“二次形式”. 二次型的系统研究是从18世纪开始的，它起源于对二次曲线和二次曲面分类问题的讨论. 为了简化方程的形状，选有主轴方向的轴作为坐标轴，将二次曲线和二次曲面的方程变形为简捷的形式. 柯西在其著作中给出结论：当方程是标准形时，二次曲面用二次项的符号来进行分类. 然而，那时并不太清楚，在化简成标准形时，为何总是得到同样数目的正项和负项. 西尔维斯特回答了这个问题，他给出了实二次型的惯性定律，但没有证明. 这个定律后被雅可比重新发现和证明. 1801年，德国数学家、天文学家和物理学家高斯（Gauss，1777—1855）在《算术研究》中引进了二次型的正定、负定、半正定和半负定等术语.

二次型化简的进一步研究涉及二次型或行列式的特征方程的概念. 特征方程的思想最初出现在瑞士数学家及自然科学家欧拉（Euler，1707—1783）的著作中，法国数学家拉格朗日（Lagrange，1736—1813）在其关于线性微分方程组的著作中首先明确地给出了这个概念. 而三个变数的二次型的特征值的实性则是由阿歇特（Hachette），法国著名的数学家、教育家蒙日（Monge，1746—1818）和法国数学家泊松（Poisson，1781—1840）给出的.

柯西在别人著作的基础上，着手研究化简 n 个变数的二次型问题，并证明了特征方程在直角坐标系的任何变换下的不变性. 后来，他又证明了 n 个变数的两个二次型能用同一个线性变换同时化成平方和.

1851 年，西尔维斯特在研究二次曲线和二次曲面的相切和相交时需要考虑这种二次曲线和二次曲面束的分类. 在他的分类方法中引进了初等因子和不变因子的概念，但他没有证明“不变因子组成两个二次型的不变量的完全集”这一结论.

1858 年，魏尔斯特拉斯对同时化两个二次型成平方和给出了一个一般的方法，并证明如果二次型之一是正定的，那么即使某些特征根相等，这个化简也是可能的. 他比较系统地完成了二次型的理论并将其推广到双线性型.

需要指出的是，伴随着线性代数的发展，群论也逐步独立并走向成熟，为线性代数的抽象化提供了理论依据. 置换群的概念和结论是最终产生抽象群的第一个主要来源. 求根问题是方程理论的中心. 16 世纪，数学家们解决了三、四次方程的求根公式，对于更高次方程的求根公式是否存在，不少数学家们花费了大量的时间和精力，但屡次失败. 18 世纪下半叶，拉格朗日及弟子鲁菲尼（Ruffini，1765—1862）深入研究了高次方程的根与置换之间的关系，提出了预解式概念，并预见到预解式与各根在排列置换下的形式不变性有关. 但他们最终没能解决高次方程问题. 后来挪威杰出数学家阿贝尔（Abel，1802—1829）讨论高次方程的根式解，取得了很大进展. 1824 年，阿贝尔证明了次数大于四次的一般代数方程不可能有根式解. 但问题仍没有彻底解决，因为有些特殊方程可以用根式求解. 这一问题最终由法国数学家伽罗瓦（Galois，1811—1832）在置换群概念的基础上从而全面解决. 从这种意义上说，伽罗瓦是群论的创立者. 伽罗瓦仔细研究了拉格朗日和阿贝尔的著作，建立了方程的根的“容许”置换，提出了置换群的概念，得到了代数方程根式解的充要条件是置换群的自同构群可解.

抽象群产生的第二个主要来源是德国数学家戴德金（Dedekind，1831—1916）和德国数学家克罗内克（Kronecker，1823—1891）的有限群及有限交换群的抽象定义以及凯莱关于有限抽象群的研究工作.

另外，德国数学家克莱因（Klein，1849—1925）和庞加莱给出了无限变换群和其他类型的无限群，这是抽象群论的第三个主要来源. 19 世纪 70 年代，挪威数学家李（Lie，1842—1899）在此基础上开始研究连续变换群，并建立了连续群的一般理论.

从 1882 至 1883 年，德国数学家瓦尔特·冯·迪克（Walter vondyck，1856—1934）开始抽象群的系统研究，把上述三个主要来源的工作纳入抽象群的概念之中，建立了抽象群的定义. 1882 年出版《群论研究》，标志着群概念公理化的形成. 到 19 世纪 80 年代，数学家们终于成功地概括出抽象群论的公理体系.

20 世纪 80 年代，群的概念已经普遍地被认为是数学及其许多应用中最基本的概念之一. 它不但渗透到诸如几何学、代数拓扑学、函数论、泛函分析及其他许多数学分支中而起着重要的作用，还形成了一些新学科如拓扑群、李群、代数群等，它们还具有与群结构相联系的其他结构，如拓扑、解析流形、代数族等，并在结晶学、理论物理、量子化学以及编码学、自动机理论等方面都有重要作用.

附录 C　线性代数发展相关的部分数学家简介

1. 关孝和（Seki Takakazu，约 1642—1708）

日本数学家. 1642 年生于江户小石川（一说 1637 年生于上野国藤冈），1708 年 10 月 24 日卒于江户. 出身于武士家庭，据载曾随数学名家高原吉种学过数学，人称数学神童. 后长期在江户任贵族家府家臣，掌管财赋，直到 1706 年退职. 他是日本古典数学（和算）的奠基人，也是关氏学派（或称关流）的创始人，在日本被尊称为算圣.

2. 莱布尼茨（Leibniz，1646—1716）

德国 17、18 世纪之交最重要的数学家、物理学家和哲学家. 他和牛顿同为微积分的创始人，一个举世罕见的科学天才. 他博览群书，涉猎百科，对丰富人类的科学知识宝库做出了不可磨灭的贡献.

3. 洛必达（L'Hospital，1661—1704）

法国数学家. 1661 年出生于法国的贵族家庭，1704 年 2 月 2 日卒于巴黎. 他受袭侯爵衔，曾在军队中任骑兵军官，因视力不佳退出，转向学术研究. 在早年就显露出数学才能，15 岁时解出帕斯卡提出的摆线难题，引起人们的注意. 以后又解出约翰·伯努利向欧洲挑战的“最速降曲线”问题. 洛必达最重要的著作是《阐明曲线的无穷小分析》（1696），这是第一本系统的微分学教科书，对传播新创建的微分学起了很大作用. 这书的第九章有“洛必达法则”. 这法则实际是约翰·伯努利在 1694 年 7 月 22 日写信告诉洛必达的，后者在 1691 年前后曾向约翰·伯努利学习微积分. 1704 年洛必达在巴黎过早地去世，留下关于圆锥曲线的书到 1720 年才出版，计划中的积分学教科书也未能完成.

4. 克拉默（Cramer，1704—1752）

瑞士数学家. 1704 年 7 月 31 日生于日内瓦，1752 年 1 月 4 日卒于法国塞兹河畔巴尼奥勒. 早年在日内瓦读书，1724 年起在日内瓦加尔文学院任教，1734 年成为几何学教授，1750 年任哲学教授. 他自 1727 年进行为期两年的旅行访学. 在巴塞尔与约翰 · 伯努利、欧拉等人学习交流，结为挚友. 后又到英国、荷兰、法国等地拜见许多数学名家，回国后在与他们的长期通信中，加强了数学家之间的联系，为数学宝库也留下大量有价值的文献. 先后当选为伦敦皇家学会、柏林研究院和法国、意大利等学会的成员.

5. 贝祖（Bezout，1730—1783）

法国数学家. 1730 年 3 月 31 日生于内穆尔，1783 年 9 月 27 日卒于枫丹白露附近的巴塞－洛格. 曾在海军学校和皇家炮兵学校任教. 他的主要贡献在代数学方面. 他用行列式建立了线性方程组的一般理论，提出了解高次方程组的消元法. 1764 年，他采取从一个辅助的线性方程组中进行消元的方法，证明了一个 m 阶曲线和一个 n 阶曲线相交至多有 mn 个交点（重数计算在内）的定理. 贝祖在 1779 年的论文《代数方程的一般理论》中公布了这个定理的证明. 他还建立了行列式理论中的某些结果.

6. 范德蒙德（Vandermonde，1735—1796）

法国数学家. 1735 年生于巴黎，1796 年 1 月 1 日逝世. 1771 年成为巴黎科学院院士. 范德蒙德在高等代数方面有重要贡献. 他在 1771 年发表的论文中证明了多项式方程根的任何对称式都能用方程的系数表示出来. 他不仅把行列式应用于解线性方程组，而且对行列式理论本身进行了开创性研究，是行列式的奠基者. 他给出了用二阶子式和它的余子式来展开行列式的法则，还提出了专门的行列式符号. 他具有拉格朗日的预解式、置换理论等思想，为群的观念的产生做了一些准备工作.

7. 拉普拉斯（Laplace，1749—1827）

法国数学家. 拉普拉斯是天体力学的主要奠基人，是天体演化学的创立者之一，是分析概率论的创始人，是应用数学的先驱. 拉普拉斯用数学方法证明了行星的轨道大小只有周期性变化，并证明为偏心率和倾角的 3 次幂，这就是著名的拉普拉斯定理. 他发表的天文学、数学和物理学的论文有 270 多篇，专著合计有 4006 多页. 其中最有代表性的专著有《天体力学》《宇宙体系论》和《概率分析理论》. 1796 年，他发表《宇宙体系论》. 因研究太阳系稳定性的动力学问题被誉为法国的牛顿和天体力学之父.

8. 西尔维斯特（Sylvester，1814—1894）

英国数学家. 1814 年 9 月 3 日生于伦敦，1897 年 3 月 15 日卒于同地. 西尔维斯特用火一般的热情介绍他的学术思想，在剑桥约翰学院学习时，获得很高的荣誉，但他的犹太教信仰妨碍他得到学位和任聘. 1838 年任伦敦的大学学院教授. 1841 年受聘任美国弗吉尼亚大学数学教授，但几个月后就辞职. 1845 年返回伦敦，在一家保险公司做统计员的工作. 1846 年进入内殿法学会，1850 年成为律师，在此期间，他和凯莱开始了长期的友谊和合作. 1855—1870 年任伍利芝皇家陆军军官学校数学教授. 1859 年选为皇家学会会员. 1876 年受聘为约翰 · 霍普金斯大学数学教授. 1883 年返回英国，任牛津大学几何学的萨维尔教授.

西尔维斯特的主要成就在代数学方面. 他同凯莱一起, 发展了行列式理论, 创立了代数型的理论, 共同奠定了关于代数不变量理论的基础. 他在数论方面也作了出色的工作, 特别是分拆和丢番图分析方面. 他一生发表了几百篇论文, 著有《椭圆函数专论》（1876）一书. 此外对代数方程论、数论等诸领域都有重要的贡献. 关于实二次型的惯性定理及利用行列式判定正定性的准则都属于西尔维斯特的成果. 一般认为, 凯莱和西尔维斯特是线性代数的主要奠基者. 西尔维斯特是《美国数学杂志》的创始人, 为发展美国的数学研究做出了贡献.

9. 柯西（Cauchy, 1789—1857）

法国最伟大的数学家. 柯西 1789 年 8 月 21 日出生于巴黎. 他的父亲路易·弗朗索瓦·柯西是法国波旁王朝的官员, 在法国动荡的政治漩涡中一直担任公职. 柯西本人属于拥护波旁王朝的正统派, 是一位虔诚的天主教徒. 首先明确提出置换群的概念, 并得到群论中的一些非平凡的结果; 独立发现了所谓“代数要领”, 即格拉斯曼的外代数原理.

10. 雅可比（Jacobi, 1804—1851）

德国数学家. 1804 年 12 月 10 日生于波茨坦, 1851 年 2 月 18 日卒于柏林. 1821 年入柏林大学, 1824 年为柏林大学无薪教师, 1825 年获柏林大学哲学博士学位, 1826 年到柯尼斯堡大学任教, 1832 年为教授. 1844 年起接受普鲁士国王的津贴, 在柏林大学任教. 在柯尼斯堡大学任教 18 年, 同天文学家、数学家贝塞尔, 物理学家诺伊曼三人成为复兴德国数学的核心. 他在数学方面最主要的成就是和挪威数学家阿贝尔相互独立地奠定了椭圆函数论的基础, 引入并研究了 θ 函数和其他一些超越函数. 他对阿贝尔函数也做了研究, 还发现了超椭圆函数. 他对行列式理论也做了奠基性的工作, 给出了函数行列式求导公式. 在偏微分方程的研究中, 他引进了“雅可比行列式”, 并应用在多重积分的变量变换和函数组的相关性研究中. 他的工作还包括代数学、变分法、复变函数论和微分方程, 以及数学史的研究. 雅可比在分析力学、动力学以及数学物理方面也有贡献.

11. 凯莱（Cayley, 1821—1895）

英国数学家. 英国纯粹数学的近代学派带头人. 1821 年 8 月 16 日生于萨里郡里士满, 1895 年 1 月 26 日卒于剑桥. 1839 年入剑桥大学三一学院学习, 1842 年毕业, 后在三一学院任聘三年, 开始了毕生从事的数学研究. 因未继续受聘, 又不愿担任圣职（这是当时继续在剑桥的数学生涯的一个必要条件）, 于 1846 年入林肯法律协会学习并于 1849 年成为律师, 以后 14 年他以律师为职业, 同时继续数学研究. 因大学法规的变化, 1863 年被任为剑桥大学纯粹数学的第一个萨德勒教授, 直至逝世. 一般认为, 凯莱是矩阵的创立者.

12. 埃尔米特（Hermite, 1822—1901）

法国数学家. 巴黎综合工科学校毕业. 曾任法兰西学院、巴黎高等师范学校、巴黎大学教授. 法兰西科学院院士. 在函数论、高等代数、微分方程等方面都有重要发现. 1858 年利用椭圆函数首先得出五次方程的解. 1873 年证明了自然对数的底 e 的超越性. 在现代数学各分支中以他姓氏命名的概念很多，如“埃尔米特二次型”“埃尔米特算子”等.

13. 弗罗贝尼乌斯（Frobenius，1849—1917）

德国数学家. 1819 年 10 月 26 日生于德国柏林，1917 年 8 月 3 日卒于柏林州夏洛滕堡.

弗罗贝尼乌斯早先就读于柏林的约阿希姆斯塔尔文科中学，那是大学的预备学校. 1867 年进入格丁根大学，开始他的数学学习. 当时德国大学中没有数学系，数学是哲学院中的一个专业，有哲学博士学位，而没有单独的数学博士学位. 1870 年，弗罗贝尼乌斯在柏林完成学业并获博士学位.

当时，随着世界科学中心的转移，数学研究中心也由法国移至德国. 除 1825 年创刊的《纯粹与应用数学杂志》外，1869 年又创刊发行了《数学年鉴》. 19 世纪 70 年代，虽然格丁根继高斯、狄利克雷和黎曼之后处于相对低潮，但柏林却由于库默尔、魏尔斯特拉斯、克罗内克等人而比较繁荣. 处于这样一种良好的研究氛围中，弗罗贝尼乌斯撰写了一系列比较优秀的数学论文. 1874 年，他被聘为柏林大学副教授，第二年又成为瑞士苏黎世高等工业学校教授.

1870 年左右，群论成为数学研究的主流之一. 弗罗贝尼乌斯在柏林时就受到库默尔和克罗内克的影响，对抽象群理论产生兴趣并从事这方面的研究，发表了多篇有价值的论文. 1892 年，他重返柏林大学任数学教授. 1893 年当选为柏林普鲁士科学院院士.

弗罗贝尼乌斯的论文数量很多，弗罗贝尼乌斯生前没有专著出版，1968 年他的论文以论文集的形式重新出版，共三卷.

弗罗贝尼乌斯在 θ 函数、行列式、矩阵、双线性型以及代数结构方面都有出色的工作. 1878 年，弗罗贝尼乌斯发表了正交矩阵的正式定义，并对合同矩阵进行了研究. 1879 年，他联系行列式引入矩阵秩的概念. 弗罗贝尼乌斯还扩展了魏尔斯特拉斯在不变因子和初等因子方面的工作，以合乎逻辑的形式整理了不变因子和初等因子理论，这对线性微分方程理论具有重要意义.

弗罗贝尼乌斯的主要数学贡献在群论方面，尤其是群的表示理论.

14. 若尔当（Jordan，1838—1922）

法国数学家，又译约当. 1838 年 1 月 5 日生于里昂，1922 年 1 月 20 日卒于巴黎. 1855 年入巴黎综合工科学校，任工程师直至 1885 年. 从 1873 年起，同时在巴黎综合工科学校和法兰西学院执教，1881 年被选为法国科学院院士. 若尔当的主要工作是在分析和群论方面. 他的《分析教程》是 19 世纪后期分析学的标准读本. 他指出简单闭曲线将平面分成两个区域，现称若尔当定理. 30 岁时他已系统地发展了有限群论并应用到伽罗瓦开创的方向上，是使伽罗瓦理论显著增色的第一个人. 他研究了有限可解群. 他在置换群方面的工作收集在《置换论》一书中，这是此后 30 年间群论的权威著作. 他最深入的代数工作是群论中的一系列有限性定理. 他的著名学生有 F. 克莱因和 M. S. 李等.

15. 傅里叶（Fourier，1768—1830）

法国数学家、物理学家. 1768 年 3 月 21 日生于欧塞尔，1830 年 5 月 16 日卒于巴黎. 9 岁父母双亡，被当地教堂收养. 12 岁由一主教送入地方军事学校读书. 17 岁（1785）回乡教数学，1794 年到巴黎，成为高等师范学校的首批学员，次年到巴黎综合工科学校执教. 1798 年随拿破仑远征埃及时任军中文书和埃及研究院秘书，1801 年回国后任伊泽尔省地方长官. 1817 年当选为科学院院士，1822 年任该院终身秘书，后又任法兰西学院终身秘书和理工科大学校务委员会主席.

16. 庞加莱（Poincaré，1854—1912）

又译为彭加勒. 法国最伟大的数学家之一，理论科学家和科学哲学家. 庞加莱被公认是 19 世纪后和 20 世纪初的领袖数学家，是继高斯之后的对数学及其应用具有全面知识的最后一个人.

17. 格拉斯曼（Grassmann，1809—1877）

德国数学家、语言学家和社会活动家. 1809 年 4 月 15 日生于德国波美拉尼亚省的海港城市斯德丁，1877 年 9 月 26 日卒于同地. 早年曾在柏林大学研习神学、古典语言文学，1830 年开始研究数学和物理学. 1832 年提出一种新的几何理论，从而使拉格朗日的《分析力学》（1788）一书的数学论证得到简化，并对拉普拉斯的《天体力学》中有关潮汐的部分给以独特的推导. 他在数学上的主要著作《线性扩张理论》（第 1 卷，1844），给出向量外乘法的递推定义，建立了格拉斯曼代数和格拉斯曼流形的结构，以及在现代分析和微分几何中占据重要地位的外微分形式的计算，此外，还发展了一种“代数乘法”的运算，从而产生了现在称为多项式环的结构. 这些成就对后来的数学发展有重大影响，然而却超出了当时数学家们的接受能力，直到他逝世前后才受到重视，得到应用. 作为《线性扩张理论》的应用，他于 1845 年发表了《电动力学的新理论》，1846—1856 年发表了一系列文章，把他的理论用来研究代数曲线和代数曲面的生成，1847 年他的《几何分析》一书获得莱比锡科学会的大奖，1862 年出版了《扩张理论（全面严格修订本）》，1871 年被选为格丁根科学院通讯院士.

由于在数学上的成就长期得不到世人的承认，他在 19 世纪 50 年代开始研究梵语等多种语言，后来在比较语言学上取得重要成就. 他提出的关于送气音的一个规律（1863），被称为格拉斯曼律. 他的《吠陀经词典》（1873—1875）代表了他在语言学研究中的高度成就，多年来成为梵语研究的典籍.

18. 吉布斯（Gibbs，1839—1903）

美国物理化学家、数学物理学家. 吉布斯少时入霍普金斯学校学习. 1854 年入耶鲁学院学习，于 1858 年以很优秀的成绩毕业，并在数学和拉丁文方面获奖. 1863 年吉布斯以使用几何方法进行齿轮设计的论文在耶鲁学院获得工程学博士学位，这也使他成为美国的第一个工程学博士. 随后留校任拉丁文助教两年，自然哲学助教一年. 1866 年吉布斯前往欧洲留学，分别在巴黎、柏林、海德堡各学习一年，1866 年至 1869 年去欧洲进修，回国后一直在耶鲁大学任教. 1871 年被任命为数理教授. 他创立了向量分析并将其引入数学物理之中.

吉布斯在数学和物理学方面均有广泛的研究. 1873 年至 1878 年，他发表了被称为是“吉布斯热力学三部曲”的 3 篇论文，即《流体热力学的图示法》(1873)、《借助曲面描述热力学性质的几何方法》(1873)，以及《非均匀物质的平衡》(1876、1878). 由于他出色的工作，热力学成为一个完整严密的理论体系.

1902 年吉布斯发表了巨著《统计力学的基本原理》，建立起经典平衡态统计力学的系统理论，对统计力学给出了适用任何宏观物体的最彻底、最完整的形式. 吉布斯在光学和电磁理论的研究上也有建树，并建立了矢量分析的方法.

吉布斯被美国科学院以及欧洲 14 个科学机构选为院士或通讯院士，并接受过一些名誉学衔和奖赏. 1881 年他荣获美国最高科学奖：冉福特奖.

19. 狄拉克 (Dirac，1902—1984)

英国理论物理学家. 量子力学的奠基者之一，因狄拉克方程与薛定谔共同获得 1933 年诺贝尔物理学奖. 狄拉克出生于英格兰西南部的布里斯托，在布里斯托大学取得电子工程和数学两个学位之后，1923 年考入剑桥大学圣约翰学院当数学研究生. 1925 年开始研究量子力学，于 1926 年在剑桥大学以《量子力学》的论文取得博士学位. 1930 年选为英国伦敦皇家学会会员. 1932 年任剑桥大学数学教授.

他对物理学的主要贡献是：给出描述费米子的相对论性量子力学方程（狄拉克方程），给出反粒子（正电子）解. 另外在量子场论尤其是量子电动力学方面也做出了奠基性的工作. 在重力论和重力量子化方面也有杰出的工作. 1933 年狄拉克与薛定谔共同获得诺贝尔物理奖. 他却对拉塞福说，他不想出名，他想拒绝这个荣誉. 拉塞福对他说：“如果你这样做，你会更出名，人家更要来麻烦你.”

狄拉克重视学术的追求，在物质生活上毫无享受，他不喝酒，不抽烟，只喝水.

他一生著作不少. 他的《量子力学原理》，一直是该领域的权威性经典名著，甚至有人称之为“量子力学的圣经”. 杨振宁曾提到狄拉克的文章给人“秋水文章不染尘”的感受，没有任何渣滓，直达深处，直达宇宙的奥秘. 1956 年狄拉克在莫斯科大学物理系黑板上写了：“一个物理定律必须具有数学美.” 1984 年 10 月 20 日因病去世.

20. 麦克劳林 (Maclaurin，1698—1746)

英国数学家. 麦克劳林 1719 年在访问伦敦时见到了牛顿，从此便成了牛顿的门生. 他在 1742 年撰写的名著《流数论》是最早为牛顿流数方法做出了系统逻辑阐述的著作. 他以熟练的几何方法和穷竭法论证了流数学说，还把级数作为求积分的方法，并独立于柯西以几何形式给出了无穷级数收敛的积分判别法. 他得到数学分析中著名的麦克劳林级数展开式，并用待定系数法给予证明.

他在代数学中的主要贡献是在《代数论》(1748，遗著) 中，创立了用行列式的方法求解多个未知数联立线性方程组. 但书中记叙法不太好，后来由另一位数学家克拉默又重新发现了这个法则，所以现在称为克拉默法则．麦克劳林的其他论述涉及天文学，地图测绘学以及保险统计等学科，都取得了很多创造性的成果．麦克劳林终生不忘牛顿对他的栽培，死后在他的墓碑上刻有“曾蒙牛顿的推荐”以表达他对牛顿的感激之情．

21. 史密斯（Smith，1826—1883）

英国数学家．生于爱尔兰，卒于牛津．童年受母亲教育．1840 年随家迁居牛津，到拉格比学校听课．毕业后留学法国和瑞士，数次获得奖学金．1849 年开始教授数学，1860 年任牛津大学几何学教授，次年当选为英国皇家学会会员．后来相继担任不列颠协会数学部理事长，牛津大学博物馆管理员和伦敦气象中心负责人．史密斯研究过许多数学问题，主要贡献在数论．他在线性方程组领域的主要成就是引进了增广矩阵和非增广矩阵术语．他的论文集由英国数学家、《数学季刊》编辑格莱舍编纂，于 1894 年出版，书名为《史密斯数学论文汇编》（2 卷，牛津，1894）．

22. 道奇森（Dodgson，1832—1898）

又称为刘易斯・卡罗尔（Lewis Carroll）英国数学家．英国牛津大学基督教学院数学讲师，除研究数学外，他在儿童文学创作和趣题及智力游戏方面有杰出的才华．

23. 高斯（Gauss，1777—1855）

德国数学家、天文学家和物理学家，被誉为历史上伟大的数学家之一．1777 年 4 月 30 日生于不伦瑞克的一个工匠家庭，1855 年 2 月 23 日卒于格丁根．幼时家境贫困，但聪敏异常，受一贵族资助才进学校受教育．1795—1798 年在格丁根大学学习，1798 年转入黑尔姆施泰特大学，翌年因证明代数基本定理获博士学位．从 1807 年起担任格丁根大学教授兼格丁根天文台台长直至逝世．高斯是近代数学奠基者之一，在历史上影响之大，可以和阿基米德、牛顿、欧拉并列，有“数学王子”之称．

高斯的成就遍及数学的各个领域，在数论、非欧几何、微分几何、超几何级数、复变函数论以及椭圆函数论等方面均有开创性贡献．他十分注重数学的应用，并且在对天文学、大地测量学和磁学的研究中也偏重于用数学方法进行研究．

24. 欧拉（Euler，1707—1783）

瑞士数学家及自然科学家．1707 年 4 月 15 日出生于瑞士的巴塞尔，1783 年 9 月 18 日于俄国彼得堡去世．欧拉出生于牧师家庭，自幼受父亲的教育．13 岁时入读巴塞尔大学，15 岁大学毕业，16 岁获硕士学位．

欧拉是 18 世纪数学界最杰出的人物之一，他不但为数学界做出贡献，更把数学推至几乎整个物理的领域．他是数学史上最多产的数学家，平均每年写出八百多页的论文，还写了大量的力学、分析学、几何学、变分法等的课本，《无穷小分析引论》《微分学原理》、《积分学原理》等都成为数学中的经典著作．

欧拉对数学的研究如此广泛，因此在许多数学的分支中也可经常见到以他的名字命名的重要常数、公式和定理.

25. 拉格朗日（Lagrange，1736—1813）

法国数学家. 涉猎力学，著有分析力学. 1736 年 1 月 25 日在意大利西北部的都灵出生. 少年时读了哈雷介绍牛顿有关微积分的短文，因而对分析学产生兴趣. 他也常与欧拉有书信往来，于探讨数学难题“等周问题”的过程中，当时只有 18 岁的他就以纯分析的方法发展了欧拉所开创的变分法，奠定了变分法的理论基础. 后入都灵大学. 1755 年，19 岁已当上都灵皇家炮兵学校的数学教授. 不久便成为柏林科学院通讯院士. 两年后，他参与创立都灵科学协会的工作，并于协会出版的科技会刊上发表大量有关变分法、概率论 、微分方程、弦振动及最小作用原理等论文. 这些著作使他成为当时欧洲公认的第一流数学家. 1764 年，他凭借万有引力解释月球天平动问题获得法国巴黎科学院奖金. 1766 年，又因成功地以微分方程理论和近似解法研究科学院所提出的一个复杂的六体问题（木星的四个卫星的运动问题）而再度获奖. 同年，德国普鲁士王腓特烈邀请他到柏林科学院工作时说：“欧洲最大的王”的宫廷内应有“欧洲最大的数学家”，于是他应邀到柏林科学院工作，并在那里居住达 20 年. 其间他写了继牛顿后又一重要经典力学著作《分析力学》（1788）. 书内以变分原理及分析的方法，把完整和谐的力学体系建立起来，使力学分析化. 他于序言中更宣称：力学已成分析的一个分支. 1786 年普鲁士王腓特烈逝世后，他应法王路易十六之邀，于 1787 年定居巴黎. 其间出任法国米制委员会主任，并先后于巴黎高等师范学院及巴黎综合工科学校任数学教授. 最后于 1813 年 4 月 10 日在当地逝世.

拉格朗日不但于方程论方面贡献重大，而且还推动了代数学的发展. 他在生前提交给柏林科学院的两篇著名论文：《关于解数值方程》（1767）及《关于方程的代数解法的研究》（1771）中，考察了二、三及四次方程的一种普遍性解法，即把方程化作低一次的方程（辅助方程或预解式）以求解. 但这并不适用于五次方程. 在他有关方程求解条件的研究中早已蕴含了群论思想的萌芽，这使他成为伽罗瓦建立群论之先导. 另外，他在数论方面亦是表现超卓. 费马所提出的许多问题都被他一一解答. 他还证明了 π 的无理性. 这些研究成果都丰富了数论的内容. 此外，他还写了两部分析巨著《解析函数论》（1797）及《函数计算讲义》（1801），总结了那一时期自己一系列的研究工作. 于《解析函数论》及他收入此书的一篇论文（1772）中企图把微分运算归结为代数运算，从而摒弃自牛顿以来一直令人困惑的无穷小量，为微积分奠定理论基础方面做出独特的尝试. 以幂级数表示函数的处理手法对分析学的发展产生了影响，成为实变函数论的起点. 而且，他还在微分方程理论中做出奇解为积分曲线族的包络的几何解释，提出线性变换的特征值概念等. 数学界近百多年来的许多成就都可直接或间接地追溯于拉格朗日的工作. 为此他于数学史上被认为是对分析数学的发展产生全面影响的数学家之一.

26. 蒙日（Monge，1746—1818）

法国著名的数学家、教育家. 画法几何学的主要奠基人. 1746 年 5 月 10 日生于法国博讷，于 1818 年 7 月 28 日在巴黎病逝．早年在奥拉托利安学院和里昂三一学院学习．1765—1775 年间，先后在梅济耶尔的热尼埃学院任绘图员、技术员和数学教授．1780 年当选为法国科学院通讯院士．1795 年筹建巴黎综合工科学校，并任校长至 1809 年．蒙日在热尼埃皇家学院任职期间，为修筑防御工事发明简单而迅速的制图法．1775 年任数学教授后，将他的制图原理系统化，创立了画法几何．1799 年由他的学生阿歇特将他的讲稿整理成《画法几何》出版．1820 年在该书第四版中，补充了未发表的几篇透视和投影理论讲稿，成为完整的画法几何学．它在机械、建筑等工程的设计和制造上有极重要的实用价值．

蒙日还提出机器的功用在于把一种运动形式转变为另一种运动形式的观点，对 19 世纪机械原理的研究产生重要影响．

27. 泊松（Poisson，1781—1840）

法国数学家．1781 年 6 月 21 日生于法国卢瓦雷省的皮蒂维耶，1840 年 4 月 25 日卒于法国索镇．1798 年入巴黎综合工科学校深造．在毕业时，因优秀的研究论文而被指定为讲师．1806 年接替傅里叶任该校教授．1809 年任巴黎理学院力学教授．1812 年当选为巴黎科学院院士．

28. 阿贝尔（Abel，1802—1829）

挪威杰出数学家．1802 年 8 月 5 日出生在挪威一个名叫芬德的小村庄．阿贝尔只活了 27 岁，他一生贫病交加，但却留下了许多创造性工作．1824 年，阿贝尔证明了次数大于四次的一般代数方程不可能有根式解．

29. 伽罗瓦（Galois，1811—1832）

法国数学家．1811 年 10 月 25 日生于拉赖因堡，1832 年 5 月 31 日卒于巴黎．他在中学读书时，就对数学很有兴趣，阅读了数学名家拉格朗日、高斯、柯西等人的原著，并于 1829 年 3 月发表了第一篇论文．伽罗瓦很早就开始了关于方程理论的研究，1829 年 5 月写了关于代数方程可解性论文，经由柯西交给法国科学院，1830 年 2 月再次将修改稿提交给科学院．伽罗瓦本希望能得到数学大奖，但由于审稿人傅里叶去世，手稿遭遗失．1831 年应泊松要求，他又一次提交了关于代数方程解的论文修改稿，然而没有得到泊松的公正评价，使他受到很大打击．他积极参加政治活动，导致 1831 年两次被捕入狱．出狱不久伽罗瓦死于一场决斗，年仅 21 岁．决斗前夜，他写了绝笔信，整理了他的数学手稿，概述了他得到的主要成果．1846 年，伽罗瓦逝世 14 年后，刘维尔编辑出版了他的部分文章．1870 年，若尔当全面介绍了伽罗瓦的思想．随着数学的发展和时间的推移，伽罗瓦研究成果的重要意义越来越为人们所认识．他的最主要成就是提出了群的概念，用群论彻底解决了根式求解代数方程的问题，而且由此发展了一整套关于群和域的理论，为了纪念他，人们称之为伽罗瓦理论．这个理论的大意是：每个方程对应于一个域，即含有方程全部根的域，称为这方程的伽罗瓦域，这个域对应一个群，即这个方程根的置换群，称为这方程的伽罗瓦群．伽罗瓦域的子域和伽罗瓦群的子群有一一对应关系；当且仅当一个方程的伽罗瓦群是可解群时，这方程是根式可解的．作为推论，可以得出五次以上一般代数方程根式不可解以及用圆规、直尺（无刻度的尺）三等分任意角和作倍立方体不可能等结论. 伽罗瓦理论对近代数学的发展产生了深远影响，它已渗透到数学的很多分支中. 此外，伽罗瓦还研究过所谓“伽罗瓦虚数”，即有限域的元素，因此又称有限域为伽罗瓦域.

30. 戴德金（Dedekind，1831—1916）

德国数学家. 1831 年 10 月 6 日生于不伦瑞克，1916 年 2 月 12 日卒于同地. 1850 年入格丁根大学，成为高斯的学生，1852 年完成关于欧拉积分的博士论文，受到高斯赏识. 1854 年起在格丁根大学任讲师. 在格丁根他与任教的狄利克雷和黎曼结为好友. 后来狄利克雷和黎曼的全集都是由戴德金编辑的. 1858 年他应聘到瑞士苏黎世综合工科学校任教. 1862 年回到不伦瑞克综合工科学校教书，直到逝世.

戴德金在数学上有很多新发现. 不少概念和定理以他的名字命名. 他的主要贡献有以下两个方面：在实数和连续性理论方面，他注意到当时微积分学实际上缺乏严谨的逻辑基础，对无理数还没有严密的分析和论证，因而定义并详尽解释了所谓“戴德金分割”，给出了无理数及连续性的纯算术的定义. 1872 年，他的《连续性与无理数》出版，使他与康托尔、魏尔斯特拉斯等一起成为现代实数理论的奠基人. 在代数数论方面，他建立了现代代数数和代数数域的理论，将库默尔的“理想数”加以推广，引出了现代的理想概念，并得到了代数整数环上理想的唯一分解定理. 今天把满足理想唯一分解条件的整环称为戴德金整环. 他在数论上的贡献对 19 世纪数学产生了深刻影响. 戴德金一生俭朴谦逊，不慕名位. 他在数学上的贡献，得到全欧洲科学界的重视. 他是柏林、巴黎、罗马等科学院的通讯院士. 奥斯陆大学、苏黎世大学都授予他荣誉博士的称号. 1916 年他逝世时，尽管正值第一次世界大战，巴黎科学院院长若尔当热情赞扬了他在数论方面的工作并表示哀悼.

31. 克罗内克（Kronecker，1823—1891）

德国数学家. 1823 年 12 月 7 日生于德国布雷斯劳附近的利格尼茨（现属波兰的莱格尼察），1891 年 12 月 29 日卒于柏林. 对代数和代数数论，特别是椭圆函数理论有突出贡献. 他 1841 年入柏林大学，1845 年获博士学位. 1861 年经库默尔推荐，成为柏林科学院正式成员，并以此身份在柏林大学授课. 1868 年当选为巴黎科学院通讯院士. 1880 年任著名的《克雷尔杂志》的主编. 1883 年接替库默尔成为柏林大学教授，时年 60 岁. 1884 年成为伦敦皇家学会国外成员.

32. 克莱因（Klein，1849—1925）

德国数学家. 1849 年 4 月 25 日生于杜塞尔多夫，1925 年 6 月 22 日卒于格丁根. 1872—1875 年任埃朗根大学数学教授. 1880—1886 年任莱比锡大学教授，1886—1913 年任格丁根大学教授. 1872—1895 年任格丁根《数学年刊》主编，倡导编辑《数学百科全书》并编写了其中的第 4 卷. 克莱因以几何学家闻名. 1872 年他在“埃朗根计划”中提出把每一种几何学看成是一种特殊变换群的不变理论. 1893 年克莱因在美国芝加哥参观国际博览会后，深感基础学科对于发展工业的重要性．他回德国后在格丁根竭力促进数学、力学和其他基础学科在工程技术中的应用，并在格丁根大学成立应用力学系．1904 年，他推荐学工程出身的普朗特为该系主任．这个系是现代力学发源地之一．以普朗特和卡门为代表的近代力学学派首先在格丁根大学成长发展，是和克莱因的努力分不开的．克莱因的著作被编为《全集》，共 3 卷，1902—1923 年出版．他和德国物理学家索末菲合著《陀螺理论》4 卷，1897—1903 年出版．

33. 李（Lie，1842—1899）

挪威数学家．李群和李代数的创始人．1842 年 12 月 17 日生于挪威的努尔菲尤尔埃德，1899 年 2 月 18 日卒于奥斯陆．1859 年入克里斯蒂安尼亚（今奥斯陆）大学，1865 年毕业．1868 年受到彭赛列和普吕克著作的影响，决心专攻数学．1869 年获奖学金去柏林学习，与克莱因一起工作并结为好友．在此期间，他开始研究连续群．1870 年夏和克莱因一起到巴黎，与法国数学家若尔当等人相识，并受到法国学派的影响．1871 年回挪威，次年获博士学位并在克里斯蒂安尼亚大学任教．1886 年到莱比锡继任克莱因的职务．1889 年不幸患精神分裂症，治愈后健康大受影响．1898 年应友人之请回到奥斯陆执教，直至去世．

李在代数不变量理论、微分方程理论及几何学方面都做出了贡献．但其中最大贡献当推以他的名命名的李群、李代数．他在研究微分方程解的分类时，引入了一般的连续变换群．这个群的每个变换以及两个变换的乘积都依赖于参数，而且这种依赖关系是解析的，后来称之为局部李群．

他还讨论了连续变换群性单位元附近取导数构成的无穷小变换集合，这个集合不仅是一个线性空间，而且对于换位运算 $[x,y]=xy-yx$ 适合雅可比法则，即 $[x,[y,z]]+[y,[z,x]]+[z,[x,y]]=0$ 这种代数结构，称之为李代数．他当时已注意到李群与李代数之间的对应关系．他的主要著作《变换群理论》（3 卷）由他的学生恩格尔协助整理出版（1893），这是一部内容广博而深刻的著作．然而李的工作在其生前一直得不到足够性重视，直到 20 世纪初由于基灵、嘉当等的工作才得以发扬．

34. 瓦尔特 · 冯 · 迪克（Walter vondyck，1856—1934）

德国数学家．1822 年出版《群论研究》，标志着群概念公理化的形成．他说明了如何利用生成元和关系来构造一个群．

参 考 文 献

［1］阿克斯勒. 线性代数应该这样学［M］. 杜现昆，马晶，译. 2 版. 北京：人民邮电出版社，2009.

［2］陈建龙，周建华，韩瑞珠，等. 线性代数［M］. 北京：科学出版社，2007.

［3］申亚男，张晓丹，李为东. 线性代数［M］. 北京：机械工业出版社，2007.

［4］唐忠明，腾冬梅. 线性代数［M］. 北京：科学出版社，2011.

［5］宋叔尼. 线性代数及其应用［M］. 北京：高等教育出版社，2014.

［6］郝志峰，谢国瑞，汪国强，等. 线性代数［M］. 3 版. 北京：高等教育出版社，2013.

［7］张志让，刘启宽. 线性代数与空间解析几何［M］. 2 版. 北京：高等教育出版社，2009.

［8］Victor J Katz. A History of Mathematics［M］. 3rd ed. New York：Pearson Education Inc，2009.

［9］Gerald Farin，Dianne Hansford. Practical linear Algebra：A Geometry Toolbox［M］. 3rd ed. Boca Raton：CRC Press，2013.

［10］董晓波. 线性代数［M］. 北京：机械工业出版社，2012.

［11］董晓波. 线性代数［M］. 2 版. 南京：南京大学出版社，2010.

［12］董晓波. 跟我学线性代数——导学与习题精解［M］. 北京：机械工业出版社，2014.

［13］刘建亚，吴臻. 线性代数［M］. 2 版. 北京：高等教育出版社，2011.

［14］刘三阳，马建荣，杨国平. 线性代数［M］. 2 版. 北京：高等教育出版社，2009.

［15］张禾瑞. 高等代数［M］. 4 版. 北京：高等教育出版社，1999.

［16］刘剑平，施劲松，钱夕元. 线性代数及其应用［M］. 上海：华东理工大学出版社，2005.

［17］同济大学数学系. 线性代数［M］. 5 版. 北京：高等教育出版社，2007.

［18］王萼芳，石生明. 高等代数［M］. 3 版. 北京：高等教育出版社，2003.

［19］陈殿友，术洪亮. 线性代数［M］. 北京：清华大学出版社，2006.

［20］刘坤，许定亮. 线性代数［M］. 南京：南京大学出版社，2009.

［21］吴赣昌. 线性代数（理工类）［M］. 北京：中国人民大学出版社，2006.

［22］李志斌. 线性代数［M］. 2 版. 北京：机械工业出版社，2008.

［23］David C Lay. 线性代数及其应用［M］. 刘深泉，等译. 北京：机械工业出版社，2005.

［24］W 约翰逊，R 迪安里斯，吉米 T 阿诺德. 线性代数引论（英文版・原书第 5 版）［M］. 北京：机械工业出版社，2002.

［25］莫宗坚，蓝以中，赵春来. 代数学［M］. 北京：北京大学出版社，2001.

［26］屈婉玲，耿素云. 离散数学［M］. 北京：清华大学出版社，2002.

［27］于凯. 大学数学实验——MATLAB 应用篇［M］. 成都：西南交通大学出版社，2003.

［28］李文林. 数学史概论［M］. 2 版. 北京：高等教育出版社，2002.

［29］赵树嫄. 线性代数（修订本）［M］. 北京：中国人民大学出版社，1988.

［30］邱维声. 高等代数讲义［M］. 北京：北京大学出版社，1988.

［31］胡显佑. 线性代数［M］. 北京：中国商业出版社，2006.

[32] 张民选. 线性代数 [M]. 南京：南京大学出版社，2006.

[33] D Hanselman，B Littefield. 精通 MTATLAB6. 0 [M]. 张航，黄攀，译. 北京：清华大学出版社，2002.

[34] 萧树铁. 数学实验 [M]. 北京：高等教育出版社，1999.

[35] 陈怀琛. MATLAB 在理工课程中的应用指南 [M]. 西安：西安电子科技大学出版社，2000.

[36] 卢刚，冯翠莲. 线性代数 [M]. 北京：北京大学出版社，2006.

[37] 孙洪波. 线性代数 [M]. 北京：高等教育出版社，2010.

[38] 朱砾，周勇. 线性代数 [M]. 北京：科学出版社，2006.

[39] 肖马成，方有康，曲文萍. 线性代数 [M]. 2 版. 北京：高等教育出版社，2011.

[40] 施光燕. 线性代数讲稿 [M]. 大连：大连理工大学出版社，2004.

[41] 陈维新. 线性代数 [M]. 北京：科学出版社，2007.

[42] 刘三阳，马建荣，杨国平. 线性代数 [M]. 北京：高等教育出版社，2009.

[43] 张良云，毕守东. 线性代数 [M]. 北京：高等教育出版社，2010.

[44] 西北工业大学线性代数编写组. 线性代数 [M]. 2 版. 北京：科学出版社，2010.